Benno Hafeneger, Mechtild M. Jansen
Rechte Cliquen

Benno Hafeneger, Mechtild M. Jansen

Rechte Cliquen

Alltag einer neuen Jugendkultur

Unter Mitarbeit von
Annika Feick, Hanna Kiebacher, Heiko Sendelbach,
Torsten Niebling, Christian Welniak und Tamara Wolf

Juventa Verlag Weinheim und München 2001

Die Autoren

Benno Hafeneger, Dr. phil., ist Professor am Institut für Erziehungswissenschaft der Philipps-Universität Marburg
Seine Arbeitsschwerpunkte sind: Jugend, Jugendarbeit und politische Bildung, Gewalt und Rechtsextremismus unter Jugendlichen; er ist Leiter der beiden Forschungsprojekte „Rechte Cliquen" und „Partizipation von Kindern und Jugendlichen".

Mechtild M. Jansen, Diplom-Pädagogin, ist Leiterin des Referates „Frauen, geschlechtsdifferente Jugendarbeit und Migration" bei der Hessischen Landeszentrale für politische Bildung (HLZ) in Wiesbaden.

Die Mitautorinnen und -autoren Torsten Niebling und Heiko Sendelbach, Diplom-Pädagogen, sind wissenschaftliche Mitarbeiter und Annika Feick, Hanna Kiebacher, Christian Welniak und Tamara Wolf sind studentische Mitarbeiterinnen und Mitarbeiter im Forschungsprojekt „Rechte Cliquen" am Institut für Erziehungswissenschaft der Philipps-Universität Marburg.

Die Deutsche Bibliothek - CIP-Einheitsaufnahme

Ein Titeldatensatz für diese Publikation ist bei
der Deutschen Bibliothek erhältlich.

Das Werk einschließlich aller seiner Teile ist urheberrechtlich geschützt. Jede Verwertung außerhalb der engen Grenzen des Urheberrechtsgesetzes ist ohne Zustimmung des Verlags unzulässig und strafbar. Das gilt insbesondere für Vervielfältigungen, Übersetzungen, Mikroverfilmungen und die Einspeicherung und Verarbeitung in elektronischen Systemen.

© 2001 Juventa Verlag Weinheim und München
Umschlaggestaltung: Atelier Warminski, 63654 Büdingen
Umschlagfoto: Wolfgang Schmidt, Ammerbuch
Printed in Germany

ISBN 3-7799-0260-5

Einleitung

Politische Orientierungen und Verhaltensweisen von Jugendlichen prägen seit dem deutschen Einigungsprozess wiederholt die wissenschaftlichen, pädagogischen und auch politischen Debatten. Dabei markieren Phänomene wie rechtsextrem motivierte Gewalt, fremdenfeindliche und rechtsextreme Einstellungen, die Organisation von Jugendlichen in der „rechtsextremen Szene" und die Ausbreitung einer autoritär-rechten Jugendkultur in der Geschichte der Bundesrepublik erstmals Entwicklungen in einem Ausmaße, für die es zunächst kaum Erklärungen gab. Mit der dann einsetzenden Jugendforschung wurden in den neunziger Jahren eine Vielzahl von empirischen Befunden und Erklärungen angeboten, so dass man heute von einem differenzierten Erkenntnisstand bei gleichzeitig vielen Erkenntnislücken sprechen kann. Das öffentliche Interesse gilt vor allem den Orientierungen und Mentalitäten von Jugendlichen und der von ihnen ausgehenden Gewalt. Die Studien sind weitgehend jugendzentriert und das Verhältnis von Jugend und (Erwachsenen)Gesellschaft bleibt vielfach ausgeblendet, obwohl mittlerweile weitgehend Konsens ist, dass Ressentiments und fremdenfeindliche Orientierungen eine breite gesellschaftliche Akzeptanz finden und geradezu „normal und alltäglich" geworden sind. Hier gibt es auch „Anbindungen" an die etablierte(n) und institutionalisierte(n) Politik(angebote), mit denen die auf Vorurteile, Ressentiments, Fremdenfeindlichkeit und politischen Rechtspopulismus setzenden Mobilisierungen versuchen, Stimmengewinne zu erzielen.

Die vorliegende Studie steht in der Tradition der jugendzentrierten Forschung, versucht aber gleichzeitig die lokalen Milieuerfahrungen von Jugendlichen aufzunehmen. Gefragt wird nach der Bedeutung von Cliquen bzw. der cliquenvermittelten Sozialisation von rechtsextremen Orientierungen im Prozess adoleszenter Identitätsbildung. Die sog. „rechten Cliquen" sind quantitativ und qualitativ eine neue Form der Gleichaltrigenkultur seit Beginn der neunziger Jahre. Sie stehen in der Nachkriegsgeschichte der Jugend für eine Situation bzw. einen „Einzelfall" in der Jugendphase, deren Ausmaß und Bedeutung, deren Prozesse und Dynamiken empirisch bisher kaum ermittelt ist. Erklärungsversuche für die Entwicklung und Konsolidierung einer rechten lokalen und regionalen Jugendszene (oder gar Jugendbewegung), für die sie vereinenden Ideologiefragmente und kulturellen Merkmale sowie die sie stützenden bzw. tolerierenden Erwachsenen-Milieus stecken noch - mit differenziertem Blick in den Westen und Osten Deutschlands - „in den Kinderschuhen". Auf die verkürzte Wahrnehmung weist Heitmeyer (2000) in einem Gespräch mit der „Süddeutschen Zeitung" hin: „Wenn man am Ende des Prozesses ansetzt, geht das Interesse daran verloren, in welchen Stadien menschenfeindliche Einstellungen und Gewalt entstehen".

Die rechten Cliquen machen seit Anfang der neunziger Jahre zunächst in den neuen Bundesländern und dann in der gesamten Republik auf sich aufmerksam und von sich reden. Zeitweise erhalten sie durch ihre Gewaltbereitschaft und ihre Fremdenfeindlichkeit eine hohe politische, mediale, polizeiliche und pädagogische Aufmerksamkeit; das gilt vor allem für die Jahre 2000 und 2001, in denen sie zum zentralen Jugendthema geworden sind.

Mit der Studie von drei Cliquen aus drei hessischen Gemeinden und Kleinstädten wird der Versuch unternommen, exemplarische Einblicke in das „Leben" von Cliquen zu geben, ihre Wirklichkeit und ihre subjektive Konstruktion von Wirklichkeit „von innen heraus" zu begreifen sowie ihre jeweiligen Dynamiken, Motivlagen und weltanschaulichen Ausprägungen zu erhellen; d.h. zu erforschen welchen identitätsstiftenden Sinn sie machen. Dabei geht es im Kern um deren kollektive Orientierungen mit einer Affinität zum rechtsextremen Denken und von Verhaltensweisen, die sich in der sozialisierenden Dynamik von Cliquenprozessen und einer korrespondierenden Resonanz mit der Gesellschaft entwickeln und entfalten. Die Cliquen sind ein Potential, das Jugendliche und junge Erwachsene in ihrem Alltag überwiegend außerhalb von Organisationen und Parteien beeinflusst und prägt und das sich möglicherweise weiter verbreitet. Ob der jugendliche Rechtsextremismus sich im weiteren biographischen Prozess des Erwachsenwerdens und -seins „abbaut" und „auswächst" oder subtilere Formen annimmt, ist eine offene Frage und von vielen Faktoren abhängig; sie ist für die weitere wissenschaftliche Forschung und politische Auseinandersetzung von großer Bedeutung.

Wir hoffen den Anspruch einzulösen, mit den drei empirischen Cliquenportraits veranschaulichen zu können, in welchen jeweiligen Sinn- und Deutungswelten - in denen „rechte Weltanschauung" eine wichtige oder auch zentrale Rolle spielt - die Jugendlichen leben und in welcher kulturellen Arena, in denen rechte jugendkulturelle Stilbildungen mit ihren Ritualen eine wichtige Rolle spielen, sie sich bewegen.

Die Studie wurde in Zusammenarbeit des Instituts für Erziehungswissenschaft der Philipps-Universität Marburg und der Hessischen Landeszentrale für politische Bildung (Wiesbaden) erstellt. In der Projektgruppe haben neben Prof. Dr. Benno Hafeneger (Universität Marburg) und Mechtild M. Jansen (Referatsleiterin der Hessischen Landeszentrale für politische Bildung) die beiden Diplom-Pädagogen Torsten Niebling und Heiko Sendelbach sowie Studierende der Erziehungswissenschaft Christian Welniak, Tamara Wolf und Annika Feick sowie die Studierende der Politikwissenschaft Hanna Kiebacher mitgearbeitet. Die beiden Diplom-Pädagogen und die Studierenden haben die Interviews durchgeführt und waren mit der Erstellung der drei Cliquenportraits befasst. Frau Angelika Hufnagl ist für die Schreibarbeiten zu danken.

Mai 2001

Inhalt

Kapitel I Allgemeiner Teil 9
1. Cliquen als Gesellungsform - Stand der Cliquenforschung 9
2. Jugend und Rechtsextremismus 19
3. Rechte Cliquen 27

Kapitel II Empirischer Teil 31
1. Rechte Cliquen in Hessen 31
2. Fragestellung und methodisches Vorgehen 34
3. Drei Cliquenportraits 38
4. Die Clique aus Waldtal 40
    Waldtal - ein Dorf in Südhessen 40
    Zur Interviewsituation 41
    Soziale Struktur und Zusammensetzung der Clique 42
    Cliquengeschichte 43
    Selbstbild und Cliquenidentität 49
    Das Verhältnis zu Mädchen und Frauen 62
    Jugendkulturelle Kontur 63
    Ideologiefragmente 67
    Verhältnis zur erwachsenen Generation 86
5. Die Clique aus Wiesenburg 94
    Wiesenburg - eine Kleinstadt in Mittelhessen 94
    Zur Interviewsituation 95
    Soziale Struktur und Zusammensetzung der Clique 96
    Cliquengeschichte 97
    Selbstbild und Cliquenidentität 105
    Das Verhältnis zu Mädchen und Frauen 114
    Jugendkulturelle Kontur 117
    Ideologiefragmente 122
    Verhältnis zur erwachsenen Generation 140
6. Die Clique aus Wolkenheim 146
    Wolkenheim - eine Gemeinde in Nordhessen 146
    Zur Interviewsituation 146
    Soziale Struktur und Zusammensetzung der Clique 147
    Cliquengeschichte 149
    Selbstbild und Cliquenidentität 158
    Das Verhältnis zu Mädchen und Frauen 175

Jugendkulturelle Kontur 177
Ideologiefragmente 183
Verhältnis zur erwachsenen Generation 203

Kapitel III Vergleichender Blick 211

Kapitel IV Jugendpolitische und -pädagogische Folgerungen 233

1. Bilanz 234

2. Diskurse und Herausforderungen 236

Kapitel V Zum Schluss ein Blick in den Spiegel 245

Literatur 251

I. Allgemeiner Teil

1. Cliquen als Gesellungsform - Stand der Cliquenforschung

Die Reichweite der wissenschaftlichen Erklärungen über die Entstehung und zur Bedeutung von selbstorganisierten jugendlichen Gesellungsformen - in Form von Jugendkulturen und Milieus, Szenen und Cliquen - ist höchst unterschiedlich. Die jeweiligen zeittypischen Erscheinungsformen sind „wirklich" nur im Medium der Veränderungen des gesamtgesellschaftlichen Gefüges und komplexer politisch-sozialer und kultureller Zusammenhänge sowie im Kontext von Strategien der Wirklichkeitsverarbeitung von Jugendlichen zu erklären. Dabei waren und sind selbstorganisierte und informelle Freizeitcliquen für Jugendliche *eine* Möglichkeit der Lebens- und Freizeitgestaltung im Spektrum von vielfältigen, den jeweils zeitbezogenen verbandlichen Angeboten, offener Jugendarbeit und Kultur, von kommerziellen Dienstleistungsangeboten, Moden und Medien. Die pädagogische Jugendforschung ist sich seit den achtziger Jahren darin einig, dass Cliquen und informelle Jugendgruppen im Alltag von vielen Jugendlichen angesichts der Inkonsistenz der klassischen Sozialisationsmodi zu einer weiteren und vielfach zentralen Sozialisationsinstanz geworden sind und sie nicht nur quantitativ erheblich zugenommen, sondern auch eine neue qualitative Bedeutung bekommen haben (vgl. Allerbeck/Hoag 1985, Zinnecker 1987, Neubauer/Olk 1987). In mehreren Publikationen wird betont, dass die zahlenmäßige Ausdehnung der informellen Netzwerke unter Altersgleichen dazu geführt hat, dass Cliquen nun - ab Mitte der achtziger Jahre - nicht mehr eine Domäne der Jungen seien, sondern Mädchen in gleichem Umfang wie die Jungen teilnehmen und die Mehrheit beider Geschlechter informellen Gruppen bzw. Cliquen angehören würden. Der Beteiligung und den Kontakten von Jugendlichen in diesen Gesellungsformen der Gleichaltrigen liegt ein gesellschaftlicher Wandel zugrunde, der in der Jugendforschung wiederholt als Strukturwandel der Jugendphase und verlängerte Entwicklungszeit, als sozio-ökonomische und sozio-kulturelle Veränderung von Jugend beschrieben worden ist. In der Debatte um die reflexive Moderne spielen Begriffe wie Individualisierung von Lebensläufen, Pluralisierung von Lebensstilen, Mediatisierung des Alltags und Prozesse der Orientierungssuche von Jugendlichen mit einem Mehr an Optionen und Identitätsmöglichkeiten im Spannungsfeld zwischen Vergesellschaftung und Freisetzung, von Autonomie und Abhängigkeit eine zentrale Rolle. Diese Wandlungsprozesse gehen gleichzeitig - so die Diagnose - mit einem Bedeutungswandel formeller Systeme (Schule, Familie, Jugendverbände, Gewerkschaften u.a.) und der Freizeitzusammenhänge mit ihren Orten und Zeiten einher. Dem pluralisierten Spektrum der heutigen Kinder- und Jugendkulturen kommen höchst heterogene Aufgaben und Dimensionen zu, dazu zählen u.a. deren biographische und identitätsstiftende Orientierungsfunktion, das Leben in einer sozialen Gemeinschaft, die Suche nach ästhetischen Präferenzen, die Organisation von Erlebnisräumen mit der Suche nach Selbstdarstellung, nach Distinktion und Zugehörigkeit, nach Action, Intensität und Beziehungen. Deren Bedeutung kann für Jugendliche im Prozess des Erwachsenwerdens vorübergehend oder über einen längeren Zeitraum prägend und sozialisierend, die Zeitdauer kann sporadisch-kurz und episodenhaft oder auch eine lange Phase lebensbegleitend sein und wirken.

Geschichte der Cliquen

Den jugendlichen Gesellungsformen von Gleichaltrigen - zunächst vor allem männlichen Jugendlichen und jungen Männern - sind im 20. Jahrhundert immer wieder unterschiedliche Begriffe zugeordnet worden. So gilt es insbesondere zu unterscheiden zwischen Clique, informellen Gruppen, peer-group, formeller Gruppe, dann Szene, Milieu und Jugendkultur; weitere - eher ältere - Begriffe sind Banden, Gangs, Meuten oder auch Komplizengemeinschaften, die vor allem die abweichenden, devianten und aggressiven Dimensionen im Verhalten von (männlichen) Jugendlichen andeuten. Die soziologische und pädagogische Jugendforschung hat sich vor allem mit der Vielfalt der autonomen Jugend(sub)kulturen befasst und für das 20. Jahrhundert wiederholt deren Bedeutung, Ausmaße und Motivlagen zur Diskussion gestellt (vgl. Deutscher Werkbund 1986, Zinnecker 1987, Ferchhoff 1990, 1995, Baacke 1992, Liebel 1991, Simon 1996, Farin 2001). Auch die Cliquen und Gruppen im Kontext der (organisierten) bürgerlichen und der proletarischen Jugendbewegung sind Phänomene jugendlicher Gesellungsform zu Beginn des 20. Jahrhunderts und dann in der Weimarer Republik, die wiederholt in der historischen Jugendforschung und pädagogischen Literatur ihren Niederschlag gefunden haben. Die vielfältigen Publikationen können aber nicht darüber hinweg täuschen, dass eine empirisch ausgewiesene Sozialgeschichte der Cliquen, die genauere Aufschlüsse über deren jeweilige Attraktivitäten, den Cliquenalltag und die biographischen Bedeutungen im Leben von Jugendlichen (Jungen und Mädchen) gibt oder die „Typen" nach Lebenslagen, Geschlecht, Alter und ethnischer Herkunft von Jugendlichen differenziert, allenfalls in Ansätzen vorliegt und noch zu schreiben wäre. So ist denn auch Fend in seiner Einschätzung zuzustimmen, wenn er schreibt, dass „belegorientierte sozialhistorische Analysen über Gleichaltrigenbeziehungen sich allerdings noch selten finden" (1988, S. 155).

Erste sozialmilieuspezifische Jugendsubkulturen werden von Walther Classen (1906) und Clemens Schultz (1912) bereits zu Beginn des 20. Jahrhunderts für die Wilhelminische Zeit beschrieben, sie betreffen das Leben von männlichen Jugendlichen aus unteren sozialen Schichten in Großstädten mit zugewiesenen Begriffen wie „Butje", „Brit" und „Halbstarke". Für die Weimarer Republik geben Lessing/Liebel (1981) einen Einblick in die „Wilden Cliquen" und damit in das Leben und die Provokationen von unorganisierten Arbeiterjugendlichen in Großstädten. Peukert (1980) und Kenkmann (1996) zeigen die Aktivitäten der „Edelpiraten", der Navajos, Kittelbachpiraten und „Bündischen" als nonkonformes und oppositionelles Verhalten von informellen Gruppen im NS-Staat wie auch als „abweichendes Jugendverhalten" in den ersten Nachkriegsjahren. Kaiser (1959) und Bondy u.a. (1957) zeigen mit ihren Berichten die Motive, die Krawalle und die Ursachen sowie den Umgang mit den so genannten Halbstarken in den 50er Jahren. Weitere jugendkulturelle Gruppen sind in der Geschichte der Bundesrepublik zunächst die Teddy Boys und Mods, dann die Rocker, Gammler, Street-Gangs, Motorrad-Fans, Punks, Skinheads und Hooligans, sowie mit Beginn der neunziger Jahre die Gruppen individualitätsbezogener Jugendkulturen wie Rapper, Skater, Hip-Hoper etc. (vgl. Deutscher Werkbund 1986, Baacke 1992, Ferchhoff 1990, 1995, Lindner 1996, Eckert u.a. 2000). Zu erinnern ist an die prägenden Jugendbewegungen zu Beginn des 20. Jahrhunderts (den Wandervogel und die Arbeiterjugend) und für die Bundesrepublik der sechziger Jahre an die Beat-Generation, die Schüler- und Studentenbewegung, dann an die Jugend in den neuen sozialen Bewegungen der achtziger Jahre, sowie an die Jugendlichen in vielfältigen Aktions-, Initiativ- und Projektgruppen. Es handelt sich um ein vielfältiges und breites Spektrum, um ein großes Ausmaß an jugendkulturellen Stilformen und Merkmalen, die kaum systematisch zu klassifizieren sind. In den 80er Jahren wird versucht jugendliche Gesellungsformen milieutheoretisch zu ordnen, so ist u.a. die Rede von körper- und actionorientierten, manieristisch-postalternativen, kritisch-engagierten, religiös-spirituellen und institutionell-integrierten Milieus (vgl. Becker u.a. 1984). Für Mitterauer (1986) gibt es drei Grundtypen von Jugendgruppen, „die auf die Gemeinde oder andere territoriale Einheiten bezogenen Lokalgruppen, die am Verein orientierten organisierten Zusammenschlüsse und die informellen Jugendgruppen" (S.163). Diese korrespondieren nach ihm mit allgemeinen Entwicklungsstadien (vor allem der Freizeitkultur) von Sozialformen. Die Sozialform des informellen Gruppenlebens ist für Mitterauer die wichtigste Gemeinschaftsform der Gegenwart und nach ihm gehört ihr aufgrund zunehmender Verfügbarkeit sozialer Räume die Zukunft. Die Gruppenzugehörigkeit ist nach ihm nicht institutionalisiert, die informellen Gruppen sind ohne formalisierte Ordnungen und weitgehend entritualisiert; sie sind auf die Freizeit bezogen und dienen der persönlichen Entfaltung. Ferchhoff (1995) spricht von „jugendkulturellen Jahrmärkten" und versucht bei seinen Wegen „durch das Labyrinth" eine Typisierung der individualitätsbezogenen Jugendkulturen bzw. „Stilzersplitterung". Er kommt zu einer mehrseitigen Auflistung, die von „Yuppies", über „Negos", „Punkern", „Hip-Hop-Bewegten" bis hin zu „Psychobillys", okkult-religiösen Gruppierungen, den „Scooter-Boys", den „Ravern" und den „Stinos" reichen (S. 61ff.). Er kommt schließlich zu dem Ergebnis: „Und dieses „wir" differenziert, pluralisiert und individualisiert sich, wechselt also permanent und entzieht sich dem erklärenden und deutenden Zugriff" (S. 65).

Lindner (1996) bietet für den Zeitraum der 50er bis etwa Mitte der 80er Jahre für den Zusammenhang „Jugendgewalt und Jugendprotest" eine „historisierende Ätiologie" mit einer kritischen Rekonstruktion ihrer Kontexte und Rahmenbedingungen an (S.17). Für den jugendlichen Rechtsextremismus zu Beginn der achtziger Jahre ist für ihn von Bedeutung, was sich auch in anderen Jugendprotesten zeigt: die Umwertung von Bedeutungslosigkeit in Größenphantasien, von Ohnmacht in Allmacht, die „Veredelung" der eigenen Marginalisierung in Positionen von Paria und Avantgarde. „Dabei dominierten jedoch bei den rechtsorientierten Szenen apodiktische Abgrenzungen und Rückzüge in die Sicherheit von Disziplin, (Selbst)Zwang und naturhaft gegebenen Gesetzen" (S. 424).

Die von Schröder/Leonhardt (1998) vorgestellten sieben Portraits aus jugendkulturellen Szenen, die sie in ihrer Anlage als „Annäherungsprozess an kulturelle Strömungen" (S. 219) verstehen, zeigen die agierten adoleszenten Themen und Konflikte der Jugendlichen. Dazu gehören insb. die Bedeutung des Wir-Gefühls (Zugehörigkeit herstellen und verteidigen), die Abgrenzung und Gebundenheit gegenüber der Erwachsenenwelt, die Relevanz und Funktion von Drogen, die Lust am Ausprobieren und Experimentieren, das Erzählen von Geschichten und das Ausagieren adoleszenter Gefühle.

Stauber (2001) skizziert die Bedeutung von Selbstinszenierungen und Selbstdarstellung vor dem Hintergrund der entwickelten Moderne, in der den Jugendkulturen ein balancierender Vermittlungsprozess zwischen Autonomie und Abhängigkeit, zwischen „Hineinpassen und Herausragen" (S. 65), zwischen Halt und Veränderung in den Übergangskontexten der Jugendlichen zukommt.

Neben zahlreichen Berichten und Studien zu einzelnen Erscheinungsformen jugendkultureller Gesellungsformen gibt es eine Reihe von Überblickspublikationen zur Cliquengeschichte (als Teil der Geschichte der Jugendkulturen und Sozialformen jugendspezifischen Eigenlebens), mit denen die Vielfalt und Entwicklungen, die Motivlagen und Dimensionen nachgezeichnet werden (vgl. u.a. Deutscher Werkbund 1986, Thole 1991, Simon 1996, von Bühler 1990, Ferchhoff u.a. 1995, Lindner 1996, Ferchhoff 1999). Das Spektrum reicht von den ersten „Wilden Cliquen" und „Halbstarken" zu Beginn des 20. Jahrhunderts, der vielfältigen Welt der Gesellungsformen in der Weimarer Republik, den Kulturen und Jugendprotestformen seit den fünfziger Jahren bis zu den vielfältigen Szenen, Stilen sowie kurzlebigen lokalen Gruppierungen mit immer neuen Stilmischungen (bricolage) in den neunziger Jahren in der Geschichte der Bundesrepublik Deutschland. Als Thema und Phänomen haben die Cliquen eine lange Tradition, sie werden wiederholt als Bestandteil des Verhältnisses von Jugendlichen zur Gesellschaft, als eine Form ihrer Auseinandersetzung und Mitteilung, ihrer Versuche von Selbstbehauptung und kollektiver Problemlösung, von Realitätsaneignung und ihrer Befindlichkeit aber auch mit ihrem Beitrag für kulturelle Modernisierung und der Zunahme reflexiver Identitätsbildung gedeutet. Die Diagnosedebatten sind immer auch verwoben mit erzieherischen und jugendschützerischen Themen, die „sozialisatorischen Kontrolllücken" werden im abweichenden Verhalten (Verwahrlosung, Kriminalität, Gewalt) gesehen, die mit Stereotypenbildungen von jugendlichen Gruppen und der Bewertung von Körperlichkeit verbunden ist. Die Gesellungsformen spiegeln mit ihren Erkenntnissen und Debatten immer auch die jeweiligen zeitbezogenen Lebensverhältnisse von Jugendlichen und die Entwicklungsbedingungen für das Aufwachsen und Erwachsenwerden wieder. In der neueren Diskussion werden die Jugendlichen mit ihren Gesellungsformen nicht mehr als Gefahr und Gefährdung diskutiert, sondern Jugendliche werden in ihren Prozessen des Erwachsenwerdens als „produktiv realitätsverarbeitende Subjekte" (Hurrelmann 1983, 1986) verstanden, die in einer miteinander verwobenen Auseinandersetzung mit ihrer gesellschaftlichen Umwelt (äußerer Realität) und den psycho-sozialen und physischen Entwicklungsherausforderungen (innerer Realität) nach Wegen suchen, Realität zu verarbeiten und Identität auszubilden.

Clique, Jugendgruppe und Szene

Von Jugendgruppen wird gesprochen, wenn es um mehr feste und kontinuierliche Gemeinschaften von Gleichaltrigen, um pädagogisch inszenierte und erwachsenennahe bzw. kontrollierte Organisationsprozesse - vor allem als zentraler sozialer Ort und im organisatorischen Medium der Jugendverbände - geht. Die Tradition dieser formellen Gesellungsform reicht von den „jugendbewegten Gruppen" über „Heimabendgruppen" bis hin zur traditionellen Jugendverbandsgruppe und der „pädagogischen Jugendgruppe"; Letztere ist soziale Gruppe und Gleichaltrigengruppe zugleich, zu der - so die Kleingruppenforschung - ein „Wir-Gefühl" als Erleben von Zugehörigkeit, Gemeinsamkeit und Gegenseitigkeit (als „Gruppenkohäsion") gehört. Peer-group meint einen Sammelbegriff für lebensaltertypische, altershomogene Gruppenbildungen - verstanden als allgemeine jugendliche Verhaltenstendenz - unter Jugendlichen, der dem angelsächsischen Sprachraum entlehnt ist und bis in die 80er Jahre für Gleichaltrigengruppen verwandt wurde. Auch wenn die Grenzen zwischen einer „strukturierten, formellen Jugendgruppe" und einer „unstrukturierten, informellen Jugendclique" aus dem Blickwinkel von Jugendlichen fließend und mit Übergängen (auch in verbandlichen Jugendgruppen gibt es Cliquenbildungen) verbunden sind, so gibt es doch Spezifika und unterscheidbare Profile. Von Clique wird gesprochen, wenn damit selbstgewählte und relativ selbstorganisierte, spontane, erwachsenenunabhängige informelle Gruppierungen im lokalen Nahraum und Milieu gemeint sind. Die Wirklichkeit der Cliquenrealität entsteht im Miteinander der Kommunikation und Interaktion der Jugendlichen. Entwickeln Cliquen einen strukturierten überörtlichen Zusammenhang, dann ist von Szene die Rede; d.h. Cliquen können (müssen aber nicht) Teil einer größeren Szene sein. Cliquen und Szenen drücken kulturelle Zugehörigkeit mit vielfältigen und jeweils identifizierbaren Merkmalen aus, sie sind Garanten der Selbstbehauptung, für soziale Anerkennung und ästhetisch-kulturelles Eigenleben (z.B. durch Lebensstil, Musik, Treffpunkte, Outfit, Accessoires; aber auch Verhaltensweisen wie Gewaltbereitschaft) gegenüber der (oftmals als feindlich wahrgenommenen) Umwelt.

Böhnisch/Münchmeier entwickeln eine sozialräumliche Perspektive des Jugendlebens und sie begründen eine „Pädagogik des Jugendraums" (1987, 1990). Für sie drücken Gruppen und Cliquen „ihre Einheit und Zugehörigkeit vor allem über diese von ihnen gestalteten Räume und ihre symbolischen Markierungen aus" (1987, S. 108). Für Liebel (1991) ist das Grundmuster der informellen Jugendgruppe „die gegenwarts- und bedürfnisorientierte Sozialisation" (S. 306) sowie ihre Attraktivität für eine unterschiedlich lange Phase im Lebenslauf. Krafeld (1992) bietet eine Unterscheidung an, nach der Jugendkulturen und deren unterschiedliche Milieus vor allem Muster des Umgangs mit Erfahrungen und von Wirklichkeitsaneignung und auch sozio-kulturelle Orientierungssysteme sind. Der Begriff Jugendszene meint für ihn eine „sozial-räumliche Organisationsform im Alltag und der Begriff Clique entsprechende sozial-kommunikative, personal überschaubare Beziehungsgeflechte, in denen alle mit allen kommunizieren (können)" (1992, S. 29). Danach haben Cliquen als überschaubare Kleinkollektive einen eher flüchtigen Charakter ohne formelle Regeln, mit gemeinsamen Mitgliedern und Aktivitäten; es sind überschaubare Gebilde, in denen in der Freizeit vor allem persönliche Bedürfnisse befriedigt und Erlebnisse ausagiert werden. Die Binnenstrukturen (z.B. Mitgliedschaften, Hierarchien, Dauer), denen die Cliquen unterliegen, ihre Themen und Aktivitäten werden von den Jugendlichen spontan, locker, kooperativ oder auch autoritär - je nach Cliquenstruktur und -typus - selbst bestimmt; sie unterliegen dem unmittelbaren Einfluss der Jugendlichen und der Dynamik von Cliquenprozessen.

Die Funktion und Aufgabe von Jugendkulturen, Peer-groups, Cliquen und Szenen haben nach der neueren Literatur einen Perspektivenwechsel erfahren, der mit Blick auf die Cliquensozialisation vor allem auf deren biographischen Bedeutungen und damit die qualitativen Veränderungen für die Jugendlichen hinweist. Traditionell und bis in die 80er Jahre hinein prägten der Vorbereitungs- und Vermittlungscharakter jugendlicher Gesellungsformen - parallel zur Diagnose von Jugend als Moratoriumszeit - die Diskussion; danach wurden sie als vorübergehende und vorbereitende Phänomene im Übergang der Jugendlichen in die Erwachsenengesellschaft und deren (Werte)Welt, als „Einführung in die Welt der Erwachsenen" (Mitterauer) verstanden. Vor dem Hintergrund des neueren, hochgradig komplexen gesellschaftlichen Wandels - diagnostiziert als Risikogesellschaft, reflexive Moderne mit Prozessen von Individualisierung und Pluralisierung, Auflösung traditioneller sozialmoralischer Milieus - und des damit einhergehenden Strukturwandels der Jugendphase geht es nicht mehr (nur) um Vorbereitung, Vermittlung oder Ergänzung, sondern um eine substanziell neue Funktion und Aufgabe: Jugendzeit ist eine eigenständige und lange Phase mit eigenem Sinn, sie ist eine lange und offene Zeit der Orientierungssuche und Lebensbewältigung, der Lösung von Entwicklungsaufgaben, des Übergangs und der Einmündung (Platzierung) in die Erwachsenenwelt. So ist denn für Böhnisch „die Orientierung an Gleichaltrigen ein zentraler Prozess der biographischen Neuorientierung, der Ablösung vom Elternhaus und der Suche nach neuen personalen und sozialen Orientierungen außerhalb der Herkunftsfamilie" (1991, S. 484). Um Wege durch die Jugendphase zu finden und das „Basteln an der eigenen Biographie" (Beck) zu realisieren, dafür sind die vielfältigen und sich ständig verändernden jugendlichen Gesellungsformen zu einer notwendigen, ja zu einer überlebenswichtigen - jeweils phasenbezogenen - Sozialisationsinstanz und zu Orten der Identitätsfindung (Selbstbehauptung) für Jungen und für Mädchen geworden.

Die lange Phase der Adoleszenz ist die Zeit krisenhafter Entwicklungen und das Leben in einer relationalen Welt, die „intrapsychische Pluralisierung der Subjekte" (Honneth 2000, S. 1088) ist in Zeiten reflexiver Moderne und soziokultureller Veränderungen grundlegend für die Entwicklung von Identität im Spannungsfeld von Anerkennung und Abgrenzung. An Jugendliche werden somit hohe seelische Integrationsanforderungen gestellt, die zu einer relativ integrierten Selbstrepräsentanz und einem stabilen Identitätsgefühl führen sollen. Dabei können sich Autonomiezuwachs, Selbstbild und Identität nur in Bezug auf einen bedeutungsvollen Anderen bilden (vgl. Bohleber 1996). Die Bewältigung von Entwicklungsherausforderungen ist an Beziehungen zu Gleichaltrigen und Erwachsene gebunden, sie ist abhängig von den Interaktionen mit der Außenwelt, von der Dynamik jugendkultureller Eigenwelten (mit ihren Mustern der Lebensführung) und der Anschlussfähigkeit an bzw. den Einmündungsprozessen und Chancen in die Gesellschaft. Ihre Bedeutung liegt nach Fend (1988) darin: Feld für Wohlbefinden, der Loslösung von der Familie, Schonraum zur Erprobung neuer Identitäten, der Auseinandersetzung mit der Gesellschaft, Lernen von Beziehungsfähigkeit, Orte sozialer Praxis, Selbstdefinition und Entwicklung - eben ein notwendiges Lernfeld zu sein. Für ihn bedarf es der „vermittelnden Instanzen der Altersgruppe, in der Tugenden und Kompetenzen für die Bewältigung egalitärer Beziehungsmuster gelernt werden" (S. 154).

Um die Vielfalt der Jugendkulturen und Szenen der letzten 20 Jahre zu verstehen, werden Perspektiven angeboten, die auf unterschiedliche wissenschaftliche Blickwinkel und sozialisatorische Implikationen hinweisen. Dazu gehört die Überlegung, „dass der Anschluss an Gruppen und gruppenübergreifende Szenen bei Jugendlichen ein bevorzugtes Mittel ist, um Gefühle zur realisieren, Probleme zu lösen oder Wünsche nach persönlicher Bedeutung und Wirksamkeit zu erlangen" (Eckert u.a.2000, S. 14). Jugendliche bringen in Cliquen, Kulturen und Szenen ihre Bedürfnisse, Wünsche und Phantasien ein und sie testen Chancen und Risiken aus. Vielfach verlaufen die Prozesse der Zugehörigkeit und Einbindung in Cliquen so: Die Jugendlichen kennen sich aus ihrer Nachbarschaft, dem Ort, der Schule schon lange; sie sehen sich das Cliquengeschehen an, probieren aus, machen mit, passen sich an, bringen sich ein, gehören dann dazu und entwickeln bzw. favorisieren schließlich dann in einer spezifischen Dynamik ästhetisch-kulturelle Präferenzen. Sie machen in den Cliquenprozessen möglicherweise neue, erweiternde Lernerfahrungen und entfalten kreative Kompetenzen, sie können in den Cliquenprozessen aber auch einem Konformitätsdruck unterliegen, der möglicherweise mit einer geringen Toleranz gegenüber Fremden einher geht und sie auch zu Gewaltakteuren werden lässt. Jugendliche nutzen die Gruppen und Cliquen als emotionale Basis, für Abenteuer und zum Prestigegewinn, als Mittel der Durchsetzung von Interessen, als Spiegel und Forum der Anerkennung und Bedürfnisbefriedigung wie auch als kompensatorische Bühne für ihre defizitären und verstrickten Bindungs- und Sozialisationserfahrungen in Familie, Freizeit, Schule und Arbeit. Sie erfahren in Cliquen ihre - möglicherweise langfristig wirkenden - mentalen adoleszenten Prägungen, die mit eindeutigen und sichtbaren Symbolen und Ritualen verbunden sind.

Die neuere Gesellungsform „rechte Cliquen" ist als Teil eines Entwicklungs- und Sozialisationsprozesses zu verstehen, der anzeigt, wie Jugendliche versuchen auf Verletzungen ihres Selbstwertgefühles mit neuen ideologischen Versuchungen und ästhetisch-kulturellen Inszenierungen in einer ritualisierten Lebenspraxis umzugehen. Es ist der Versuch, als Reflex und Verarbeitung von erlebtem Kontrollverlust in undurchschaubaren und unbegriffenen biographischen Entwicklungen auf diesem Wege doch noch Kontrolle zu gewinnen und Sinn durch die Konstruktion von feindlichen Umwelten zu stiften. Tiefsitzende Aggressionen, Verletzungen und Kränkungen werden (teilweise blindwütig und voller Hass) nach langfristigen Entwicklungen projektiv auf Ausländer, Fremde verschoben. Diese müssen „beseitigt" werden, weil sie das eigene Leben bzw. Überleben (ideologisch überhöht dann das Überleben der Deutschen) bedrohen, damit sucht sich die Gewaltkultur schließlich ihre legitimierende Rechtfertigung. Darüber hinaus realisieren die Cliquen Misstrauen und Distanz bis hin zu aggressiver Ablehnung von Demokratie, Verfassungsstaat und Menschenrechten. Jugendliche suchen in und mit solchen Cliquen auf eine spezifische Art und Weise Geltung und Wert, Anerkennung und Abgrenzung sowie einen Spiegel in den hochgradig ambivalenten Prozessen der Erkundung von und der Auseinandersetzung mit der Realität, der Ausweitung ihres Horizontes und ihrem jeweils eigenen Erwachsenwerden - letztlich dem Prozess, den man „Identitätsarbeit" oder „Selbstfindung" in jugendspezifischen Freiräumen nennt. Für Liebel (1991) entstehen und gewinnen Cliquen dann an Bedeutung, „wenn Jugendlichen eine vorstellbar gewordene bessere Zukunft abgeschnitten wird und wenn die der Jugendphase in der bürgerlichen Gesellschaft zugeschriebene Funktion, Zeit und Raum zu bieten für die planvolle Entwicklung einer Lebensperspektive, nicht bzw. nicht mehr realisiert werden kann" (S.308).

Mit den Hinweisen ist angedeutet, dass die Sozialform Cliquen vielschichtige Lesarten anbietet. Sie können gelesen werden in ihrer gruppen- und milieuspezifischen (z.T. in klassenspezifischer Tradition und z.t. mit fließenden Grenzen eher herkunftsunabhängig) Herkunft; als gruppentypische Syndrome mit typischen Unterscheidungen zum mainstream in Gesellschaft und in der Jugend; als Ausnahmen von der Regel, mit ihren intermediären Aufgaben der Vermittlung zwischen Wertsystemen; als soziale und politische Widerstands- und Protestbewegungen; als Ort, an dem Anpassung in Frage gestellt wird; als Auseinandersetzung mit ihren alltäglichen Erfahrungen und der Suche nach Lösungen; als Seismograph und Katalysator gesamtgesellschaftlicher Krisenentwicklungen und Problemlagen; als Ausdruck der gewachsenen Notwendigkeit, das Leben schon frühzeitig in die eigene Hand nehmen zu müssen; als positive, kreative und aggressive Definition und Artikulation des aufgezwungenen bzw. gewonnen Freiraums; als spezifische Formen abweichenden Verhaltens und von Fehlentwicklungen; als Versuche, verloren gegangenen oder fremdgewordenen Raum sich wieder symbolisch oder tatsächlich anzueignen; als Ausdruck und Inszenierung eigener selbstorganisierter Lebensformen und Stile; als demonstrative Suche nach Vergnügen; als abgrenzbare Einheiten an den Rändern dominanter Kultur; als Zusammenschluss, wenn der normale Lebensweg in die Zukunft verschlossen war bzw. deren Preis zu hoch war und abgelehnt wurde; als eine auf Autonomie bedachte Sozialform, die übergreifende und von Erwachsenen gesteuerte Organisationsformen eher ablehnt; als kultur- und medienindustriell mit produzierte Kommunikationsgemeinschaften; als Rückhalt und Stütze (und auch als Gegengewicht) gegenüber negativen Lebenserfahrungen; als Hoffnungsträger und Speerspitzen des sozialen und kulturellen Wandels; als selbstorganisierte und spontane Szene und Protestbewegung; als spezifische Formen, lokale Territorien und soziale Räume als „Reviere" zu reklamieren und zu besetzen; als hedonistische und an Selbstverwirklichung orientierte Absetz- und Rückzugsbewegungen; als Orte und Bühnen, Geschlechsidentität auszubilden und zu erproben; als mediative Struktur und Austauschinstanz zwischen Individuum und Gesellschaft.

Die Auflistung zeigt, dass in einem pluralisierten Spektrum von Cliquen, Szenen und jugendlichen Kulturen sich unterschiedliche Kristallisationspunkte, Orientierungen und Praxen mit vielfältigen „Mischungen" herausbilden können. Gesellungsformen von Jugendlichen sind Chance und auch Risikofaktor, je nachdem welche orientierenden und praktischen Ressourcen entwickelt, unterstützt und initiiert werden. Sie können progressiv, sozial, entwicklungsfördernd, emanzipatorisch, widerspenstig-eigensinnig, auffallend, deviant sein und politisch auch problematische kollektive Orientierungen und Handlungsmuster ausprägen. Sie können als Beitrag „gelungener Sozialisation" neue Chancen von offenen Selbstverhältnissen, von individueller Lebensgestaltung und Sozialkompetenz erweitern und - z.B. durch verstärkte Kontakte mit fremden Lebensformen - Möglichkeitshorizonte für eine erweiterte Individualität eröffnen. Sie können aber auch mit regressiven Tendenzen bzw. in einem regressiven Sog zu normativen Desorientierungen, kriminellen Karrieren und Desintegration beitragen, Entwicklung gefährden und verhindern. Jugendliche Gesellungsformen können eine wichtige „Brückenfunktion" bzw. progressive Überleitungsfunktion (als Probehandeln) im Prozess der Bereicherung und Ausdifferenzierung von Subjektivität haben, weil im Ablösungsprozess vom Elternhaus die Gleichaltrigen intersubjektiven Rückhalt bieten, ebenso können Größenphantasien und Tagträume den Entwicklungs- und Ablösungsprozessen der Adoleszenten dienen - bis sie dann durch reale Gratifikationen und Beziehungen ersetzt und ihre Einbindung in die Realität gelungen ist. Dabei kann *eine* Entwicklungsrichtung, die Zentrierung auf das Selbst, sich mit Zügen narzisstischer Selbstwahrnehmung der „Eigengruppe" auch in (latenten) ethnozentristischen Mentalitäten und aggressiver Selbstbehauptung von Gleichgesinnten äußern. Das heißt, dass sich bei starken Identifikationen mit der „Eigengruppe" gegenüber fremden Gruppen immer auch Stereotype, Vorurteile und Ablehnung entwickeln und verfestigen können. Dabei können sie als „weltanschauliche" Gruppen - um die es in den drei Fallbeispielen exemplarisch geht - hermetische oder durchlässige Sinnwelten entwickeln, bis hin zu einem manifesten, rigiden Ethnozentrismus, der von begrenzter Dauer und Stabilität ist oder sich radikalisieren und dauerhaft verfestigen kann. Gleichzeitig dürfen solche gemeinsamen Merkmale und damit verbundene Aktivitäten nicht zu dem Trugschluss führen, es läge eine ausschließliche Homogenität von gemeinsam geteilten Orientierungs- und Handlungsmustern von konkreten Cliquen vor. Cliquenspezifische Homogenitäten sind immer auch ein Artefakt, hinter dem sich einzelne Mitglieder mit unterschiedlichen Biographien verbergen, die untereinander höchst unterschiedlich denken und fühlen und für die die Clique eine jeweils spezifische sozialisatorische Bedeutung bzw. Nützlichkeit und Gelegenheitsstruktur hat. So steht denn auch im Mittelpunkt der Studie das Interaktionelle in der Gleichaltrigengruppe, in die Jugendliche sich mit ihren individuellen Lebensgeschichten - und gerade auch mit ihrem jeweils persönlich-privaten Anteil an Unbewussten - einbringen und in der sie agieren, sozialisiert und kulturell geprägt werden. Zur Bedeutung dieses interaktionellen Feldes etwa in Relation zum lebensgeschichtlich wichtigen Konfliktfeld Familie, zur biographisch weichenstellenden Institutionen Schule oder den prägenden Einflüssen von beruflicher Bildung und Arbeit lässt die Studie keine Aussagen und Schlüsse zu.

2. Jugend und Rechtsextremismus

Der Zusammenhang von Jugend, Gewalt und Rechtsextremismus hat in der Geschichte der Bundesrepublik eine mehrphasige - geradezu zyklisch wiederkehrende - Tradition, die wiederum in die Geschichte des erwachsenen Rechtsextremismus eingebunden ist (Dudek/Jaschke 1984). Seit Mitte der achtziger Jahre ist er erneut zu einem sozialwissenschaftlichen und jugendpädagogischen Forschungsfeld mit zahlreichen Studien und theoretischanalytischen Erklärungs- wie auch jugendpädagogischen Praxisangeboten geworden. Die rege Publikationstätigkeit hat zu einer unübersichtlichen Zahl von mehr oder weniger seriösen Veröffentlichungen (vor allem auch Sammelbänden) geführt, die hier nicht im Einzelnen referiert und bewertet werden sollen (vgl. zusammenfassend Möller 2000). Die Erklärungsangebote „streuen" quer durch die akademischen Disziplinen und beinhalten auch interdisziplinäre Perspektiven aus der Wissenschaftslandschaft; die empirischen Untersuchungen differenzieren nach quantitativ angelegten Einstellungs- und Auswertungsuntersuchungen (meist schriftlichen Befragungen) und nach qualitativ orientierten Studien (Biographie-, Fall- und Cliquenstudien) und vereinzelt auch Langzeituntersuchungen.

Aus den vorliegenden empirischen Studien der letzten Jahren sollen diejenigen vorgestellt sowie auf sozialpsychologische Befunde und Reflexionen hingewiesen werden, die für die hier vorgelegte Cliquenstudie in ihren methodischen Anlagen, in ihren Erkenntnissen und auch politischen und pädagogischen Schlussfolgerungen von Bedeutung sind. Darüber hinaus soll kurz auf die Studien von Hopf u.a. (1995), von Held u.a. (1991, 1996), von Ohder (1992), von Willems u.a. (1993) und Hafeneger (1993) hingewiesen werden, die Befunde und Anregungen anbieten, mit denen das Feld seit Anfang der neunziger Jahre ebenfalls empirisch erhellt und differenziert wurde. So weisen Hopf u.a. (1995) in ihrer qualitativen „Familien-Studie" auf den Zusammenhang zwischen unsicher/nicht-autonomen Typen der Bindungsrepräsentation und rechtsextremen sowie autoritären Orientierungen hin; eine besondere Bedeutung werden dem „abwehrend-bagatellisierenden Umgang mit Beziehungserfahrungen" und „verstrickten Beziehungsrepräsentationen" (S. 153) zugeschrieben. Die Studien von Held u.a. (1991, 1996) machen mit der Befragung von 314 jugendlichen Arbeitnehmern und Auszubildenden im Großraum Tübingen deutlich, dass im Vergleich von Jugendlichen, die einen Arbeits- oder Ausbildungsplatz bei mittleren und größeren Unternehmen haben mit Jugendlichen in der „Warteschleife der Qualifizierung" (beim Internationalen Bund für Sozialarbeit), deprivierte Jugendliche nicht stärker mit rechten Ideologiefragmenten konform gehen.

Im Gegenteil, nur 11% der benachteiligten, aber 27% der integrierten Jugendlichen fanden es „prima", dass die Republikaner bei der letzen Kommunalwahl in Baden-Württemberg (im Jahre 1989) gut abgeschnitten hatten. Damit wird die umstrittene These bestätigt, dass privilegierte Gruppen (Jugendliche) stärker ethnozentrisch und rechtsextrem eingestellt sind, als benachteiligte Gruppen (Jugendliche). Ohder (1992) zeigt in seiner Auswertung der 1600 Personen in der Arbeitskartei der „AG Gruppengewalt", dass eine kriminalitäts- und gewaltfördernde Funktion von Gruppen nicht nachgewiesen werden kann. Willems u.a.(1993) bieten vor dem Hintergrund fremdenfeindlicher Gewalt, die zu Beginn der neunziger Jahre insbesondere von Cliquen männlicher Jugendlicher ausgeht, eine qualitative Analyse von Täter- und Tatmerkmalen an. Hierfür konnten 1.398 Ermittlungsakten der Polizeien verschiedener Bundesländer aus den Jahren 1991 und 1992 und ergänzend Gerichtsakten ausgewertet werden. Da die fremdenfeindliche Gewalt in nahezu allen Fällen von jugendlichen Cliquen ausgeht, wurde ein besonderes Augenmerk auf die „subkulturellen Besonderheiten" von Gruppen und Cliquen und auf die „Gruppendynamik" bzw. Eigendynamik von Gruppenprozessen (S. 21) gerichtet. Sie unterscheiden vier Tätertypen - den Mitläufer, den kriminellen Jugendlichen (Schlägertyp), den Ausländerfeind oder Ethnozentristen und den politisch motivierten, rechtsextremistischen oder rechtsradikalen Täter. So kann belegt werden, dass der Anteil gewalttätiger männlicher Jugendlichen bei über 95% und bei Mädchen lediglich bei 3 bis 4% liegt. Für die Mechanismen und Faktoren für gewalttätiges Handeln wird auf die enthemmende Wirkung von Alkohol und die Stimulierung durch Musik, auf die medienvermittelten Nachahmungs- und Ausbreitungseffekte sowie die lokalen Klimata mit ihren Mentalitäten, Gerüchten und konflikthaften Erfahrungen hingewiesen. Hafeneger (1993) zeigt in den sechs biographischen Interviews u.a. die Bedeutung von Peer-groups und Szenen für die subjektive Realitätsverarbeitung und weist auf die Gleichgültigkeit und das Desinteresse von relevanten Sozialisationsinstanzen (Elternhaus, Schule, Kommune) sowie auf die provozierenden bzw. austestenden Lebensäußerungen der Jugendlichen hin.

1. Einstellungsuntersuchungen

Die Einstellungsuntersuchungen von Heitmeyer u.a. basieren auf Befragungen von Jugendlichen. Hier haben vor allem die beiden Studien „Rechtsextremistische Orientierungen unter Jugendlichen" (1987) und die „Bielefelder-Rechtsextremismus-Studie" (1992) - als Langzeitanalyse zur politischen Sozialisation Jugendlicher - vor dem Hintergrund eines modernisierungs- bzw. individualisierungstheoretischen und sozialisationstheoretischen Rahmens empirische Befunde und analytische Erklärungen angeboten. In der ersten Studie werden erstmals für die neuere Rechtsextremismusforschung die Grundelemente von rechtsextremistischen Orientierungen - „Idee der Ungleichheit der Menschen" und „Gewaltperspektive und

-akzeptanz" - entwickelt. Danach kann man von „rechtsextremistischen Orientierungsmustern also vorrangig dann sprechen, wenn beide Grundelemente zusammenfließen, wenn also die strukturell gewaltorientierte Ideologie der Ungleichheit verbunden wird zumindest mit der Akzeptanz von Gewalt als Handlungsform" (1987, S. 16). Vor dem Hintergrund eines sozialisationstheoretischen Konzeptes und einem Orientierungsmusteransatz wurden 1.257 Jugendliche (Schülerinnen und Schüler) befragt und in die Clusteranalyse wurden 365 Jugendliche einbezogen. Die empirische Untersuchung zeigt u.a. zwei Konstellationen; zunächst „eine zurückhaltende Einschätzung gegenüber der theoretisch begründeten Konstellation (nahe), in der soziale Ausgrenzung, Vereinzelung und Minderwertigkeitsgefühle der Jugendlichen zusammentreffen" (S. 188). Heitmeyer bietet eine Revision des Desintegrationskonzeptes (nach dem soziale Desintegration rechtsextreme Orientierungen fördern) an, weil soziale Ausgrenzung nicht quasi automatisch zur Übernahme von „autoritär-nationalisierenden" Orientierungsmustern führt. Er weist auf die Verankerung von problematischen Orientierungsmustern in weiteren Populationen hin und stellt fest, dass gerade auch gut integrierte und selbstbewusste Jugendliche - im Kontext ihrer Selbstüberschätzung - rechtsextreme Orientierungen aufweisen. Dabei bietet er vier Orientierungsmilieus (als Verdichtung von Orientierungsmustern und rudimentäre Form von sozialen Milieus) an: das traditionsgebundene nationalistische Orientierungs-"Milieu", das anomische Orientierungs-„Milieu", das neoromantische Orientierungs-„Milieu" und das neokonservative Orientierungs-„Milieu". Er schreibt: „Daher sollte größere Aufmerksamkeit der Konstellation gelten, in der scheinbar soziale Integration und Überlegenheits- bzw. Selbstüberschätzungsempfinden bei gleichzeitiger Vereinzelung zusammenfallen, denn es gibt zahlreiche Hinweise, dass Jugendliche, die in sozial akzeptierten und von ihnen selbst als zufrieden stellend empfundenen Handlungsbedingungen und Interaktionskontexten leben, eine Nähe zu den als problematisch angesehenen Orientierungsmustern aufweisen" (S. 188).

In der „Bielefelder-Rechtsextremismus-Studie" (1992) legen Heitmeyer u.a. vor dem Hintergrund des Individualisierungstheorems (mit seinen negativen Folgen und Prozessen) einen Desintegrationsansatz zugrunde, indem sie drei Potentiale charakterisieren: Auflösung von traditionellen Bindungen, Auflösung von gemeinsam geteilten Wert- und Normvorstellungen, Auflösung der Teilnahme an gesellschaftlichen Institutionen. Dies wiederum ist mit den drei Erfahrungen ‚Vereinzelung, Konkurrenz und Ohnmacht' verbunden. In der qualitativ angelegten Langzeitstudie - mit problemzentrierten Interviews mit 31 Jugendlichen über einen Zeitraum von 5 Jahren - kommen sie u.a. zu dem Ergebnis, dass Ideologien sich aus subjektiven Logiken von Alltagserfahrungen entwickeln und dass integrierte Jugendliche in Ausbildung z.T. ausgeprägtere fremdenfeindliche Positionen vertreten als ein Teil der arbeitslosen Jugendlichen. Im Kern interessiert die Autoren der Zusammenhang von Arbeitsbiographien bzw. der Ausgrenzung aus dem Arbeitsmarkt und politischen Orientierungen. Danach ist die formale Integration in die Arbeitswelt keine Gewähr für Distanz bzw. Ablehnung gegenüber Ideologien der Ungleichheit und Gewaltakzeptanz: „Die formale Integration in den Arbeitsbereich stellt zwar eine zentrale, aber keine hinreichende Voraussetzung für die Entwicklung und/oder Gewährleistung von Distanz gegenüber verschiedenen Varianten von Ideologien der Ungleichheit und/oder Gewaltakzeptanz dar" (1992, S. 471). Sie unterscheiden sachlich-inhaltliche und instrumentelle Arbeitsorientierungen und die Distanz erhält erst dann größere Chancen, wenn sachlich-inhaltliche Arbeitsorientierungen (Sinnhaftigkeit und Kompetenz, „Gebraucht-Werden" und „Ausgefüllt-Sein") vorliegen. Für die Autoren beginnt die Ambivalenzzone „rechter" Orientierungen dort, wo eine relativ gesicherte Arbeitsbiographie mit instrumenteller bis instrumentalistischer Arbeitsorientierung zusammenfällt. Für die Mechanismen der Verarbeitungsprozesse hin zu politischen Orientierungen (Varianten der Ideologien der Ungleichheit und/oder Gewaltakzeptanz) wird die „analogisierende Übertragung" von Prinzipien des ökonomischen Bereiches in den politischen und die „Umformung" instrumentalistischer Erfahrungen in politische Positionen angeboten. Als Erklärung für Ursachen und Entstehungsprozesse von rechtsextremen Orientierungen und Handlungsweisen dient die „Instrumentalisierungs-These" (instrumentelles Nutzungsdenken). Damit ist die Ambivalenz von Individualisierungsprozessen und der Zwang zur Selbstdurchsetzung, die demonstrierende Stärke und Nicht-Anerkennung des anderen gemeint. Instrumentalisierung dient im Gefüge von Erfahrungen und Verarbeitungen „also dem Ziel der eigenen Selbstdurchsetzung; um entweder Anschluss, Sicherung oder Aufstieg zu erreichen" (S. 596). Diese werden mit drei Prozessabläufen pointiert: erfahrene oder antizipierte Handlungsunsicherheit - Instrumentalisierung anderer mittels sozialer Vorurteile, die von rechtsextremistischen Konzepten bereitgestellt und propagiert werden; erfahrene oder antizipierte Ohnmacht - Instrumentalisierung anderer durch Dokumentation von Stärke und Überlegenheit oder durch Zerstörung der Integrität anderer; erfahrene oder antizipierte soziale Vereinzelung - Instrumentalisierung von anderen mittels nationalisierender Exklusion (S. 597).

2. *Biographische und qualitative Studien von Rieker und Siller*

Rieker (1997) zeigt in seiner Studie wie ethnozentristische Orientierungen (verstanden als Fremdenfeindlichkeit und nationalistische Überheblichkeit) sich bei jungen Männern ausprägen. Mit einem qualitativen Ansatz und einer standardisierten Befragung hat er 25 junge Männer in seine Untersuchung einbezogen. Rieker charakterisiert 11 junge Männer als ethnozentrisch, 8 als teilweise ethnozentrisch und 6 als nicht ethnozentrisch; dabei arbeitet er die Abwertungstendenzen und die Dominanz materialistischer Argumentationsmuster heraus. Danach haben die jungen Männer seltener Partnerbeziehungen und zeigen „aktuelle oder vergangene Zugehörigkeiten zu den Skinheads oder zu ähnlichen Jugendkulturen (...). Ethnozentriker zeigen kaum verbindliche, individuell akzentuierte Freundschaftsbeziehungen - wie dies in anderen Fällen durchaus festzustellen ist - sondern fast ausschließlich eher unverbindliche Cliquenbeziehungen" (Rieker 1997, S. 224). Soziale und emotionale Beziehungen bzw. Beziehungskonstellationen werden in eindeutigen und harten Gegensatzpaaren gesehen, die wiederum im Verhältnis zu ihren Eltern und Kontakten zu Gleichaltrigen - als Zusammenspiel emotionaler sachlich-inhaltlicher Beziehungsqualitäten - erfahren worden sind und in sozialen Milieuzusammenhängen gelernt werden; Ambivalenzen und Mischungen werden kaum zugelassen und vermieden. Nach Rieker ist es weniger die Aufwertung der Eigengruppe als die Diffamierung und aggressive Abwertung von Fremdgruppen, die im Zentrum ethnozentrischer Orientierungen und Argumentationen stehen. Auch wenn dies zwei Seiten derselben Medaille sind, scheint nach Rieker „die Eigengruppe oft nur indirekt definiert werden zu können, und zwar als das, was die anderen nicht sind" (S. 230).

Siller (1997) hat in ihrer Studie am Beispiel von sechs Berufsschülerinnen gezeigt, wie sich politische Orientierung in Übereinstimmung und in Ablehnung mit rechtsextremistischen Denken und Verhalten aus den spezifischen Lebenszusammenhängen, den jeweiligen Erfahrungs- und Konfliktkonstellationen sowie den subjektiven Verarbeitungen der jungen Frauen erklären lassen. Danach können sich rechtsextremistische Orientierungen dann entwickeln, wenn Möglichkeiten und Wünsche der weiblichen Lebensgestaltung als widersprüchlich und/oder unvereinbar erfahren und der eigene Handlungsspielraum als sehr eng - im Sinne eines Entweder-Oder - erscheint. Wenn sich in dem Wunsch nach selbstbestimmter Lebensgestaltung die Lebensentwürfe polarisieren, „indem sie sich entweder an Männlichkeitsstereotype der Härte und Stärke anzugleichen versuchen, um darüber Gleichberechtigung und Gleichheit zu erreichen, oder indem sie sich an Weiblichkeitsstereotype orientieren und darüber Sicherheit und Schutz von Männern fordern" (Siller 1997, S. 233), dann zeigen sich hier Lösungsversuche und subjektive Verarbeitungsmuster, die sich als defensivheteronome und schließlich rechtsextremistische Orientierungen niederschlagen. In der Defensive wird die Suche nach - dem vermeintlich gefährdeten - Schutz und nach - der in Frage gestellten - Sicherheit an den „starken" Staat oder „Mann" delegiert, oder aber die Angst vor Unruhen, Bedrohung und Verunsicherung lässt nach Schutz und „gesichertem Leben" in traditionellen Weiblichkeitskonzepten an der Seite des (starken, sorgenden und beschützenden) Mannes suchen. Diese beiden Muster zeigen Wege, wie Frauen zwischen selbstbestimmten und traditionellen Leben ihre Gestaltungswünsche interpretieren und welche Handlungsorientierungen sie entwickeln. Damit sind rechtsextremistische Orientierungen sowohl auf defensive wie auch auf offensive Verhaltensmuster (als „verquere Emanzipation" (Möller), stark und kämpferisch zu sein, wie ein Mann) zurückzuführen. Im Kern geht es um polarisierte Lebensentwürfe und den Umgang mit den Geschlechterstereotypen, der sich in den beiden Mustern der Angleichung - an Männlichkeits- - oder an Weiblichkeitsstereotype - auflöst. Im Prozess der völligen Angleichung bzw. Übernahme dieser beiden Muster zeigen die Befunde, dass drei der befragten Frauen zu diesen dichotomen Denkfiguren und zu rechtsextremistischen Orientierungen neigen.

3. Jugendstudie von Eckert u.a.

Eckert u.a. (2000) hatten im Rahmen ihrer breit angelegten qualitativen Untersuchung (Gruppeninterviews u.a.) Kontakt zu 47 unterschiedlichen Jugendgruppen und haben dann 20 Gruppen für die vorgelegten Portraits ausgewählt. In das große Spektrum der Gruppen - wie Hooligans, Paintballer, Pfadfinder, Breakdancer, Techno-Gruppen, obdachlose Punks, multiethnische Cliquen, Stadtteilcliquen, HipHop, Graffiti, Dorfclique, Anarchoveganer, Wagendorfbewohner u.a. - waren auch eine rechte Skinheadclique und eine Clique „rechter Mädchen" einbezogen. Das Kerninteresse der Untersuchung war, die jeweilige Gruppenwirklichkeit zu rekonstruieren und im Mittelpunkt „steht der Nachvollzug des „subjektiven Sinns", d.h. in diesem Fall die Beschreibung der Gruppenwirklichkeit innerhalb derer dieser „Sinn" hergestellt und handlungsrelevant wird" (S. 23). Für die „rechten Mädchen", die Skinheadclique und eingeschränkt auch eine Dorfjugendclique werden unterschiedliche Elemente und Dimensionen rechter Orientierung deutlich.

Die gewaltbereite und z.t. vorbestrafte Skinheadclique, die sich auch selbst als rechtsextrem und ausländerfeindlich bezeichnet und „von ihrem Äußeren dem klassischen Bild eines rechten Skins" (S. 293) entspricht, hat z.T. einen ausgeprägten, mit deutlich affektiver Dimension verbundenen Ausländerhass. Ihre Weltanschauung ist z.T. diffus und z.T. ideologisch geschult, sie kristallisiert sich in den Punkten „Rassentrennung und Nationalismus" (S. 295). Die Gruppe hat sich in einem längeren Prozess radikalisiert, die Gruppenmitglieder sind unterschiedlich deviant und gewalttätig, sie betonen ihre Gemeinsamkeit und Kameradschaft, leben eine rechte Jugendkultur (Musik, Outfit, Isolation, Freund-Feind-Konstellation, Gewalt etc.) und sie erwarten von Fremden unbedingte Anpassung.

Die rechten Mädchen gehören zu einer rechtsorientierten Jugendgruppe, die „der Skinheadszene zuzuordnen" ist (S. 327). Ihr Outfit entspricht dem der Szene; rechts sein bedeutet für sie ein „bestimmter Kleidungsstil, gegen Ausländer und Punks sein" (S. 330). Sie haben eindeutige und gefestigte Feindbilder, sind auffällig, deviant und kriminell - bis hin zu politischen Straftaten. Mit Blick auf die Gruppenbeziehungen sind sie abhängig von den Jungen, sie „orientieren sich stark an den Verhaltensweisen der Jungen, definieren sich sogar als deren „Bräute" (S. 334).

Die dorfgesellschaftlich integrierte und konventionelle Dorfjugendclique ist keine rechte Clique im engeren Sinne, aber sie hat mit ihrer Normalitätsorientierung auch Elemente von Ethnozentrismus; sie definiert sich u.a. über „die Ablehnung von Aussiedlern" (S. 179). Sie fühlen sich durch die Anwesenheit von Fremden bedroht und die Gründe für die Unbeliebtheit der „Russen" werden in der Studie so zusammengefasst: die kulturellen Unterschiede, die Konkurrenz, das Hineindrängen einer fremden Gruppe in den Alltag der Dorfbewohner (S. 183).

4. Studie „Rechte Kids" von Möller

In der Tradition sozialisationstheoretisch ausgewiesener Studien hat Kurt Möller (2000) sich in einer, methodisch der rekonstruktiven Sozialforschung verpflichteten, Langzeitstudie über drei Erhebungszeitpunkte hinweg mit dem Auf- und Abbau rechtsextremistischer Orientierungen bei insgesamt 40 Kids (20 Jungen und 20 Mädchen) im Alter 13 bis 15 Jahren befasst. Dabei zentriert er sein Interesse auf das unorganisierte Aktionspotential der jüngeren Jugendlichen und auf den Zusammenhang der „frühen Jugendphase, mit der Geschlechtsspezifik der Jugendsozialisation und mit der Prozesshaftigkeit der entsprechenden individuellen Sozialisationsverläufe" (S. 10). Von den Jugendlichen von „nebenan" (S. 81) werden für etwa 3/4 der männlichen und etwa 2/3 der weiblichen Jugendlichen Ungleichheitsvorstellungen - nicht im Sinne rassistischer Ideologie, sondern als Übernahme von Mentalitäten im gesellschaftlichen Diskurs - ausgewiesen; diese „ranken sich bei Jungen wie bei Mädchen nahezu ausschließlich um die sog. ‚Ausländer- und Fremdenfrage' (S. 91) und ist nicht mit einer offenen „Aufwertung oder gar Idealisierung der Eigengruppe" (S. 94) verbunden. Die Gewaltakzeptanz ist bei den Jungen stärker ausgeprägt; sie ist dort mit Ungleichheitsvorstellungen verbunden, wenn „territoriale Konflikte mit ‚ausländischen' Jugendlichen vorliegen" (S. 97). Für die Kids der untersuchten Altersgruppe bildet der Kern „der Fremdenfeindlichkeit der Jungen ... Alltagserfahrungen" (S. 143) bzw. die Verarbeitung und Strukturierung von sozialen Erfahrungen in ihrem Lebenszusammenhang. Möller weist darauf hin, dass die rechtsorientierten Jugendlichen durchgängig überdurchschnittlich stark von Problemen belastet und die rechten Cliquen mit ihren Erfahrungen im Freizeitbereich für sie prägend - im Sinne von (politischer) Sozialisation und Selbstverortung - sind.

5. Sozialpsychologische Reflexionen

In dem Sammelband von König (1998) werden von mehreren Autoren Rechtsextremismus und Gewalt bei Jugendlichen - einer Minderheit von Heranwachsenden - als Folgen von schweren Identitätskrisen in der Adoleszenz reflektiert. So gehören der jugendliche Rechtsextremismus und irrationale Ideologien insgesamt für Erdheim zu den anachronen gesellschaftlichen Phänomenen; nach ihm besteht ein Zusammenhang zwischen „bestimmten Adoleszenzverläufen (die eine verunsichernde Lebensphase ist, d. V.), dem Vorhandensein anachroner Strukturen und dem Glauben an das Irrationale" (1998, S.35). Eingebunden in Regressionen und eine Familialisierung der Kultur regredieren Individuen und sie werden unfähig, adäquat mit ihren ambivalenten Gefühlszuständen, Größen- und Allmachtsphantasien umzugehen; ihre Affinität zum Irrationalen kann sich dann auch in Angeboten und Bedürfnissen nach rigiden Gruppen, Mythen und Phantasien manifestieren. Für Oevermann sind die Phänomene nicht Folge genuin politischer Überzeugungen und Strategien, sondern Ausformung einer männlichen Adoleszenzkrise, „die sich der genannten politischen Symbole und Taten nur als „geeigneter", weil besonders hässlicher und verwerflicher, deshalb besonders provokativer Ausdrucksmittel für eine solche unpolitische Stellungnahme und Geisteshaltung bedient" (1998, S. 84). In den rechten Peer-group-Vergemeinschaftungen werden aus Orientierungslosigkeit resultierende Ressentiments, Trotz und Gesinnungen ausagiert, die verbunden sind mit einer Lockerung der Kontrolle der Gewaltbereitschaft und Lockerung „allgemeiner elementarer sittlicher Bindungen" (1998, S. 103). Als Ausdruck moralisch und ethisch defizitärer Bewältigung von Adoleszenzkrisen verweist Oevermann die Gewaltbereitschaft auf die aktuellen Tendenzen in den Vergesellschaftungsprozessen der jungen Generation bzw. die spezifisch moralisch defizitäre Sozialisation der „Täter" in Familie, Schule, Peer-group und Gesellschaft. Clemenz weist auf Vergesellschaftungsmodi und narzissmustheoretische Erklärungsangebote rechtsextremer Einstellungen hin und er formuliert als psychodynamischen Kern: „Größenphantasien, Verschmelzungswünsche mit einem idealisierten Objekt, ein schwaches Über-ich, ein labiles Ich und frei flottierende, weil nicht durch ein Über-Ich gebundene (narzisstische) Aggressivität bilden eine psychische Struktur, die für nationalistische und rassistische Vorstellungen mobilisieren kann" (1998, S. 145). Zeitdiagnostisch nennt er Merkmale wie Selbstreferentialität, Ambiguitätsintoleranz und Abwehr von Misserfolgserfahrungen, die von gesellschaftlichen Modernisierungsprozessen induziert werden. Eine theoretische Perspektive für die angemessene Erklärung solcher Entwicklungen sieht Clemenz in der Vermittlung subjektiver und gesellschaftlicher Strukturen, nach ihm „bedarf es einer an der Biographie orientierten Rekonstruktion des gesamten stufenförmigen Vermittlungsprozesses" (1998, S. 158). Dabei hält er neben Ohnmachtserfahrungen, Benachteiligung, Angst vor sozialem Abstieg die beiden Gefühlskomplexe „Ängstlichkeit" (gegenüber dem Fremden und Faszination durch das Fremde) und „Neid" mit seinen destruktiven Momenten für zentrale psychische Konflikte in der Adoleszenz, aus denen Fremdenfeindlichkeit und Rassismus entstehen und in Mustern von Surrogatidentitäten, von Eigen- und Fremdgruppen gewaltförmig ausagiert werden können; alltägliche Ohnmachtserfahrungen (Familie, Schule) werden durch Stärke- und Machtdemonstrationen kompensiert und in den Cliquen re-inszeniert.

3. Rechte Cliquen

Die inhaltliche Bestimmung der Begriffe „rechts" und „rechtsextrem" sind umstritten bzw. uneindeutig und auf der Einstellungsebene können Berührungspunkte, Nähen und fragmentarische Überschneidungen zwischen rechtskonservativen, rechtspopulistischen und rechtsextremen Argumentationsfiguren entstehen. Der komplexe und mehrdimensionale Begriff „rechts", der hier zugrunde gelegt wird, meint zunächst einen Sammelbegriff, der sowohl diffuse Einstellungen und Deutungsmuster im Überlappungsbereich von autoritären, inhumanen und fremdenfeindlichen Mentalitäten, als auch eine antidemokratische Gesellschafts- und Kulturkritik ohne ein geschlossenes Weltbild beinhaltet. Daneben sind rechtsextreme Orientierungen - organisiert oder unorganisiert - als ein Konglomerat aus antidemokratischen, nationalistischen, rassistischen, völkischen und antisemitischen Einstellungs- und Handlungsmustern zu verstehen und eher als geschlossene Weltbilder zu charakterisieren (Jaschke 2001, Stöss 1994, Heitmeyer 1987, 1992, Minkenberg 1998). Der Rechtsextremismus ist ein „antidemokratisches politisches Konstrukt, das sich aus Teilen unterschiedlicher Ideologien zusammensetzt" (Siller 1997, S. 20). Zu dessen ideologischer Grundstruktur gehören die Schwerpunkte und Kernelemente aus den Bereichen des Nationalismus und Rassismus, ein sozialdarwinistisches Menschenbild, eine biologistische und/oder kulturelle Konstruktion von Gleichheit und Differenz, eine Gewalt implizierende „Vorstellung von einer „natürlichen", also biologisch fundierten Differenz und damit verbundenen Ungleichheit und Ungleichwertigkeit von Menschen, aus der ein rassistisch, sozialdarwinistisch und nationalistisch konnotiertes „Recht auf Verschiedenheit" abgeleitet wird (Siller 1997, S. 20).

Mit dem Aufkommen von „rechten Cliquen" (als Cliquen-Identitäten in der Freizeit, aber auch in Schulen) seit Beginn der neunziger Jahre - mit mehr oder weniger ausgeprägten Sympathien zum organisierten Rechtsextremismus, sowie mit Einstellungen und Verhaltensweisen, die aus dem Ideologiebereich des Rechtsextremismus kommen - hat sich eine jugendkulturell neue Erscheinungsform im „rechten Lager" entwickelt. Während der Begriff der Clique als eine Variante konkreter Sozialformen von Jugendlichen zunächst - als spontane Gesellungsform, ohne formale Organisationsstrukturen und Hierarchien - neutral ist und in der Jugendforschung ein entstigmatisierter Gebrauch ohne moralische Qualifizierungen sich durchgesetzt hat, ist hier von einem spezifischen Typus die Rede, denen Merkmale zugeordnet werden können. Dabei definieren und artikulieren sie sich als „rechte Cliquen" unterschiedlich: eher in Form von „diffusen Mentalitäten", von gewaltförmigen Handeln und/oder durch „geschlossene" politische Weltbilder (Pfahl-Traughber 1998); vereinzelt sind sie auch organisationsnah und in die Strukturen des organisierten rechtsextremen Lagers eingebunden und teilweise auch Mitglieder in Organisationen und Parteien. Sie gehören zu dem Typus jugendkultureller Gesellungsform, der sich öffentlich präsentiert, mit eigenen Orten und Zeiten seine Handlungsräume markiert und für eine „Politik auf der Straße", die situativ mit Action oder auch ideologisch (diffus) motivierter Gewalt einsteht. Nach Schröder (2000) ist die rechte Kultur ein Konglomerat aus Musik, Mode, Treffpunkten, gemeinsamen Aktionen, angereichert mit rassistischen und nationalistischen Ideologiefragmenten. Alle Probleme, ob in der Schule, am Arbeitsplatz oder in der Gesellschaft, werden aus einer ethnisch-nationalen Perspektive betrachtet. Differenzierte Wahrnehmungen werden zunehmend abgewehrt; aber nicht nur Jugendliche sondern auch Teile der Erwachsenengesellschaft bedienen sich aus dem Angebot der Stereotypen und ethnisierenden Formeln und auch in der Politik werden sie genutzt.

Zunächst waren es vor allem mehr journalistische Recherchen und Berichte sowie experimentelle jugendpädagogische Alltagserfahrungen aus der akzeptierenden Jugendarbeit, die auf diese neuen Cliquen bzw. Jugendszenen aufmerksam gemacht haben. So ist denn auch die öffentliche Debatte bis Mitte der neunziger Jahre vor allem durch journalistische Berichte (u.a. Farin/Seidel-Pielen 1991, 1993) und die pädagogische Debatte aus der cliquenorientierten bzw. akzeptierenden Jugendarbeit (Krafeld u.a.1993, 1992a) stimuliert worden. Erste Projekte aus der Jugendarbeit (insb. das AgAG der Bundesregierung und mehrere Landesprojekte) haben über rechte Cliquen, Skinheads und Hooligans berichtet, jugendpädagogische Ansätze begründet und ausgewertet (vgl. Deutsches Jugendinstitut 1993, Böhnisch u.a. 1997, Bohn u.a. 1997, Krafeld 1992a, 1996, Klose u.a. 2000). Nach dieser Phase gibt es in der zweiten Hälfte der neunziger Jahre eine breitere politische und pädagogische Debatte über die rechte Jugendszene und es werden erste systematische Reflexionen über die Cliquen angeboten, sowie Anregungen für und Berichte aus der Praxis zusammengestellt (vgl. z.B. die Informationen des ZDK in Berlin). Wissenschaftliche Untersuchungen und jugendpädagogische Reflexionen geben erste systematische Einblicke in solche Cliquen und die rechte Jugendszene als politisches und kulturelles Phänomen (Pfahl-Traughber 2000, Schubarth/Stöss 2000). So versucht Bernd Wagner (1999) eine erste Typisierung von rechten Cliquen in den neuen Bundesländern, Hafeneger/Niebling (1999) haben für das Bundesland Hessen eine erste Überblicksstudie vorgelegt, Eckert u.a. (2000) haben in ihre Jugendgruppenstudie auch zwei rechte Cliquen (und eine konventionelle Dorfjugendclique) einbezogen und Möller (2000) befasst sich in seiner Langzeitstudie mit der Altersgruppe der Kids.

Neben dem Blick von Farin auf die Skinheads (1997) und auf die Nazis von Schröder (2000) bietet Wagner (1999) eine erste Gesellungstypologie von rechten Cliquen in Kommunen der neuen Bundesländer an. Er unterscheidet für die neunziger Jahre mit aufsteigenden Radikalisierungsgrad: einfach strukturierte, weniger sozial schwierige, relativ ungefährliche, nicht extremistische bis ihn zu extremistischen, sozial gefährlichen, terroristischen, kaum ansprechbaren Gruppen (1999, S. 253). Dabei weist er u.a. darauf hin, dass sich „in Freizeiteinrichtungen oder Kneipen Jugendliche treffen, die sich der rechten Szene zurechnen; (...); es gibt „autonome Kameradschaften" mit einer kleinen Kadergruppe und um sie gesellenden Sympathisanten der Szene; es gibt die „Kameradschaft einer neonazistischen/nationalrevolutionären Partei" und „paramilitärische Gruppen, die entweder autonom oder eingebunden in neonazistisch/nationalrevolutionäre Zusammenhänge tätig sind" (ebda. S. 253 ff.). Die erfahrungsgespeiste Auflistung macht deutlich, wie differenziert das Spektrum und das „Angebot" vor allem in ländlichen bzw. kleinstädtischen Gegenden (und ganzen Landstrichen) ist, Jugendliche in rechte Zusammenhänge und Szenen einzubeziehen und ihnen hier „Sozialisationsangebote" zu machen. Nach Wagner, aber auch nach Studien aus der empirischen Sozial- und Jugendforschung und aus Beobachtungen von Journalisten gibt es in vielen Orten (insb. Kleinstädten) der neuen Bundesländer eine stabile und fest etablierte („normal" gewordene) Gewaltsubkultur als lokale Cliquen, organisierte Kerne, autonome Kadergruppen, Kameradschaften und auch eine Netzwerk-Struktur. Es gibt darüber hinaus proklamierte „national befreite Zonen" (ganze Viertel, Straßen, Jugendclubs) und eine partielle (konkurrenzlose) Hegemonie (Einflussbereiche mit ideologischer Vorherrschaft in der alltäglichen Sphäre) einer heterogenen rechten Jugendszene, die von Teilen der Erwachsenengesellschaft (und auch der Politik) mehr oder weniger toleriert, unterstützt, verharmlost, entschuldigt, beschwiegen oder mit Verständnis versehen wird. In der Bewertung der Entwicklung unter Jugendlichen in den ostdeutschen Bundesländern kommt Brumlik (2000) zu der Einschätzung, dass hier von einer flächendeckend verbreiteten rechtsextremen Alltagskultur auszugehen ist, die wiederum „ohne das völkisch abgeschottete Alltagsbewusstsein ihrer Eltern, ehemaliger Bürger der DDR, nicht zu verstehen ist" (S. 49).

II. Empirischer Teil

1. Rechte Cliquen in Hessen

Die Studie von Hafeneger/Niebling (1999) gibt vor dem Hintergrund einer Befragung der hauptberuflichen Jugendpflegerinnen und Jugendpfleger in Hessen für ein westliches Bundesland erstmals Einblicke in rechte Cliquenentwicklungen. Die Ergebnisse der Regionalstudie zeigen Ende 1999 exemplarisch, dass es auch in den westlichen Bundesländern einen „rechten Jugendalltag" gibt, der überwiegend aus männlichen Jugendlichen und jungen Männern besteht. Insgesamt haben sich 113 (=54%) von 209 Jugendpflegerinnen und Jugendpflegern an der Befragung beteiligt, danach liegen für 37 Städte und Gemeinden sowie für einen Landkreise vielfältige Kenntnisse über „rechte" Cliquen, Aktivitäten und Treffpunkte vor. Darunter befinden sich zwei kreisfreie Städte, eine kreisangehörige Stadt (mit eigenem Jugendamt) und 34 kreisangehörige Städte und Gemeinden.

Diffuse oder vereinzelte Aktivitäten

Aus 21 Kommunen wird über eher diffuse oder Einzelaktivitäten berichtet. Danach gibt es „entsprechende Aufkleber" und werden unter den Jugendlichen „eine latente Fremdenfeindlichkeit", „unterschwellige deutschnationale Einstellungen", „reaktionäre bis rechtsradikale Orientierungen", ein „hohes Aggressionspotenzial" und „rassistische Sprüche" unterhalb des Niveaus von aktiven, auffällig „rechten" Gruppen und organisierten Aktivitäten registriert. Geschildert werden verbreitete „rechte" Sympathien oder Stimmungen, bzw. diffuse Aktivitäten (z.B. verbale Äußerungen, Schmierereien, Aufkleber, Graffiti) einzelner Jugendlicher oder auch Schlägereien zwischen deutschen und türkischen Jugendlichen, bei denen ein organisierter „rechter" Hintergrund aber nicht offenkundig ist. Nach den Hinweisen von zwei Jugendpflegern äußern Jugendliche in Jugendclubs „rechtes Gedankengut"; es wird „Musik von den ‚Zillertaler Türkenjäger' und ‚Böhsen Onkelz'" gehört, oder es wurden „in einem Jugendraum Hakenkreuzschmierereien und eine CD-Hülle ‚Zillertaler Türkenjäger', auf der am Strick aufgehängte Ausländer abgebildet waren", gesehen; „‚Türke' ist eines der beliebtesten Schimpfwörter". Auch in einer anderen Stadt „kann anhand von ausländerfeindlichen Parolen an Hauswänden und öffentlichen Plätzen davon ausgegangen werden, dass rechte Gruppierungen bzw. Jugendliche mit rechten Gedankengut in unserer Gemeinde tätig sind". Inwieweit diese fest organisiert und inwiefern Treffpunkte vorhanden sind, entzieht sich der Kenntnis der Jugendpflege. In einer anderen Gemeinde „existieren einige, einzelne Jugendliche, die sich als ‚rechts' bezeichnen und zum Teil auch so auftreten, aber es gibt keine festen Gruppierungen". Aus einer Stadt wird berichtet, es gibt zwar noch „keine feste Cliquen, aber doch einige ‚rechtslastige Jugendliche'"; „rechtes Gedankengut" tritt „immer mehr zu Tage durch Musik, Verbreitung von Witzen (Judenwitzen), ergänzt durch Hakenkreuzschmierereien". Aus einer Stadt im Rheingau wird berichtet, dass es „vereinzelt Jugendliche gibt, die dem rechten Spektrum zuzuordnen sind". Aus einer Kleinstadt in Nordhessen wird berichtet, dass unter Jugendlichen „ein latentes rechtes Bewusstsein vorhanden ist"; das drückt sich in Äußerungen wie „ich fahre kein ausländisches Auto" aus. Aus einer südhessischen Kommune heißt es, „dass Einzelne des Öfteren in Nachbarorte fahren, um Gleichgesinnte zu treffen". Aus mehreren Kommunen heißt es: „latente Anti-Haltungen gegenüber Minderheiten (Türken, Schwule)" sind zu beobachten. In einer nordhessischen Gemeinde ist es „bei einem Zeltlager oder Osterfeuer unter Alkoholeinfluss zu offenen feindseligen Auseinandersetzungen zwischen türkischen und deutschen Beteiligten (...) oder auch zum Skandieren rechtsideologischer Sprüche" gekommen. Registriert werden „Äußerungsformen rechtsextremen Denkens" wie „wenn Adolf noch lebte ...". Aus einer kleinen Stadt in Mittelhessen heißt es, dass sich in einer „Kneipe auch eine als rechte Jugendliche einzustufende Szene aufhält"; es ist die Rede von „arbeitslosen rechten Jugendlichen, die sich eher privat treffen" und „mehr als Saufcliquen zu charakterisieren sind".

Gruppenaktivitäten

Aus 17 Kommunen wird über Gruppenaktivitäten berichtet. „Rechte" Gruppen gibt es in einer kreisfreien Stadt, einer kreisangehörigen Stadt (mit eigenem Jugendamt) und in 15 kreisangehörigen Städten und Gemeinden in zehn Landkreisen. In Ortsteilen einer Stadt „ist das ‚rechte' Potenzial sichtbar. Jugendliche halten sich in ihren festen Cliquen schon seit mehreren Jahren auf. (...) Von ca. 20 Jugendlichen sind fünf in der Szene zu finden, die regelmäßig zu ‚rechten' Treffen fahren", auch von den anderen sind einige wegen „‚rechten' Äußerungen, Kleidung, verbotenen Zeichen sowie Musik" polizeilich bekannt. Doch „Mädchen sind hier nicht vertreten (noch nicht)!". In einer mittelhessischen Kommune gibt es eine „10-12köpfige Gruppe mit guten überregionalen Verbindungen". In einem anderen Ort fanden „Aufkleberaktionen mit rechtsextremen Inhalt" statt, berichtet wird hier zudem von „Drohanrufe(n) mit Naziinhalt", und in einem Stadtteil hat „eine Gruppe rechtsorientierter Skinheads (...) Kontakt zu einem ortsansässigen NPD-Mitglied, für die auch Flugblätter verteilt werden". Nach den Informationen einer Kreisjugendpflege wird aus Teilen des Landkreises „häufiger von Problemen mit rechtsextremen Gruppen berichtet"; des Weiteren lassen sich einzelne Jugendliche von ortsansässigen „Größen der Szene" „als Verteiler für rechtes Informationsmaterial einsetzen". Eine weitere Kreisjugendpflege berichtet von einer „uns bekannten Clique und einem Treffpunkt rechtsorientierter junger Menschen im (...) Stadtteil (...) und der Nachbargemeinde von 10 bis 15 Personen" mit Kontakten „Richtung Schwalm-Eder-Kreis und Kassel".

Mit der Studie konnten Entwicklungen aufgezeigt werden, die auf die Vielschichtigkeiten „rechter Jugendkultur" und deren Milieus hinweisen. Diese reichen von diffusen, vereinzelten Vorfällen (wie aus 21 Kommunen mitgeteilt) über fremdenfeindliche, ethnozentrische Einstellungen und Mentalitäten, „weichen" Organisationsformen im Rahmen von diffusen, informellen Cliquen und vielfältigen Aktivitäten (Musik, Aufkleber, Schmierereien) bis hin zu „harten" Kernen, organisierten Gruppen, Gewalt und ideologischer Verfestigung. In sieben Hinweisen wird ausdrücklich Auskunft über ethnozentrische Mentalitäten und ethnisch-kulturelle Konflikte gegeben. Sie werden meist in Form von gewalttätigen, feindseligen Auseinandersetzungen (Schlägereien, Übergriffe) geschildert, die aber nicht alle zwangsläufig mit politischen Motiven in Verbindung gebracht werden.

Die beschriebenen 17 „rechten" Cliquen und Gruppen variieren in ihrer Größe (von ca. vier bis zu 15 und auch 20 Personen) und in der Alterszusammensetzung (12 bis 25 Jahre). Sie sind nach den Angaben eindeutig von männlichen Jugendlichen und jungen Erwachsenen dominiert; in einer Rückmeldung wird darauf hingewiesen, dass „sich unter ihnen (noch) keine Mädchen befinden". Es sind mehrheitlich eher „lose Gruppen" mit einer Komm-und-Geh-Struktur, aber auch organisierte, „ideologie- und feindbildgeprägte Gruppen"; ihr Auftreten pendelt zwischen öffentlicher Präsentation und privatem Rückzug. Die Aktivitäten reichen von Musikkonsum, Symbolik und bekennendem Auftreten, bis hin zu offenem Rassismus, ideologischer Rekrutierung, der Verbreitung „rechten" Materials oder auch Terrorisierungen per Telefon. Treffpunkte sind in der Öffentlichkeit (Buswartehäuschen), in Gaststätten, auf Sportplätzen oder in Jugendclubs; andere Cliquen/Gruppen ziehen die Privatheit vor, dafür stehen Bauwagen und andere „eigene" Räumlichkeiten zur Verfügung.

Die Analyse der Daten zeigt, dass es in Hessen einige lokale und regionale „Zentren" gibt; so kommen aus einigen Landkreisen der drei Regierungsbezirke mehrere Nennungen: Aus dem Main-Kinzig-Kreis und dem Schwalm-Eder-Kreis sind es jeweils fünf, dann kommen vier Hinweise aus dem Landkreise Marburg-Biedenkopf und jeweils drei aus den Landkreisen Darmstadt-Dieburg und Hersfeld-Rotenburg. Ein Blick in die Mitteilungen der Städte und Gemeinden zeigen gleichzeitig, dass sie insgesamt durch ganz Hessen streuen. Für die Gemeindegrößen gilt, dass 36 Prozent der Mitteilungen aus Orten mit weniger als 20.000 Einwohnern kommen. Da diese jedoch fast drei viertel des Samples ausmachen, muss der Schluss, es handele sich primär um ein Problem von kleineren Städten und ländlichen Gemeinden, relativiert werden; ein eindeutiges Stadt-Land-Gefälle ist daraus nicht ableitbar. Ferner ist davon auszugehen, dass die Jugendpflegen in kleineren, überschaubaren Gemeinden und Städten solche Entwicklungen eher wahrnehmen bzw. wahrnehmen können; nur in einer Stadt (Hanau) wurden - auf Initiative des Jugendamtes - auch Jugendtreffs/-clubs der Stadtteile in die Befragung mit einbezogen. Nur eine solche Befragungsstrategie, in die dann auch Schulen, Kirchengemeinden, die Träger der Jugendhilfe und die Polizei einzubeziehen wären, hätte für die größeren Städte wie auch die ländlichen Regionen ein differenziertes und realitätsgerechtes Bild über das „wirkliche Ausmaß" ergeben.

2. Fragestellung und methodisches Vorgehen

Das Untersuchungsinteresse der drei Fallstudien fragt nach dem Stellenwert und der Bedeutung des Cliquenalltages sowie nach den Beziehungen von Jugendlichen in drei „rechten" Cliquen in Gemeinden und Kleinstädten des Bundeslandes Hessen. Im Zeitraum vom März bis Dezember 2000 wurden die drei Cliquen jeweils dreimal interviewt. Aus den drei Cliquen nahmen insgesamt 29 Jugendliche im Alter von 14 bis 23 Jahren an den Cliqueninterviews teil, davon waren 24 Jungen bzw. junge Männer und 5 Mädchen bzw. junge Frauen. Untersucht werden die politisch „rechten, rechtsextremistischen Orientierungen" (Ungleichheitsvorstellungen), die gemeinsamen jugendkulturellen Praxen und die Gewaltakzeptanz bzw. das Gewalthandeln. Damit werden drei Cliquen portraitiert, die sich die Realität auf ihre Art und Weise deutend und handelnd aneignen und ihre alltäglichen Erfahrungen zu einer „sinnvollen" subjektiven Wirklichkeit ordnen. Rechte und rechtsextreme Deutungen und mit ihnen verbundene Praxen sind als spezifische - sich verselbständigende - Versuche zu verstehen, Wirklichkeit zu ordnen und Handlungsfähigkeit herstellen; sie stellen immer eine spezifische Beziehung zur Realität mit dem Versuch her, sich in ihr biographisch und sozial zu verorten. Entwicklungspsychologisch und sozialisations- wie auch identitätstheoretisch geht es in der Jugendphase um die Bewältigung von Aufgaben, die nach Havighurst (1948) so aussehen: den eigenen Körper zu akzeptieren, geschlechtsspezifische Rollen zu lernen, eine Beschäftigung zu wählen und darauf vorzubereiten, emotionale Unabhängigkeit von Eltern und anderen Erwachsene zu erreichen, lebbare Werte und ein ethisches System aufzubauen. Bei den drei Cliquen ist es sozialisationstheoretisch und lebenspraktisch klärungsbedürftig, welche Erfahrungen die Jugendlichen machen, in die Cliquen einbringen und verarbeiten, welche Bilder sie aufnehmen und welche Cliquenprozesse stimuliert werden, die sie veranlassen sich fremdenfeindliche und rechtsextreme Deutungen anzueignen, ggf. auch gewaltförmig zu agieren.

Mit einer detaillierten Betrachtung der alltäglich-subjektiven Realitäten sollen die jeweilige unterschiedliche Bedeutung der drei Cliquen in der Adoleszenzphase und in der Bewältigung von anstehenden Entwicklungsherausforderungen im jeweiligen sozialen Zusammenhang (der äußeren Realität) aus dem „Erfahrungsmaterial der Cliquen" (collective behavior-Ansatz) dargestellt und deutend erhellt werden. Dabei haben wir uns für ein qualitatives Forschungssetting entschieden, nach dem wir die Interaktionen und Aktivitäten der drei Freizeitcliquen als „Ethnographen fremder Welten" bzw. mit „ethnologischem Blick" dort aufgesucht, erforscht und ihre jeweiligen Cliquenwirklichkeiten rekonstruiert haben, wo sie vorfindbar sind: in ihren vertrauten Heimatorten, in ihren Treffpunkten und auch bei ihnen zu Hause. Der Zugang der Forschungsgruppe zu den „fremden Wirklichkeiten" wurde durch zwei Jugendpflegerinnen und einen Jugendpfleger und zeitweise auch einen Streetworker ermöglicht, die an der ersten Befragung (siehe Kapitel „Rechte Cliquen in Hessen") teilgenommen hatten. Wir haben - durch unser Erkenntnisinteresse begründet - eine qualitativ-explorative Methodenauswahl getroffen, weil wir herausfinden wollten, warum sich Jugendliche in solchen Gruppen zusammenschließen und weil es uns im Dialog und mit den Aufenthalten im Feld um den „Nachvollzug des subjektiven Sinns" (Eckert u.a. 2000) und ein „verstehendes Nachvollziehen" (Witzel 1982, 1996) dort ging, wo die Jugendlichen ihn herstellen. Mit einem Methodenmix wurden anhand eines - mit wenigen offenen Fragen versehenen - Leitfadens zunächst mehrere problemzentrierte Gruppeninterviews (als Kernstück) durchgeführt; nach dem ersten Interview haben dann in den Folgetreffen mehr offene - auf unsere Kern-Themen fokussierte - Gespräche stattgefunden. Die Interviews orientierten sich an unserer durch die Jugendpflege vermittelten (nicht vorschnell stigmatisierten) Wahrnehmung ihrer jeweiligen Kontur als „rechte Clique" (das war auch ihre unterschiedlich akzentuierte Selbstbezeichnung), an Fragestellungen nach der spezifischen Cliquenwirklichkeit aus der Sicht der Jugendlichen, nach deren kollektiver Orientierung und Praxis. Die Interviewtreffen entwickelten jedoch immer wieder eine Eigendynamik, bei der die Jugendlichen uns erzählend all das mitteilten bzw. nicht mitteilten, was sie wollten. Methodisch war es eine Gesprächs- und Erzählsituation zwischen „Offenheit" für die Erzählinteressen der Cliquen und der „Fragestellung" als wissenschaftliches Erkenntnisinteresse, in der die Jugendlichen immer wieder aufgefordert wurden, zu erzählen (im Sinne eines episodischen Interviews) und sich selbst bzw. ihr Cliquenleben (eigenerlebte Erfahrung) zu beschreiben. Damit wurde der Spielraum für erzählen und gegenseitiges (thematisch zentriertes) Nachfragen und Kommentieren in der Gruppe erheblich erweitert. Die Gruppeninterviews bzw. -gespräche wurden durch biographische Einzelinterviews (zur Bedeutung der Clique, versehen mit spezifischen biographischen Perspektiven) mit ausgewählten Jugendlichen ergänzt. Eindrücke aus dem Zusammensein, weitere Gespräche (z. B. bei Spaziergängen oder Aufenthalten im Freien) wurden in einem schriftlichen Memo festgehalten. Weiter wurden Interviews mit den beiden Jugendpflegerinnen und dem Jugendpfleger (Expertengespräche) durchgeführt, die zu den Jugendlichen professionelle Kontakte haben; hier ging es sowohl um die von ihnen betreute Clique wie auch ihr professionelles Verständnis bzw. Verhältnis zu den Cliquen und einzelnen Jugendlichen. Teilnehmende Beobachtung, Milieu-Erkundungen und Feldmaterialien, Fotos und Informationen über die Kommune ergänzten die Kontakte und Eindrücke im Feld und sind in die Auswertung einbezogen worden.

Die ersten Kontaktaufnahmen waren nicht schwierig, sie fanden in Anwesenheit der beiden Jugendpflegerinnen bzw. des Streetworkers (der im Verlaufe der Projektphase seine Arbeit beendete) statt, die z.T. ein langjähriges und vertrauensvolles Verhältnis (bis auf die „harte" Clique) zu den Jugendlichen hatten. An den weiteren Treffen nahmen die Jugendpflegerinnen und der Streetworker nicht mehr teil, lediglich in der „weichen" Clique war der betreuende Jugendpfleger weiter anwesend. Der Begriff des „Lernabenteuers" (Eckert u.a.2000) beschreibt treffend die Unsicherheit, Spannung und Offenheit, sich einem unbekannten Feld zu nähern und in ihm zu bewegen, den Jugendlichen das Vorhaben zu vermitteln, mit ihnen Regeln zu vereinbaren und im Feld „angekommen" (relativ sicher) zu sein. Die Interviews dauerten jeweils zwischen 60 und 90 Minuten, sie wurden im zeitlichen Abstand von drei bis vier Wochen durchgeführt. Hier waren typische Erfahrungen, dass die Jugendlichen neugierig und interessiert waren, dass Vereinbarungen nicht eingehalten wurden, dass die Clique sich bei Folgetreffen anders zusammensetzte, dass sie was anderes vorhatten und Verabredungen nicht eingehalten wurden. Für die Forschungspraxis waren Zeit, Geduld und Flexibilität ebenso Herausforderungen wie die Rolle als (den anderen fremden) Forscher durchzuhalten und sich zurückzunehmen, wenn nachdrücklich und/oder stark alkoholisiert fremdenfeindliche, rassistische Sprüche und Metaphern „losgelassen" wurden; weil es hier nicht nur darum ging die Perspektive eines Fremden anzunehmen „oder ob die anderen tatsächlich fremd sind und - was noch entscheidender ist - ob man als Forscher den anderen fremd ist" (Eckert u.a. 2000, S. 26). Die Einzelinterviews mit ausgewählten Jugendlichen und den Experten und Expertinnen wurden nach Abschluss der Cliqueninterviews durchgeführt, sie waren aufgrund des Kontaktes und Kennenlernens - aber immer in der Rolle als distanzierter Beobachter - durchaus mit einer gewissen Vertrauensbasis und Offenheit verbunden.

Der fallrekonstruktiven empirischen Studie mit ihren drei Fallgeschichten liegt die These zugrunde, dass sich in der exemplarischen Besonderheit der drei Einzelfälle etwas über die allgemeinen Entstehungsbedingungen dieser Einzelfälle dokumentieren lässt. Eine weitere These ist, dass die Cliquen *kollektive Orientierungen* ausprägen und *gemeinsame Erfahrungen* im Umgang mit der Welt vermitteln. Die einzelnen Jugendlichen sind in sie eingebunden und sie machen darüber hinaus noch in anderen Bezugsgruppen und Milieus biographische Erfahrungen. Gewählt wird die „dokumentarische" bzw. „rekonstruktive" Methode (vgl. Bohnsack 1991, Bohnsack u.a.1995), in der Interviewpassagen und interpretierende Texte als Protokolle des Lebens, Fühlens und Denkens lesbar werden, und der Stellenwert der Clique für die Jugendlichen als Gesamtbild erkennbar wird. Es wird materialnah das untersucht, was sich in den Texten - oftmals als typische Metaphern, in ihrer Sprache - dokumentiert, was für sie aus der Distanz aber nicht formulierbar und zu entschlüsseln ist.

Die Präsentation und reflektierende Interpretation von Interviewpassagen erfolgt nach einer thematischen Gliederung; in ihnen dokumentiert sich, was der jeweiligen Clique (mit Fokussierungsmethaphern) wichtig und zentral war. Damit sollen die zentralen Orientierungen bzw. Kristallisationspunkte der Selbstdefinition der drei Cliquen, solche die sie teilen und die sich auf geteilte Probleme, Erfahrungen, Deutungen und Verhaltensweisen (als geschlechts- und milieu-/lebenslagenspezifische Erfahrungsräume) beziehen, ermittelt und dann in komparativer Analyse ausgewertet werden. Die Absprache war, dass die strukturierten Interviews und auch unstrukturierten Gespräche mit Tonband aufgezeichnet werden und die vollständigen Transkripte ihnen zugeschickt und mit ihnen besprochen werden, weiter wurde vereinbart, dass Namen und Orte anonymisiert werden (vgl. Hitzler/Honer 1997). Die wiederholte Befragung bot sowohl den Jugendlichen Gelegenheit sich darzustellen, Aussagen zu verharmlosen, zu beschönigen oder zu übertreiben, sich ins „rechte Licht zu rücken"; sie bot den Interviewern Gelegenheit nachzufragen, auf Aussagen zurückzukommen und erneut zu prüfen. Dies ist ein typisches Merkmal und Validierungsproblem für einen Forschungsprozess im Feld, der als ein mehrstufiges Verfahren zu verstehen ist. Der Auswertungsprozess erfolgte sowohl in den Interviewteams (mit jeweils einem Interviewer und einer Interviewerin) als auch in der gesamten Forschungsgruppe in mehreren mehrstündigen und mehrtägigen Gruppendiskussionen auf der Basis des umfangreichen verschriftlichten Interviewmaterials. Die Durchführung der Interviews und deren Auswertung erfolgten parallel, so wurde jedes Interview vollständig transkribiert, einzeln und dann im Vergleich diskutiert und „grob" ausgewertet, während die nächsten Interviewtermine schon vereinbart waren bzw. wurden; sie waren als Auswertungsprozess - im Sinne von kommunikativer Validierung - wiederum mit den Eindrücken und Felddaten Grundlage für die folgenden Interviews. Die Fülle des umfangreichen Interviewmaterials (pro Interview lagen durchschnittlich 15 bis 25 Seiten vor) wurde im Sinne der vorgelegten Kategorien - orientiert an den Problembereichen der Leitfragen und der darüber hinaus angesprochenen Themen - codiert, die in einem mehrstufigen Analyseprozess - nach einem zunächst vorläufig entwickelten Raster - entwickelt wurden; angewandt wurde das Textauswertungsprogramm Win Max, das die Sortierung des umfänglichen Materials erleichterte und geholfen hat Redundanzen zu vermeiden (Kuckartz 1999). Das Material wurde unter themenspezifischen Aspekten mehrfach gelesen; und entsprechend einem offenen Kodierungsprozess wurden die Kategorien mehrfach überprüft und geändert und letztlich verdichtet und ausgewertet. Für die Darstellung wurden einzelne Interviewsequenzen ins Hochdeutsche übersetzt und stilistisch bearbeitet, ohne dabei in inhaltliche Aussagen einzugreifen.

3. Drei Cliquenportraits

Die drei Cliquenportraits können als exemplarische Zeugnisse für eine „Jugend(un)kultur" und ein mentales soziales Gelände gelesen werden. Rechte Cliquen fallen einerseits auf und erregen Aufmerksamkeit, andererseits sind sie normal und alltäglich geworden, haben eigene Symbole und Sprachcodes (Metaphern), eine spezifische Musik und ein diffuses oder auch klares Feindbild. Mit dem Zusammenhang von ideologischen Überformungen und jugendkulturellem Repertoire (Musik, Outfit) ist das Besondere dieser - wiederum voneinander deutlich abgrenzbaren - Cliquen junger Männer markiert. Wir haben es hier - im Spektrum der deutschen Jugendkultur/-szenen - mit Veränderungen im Mikrokosmos von Lebenswelten und mit einer Dynamik zu tun, die Jugendliche (und das meint hier insbesondere junge Männer) mit dem Gefühl des Zukurzgekommenen und „entbehrlicher Existenzen" konfrontiert. Da wir es in den drei Cliquen überwiegend mit männlichen Jugendlichen und einem männlich konnotierten Umfeld zu tun haben, kann keine geschlechterdifferente Auswertung vorgenommen werden; die Studie knüpft folglich eher an die männlich dominierte Rechtsextremismusforschung und den Blick auf violente männliche Akteure an. Erfahrungsprozesse wie Ausschluss aus der Arbeit, Verwerfungen in Familien, Verlust von Anerkennung und die Zerstörung sozialer Zeit und der vorgestellten Zukunft sowie fehlendes Geld kann eine Vergleichgültigung von Gefühlen und Verrohung humaner Imagination zur Folge haben, die sich Wege in autoritären, fremdenfeindlichen und rassistischen Orientierungen suchen und auch in Vernichtungsphantasien oder in Gewalt entladen können. Das jeweils eingeschränkte Wissen und die übernommenen Deutungen (die immer schon gesellschaftlich geformt und sozial hergestellt sind) der einzelnen Jugendlichen über die gesellschaftliche Realität wird in den Cliquen mit deren intersubjektiven Prozessen aufgenommen, phantasmagorisch verzerrt und zu Mythen umgeformt (vgl. Erdheim 1982). In der Gruppe vollzieht sich so was wie eine affektive Selbstthematisierung und ideologische Selbstvergewisserung. Sie dient einzelnen Jugendlichen, als Bühne und Container wiederholt und intensiv ihre Gefühle (Hass, Neid, Wut, Unzufriedenheit) und ihre Auffassungen bzw. Vorurteile (über „die Ausländer") auszudrücken und auszuagieren; diese unerkannten Motive sind gleichsam in unterschiedlichem Ausmaß in den Jugendlichen präsent und gehen von ihnen (als Akteure) in die gesamte Clique (als äußerliche Struktur) mit ihren impliziten Sozialregeln ein. Die rechten Cliquen sind wie alle anderen Jugendkulturen/-szenen eine Reaktion und Form der Auseinandersetzung auf die Weltveränderungen, Erfahrungen in der Zeit ihres Aufwachsens. Es sind aber auch Gelegenheiten und „jugendspezifische Räume", um sich selbst als jugendlich darzustellen und zu inszenieren. Weiter ist denkbar,

„dass fehlende Ressourcen oder Lebenslagen, die als benachteiligt empfunden werden (soziale Herkunft, Familie, eigene Negativkarrieren im Bildungssystem und auf dem Arbeitsmarkt, ethnische Zugehörigkeit, Einwanderungskonflikte etc.) über Gruppenzugehörigkeit kompensiert werden" (Eckert u.a. 2000, S. 19).

Die psychologischen, alltagskulturellen und sozialen Motive von Jugendlichen, sich in rechten Cliquen zu „organisieren" sind bisher kaum erhellt; sie stehen - so hier die leitende These - für „problematische, gescheiterte und regressive Brücken des Übergangs" zwischen der späten Kindheit und dem Erwachsensein sowie der vorgestellten Zeit der bzw. ihrer Zukunft (vgl. u.a. Anselm 1994, Streeck-Fischer 1996).

Interviewt wurden drei Freizeit-Cliquen, die als „weiche", „mittlere" und „harte" Clique charakterisiert werden, und die spezifische Typen aus einem vielschichtigen Spektrum der rechten Jugendkultur repräsentieren. Die ethnographische Beschreibung und Analyse, das Lesen und die Interpretation ihrer Metaphern soll die jeweilige lebensweltliche Realität und den abgestuften Grad ihrer ideologischen Radikalisierung von Ungleichheitsvorstellungen und Gewaltbereitschaft - als Leben in offenen oder auch mehr hermetischen ideologischen Lebens(gegen)welten - deutlich machen. Mit einer ethnographischen Arbeit soll ausschnitthaft Aufschluss über ideologische Facetten, konkrete Handlungsmuster und den jugendkulturellen Kontext gegeben werden, die wiederum als Bewältigungsmuster von lebensweltlicher Realität zu verstehen sind.

Die drei Cliquen umfassen eine Altersspanne von 14 bis 23 Jahren, wobei die „weiche" Clique überwiegend aus Schülern im Alter zwischen 14 und 17 Jahren besteht, während die beiden anderen Cliquen im Durchschnitt älter und bis zu 23 Jahre alt sind; in ihnen gibt es Schüler, Auszubildende und junge Arbeiter, vereinzelt auch Arbeitslose. Sie sind männlich dominiert und die wenigen Mädchen und jungen Frauen (insgesamt 5) haben keinen eigenen Status, sondern sind als Freundinnen („Anhängsel") anwesend.

Die gleichaltrigen Cliquen haben für die befragten Jugendlichen einen außerordentlich großen Stellenwert, sie gehören in ihrer Freizeit zu den wichtigsten Beziehungsverhältnissen in ihrer derzeitigen Entwicklungssituation, in ihnen finden die Jugendlichen wechselseitige Anerkennung und Verständnis. Sie agieren in den „Cliquenräumen" (als Orte der Inszenierung von Jugend und Geschlecht, als Erfahrungsorte) ihre Lebensthemen, ihre Orientierungen und soziale Praxen aus; hier verfestigen sich Lebensbilder, normative Orientierungen und Weichen für Entwicklungsmöglichkeiten werden ge- bzw. verstellt.

In allen drei Kommunen wird die Clique aufgrund ihres auffälligen Verhaltens in unterschiedlichem Ausmaß von der Jugendpflege seit mehreren Jahren „betreut". Die Kontrolle und Beeinflussung ist damit an die pädagogisch zuständigen Instanzen delegiert worden, die mit ihren Interventionen und Hilfen dazu beitragen sollen zu befrieden, zu deeskalieren und abweichendes Verhalten zu korrigieren.

4. Die Clique aus Waldtal

Waldtal - ein Dorf in Südhessen

Die Jugendlichen sind in dem Ortsteil Waldtal der südhessischen Kleinstadt Holzheim am Rande des Taunus zu Hause. Holzheim besteht aus sechs Ortsteilen und hat etwa 14.000 Einwohner, davon leben in der Kernstadt etwa 6.300. Die CDU wurde bei der Kommunalwahl im März 2001 in Holzheim mit knapp 48% stärkste Fraktion und hat damit die SPD mit ca. 40% abgelöst. In Waldtal kandidierte für den Ortsbeirat eine Bürgerliste (BL) wie 1993, hier waren 1997 die CDU und die SPD getrennt angetreten. Den Bürgermeister stellt die SPD, er wurde bei der letzten Direktwahl wieder gewählt; in der Kleinstadt gibt es eine enge Zusammenarbeit der beiden großen Parteien.

Hinter einem Waldgebiet liegt in einem Talkessel, etwa 6 Kilometer von der Kernstadt entfernt, das kleine Dorf Waldtal mit ca. 350 Einwohnern; eine abschüssige Serpentinenstraße führt zum Ortseingang. Die Ankommenden werden mit dem Blick auf den Friedhof und dem direkt dahinter gelegenen Dorfgemeinschaftshaus begrüßt, in dessen Keller sich der Jugendclub der Clique befindet. Die Infrastruktur ist typisch dörflich und dürftig: Zentrale Versorgungseinrichtungen wie eine Bank, Kleingewerbe, Läden oder Geschäfte und Restaurants sind nicht vorhanden und zur Kernstadt gibt es eine Busverbindung. Neben einem Sport-, Angel- und Gesangsverein, der Feuerwehr sowie dem Jugendclub gibt es keine weiteren (öffentlichen) Freizeitangebote für die Jugendlichen. Das organisierte dörfliche Zusammenleben findet nahezu ausschließlich im Dorfgemeinschaftshaus statt, dort werden sämtliche Festivitäten veranstaltet (Weihnachtsfeiern, Vereinsfeiern etc.), an denen die Jugendlichen in der Regel teilnehmen. Das Dorf kann als kleinbürgerlich und traditionell bezeichnet werden. Die Jugendpflegerin beschreibt die Mentalität und Atmosphäre des Dorfes folgendermaßen:

> Jeder kennt jeden im Dorf. Bei der kleinen Einwohnerzahl und fünfzig Häusern, da weiß jeder was der andere denkt und tut. Sie sind wirklich alle miteinander verwandt und miteinander verbandelt und verheiratet. Das Wort Inzucht möchte ich eigentlich nicht benutzen, aber es ist wirklich so, dass wenig ‚fremdes Gut' in dieses Dorf gelassen wird. Auch das junge Ehepaar, das ich kenne, da ist die Frau aus Waldtal und der Mann ist mit da hin gezogen. Also, Fremde, die nach Waldtal gehen und sich

da ein Grundstück kaufen und vielleicht hinziehen, die gibt es nicht. Ich glaube, wenn ich da hinziehen würde, dann wäre ich ganz schnell rausgeekelt. Es ist eine ganz komische Atmosphäre, die man da mitkriegt. Du denkst, du bist im Mittelalter, wo sie am liebsten noch die Hexen verbrennen würden.

Zur Interviewsituation

Die Gruppeninterviews wurden im Jugendclub von Waldtal, die Einzelinterviews in einem historischen, öffentlichen Gebäude des Dorfes jeweils abends zwischen 19.00 und 21.00 Uhr durchgeführt. Der Erhebungszeitraum war von Mai bis Dezember 2000. Während der Interviews war der Jugendpfleger anwesend, der auch mit der Jugendpflegerin den Kontakt zur Clique hergestellt hat. Seine Anwesenheit schien die Offenheit und Radikalität von Aussagen und Parolen der Jugendlichen nicht einzugrenzen.

Der Jugendclub ist ein ca. fünfzig Quadratmeter großer, hell gefliester Kellerraum. Am Eingang des Clubs befindet sich eine lediglich als Ablage genutzte Theke. Im Zentrum des Raumes steht ein nahezu den gesamten Raum einnehmender Billardtisch, am hinteren Ende eine ältere, lederne Sitzgruppe sowie ein Regal mit der Musikanlage. Der Jugendclub ist mit einer an der Decke hängenden Fahne der deutschen Fußballnationalmannschaft, einer aufgemalten Deutschlandfahne und dem Cliquenlogo karg ‚geschmückt'. Das aus kleinen Kellerluken kommende Tageslicht ist spärlich und macht eine dauernde künstliche Beleuchtung aus Neonröhren notwendig. Durch das ständige Rauchen der Jugendlichen ist die Luft kaum zu ertragen. Insgesamt ist der Raum in einem lieblosen bis verwahrlosten Zustand, er wirkt kalt, ungemütlich und lädt nicht zum dauerhaften Verweilen ein. Die Jugendlichen beurteilten den aktuellen Zustand des Raumes jedoch als gut und brachten wiederholt ihre Freude zum Ausdruck, ihn zu haben.

Neben einem engen und konstanten Cliquenkern waren bei den Interviewtreffen häufig weitere Jugendliche anwesend, die wir lediglich einmal antrafen. Sie haben bei jedem Treffen Alkohol getrunken und da der Konsum innerhalb des Jugendclubs verboten ist, mussten sie regelmäßig in Kleingruppen den Raum verlassen. Zu Beginn der Interviews stellten die Jugendlichen bereitwillig die Musik ab und beendeten das Billardspiel.

Auffällig war die Zuverlässigkeit der Clique. Die vereinbarten Termine wurden eingehalten, die Bereitschaft der Jugendlichen zur ‚Zusammenarbeit' und ihr Interesse waren groß. Ein besonderes Anliegen der Jugendlichen war der Wunsch, für die geplante Publikation eine Photographie ihrer Clique zu erstellen. Wiederholt formulierten sie ihre Freude über ein Wiedersehen mit uns. Als Interviewer „von ganz weit her" waren wir als Unbekannte gewissermaßen eine Attraktion, die erwartungsvoll und neugierig von Treffen zu Treffen erwartet wurde.

Unser Ziel war es, in den Interviews eine Atmosphäre zu schaffen, die den Jugendlichen die Möglichkeit gab, sich so offen wie möglich zu verhalten und zu sprechen. Das bedeutete auch, ihre ausländerfeindlichen Sprüche, Metaphern und Äußerungen widerspruchslos und unkommentiert zu lassen; das war wegen der Kontinuität des Kontaktes und den authentischen Einblicken in den Cliquenalltag notwendig.

Soziale Struktur und Zusammensetzung der Clique

Die ausschließlich deutschen Jugendlichen kommen aus dem Dorf und sozial aus mittleren Herkunftsmilieus, die Eltern sind Arbeiter, Angestellte und der Vater eines Jugendlichen ist Journalist. Die Clique umfasst etwa 15 Jugendliche von denen sechs den ‚engen' Kern bilden, die ihre Zusammengehörigkeit markant durch ein gleichförmiges Outfit verdeutlichen. Die Jugendlichen merken an, dass dieser engere Kern mal größer gewesen sei:

> Früher waren wir immer 9 oder 10.

Der größere Teil der Jugendlichen besucht gemeinsam die Gesamtschule in der Kernstadt, ein Jugendlicher macht eine Ausbildung, ein anderer, der nicht zum engeren Kreis der Clique gehört, ist bei der Bundeswehr; zwei Jugendliche sind arbeitslos und haben keinen Schulabschluss, sie arbeiten als Gelegenheitsarbeiter. Ein ehemaliges Cliquenmitglied ist seit längerer Zeit in einer jugendpsychiatrischen Einrichtung einer Großstadt, nach Auskunft der Clique ist er durch Autodiebstähle auffällig geworden und wird von ihnen nicht besucht. Sie distanzieren sich von ihm und im Interview wird deutlich, dass es ihnen unangenehm ist über ihr ehemaliges Cliquenmitglied zu sprechen.

Die Jugendlichen sind zwischen 14 und 19 Jahre alt und wohnen alle noch in dem Dorf bei ihren Eltern. Die Clique besteht nahezu ausschließlich aus Jungen und jungen Männern, lediglich zwei Mädchen bzw. junge Frauen, die sich sehr im Hintergrund des Geschehens bewegten, wurden uns bekannt und sind mittlerweile nicht mehr Mitglieder der Clique.

Über ihre finanzielle und materielle Situation beklagen sich die Jugendlichen nicht, auch nach den Aussagen der Jugendpflegerin und des Jugendpflegers können sie als relativ wohlhabend bezeichnet werden. Sie besitzen weitgehend Handys, teilweise Roller und die über 18-Jährigen ein Auto; sie sind mit Computern und Spielkonsolen ausgestattet und haben genügend Taschengeld für ihre Freizeitaktivitäten, CDs und szenetypische Kleidung. Das dafür benötigte Geld bekommen sie von den Eltern oder auch seltener durch Nebentätigkeiten und Ferienjobs. Die lokale Herkunft der Jugendlichen spielt in ihrer Darstellung eine wichtige Rolle. Sie unterscheiden hier deutlich zwischen denjenigen, die in Waldtal aufgewachsen sind und solchen, die zugezogen sind.

Cliquengeschichte

Die Jugendlichen kennen sich von Kindesbeinen an aus der Nachbarschaft und aus der Schule, sie „stolpern" mit ihrer gemeinsamen dörflichen Herkunft und Wohnbiographie, mit ihrem Lebensmittelpunkt in Waldtal regelrecht in die Clique, wenn sie - in ihrem Ablösungsprozess vom Elternhaus - nach Anschluss und Gleichaltrigenleben suchen. Während ihrer Grundschulzeit waren sie zusammen und später wurde bzw. wird die Gesamtschule in der Kernstadt besucht. Zentrale Orte des Kennenlernens und des Zusammenseins waren und sind neben dem gemeinsamen Besuch der Schule und der Freizeit zahlreiche Ereignisse - häufig im Beisein der Eltern - im Dorf, wie etwa die Kirmes, die Weihnachtsfeiern der Sportvereine oder der Kirche; sie werden von den Jugendlichen als „Partys" bezeichnet. Bei diesen alltäglichen Prozessen des Kennenlernens und Zusammenseins spielen weniger ideologische oder ästhetische Präferenzen, sondern zunächst Freundschaften, Nachbarschaften und Zufälle, sowie fehlende andere Gelegenheiten eine wichtige Rolle. Auch das szenetypische Outfit ist eher im Sinne einer nachträglichen Selbstvergewisserung und weniger als Eintritts- und Mitmachmotivation von Interesse und Bedeutung.

Die Cliquengeschichte ist geprägt von gemeinsamen Unternehmungen in der Natur und auf der Straße. Insbesondere in ihrer gemeinsam verbrachten Kindheit hielten sich die Jugendlichen häufig im Wald auf, sie haben dort gespielt und Hütten gebaut.

> Dann haben wir im Wald immer Hüten gebaut und solche Sachen. Das erste Mal irgendwo in einer Scheune, mit 9 war es, Zigaretten geraucht. Dann hatten wir immer hinten so ein kleines Versteck, da haben wir uns dann die Bänke vom Spielplatz runter gestellt und alles Mögliche gemacht.

In der Rekonstruktion ihrer gemeinsamen Entwicklung und Geschichte fällt es den Jugendlichen schwer Zusammenhänge und Entwicklungslinien aufzuzeigen. Sie schildern fragmentarische Episoden und in sich geschlossene Geschichten, die ihnen in ihren Erinnerungen attraktiv und spannend erscheinen. Häufig handeln diese von aus ihrer Sicht gefährlichen Situationen, von Ausschreitungen und Konflikten und werden mit den gleichen Formulierungen wiederholt erzählt. Ereignisse, die mitunter nur ein oder zwei Jahre zurückliegen, werden von ihnen als längst vergangen und in ferner Distanz geschildert, oft blicken sie aus einer stilisierten Erwachsenenperspektive auf Geschehnisse einer „längst vergangenen" Jugend. Auf ihre Kindheit wollen sie nicht eingehen und wechseln bei Nachfrage das Thema. Ihr Leben beginnt in ihren Erzählungen mit den ersten gemeinsamen Erfahrungen, dem Beginn ihres Alkoholkonsums und den ersten Abenteuern.

Freizeitaktivitäten
Die wichtigste und schwärmerisch vorgetragene Cliquenaktivität ist ein ritualisiertes und jedes Jahr stattfindendes Zelten auf einem Grundstück hinter dem Jugendclub, das ihnen vom Vater eines Jugendlichen zur Verfügung gestellt wird. Dieses Grundstück bereiten die Jugendlichen zu Beginn des Frühjahrs für das im August stattfindende einwöchige Zelten vor. Sie haben eine Feuerstelle errichtet, Bänke und Stühle gebaut und drei meterhohe Fahnen für ihr ‚Revier' errichtet. Das Zelten spielte in allen geführten Interviews die zentrale Rolle, immer wieder kamen die Jugendlichen darauf zu sprechen; mit ihm beginnt die gemeinsame Geschichte, ihr Eintritt in das Jugend- und Erwachsenenalter. Geschehnisse die zuvor stattfanden sind den Jugendlichen nicht wichtig bzw. erscheinen ihnen zu unattraktiv, um sie mitzuteilen.

> Also angefangen hat es ja sowieso beim Zelten.
> Frage: Ihr habt zusammen gezeltet?
> Da haben wir das erste Mal Alkohol getrunken und geraucht. Ja das Zelten ist ja so was wie ein Kult hier, das hat 1996 angefangen und seit 96 machen wir das jedes Jahr in den Sommerferien. Eine Woche lang durchzelten, letztes Jahr, das war das ziemlich heftigste.

> Ja also richtig angefangen hat das erst so 96, da haben wir das erste mal gezeltet und ab da haben wir auch den Jugendclub gekriegt. Da kann der Markus (der Jugendpfleger, d.V.) auch schon was dazu sagen.

Auch wenn der größte Teil der Freizeit in der Clique verbracht wird, so leben die Jugendlichen dennoch nicht hermetisch abgeschlossen von der Dorfgesellschaft. Sie haben weitere soziale Kontakte, zu denen der Tischtennis-, Angel- und auch der Fußballverein oder die Feuerwehr gehören und in denen einige Mitglied sind. So sind sie eingebunden in das dörfliche Leben, haben Kontakte zu anderen Jugendlichen und zu Erwachsenen und unterliegen deren Einfluss und Kontrolle. Gleichzeitig wird der geringe Stellenwert des Vereinslebens und des Sports im Freizeitverhalten von ihnen hervorgehoben, sie berichten von Konflikten mit Trainern und anderen Verantwortlichen in den Vereinen. Häufig resultieren diese aus der mangelnden Motivation und ihrer eigenen Unzuverlässigkeit; sie sind nicht bereit, sich den Vorgaben und Strukturen unterzuordnen.

> Da habe ich zweimal gespielt und bin auch wieder raus geflogen.

> Frage: Wie nehmen die euch in den Vereinen auf?
> Es geht.

> Frage: Zur Feuerwehr gehst du nicht mehr so oft?
> Ich habe nicht mehr so viel Lust.

Eine Ausnahme ist Daniel, der seine enge Verbindung zum Tischtennisverein des Dorfes durch das Tragen der Vereinsjacke verdeutlicht und uns stolz das zugehörige Wappen zeigt, neben seiner Mitgliedschaft im Tischtennisverein engagiert er sich noch in der freiwilligen Feuerwehr der Gemeinde.

Die Treffpunkte der Clique
Die Jugendlichen treffen sich zweimal wöchentlich von 19.00 bis 22.00 Uhr in dem Jugendclub unter Aufsicht des Jugendpflegers, der aus der Kernstadt anreist und auf-/abschließt. Neben diesen Treffen im Jugendclub halten sie sich an den anderen Abenden an der (einzigen) Bushaltestelle des Dorfes oder bei gutem Wetter auf der nahe gelegenen Wiese auf. Sie verlassen ‚ihr' Dorf freiwillig nicht, hier haben sie ihr festes Revier, in dem sie konkurrenzlos die einzige Clique sind. Sie „besuchen" ab und zu eine andere Jugendclique im Jugendclub des benachbarten Dorfes, das ist - wie sie sagen - vor allem durch deren Partys und Bierverkauf motiviert.

> Frage: Ist der Jugendraum hier schöner oder größer?
> Der in Fichtenheim ist größer.
> Aber hier ist es cooler.
> Hier geht ein bisschen mehr ab als in Fichtenheim.
> Aber hier dürfen wir halt kein Bier verkaufen, da gehen wir halt auch ab und zu mal da hin.

Ausnahmen sind Treffen bei einem Jugendlichen zu Hause, hier spielen sie Computer, Surfen im Internet oder schauen gemeinsam fern, ohne dass dieser Zeitvertreib im Cliquenalltag eine größere Rolle spielt.

> Privatpartys, einfach nur rumhängen bei jemanden, Fernsehen gucken, eine Bushaltestelle gibt es da noch bei uns.
> Ich habe nur drei Programme, ich kann das gar nicht gucken.
> Ich gucke kein Fernsehen!

Ihr Zuhause erscheint den Jugendlichen als Treffpunkt wenig attraktiv. Zu stark fühlen sie sich hier der elterlichen Kontrolle ausgesetzt, die insbesondere den „hemmungslosen" (wie sie sagen) Alkoholkonsum erschwert. Nach einer körperlichen Auseinandersetzung mit einer ‚harten' rechtsradikalen Gruppe aus einer benachbarten Gemeinde meiden die Jugendlichen den Besuch von Diskotheken und Kneipen in ihrer Umgebung; einzig die unregelmäßig öffnende Dorfkneipe in Waldtal erscheint ihnen als sicher.

> Ja, und so ist das jetzt eigentlich auch noch, immer freitags und samstags ist dann die Zeit, wo wir halt entweder selber Party machen oder zu Freunden gehen, weil auf so großen Partys wie Discos, da können wir uns ehrlich gesagt nicht blicken lassen.
> Frage: Warum?
> Da sind immer so ein paar Leute, die uns nicht abhaben können. Das wäre dann ungesund.
> Frage: Geht ihr auch nicht in Kneipen?

Kneipen schon, aber nur zu denen, wo wir halt wissen, dass es da keine Probleme gibt.

Wichtigstes Kriterium in der Auswahl der Treffpunkte ist die Frage nach dem Alkoholkonsum. Im Rahmen ihrer begrenzten Möglichkeiten erscheinen den Jugendlichen jene Orte attraktiv, die entweder einen ungestörten und „hemmungslosen" Alkoholkonsum zulassen, oder an denen sie diesen - wie im Fall der Bushaltestelle im Zentrum des Dorfes - demonstrativ zur Schau stellen können.

Alkohol im Cliquenalltag
Die Jugendlichen verbinden die Schilderung ihrer Cliquengeschichte nahezu konstant mit Hinweisen auf das gemeinsame Rauchen und vor allem Biertrinken, denen als Initiationsriten eine wichtige Bedeutung zukommt. Der Übergang vom kindlichen ‚im-Wald-Spielen' zum Erwachsensein ist manifestiert in der ‚ersten gemeinsamen Zigarette' und dem ‚ersten gemeinsamen Betrunkensein'. Illegale Drogen, insbesondere Haschisch und Marihuana, lehnen sie strikt ab und verurteilen den Konsum von anderen Jugendlichen (aus ihrer Sicht der der „Skater" und „Boarder" in der Kernstadt).

Der Alkohol wird im Verlauf der Cliquengeschichte zum herausgehobenen Merkmal, schon als 13/14-jährige trinken sie in ihrer Selbstdarstellung täglich, oft direkt nach der Schule, was aus ihrer Sicht auf den Einfluss von älteren Jugendlichen zurückzuführen ist.

Da war dann eine Zeit, da haben wir jeden Tag getrunken. Da war einer, der war gerade in der Lehre und er war dann immer mittags schon nach der Schule da, er hat uns abgeholt und dann sind wir gerade zum Getränkemarkt gefahren.
Und dann haben wir zwei Paletten Bier geholt und uns immer schwer die Kanne gegeben. Jeden Tag.
Ja, ich glaube da war der Jugendraum zweimal kurzzeitig geschlossen.

Unter dem Einfluss des Alkohols wurden die Jugendlichen im Dorf auffällig. Sie verbrannten die Möbel des Jugendclubs, schlugen dessen Tür kaputt und randalierten in dem Raum. Das war der Grund für die Kommune, den ehemals selbstverwalteten Jugendclub unter die Aufsicht des Jugendpflegers zu stellen und das Trinken von alkoholischen Getränken zu verbieten; das Verbot führt zu ständigen Auseinandersetzungen und Konflikten mit dem Jugendpfleger. Zwar distanzieren sie sich retrospektiv von ihrer gemeinsamen, „dreckigen" und randalierenden Vergangenheit, es kommt aber nach wie vor immer wieder zu Ausschreitungen unter Alkoholeinfluss.

Frage: Was habt ihr denn gemacht, dass die Frauen gehen mussten?
Na, der ganze Dreck hier.
Überall die Bierdosen, besoffen sein, alles dreckig.

> Bier herum schütten.
> Überall die Pizzaschachteln mit dem Pizzadreck drin.
> Läuse.
> Und dann haben wir draußen vor dem Haus die Möbel verbrannt, nur Scheiße gemacht.
> Und dann haben wir da eine Tanzart, da geht schon mal was zu Bruch.
> Wenn man unter Freunden mal was getrunken hat, dann so ein bisschen rumschubsen, so aus Spaß, aber da passiert meistens nichts.
> Frage: Und die Mädchen haben hier mit getrunken und gefeiert?
> Ja doch, ja ...
> Da haben die noch keinen Alkohol getrunken.
> Ach ja stimmt, da waren wir noch die Ersten, da waren wir noch die Pioniere.

Der kollektive Alkoholkonsum hat für das Zusammensein und die enge Gemeinschaft der Jugendlichen eine wichtige Bedeutung. Sie haben eine Trinkkultur entwickelt, die in mehrfacher Hinsicht der Selbstvergewisserung und Identitätsstiftung dient.

- Symbol der Dorfzugehörigkeit:

Die Jugendlichen stellen ihren Alkoholkonsum in unmittelbare Verbindung zu ihrer Herkunft und dem Dorf. Sie formulieren eine quasi naturalisierte Beziehung zwischen dem Aufwachsen im Dorf und einem daraus resultierenden massiven Alkoholkonsum. Aus ihrer Perspektive erkennt man einen „echten Waldtaler" an der unbegrenzten Menge des bewältigten Alkohols. Während des Trinkens und im betrunkenen Zustand betonen die Jugendlichen immer wieder lautstark ihren Stolz über die dörfliche Herkunft und idealisieren diese mit Trinksprüchen. Das exzessive Trinken deutet auf eine unmittelbare Übernahme des in der dörflichen Erwachsenengeneration kennen gelernten Verhaltens an den Stammtischen und bei Dorffesten hin.

> Nein, nein der war von klein an eigentlich nie bei uns dabei gewesen. Dann haben wir ihn zu Sylvester eingeladen, und mal so richtig abgefüllt.
> Nach zehn Minuten, da ist es passiert.
> Frage: Dann kam er ins Krankenhaus?
> Ja.
> Das ist halt kein echter Waldtaler!

- Symbol der Stärke:

Die Jugendlichen prahlen mit der Menge an Alkohol, den sie, ohne bewusstlos zu werden, „aushalten" und vertragen. Die Anzahl der getrunkenen Biere und Spirituosen dient als Vergleichsgröße für Stärke und Unerschütterlichkeit innerhalb der Clique und die interne Hierarchie entwickelt sich entlang der getrunkenen Biermenge. Aus diesem Grund wetteifern die Jugendlichen oftmals darum, wie viel sie schon getrunken haben, bzw. sie zu trinken beabsichtigen. Mit einer Mutprobe vergleichbar, fordern sich die Jugendlichen bis an die Grenze der körperlichen Belastbarkeit beständig auf, weiter zu trinken und die Trinkfestigkeit einzelner wird kollektiv bewertet.

- Symbol der Männlichkeit:

Während des Trinkens inszenieren die Jugendlichen über Körpersprache, Verhalten und verbale Ausdrucksweise (Schimpfworte, frauenfeindliche Witze etc.) das übersteigerte Bild einer derben und starken Männlichkeit. Frauen sind während der Trinkgelage nicht akzeptiert oder dienen als Publikum und Zuschauerinnen ihrer Inszenierung, wiederholt wird betont, dass Frauen ihrem ‚männlichen' Alkoholkonsum nicht standhalten könnten.

- Herstellung von Gemeinschaft:

Die Trinkkultur der Jugendlichen umfasst ein großes Spektrum an ritualisierten Verhaltensweisen, die der Herstellung von Gemeinschaft dienen. Diese Rituale reichen vom gemeinsamen Besorgen der Getränke, der Art und Weise, wie man sich während dem Einkaufen verhält, der verteilten Verantwortung im Bereitstellen von Getränken, bis zu Trinksprüchen, Trinkliedern und eigenen Formen des Zuprostens während des Konsums. Die Ablehnung angebotener Getränke stößt auf Missmut und abwertende Kommentare. Die Rituale sind für den Außenstehenden mitunter schwer verständlich und müssen erlernt werden. Im betrunkenen Zustand beschwören die Jugendlichen, häufig sich gegenseitig umarmend, ihre Zusammengehörigkeit. Um betrunkene Jugendliche kümmert sich die Clique (nach Hause bringen, Hilfe beim Übergeben etc.) und inszeniert auf diese Weise gegenseitige Verantwortung. Gemeinsame Freizeitaktivitäten ohne den Konsum alkoholischer Getränke erscheinen ihnen kaum denkbar.

- Überwinden von Langeweile:

Der Alkohol dient den Jugendlichen als Ausweg aus der Langeweile des dörflichen Alltages. Häufig folgt auf die Frage nach Möglichkeiten für gemeinsame Unternehmungen der Hinweis, man solle zunächst einen Kasten Bier kaufen. Durch den Alkohol gelingt es ihnen die eigene Passivität zu verleugnen, Unsicherheiten und Ängste werden im kollektiven Rausch verdrängt, gegen Langeweile und Apathie stellen sie den idealisierten Trinkkult als Inszenierung von Mut und Stärke.

Konflikte
Eine zentrale Erinnerung in der Schilderung der Cliquengeschichte sind körperliche Auseinandersetzungen mit anderen Jugendgruppen. Die Jugendlichen nennen hier vor allem ausländische Jugendliche, aber auch „moderne" Gruppen wie die „Skater und Boarder" in der Kernstadt, die Konflikte haben ihren Ursprung meist in der Schule. Die Auseinandersetzungen werden als Episoden ihrer Cliquengeschichte erzählt, denen ein maßgeblicher Anteil an der Bildung der eigenen Überzeugung und Haltung

zugeschrieben wird. Aus Szenen und Fragmenten einer gemeinsamen Geschichte entwickeln die Jugendlichen ihr Bild von der Wirklichkeit und ihre ‚Weltanschauung'. In ihren Schilderungen wiederholen sie ein Repertoire an Episoden, das ihnen als Bestätigung des schwierigen, gefahrvollen, aber auch abenteuerlichen ‚Lebenskampfes' auf dem Schulhof und in der Freizeit dient.

Aus der Sicht der Jugendlichen sind befreundete und ‚feindliche' Gruppen klar auf die verschiedenen Stadtteile aufgeteilt; befreundete und ‚verbündete' Jugendliche finden sie lediglich in einem weiteren Ortsteil.

Selbstbild und Cliquenidentität

Mit Identitätsstiftung nach innen und Abgrenzung nach außen versucht sich die Clique ein Selbstbild zu geben und sich dessen immer wieder neu zu vergewissern. Sie hat eine wichtige Funktion im Freizeitleben, in dem emotionale Bindungen beschworen werden, und mit ihren Aktivitäten, ‚Abenteuern' und dem daraus resultierenden Prestigegewinn ist sie für die Jugendlichen eine wichtige Bühne mit Initiationsritualen im Prozess des Erwachsenwerdens; zum Bestandteil der Cliquenidentität gehören auch fremdenfeindliche Einstellungen.

Schicksalsgemeinschaft
Die Jugendlichen beschreiben ihre Clique als eine Art Schicksalsgemeinschaft, die auf der gemeinsamen dörflichen Herkunft und dem gemeinsamen Schulbesuch basiert; ein aktives Suchen und Finden von Freundschaften hat sie nicht zusammengeführt. Auch einzelne Jugendliche, die dem fremdenfeindlichen Konsens der Clique widersprechen, bleiben in der Clique, weil es im unmittelbaren sozialen Umfeld keine Alternative zu geben scheint. Im Rahmen ihrer Stilisierung zur Schicksalsgemeinschaft naturalisieren sie die von ihnen empfundene generelle Benachteiligung und Vernachlässigung, die sich durch ihr gesamtes gemeinsames Leben ziehe. Von wem diese Marginalisierung und Stigmatisierung ausgehe, können die Jugendlichen nicht benennen, sie verweisen auf ein diffuses „die" oder „sie", womit sie die Verantwortlichen (in der Schule, in der Gesellschaft) meinen.

> Die Waldtaler haben die ja sowieso immer zusammen gesteckt. Wir mussten mit dem Bus fahren und wurden immer in den Klassen zusammen gesteckt, so dass immer zwei, drei Waldtaler in einer Klasse waren. Das haben sie halt schon ganz gut hingekriegt.

Zusammenhalt
Der zentrale Nutzen der Clique für die einzelnen Jugendlichen liegt im Gefühl von Zusammenhalt und Gemeinschaft. Als ‚Bund der Vernachlässigten' und einem hohen moralischen Verständnis von Freundschaft, habe man

sich zusammen gefunden, um eine Form des Zusammenlebens zu pflegen, die den Anfeindungen der äußeren Realität trotze.

Die Jugendlichen fühlen sich in der Clique akzeptiert und geborgen. Sie haben Verständnis füreinander und idealisieren ihre homogene Gemeinschaft mit ihren erlebten Ereignissen.

Ich war auch nie so gekleidet wie die (in meiner Klasse, d.V.), ich mein, ich war kein Outsider, aber die haben mich nicht so gemocht wie ich bin und da bin ich halt hierzu gekommen. Zu den Normalen (Lachen). Ja, ich finde das hier normal und das andere finde ich nicht normal.

Insbesondere in den Einzelinterviews betonen die Jugendlichen diesen empfundenen Gemeinschaftsgeist in auffällig stereotypen Formulierungen.

Wenn ich Probleme habe, kann ich zu denen gehen, die helfen mir, ich kann mit denen über alles reden. Auch die Ehrlichkeit untereinander.
Frage: Ist dass das wichtigste, die Zusammengehörigkeit und die Ehrlichkeit?
Ja.

Die Gruppenzugehörigkeit bedingt, dass alle Freizeitaktivitäten gemeinsam durchgeführt werden. Der empfundene starke Zusammenhalt bezieht sich auf alltägliche Zusammenhänge, denen kaum entgangen werden kann. Dieser Zwang resultiert aus der dörflichen Struktur und zeigt generell die Angst vor Veränderung und dem Fremden. Wer den Dunstkreis des Dörflichen mit seinen Themen und seinem geteilten Alltag verlässt, erntet schnell die kollektive Ignoranz der Clique - „aus dem Auge, aus dem Sinn".

Als gegen Ende der Interviews einer der Jugendlichen die Clique wegen seiner Freundin, die ausländischer Herkunft ist, verlassen hat und wir die Jugendlichen nach Veränderungen in ihrem Zusammenleben fragten, blieb Marcel unerwähnt; er existierte schlicht nicht mehr.

Außenseiter und mangelnde Selbstkritik
Zentrales Merkmal des Cliquenselbstbildes ist die Kennzeichnung als ‚unmodern' und die Etikettierung zu Außenseitern ‚der Gesellschaft'. Diese Zuschreibung speist sich unmittelbar aus Ablehnungserfahrungen und Konflikten im Umgang mit anderen Jugendcliquen, insbesondere aus der Kernstadt. Die an sie von anderen Jugendlichen formulierte Kritik nutzt die Clique nicht, um eigenes Verhalten und die eigene Einstellung zu reflektieren und zu hinterfragen, sondern um sich weiter abzugrenzen und auf diese Weise eine Position der Stärke zu gewinnen. Die von den Jugendlichen beschriebene Kritik seitens der „Skater", d.h. einer als ‚feindlich' empfundenen Jugendclique aus der Kernstadt, dient ihnen dazu, diese als „Kinder" zu diskreditieren und sich in die Rolle des ‚Überlegenen und Erwachsenen' zu heben.

Frage: Was haben die Skater in Holzheim denn für eine Einstellung?
‚Ja, scheiß Waldtaler. Guck mal, wie die rumlaufen, wie versifft die sind, wie asozial.'
‚Denken nur ans Saufen!'
Das ist halt alles, sag ich mal, Kinderkram.
Scheiß Skater. Scheiß Boarder! Scheißdreck da! Wir hängen einfach nur rum und trinken unser Bier.

Ein deutliches Strukturmerkmal ist im Umgang der Clique mit negativer Resonanz von außen zu erkennen: Jede zugeschriebene und wahrgenommene Schwäche wird zur Stärke umgedeutet, Selbstkritik kann auf diese Weise nicht zugelassen werden. Jeder Anstoß zur Veränderung von außen, wie auch vereinzelte Selbstzweifel und Unsicherheiten, werden durch das Zusammenleben in der Clique verdrängt und ignoriert. Die Jugendlichen haben verschiedene Mechanismen entwickelt, um Selbstkritik auszublenden und sich ihrer Stärke und in ihrem Außenseiterstatus zu bestärken.

- Lokalpatriotismus:

Wahrgenommene Unsicherheiten werden ausgeglichen durch affirmative Identifikation mit dem eigenen Dorf: „Wir sind die Waldtaler!" Die Heimatverbundenheit ist integraler Bestandteil der Persönlichkeits- bzw. Cliquenstruktur und dient der Bewältigung von Unsicherheiten. Das Dorf ist ihr Revier und Territorium, das sie kennen, kontrollieren und nicht verteidigen müssen; der Lokalpatriotismus gibt ihnen Sicherheit und schafft Eindeutigkeit.

Frage: Was gefällt euch hier?
Hier sind wir halt unter uns, hier gibt es halt nur eine, unsere Gruppierung.
Die Leute sind alle o.k. hier.

- Männlichkeitskult:

Insbesondere im Zusammenhang mit ihrer wahrgenommenen und erfahrenen Unattraktivität, dem fehlenden Erfolg bei Mädchen und Frauen, beschreiben sich die Jugendlichen als hart, derb, schmutzig etc. Sie inszenieren sich als junge Männergemeinschaft, die in ihrem Habitus von Frauen nicht angenommen werden darf.

Bestandteil und Selbstvergewisserung des Männlichkeitskultes ist das Ritual des alljährlichen Zeltens. In der Selbstwahrnehmung der Clique gelingt es einzig ihr, eine ganze Woche Zelten durchzuhalten und den massiven Alkoholkonsum zu bestehen. Sie trotzen dem Wetter, dem Dreck, der Unbequemlichkeit - sie bewähren sich als ‚Naturburschen' und Männer.

Es sind jedes Mal 20 Leute da. Es kommen halt öfter mal ein paar Leute vorbei, für einen Abend. Sonst ist dann nur der harte Kern da, wir, die Waldtaler, nur wir sind dann die ganze Woche über da.

- Passivität:

Abweichendes Verhalten legitimiert die Clique durch den Hinweis auf den Einfluss anderer, insbesondere ‚Älterer' aus dem Ort. Damit widersprechen sie ihren prahlerischen Schilderungen von eigenen Ausschweifungen und Hemmungslosigkeiten.

Eigentlich haben wir uns gefreut, dass wir so ein Six-Pack hatten beim ersten Zelten. Dann kamen aber auf einmal die ganzen Älteren mit Autos an und haben die Kästen ausgepackt. Und dann wir so: ‚Ja wenn ihr schon mal da seid, dann könnt ihr ja natürlich auch da bleiben.'
Frage: Hier aus dem Dorf?
Ja, die Älteren aus dem Dorf, die wir halt aus dem Sportverein gekannt haben.

- Stigmakult:

Die Jugendlichen geben sich im Rahmen des ritualisierten Zeltens das Logo ‚Wahrlos 1840', das sie der deutschen Geschichte entnommen haben und auf ihren Fahnen darstellen, sowie mit Hilfe des Jugendpflegers an die Wand des Jugendclubs gemalt haben. Das Logo besteht aus einem der altdeutschen Schrift nachgeahmten Schriftzug ‚Wahrlos 1840' und dem Emblem der in der rechten Szene beliebten Kleidungsmarke ‚Pitbull', einem zähnefletschenden und aggressiv schauenden, comichaft gezeichneten Kampfhund.

Frage: Euer Logo ‚Wahrlos 1840', was bedeutet das?
Das hat was mit dem Zelten zu tun. Weil 1840, genau 1841, war der ....
Planlos. (Lachen)
Zelten, planlos halt.
Frage: Also gebt ihr euch einen Namen?
Ja.
Ja.
Das ist unser Motto, ja. Wir haben ja auch Fahnen davon. Und jedes Jahr stellen wir Fahnenmasten da oben auf.

Das Motto der Clique bezieht sich auf den bayerischen Erbfolgekrieg („Kartoffelkrieg"), den sie mit 1841 datieren, der in Wirklichkeit jedoch zwischen 1778 und 1779 stattfand. Hier ist neben dem generellen Bezug zur deutschen Vergangenheit und zu einem Krieg die Bezeichnung als ‚planlos' im Zusammenhang mit dem Cliquenselbstbild bedeutsam.

Vergleichbar mit der Selbstbezeichnung ‚planlos' ist ihre Definition als „Abhänger", d.h. als passive, apathische und beständig trinkende Jugendliche.

Wir hängen einfach nur rum, trinken unser Bier.
Die Abhänger sind wir.

Auch nach mehrmaligem Nachfragen gelingt es den Jugendlichen nicht, uns die Bedeutung ihres Mottos und Logos zu erklären. Eine emotionale Verbindung ist den Äußerungen der Jugendlichen nicht zu entnehmen, auch scheint es keine gemeinsamen Erlebnisse und Erinnerungen zum Ausdruck zu bringen. Vielmehr deutet sich an, dass das Logo ein Zeichen zur provokativen Unterstreichung ihres Konservatismus und ihrer Affinität zur rechten Szene ist, insbesondere in Abgrenzung zu jenen Jugendlichen, die von ihnen als „modern" bezeichnet werden und ihre Modernität in einer zeitgemäßen jugendkulturellen Ästhetik zum Ausdruck bringen. In diesem Sinne dient das Logo als Stigma der selbst inszenierten Ausgrenzung und aggressiven Ablehnung von anderen Jugendcliquen.

- Erwachsenenstatus:

Neben beständigen Hinweisen auf ihre Passivität stilisieren die Jugendlichen ihre Devianzen und Abweichungen von den Ansprüchen und Regeln der Erwachsenengeneration als längst vergangene ‚Jugendsünden', auf die man jedoch stolz ist. Ironisierend betrachten und kommentieren sie ihre persönliche Vergangenheit als die eines Fremden und Unbekannten; sie differenzieren künstlich und statisch zwischen Jungsein und Erwachsenenalter.

- Der Ausländer:

Die massive Ausländer- und Fremdenfeindlichkeit dient als Projektionsfläche eigener Versagensängste, Unsicherheiten und eigener Unzulänglichkeiten sowie der eigenen Apathie. In ihrer Fremdenfeindlichkeit gehört die Clique zum Typus des alltäglichen, leisen Rechtsextremismus im Dickicht dörflicher Lebenswelten.

Opfer
Integraler Bestandteil des Cliquenselbstbildes ist das Gefühl der Unterlegenheit gegenüber anderen, fremden Gruppierungen, insbesondere der ausländischen Clique in der Kernstadt. Sie begreifen sich als Leidtragende einer gewaltvollen und beängstigenden „Überfremdung" (durch „die Ausländer" / „die Amerikanisierung"), und als potentielle Opfer einer quantitativ und körperlich überlegenen Gruppe erleben sie ihren Alltag als permanente Bedrohung. Das Gefühl von Schutz und Sicherheit kann ihnen lediglich ‚ihr' Dorf geben.

Frage: Also fühlt ihr euch ihnen gegenüber unterlegen?
Ja (allgemeine Zustimmung)
Ja, wir sind ja nicht immer alle zusammen. Die sind aber stets bereit. Die rufen andere an, dann kommen alle.
Und später sind es zwanzig.

Normalität
Die Jugendclique sieht sich in der Dorfgesellschaft aufgehoben und integriert. Sie ist strukturkonservativ, legt auf Normalität großen Wert und lehnt moderne Gruppierungen strikt ab.

    Frage: Was ist denn normal?
    Na, so wie wir halt sind.
    Frage: Wenn die anderen die Skater sind, wer seid ihr denn dann?
    Na, wir sind die Waldtaler!
    Frage: Wie fühlt ihr euch? Wer seid ihr?
    Wir sind normal.

Aus einer kulturpessimistischen Erwachsenenperspektive kritisieren sie den Werte- und Kulturverfall, dessen Anzeichen sie im Verhalten und Auftreten jener Jugendlicher zu erkennen glauben, von denen sie sich abgrenzen. Diese Furcht vor einem vermuteten Kultur- und Werteverfall erzwingt ihre Ablehnung.

    Das ist nun mal die nächste Generation, der Großteil der nächsten Generation. Wenn man bei uns auf die Schule geht, da sieht man sie ja schon alle, das ist ja schon fast einheitlich wie die da rum laufen. Ich finde das schlecht, mir passt das nicht in den Kram.

Zum Bestandteil ihres Normalitätsbedarfs gehört, neben der starren Orientierung an den dörflichen Werte- und Moralvorstellungen, die Angst vor Stigmatisierung und Kriminalisierung, die sich insbesondere in ihrer kategorischen Ablehnung von und Distanzierung zur ‚harten' rechtsextremen Szene zeigt. Die Jugendlichen unterscheiden zwischen einer unpolitischen Skinheadbewegung, mit der sich sie sich identifizieren und den Neonazis, die sie ablehnen.

    Skinheads waren nie rechts. Und die richtigen Skinheads werden auch nie rechts sein.

Um ihre eigene Differenziertheit hervorzuheben, die sie sich auch von der Öffentlichkeit wünschen, verweisen sie wiederholt auf die Geschichte der Skinheadbewegung.

    Die Subkultur besteht eben darin, Spaß zu haben, zum Fußball zu gehen, sich anders zu kleiden, anders auftreten, wie es damals der Fall war, halt mit langen Haaren wie die Hippies. Die Subkultur ist eben mit kurzen Haaren rum gelaufen, das ist der krasse Unterschied. Die Rechten haben sich diese Kleidung halt angewöhnt und dieser Zweig von Rechten und Skinheads ist nicht gut. Weil man kann auch nicht sagen, Punker sind nur Linke. Da gibt es auch wieder Unterteilungen.

Neben der Abgrenzung von kriminellen und stigmatisierten Rechtsextremen deutet auch die Ablehnung des Lebensweges eines ihnen bekannten straffällig gewordenen Jugendlichen auf ihren Normalitätsbedarf hin; sie wollen keine Risiken eingehen, die einem (klein-)bürgerlichen Lebensentwurf und ihrer Integration in das Dorf schaden könnten.

Sonst wirst du nachher noch wie der Klaus.
Ja!
Frage: Was ist denn mit dem passiert?
Ach nein, der musste in so eine komische Anstalt für schwer erziehbare Kinder. Der kommt aber nächste Woche wieder.

Der hat auch ein bisschen viel Scheiße gemacht, der hat schon ein paar Anzeigen am Hals. Der ist halt gerade mal 14.
Der hat Autos geklaut.
All so was. Wir sind ja ganz anders.
Das würde ich nicht machen.
Frage: Was würdest du nicht machen?
Autos klauen, und so was, würde ich nicht machen.
Du kriegst sie ja auch nicht an! (Lachen)
Ja, würde ich auch nicht.

Minderheit und Elite
Im Widerspruch zur Selbstbeschreibung als ‚normal' bzw. ihrer Identifikation mit dem ‚Allgemeinbürger' steht der Wunsch nach Abgrenzung gegenüber dem, was als Allgemeinheit wahrgenommen wird. Dabei wird ein selbst zugeschriebener Minderheitenstatus naturalisiert.

Also, ich mein die Allgemeinheit ist nun mal anders, wir sind die Minderheit. Bei mir ist es schon immer so gewesen, ich wollte schon immer anders sein als die anderen, ich wollte mich schon immer abgrenzen, das kann ich somit am besten, weil so läuft halt keiner rum.

Sie fühlen sich ausgegrenzt, stigmatisiert und marginalisiert, was ihnen wiederum Sicherheit und Selbstbewusstsein gibt und insbesondere ihr politisches Desinteresse legitimiert.

Wir unterscheiden uns. Wir sind genau das Gegenteil von dem, was gerade die Welle macht. Da gehöre ich schon lieber zu den Randgruppen.

In ihrer Abgrenzung von modischen und modernen Jugendkulturen und Jugendlichen versuchen sie sich als ‚Avantgarde', als etwas Besonderes und Seltenes darzustellen. Ihre Abgrenzung soll Authentizität verdeutlichen. Das Verhältnis zu anderen Jugendcliquen der Kleinstadt ist aus diesem Grund von Rivalität und Feindschaft bestimmt. Ein Hinweis auf ‚feindliche' Gruppen genügt, um den kollektiven Zorn zu beschwören und zur gemeinsamen Ablehnung anzuregen; dies trägt maßgeblich zur Konstituierung und Beibehaltung der Cliquengemeinschaft bei.

Ihre Interessen und Meinungen als ‚Minderheit' sind grundsätzlich nicht vereinbar mit denen, die einer ‚Allgemeinheit' oder ‚Mehrheit' zugeschrieben werden. Diese Haltung der Unvereinbarkeit von als gegensätzlich empfundenen Meinungen spiegelt sich insbesondere in ihrem Verhältnis zum Kinder- und Jugendparlament bzw. zur Gemeindepolitik, obwohl sie mit dieser keinerlei negative Erfahrungen gemacht haben.

Unsere Interessen durchbringen, unsere Interessen, die interessieren die Holzheimer nicht, den Bürgermeister. Die würden da auch nicht zustimmen. Da macht das für mich ehrlich gesagt auch keinen Sinn, da irgendwie hinzugehen und irgendwas zu erzählen, was nachher sowieso nicht angenommen wird.

Sehnsucht nach Ruhe und Stillstand
Das Festhalten an einem etablierten dörflichen Wertekanon zeigt sich vor allem in den Einzelinterviews, in denen die traditionellen Lebensentwürfe der Jugendlichen deutlich werden.

Frage: Von was träumst du?
Also, gut, ich bin jetzt mal realistisch. Eine gute Ausbildung auf jeden Fall, genug Geld, dass es zum Leben reicht, es muss nicht zu viel sein, aber es soll auf jeden Fall reichen. Eine Wohnung dann und ein Auto, das sind meine einzigen Ziele.
Frage: Was für Wünsche hast du?
Also, eine Ausbildungsstelle habe ich schon. Eine Familie auf jeden Fall.

Die Lebensentwürfe orientieren sich grundsätzlich in einer Sehnsucht nach Ruhe und Sicherheit, insbesondere in dem Wunsch, auch in Zukunft das Dorf nicht verlassen zu müssen. Die Jugendlichen negieren offene Persönlichkeitsentwicklungen und beharren auf einer Konstanz sowohl ihrer inneren, als auch der äußeren Realität.

Ein Mensch kann sich nicht bessern. Was einmal drin ist, das geht auch nicht mehr raus. Bei mir stelle ich das auch fest, was sich bei mir eingeprägt hat, das bleibt, das kriege ich nicht mehr weg, das ist eine Erinnerung, die festsitzt.

Erkennbar ist eine beständige Suche der Jugendlichen nach Sicherheit und einer verbindlichen Einstellung.

Was bei uns halt so abläuft, bei uns im Umkreis, das kriegen wir aktiv mit und was sich dann eingeprägt hat, das lässt sich nicht ausprägen.

Dem beschworenen Bedürfnis nach Ruhe und Sicherheit entspricht die Darstellung des eigenen begrenzten Wissens- und Erlebnishorizontes.

Ich mein, was woanders abläuft, das kriegen wir ja nicht mit, das können wir ja nicht beurteilen.

Dieser selbst zugeschriebene begrenzte Wissens- und Erfahrungshorizont beunruhigt die Jugendlichen nicht, vielmehr dient er zur Legitimation eigener Verantwortungslosigkeit gegenüber gesellschaftlichen Fragen und Veränderungen; ihre Kreativität im Entwerfen einer zukünftigen Perspektive endet an den Grenzen des Dorfes.

Ich will hier wohnen bleiben.

Sie träumen - als vorübergehende Übergangssituation - vom gemeinsamen Leben in einer Wohngemeinschaft innerhalb des Dorfes, bis das Leben in Ehe und Familie einmündet. Der Wunsch nach einer Wohngemeinschaft bringt bei einigen die Sehnsucht nach Dauerhaftigkeit des jugendlichen Gruppenzusammenhangs und dessen Abschottung nach außen zum Ausdruck und steht nicht in Zusammenhang mit einem Wunsch nach individueller oder kollektiver Veränderung und Entwicklung.

Wir haben uns vorgenommen, dass wir später eine WG machen wollen.

Die enge Zusammengehörigkeit und der verantwortungsbewusste Umgang miteinander wird mit einem Beispiel untermauert. Sie schildern, wie sie Ralf, einem Mitglied der Clique, geholfen haben den Bauernhof seiner Familie zu bewirtschaften, als dessen Eltern einige Wochen verreist waren; ausführlich und gerne erzählen sie immer wieder, wie sie sich jeden Abend um die anfallende Arbeit gekümmert haben. Im Rahmen dieser Schilderung betonen sie die der Clique zugeschriebenen Werte wie Verlässlichkeit, Zusammenhalt und Freundschaft, die man in dieser gemeinsamen Zeit erlebt habe. Auch die Vorstellung von einer zukünftigen Wohngemeinschaft innerhalb des Dorfes speist sich unmittelbar aus diesen gemeinsamen Erfahrungen.

Einer von uns, der ist ziemlich arm dran, seine Eltern haben einen Bauernhof. Als die Eltern zwei Wochen im Urlaub waren, haben wir dann immer geholfen. Das ging auch gut, das war okay.
Frage: Und das ist selbstverständlich?
Ja klar, wenn man sich schon so lange kennt wie wir.

Einzig der Lebensentwurf und die Wünsche von Florian unterscheiden sich von der engen Orientierung der übrigen Jugendlichen an das Dorf. Er entwickelte in einem Interview eine Perspektive, in der er ein aus seiner Sicht idealisiertes Bild der ostdeutschen Bundesländer entwirft. In der Zukunft wünscht sich Florian ein ungestörtes Leben in einer ostdeutschen Kleinstadt, in der man als rechter Jugendlicher ausschließlich unter Gleichgesinnten sein könnte.

Eine kleine Stadt wäre gut. Wo keine Kanaken sind, das wäre echt geil, nur unter Rechties.
Frage: Würdest du dich wohl fühlen in einer Stadt, von der du weißt, dass da nur Rechte sind?
Ja, Ja, auf jeden Fall, da kennt jeder jeden, das ist cool.

Strukturen und Hierarchien
Trotz der permanenten Betonung des Zusammenhalts, des Verständnisses und der Idealisierung einer bedingungslosen Gemeinschaft, ist das Zusammenleben der Jugendlichen von Konflikten, von Streitigkeiten und Respektlosigkeit untereinander geprägt. Beschimpfungen sind insbesondere im alkoholisierten Zustand an der Tagesordnung. Die Jugendlichen berichteten uns zudem von körperlichen Auseinandersetzungen innerhalb der Clique, die jedoch derart selbstverständlich erscheinen, dass sie keine Einschnitte im Zusammenleben darstellen und das Gefühl von Zusammengehörigkeit nicht beeinträchtigen.

Die mangelnde Empathie und Sensibilität wurde deutlich, als Marcel, frisch verliebt, in der Clique von seiner neuen Freundin erzählt. Anstatt seine Freude zu teilen oder Verständnis für die Situation ihres ‚Freundes' zu äußern, erntet Marcel, nicht zuletzt, weil seine Freundin polnischer Herkunft ist, die Ablehnung der Gruppe und er wurde beschimpft. Die Clique sexualisierte die Beziehung, ignorierte jede Form von Intimität und gab unmittelbar die Hoffnung auf das schnelle Ende der Liebesbeziehung zu erkennen. Wenige Wochen später hat Marcel den Cliquenzusammenhang verlassen.

Halt das Maul, nix gegen Ausländer, meine Freundin ist eine Polin.
Was, du hast eine Freundin?
Okay, das ist nicht das Thema jetzt.
Was? Warum denn nicht?
Doch natürlich.
Du kannst die Maße mal sagen.
Nein, sag mal.
Wie heißt sie denn?
Ja, Jana.
Nein!
Nicht die Jana.?
Hier Männer!
Du Arschloch!
Wie hast du denn das geschafft?
Wenn ihr wirklich ein Buch darüber schreibt, nehmt das als Gruß für Jana.
Bis dahin gehst du sowieso nicht mehr mit der, weil du dann eine bessere gefunden hast.
Um Gottes Willen, die Jana!
Puh, nein!
Jetzt mal ein anderes Thema.

In den Einzelinterviews betonen die Jugendlichen die Homogenität der Clique und verneinen die Existenz von Hierarchien, weil jedes Cliquenmitglied das Recht auf freie, gleichberechtigte Meinungsäußerung habe; Diskrepanzen und Konflikte würden kommunikativ und ‚fair' gelöst. Die Existenz von Wort- und Gruppenführern wird verneint.

Frage: Gibt es Hierarchien in der Gruppe? Jemanden, der den Ton angibt?
Nein, wenn wir was machen, dann wird das besprochen. Keiner sagt, wir machen jetzt das und das. Es gibt keinen, der das Kommando hat.

Diesen Idealisierungen widersprechen die von uns beobachteten Aushandlungsprozesse und der Umgang mit Kritik, insbesondere am fremdenfeindlichen Konsens der Clique. Grundsätzlich haben die Jugendlichen einige Regelungen ihres Zusammenseins entwickelt, Verstöße gegen diese Normen werden aufmerksam registriert und ziehen mitunter Sanktionen nach sich. So musste beispielsweise eine angeblich fehlerhafte, das Gruppenideal von Männlichkeit und Stärke verletzende Schilderung vergangener Ereignisse, im folgenden Treffen korrigiert werden; der Gruppendruck erzwang hier das öffentliche Eingestehen des zu korrigierenden Fehlers. Die Szene erinnert an eine Beichte vor Zeugen, deren Ziel die Erniedrigung des Jugendlichen vor seiner Gruppe war.

Ich muss etwas verbessern, was ich letzte Woche falsch gesagt habe. Ich hab gesagt, dass wir alle Durchfall hatten (vom Zigarettenrauchen, d.V.). Das muss ich auf zwei Leute beschränken, das war nur ich und noch jemand anderes.
Frage: Wurdest du gerügt, dass du es verbessern musst?
Ja.

Wenn Marcel und Daniel dem ausländerfeindlichen Konsens der übrigen Clique widersprechen, überhören dies die übrigen Jugendlichen oder korrigieren den Widerspruch durch ein Beispiel aus dem dörflichen Alltag. Die folgende Interviewpassage ist ein Beispiel, die dieses typische Merkmal der Cliquenstruktur verdeutlicht. Mit dem Hinweis auf „einen großen Teil von denen" wird der zaghafte Versuch Daniels abgewehrt, der Fremdenfeindlichkeit der Clique etwas entgegen zu setzen. Durch mehrmalige stereotype Wiederholungen fremdenfeindlicher Beschuldigungen stellt die Clique die Gültigkeit des common-sense erneut her.

Ein paar von denen, fahren auch schon ganz schön dicke Autos, da kannst du nichts sagen.
Ja.
Das find ich heftig.
Das ist doch nebensächlich.
Das ist nicht nebensächlich.
Doch. Das ist egal.
Das ist aber schon mal was, wo du drauf guckst und dich fragst, wo hat der denn das Geld her?
Frage: Was meint ihr, woher haben die das Geld?

Staat! Die kriegen alles in den Arsch geschoben, auf Deutsch gesagt.
Nein, nicht unbedingt. Manche gehen auch arbeiten!
Der große Teil von denen, die verkaufen auf dem Schwarzmarkt Drogen und so weiter.
Schwarzarbeit.
Schwarzarbeit und so ein Kram.

Beim Zusammensein der Jugendlichen und im Cliquenalltag gibt es unterscheidbare Rollen, die hierarchisch angeordnet sind. Die Hierarchie basiert auf:

- Merkmalen der körperlichen Reife wie Bartwuchs, Körpergröße und -bau etc., je erwachsener ein Jugendlicher wirkt, desto höher ist seine Stellung in der Cliquenhierarchie;
- Körperlicher Stärke, die cliquenintern entweder spielerisch oder in ernsthaften Auseinandersetzungen um die Rangordnung innerhalb der Gruppe unter Beweis gestellt wird;
- Verbaler Durchsetzungskraft, die in der Gruppe durch lautes, reaktionsschnelles und rücksichtsloses Gesprächsverhalten hergestellt wird;
- ‚Insiderwissen', bei dem eigenes ‚Wissen' und argumentative Strategien im Umgang mit Widerspruch und Kritik jeweils Macht begründen können;
- Komik, dazu gehören Cliquenmitglieder, die zum Vergnügen anderer beitragen können, sie werden geachtet und ihnen wird ein eigener Status zugesprochen; und schließlich die
- Trinkfestigkeit.

Anhand dieser Merkmale lassen sich Rollen und Funktionen der einzelnen Mitglieder des engeren Kerns der Clique beschreiben. Dieter und Wolfgang stehen an der Spitze der Hierarchie, Dieter ist der ideologische Kopf der Gruppe und fordert offensiv eine rechte Einstellung von den Cliquenmitgliedern und seiner sozialen Umwelt.

So ein bisschen rechts muss schon sein, so wenigstens so wie die Republikaner.

Dieter hat bis auf den letzten Interviewtermin alle Treffen mit uns gemieden, hier jedoch demonstrativ seinen Führungsanspruch innerhalb der Gruppe zur Geltung gebracht. Dieser speist sich insbesondere aus einem harten, aggressiven Habitus und einer ausgeprägten rechtsextremen Einstellung.

Wolfgang kann als theoretischer Kopf der Clique betrachtet werden. Er ist bemüht, mit der Darlegung von ‚Fakten', Zahlen und Beispielen die ausländerfeindliche und deutschnationale Einstellung der Clique zu untermauern und auf diese Weise zu imponieren; insbesondere mit Verweis auf Erfahrungen mit ausländischen Jugendlichen in der Kernstadt versucht Wolfgang, die Fremdenangst der Clique zu belegen. Nach Aussage der Jugendpflegerin hat Wolfgang sich intensiv mit der Geschichte der Wehrmacht im Zweiten Weltkrieg, insbesondere mit deren Kriegsgerät und Waffen, beschäftigt. Zwischen Wolfgang und Dieter gibt es Konkurrenz um das Sagen in der Clique, obwohl sich beide als enge Freunde bezeichnen; sie wird z.T. in körperlichen Auseinandersetzungen ausgetragen.

Als „Sturmführer" bezeichnet die Clique Klaus, der sich als ein redegewandter Rhetoriker präsentiert hat, in den Interviews jedoch nicht durch ideologische Härte auffiel. Aufgrund seiner Ausdrucksfähigkeit hat er in den Augen der anderen Gruppenmitglieder eine geachtete Position und gehört zum engeren Zirkel.

> Jetzt kommt unser Sturmführer!
> So, jetzt könnt ihr noch mit dem reden.
> Das ist unser Redner, genau.
> Jetzt kommt erst die neue Frage, wenn der hier ist, dann geht es ab.

Reinhart hingegen trat insbesondere durch frauen- und ausländerfeindliche Parolen in Erscheinung. Er ließ sich nicht in Dialoge verwickeln, sondern kommentierte Gespräche mit Floskeln. Er idealisiert die Clique am stärksten und kann sich ein Leben ohne diese nicht vorstellen. Mit seiner Kleidung und seinem demonstrativen Alkoholkonsum übersteigert er das Gruppenideal und inszeniert die Clique als politische Gemeinschaft; er hat die Funktion eines unterstützenden Anheizers und bestätigt jede Aussage von Wolfgang.

Detlef stellt den unpolitischen Clown der Clique dar und zeigte sich in erster Linie an dem gemeinsamen Alkoholkonsum interessiert. Seine Redebeiträge sind, wie die von Reinhard, eher sporadisch, seine wiederholten Ausrufe haben jedoch eher die spöttische Ablehnung von anderen Jugendcliquen zum Inhalt. Seine Stellung in der Clique resultiert aus einem aufmunternden und humorvollen Moment.

Am unteren Ende der Hierarchie befindet sich Daniel. Er bemüht sich, der Fremdenfeindlichkeit der Clique zu widersprechen und distanziert sich auch mit seinem äußeren Erscheinungsbild. Er hat einen Außenseiterstatus und nicht zuletzt auf Grund seiner Arbeitslosigkeit und dem fehlenden Schulabschluss wird ihm Einfluss in Aushandlungsprozessen abgesprochen.

Oft dient ein fremdenfeindlicher Hinweis innerhalb von Auseinandersetzungen der Wiederherstellung eines gemeinsamen Nenners und der Rückbesinnung einer gemeinsamen Basis.

> Frage: Würdest du sagen, dass mehr Deutsche arbeitslos sind als Ausländer?

Ja.
Ja.
Man bekommt es mit.

Das Verhältnis zu Mädchen und Frauen

Im Umgang mit der weiblichen Interviewerin wirkten die Jugendlichen unbeholfen und ängstlich ablehnend. Sie ignorierten stellenweise ihre Fragen, bzw. richteten die Antworten an den männlichen Interviewer. Eine Ausnahme stellte Florian dar, der beständig den Kontakt und die Nähe zu ihr suchte.

In ihren Aussagen bedauerten und problematisierten die Jugendlichen bei allem jungmännerbündischen Gehabe wiederholt fehlende Kontakte und Beziehungen zu Mädchen und Frauen. Befürchtungen, auch in Zukunft ohne Partnerin zu bleiben, zeigen einen empfundenen Statusmangel und deuten sie dahingehend, dass die ihnen bekannten weiblichen Jugendlichen nicht ihren Vorstellungen entsprechen würden. Lediglich ein Mädchen aus dem Dorf habe eine vergleichbare Lebenseinstellung.

Sei ruhig, sonst kriegst du nie eine Freundin!
Frage: Wo sind denn die Frauen hier?
Das ist das Problem.
Die Einzige, die so auf dem Trip ist, die ist bei ihrem Freund. (Lachen)
Frage: Warum sind denn keine Frauen hier?
Na wegen dem Äußeren hier.
Es gibt in Waldtal keine.
In Waldtal gibt es keine.

Reale Erfahrungen mit Mädchen und Freundinnen sind selten. Sie wurden als überwältigende Momente geschildert und gehören zum Repertoire der dramatischen Episoden, auf das im Cliquenalltag wiederholt zurückgegriffen wird. In der Retrospektive gelten gemachte Beziehungserfahrungen als anstrengend und belastend.

Erzähl mal! Da warst du besoffen!
Ich war hier oben auf einer Feier, gerade hier oben drüber, auf der Weihnachtsfeier vom Sportverein. Die war dicht und ich war voll und die war voll. Dann kam die auf einmal an! Ich schwätze sonst nicht mit der, ich hab die eigentlich auch nicht so gut gekannt, trotzdem kommt die auf einmal an und dann haben wir halt...
Da habt ihr Spaß gemacht!
Ja, die hat mir einen Kuss gegeben! Dann habe ich erst mal da gestanden, und dachte, ‚Alles klar?' Das war aber auch nur für den einen Abend. Die war halt bedusselt und ich war auch ein bisschen gut dabei, dann ist das auch wieder auseinander gegangen.
Frage: Hattest du gerade eine Freundin?

Ja, sechs Monate und jetzt brauche ich erst mal ein Weilchen meine Ruhe.
Frage: Wollt ihr keine Freundinnen?
Nein, so ist es nicht.
Ich nicht.
Nein.
Nein, also ich hab kein Bock mehr drauf, das ist scheiße, ich hab genug.

Es scheint den Jugendlichen unangenehm zu sein, jenseits von Sprüchen und Witzen über Mädchen und Frauen zu sprechen, im Gruppenkontext ist das Thema verpönt und wird ausgeschlossen. In einzelnen pubertären und machohaften Äußerungen von einigen Jugendlichen spiegelt sich eine brutale Vorstellung über den Umgang mit Mädchen und Frauen.

Frage: Sind Frauen unter euch gar kein Thema?
Nein.
Doch!
Ja, doch schon, aber...
Sei ruhig jetzt! (Durcheinander)
Darum geht es ja gar nicht. Es geht um das Prinzip, hoffe ich.

Komm, halt das Maul.
Ruf die mal an, die soll mal vorbeikommen. (Lachen)
Witz!
Jeder darf mal drauf.

Grundsätzlich ist das Verhältnis zu Frauen geprägt von Dominanzphantasien, eine gleichwertige Partnerschaft kommt für sie nicht in Frage und in ihrer Phantasie beugen sich Mädchen und Frauen dem männlichen Willen.

Frage: Deine Freundin kommt hier nicht mit?
Nein. Nein.
Frage: Warum nicht?
Das weiß ich nicht.
Frage: Mag sie nicht? Oder lässt du sie nicht mitgehen?
Das auch. Ich lasse sie nicht mitgehen.
Frage: Ja, und wenn du nicht willst, kann sie nichts machen, oder?
Nein. (Lachen)

Jugendkulturelle Kontur

Outfit
Der Zusammenhalt und die Gemeinsamkeiten der Clique werden insbesondere durch äußere Zeichen, Symbole, Accessoires, Kleidung und Haarschnitt untermalt. Ein weitgehend uniformiertes Outfit verstehen die Jugendlichen als Erkennungszeichen ihrer Gemeinschaft.

Frage: Dann weiß man gleich die kommen aus Waldtal?
Ja, wenn man einen von uns sieht, dann erkennt man das.

Der enge Kern der Clique trägt eindeutige und sichtbare Symbole, wie die für die rechte Szene typischen ‚weißen Schnürsenkel', Kleidungsmarken und Bomberjacken (‚Pitbull' und ‚Lonsdale') sowie Springerstiefel. Die Clique präsentiert sich bekennend und bietet erkennbar Symbole (Aufnäher, T-Shirts rechter Musikgruppen) an. Verbotene Zeichen und Symbole, die der Angst vor Kriminalisierung geschuldet sind, gibt es nicht; auch tragen sie keine sichtbaren Tätowierungen.

Mit ihrem Outfit wollen die Jugendlichen ihren provozierenden Abgrenzungsbedarf und identitätsstiftenden Eigensinn, insbesondere gegenüber den von ihnen als modern verstandenen Jugendcliquen, unterstreichen.

Ich wollte mich schon immer abgrenzen. Mit den Klamotten provozieren wir.

Das rechte Outfit dient den Jugendlichen als Schutz und wird als aktives politisches Bekenntnis betrachtet. Die kollektive Kleidung ist Resultat der Cliquengeschichte als einer Geschichte gemeinsam empfundener Gefahr und Abwehr; sie ist symbolische Repräsentation der eigenen, ‚notwendigen' Haltung. Die mitgeteilten Szenen und Episoden des als gefahrvoll empfundenen Lebens finden ihren Ausdruck in Bomberjacken und Springerstiefeln als vermeintlich unumgängliche und ‚natürliche' Konsequenz. Das Outfit ist das zentrale Medium der Gruppe, sich öffentlich in ihrer Gemeinde, im Kontakt mit einer befreundeten Clique im Nachbarort und in der Schule politisch zu bekennen.

Frage: Gegen was willst du dich abgrenzen?

Gegen die Gesellschaft! Das passt mir alles nicht in den Kram. Ich denke anders und das was so abläuft, das gefällt mir alles nicht. Das will ich damit zeigen, wie ich rum laufe.

Dann hat das angefangen. Bei mir war das immer, dass die Ausländer mir immer auf die Nuss gehauen haben. Dann hat es bei mir da oben geklingelt, ‚Moment mal!'. Seitdem lauf ich halt so rum.

Durch die Kleidung bekennen sich die Jugendlichen zu ihrem Außenseitersein und betonen wiederholt, dass sie die Einzigen seien, „die in der Schule so rum laufen". Ihnen ist dabei durchaus bewusst, dass sie auf Grund dieses Outfits bei anderen Jugendlichen (insbesondere bei Mädchen und jungen Frauen) nicht sonderlich beliebt sind.

Die zur Clique gehörigen Jugendlichen, die keine szenetypische Kleidung tragen, werden provoziert, weil sie sich nicht zu ihrer Gruppe und deren common-sense bekennen, sich vielmehr durch typische Attribute den ‚gegnerischen' Jugendlichen anbiedern und nicht zugehörig zeigen.

Ich fall halt nicht so auf wie die anderen, ich lauf anders rum, so wie, na ja nicht ganz so rechts.
Frage: Was ist denn so schlimm an seinem Outfit? (Stimmengewirr)
Es ist ja nur, weil ich die Buffalos anhabe, da werde ich immer angemacht.

Musik
Musik ist ein wichtiges Thema im Alltag der Jugendlichen. Sie hören in ihrer Anwesenheit im Jugendclub ständig rechte Musik mit sehr hoher Lautstärke, die eine Kommunikation vielfach nur noch als Schreien zulässt. Der enge Kern der Clique hat Insiderwissen und CDs von rechten Musikgruppen und von Titeln, die auf dem Index stehen und nur über spezielle Versandwege zu beziehen sind. Insbesondere Klaus betont wiederholt sein Expertenwissen und die genauen Kenntnisse unterschiedlicher rechter Musikgruppen, wodurch er sich in der Clique Achtung und Respekt zu verschaffen versucht.

Es gibt da so Kataloge, da kann man CDs bestellen und so weiter und so fort. Die sind zwar legal, gefallen aber manchen nicht. Das hört auch nicht jeder.
Manche sind auch nicht legal.

Das Spektrum der von den Jugendlichen favorisierten Musik reicht von hoch aggressivem Rechtsrock mit eindeutig rechtsradikalen, insbesondere ausländerfeindlichen und rassistischen Liedtexten, bis hin zu langsamen Balladen, die glorifizierend Kameradschaft, Ehre und Männlichkeit besingen. Von den Jugendlichen genannte und favorisierte Bands sind: ‚Landser', ‚Oithanasie', ‚Panzerfaust', ‚Endstufe', ‚Siegeszug', ‚Macht und Ehre' und die ‚Böhsen Onkelz'. Daneben gibt es im Jugendclub einige Heavy-Metal-CDs. Diskussionen über die Qualität und die Bedeutung einzelner Gruppen haben in der Clique emotionale Kontroversen und Streit ausgelöst. Dabei sind die den Musikern zugesprochene Authentizität, der Grad der abgelehnten Kommerzialität und die Härte der Musik wichtige Merkmale für die Bewertung der Bands gewesen.

Um die Dorföffentlichkeit zu provozieren und Aufmerksamkeit auf sich zu ziehen, stellen die Jugendlichen die Musikboxen des Jugendclubs häufig ins Freie und beschallen einen Teil des Dorfes mit rechtsradikalen Liedtexten wie „Deutschland, den Deutschen!". Zu eher seltenen Beschwerden der Erwachsenen im Dorf hat bisher vor allem die hohe Lautstärke geführt, demgegenüber haben sie (bis auf wenige Ausnahmen) Widerspruch wegen den Inhalten kaum erfahren. Auch der Jugendpfleger hat die Musik lange akzeptiert, weil er, wie er sagt, nicht kompetent genug war, zwischen legalen und illegalen Liedern und Bands zu unterscheiden. Erst seitdem rechtsextreme Jugendliche im Mittelpunkt des öffentlichen und medialen Interesses stehen, hat er im November 2000 rechtsradikale Musik im Jugendclub grundsätzlich verboten, auch weil er für sich selbst Sanktionen fürchtete.

> Er hat gesagt, dass er die Aufsichtspflicht hat und wenn wir ‚Sieg Heil' rufen, dass er dann Ärger bekommt, weil er auf uns aufpassen muss und von daher dürfen wir das nicht mehr.

Die Jugendlichen loben die Standhaftigkeit, Ehrlichkeit und den Mut der Musiker, solche Themen anzusprechen, die in der Öffentlichkeit tabuisiert würden. Sie idealisieren deren märtyrerhaftes Einstehen für die eigene Meinung, das selbst vor Haftstrafen nicht zurückschrecken würde. So loben sie z.B. die Band ‚Landser':

> Das ist jetzt ein Beispiel von Landser, die Band spricht zum Beispiel die Brandanschläge in Mölln und Solingen an. Da gab es Proteste, Aktionen und Lichterketten usw. Die singen von einem Anschlag, den ein Türke gegen einen Deutschen verübt hat, was ihrer Meinung nach an der Öffentlichkeit vorbeigegangen ist. Zum Beispiel solche Sachen singen die eben.

> Sie singen genau das, was sie denken. Die nehmen dafür auch in Kauf, in den Knast zu wandern, das heißt, sie nehmen enorme Risiken in Kauf, um das zu sagen, was sie wollen. Die lassen sich halt wirklich nicht unterkriegen. Ich denke mal, damit können sich gerade in letzter Zeit ein paar Leute mit identifizieren.

Die Musik und die Musiker aus der rechten Bandszene liefern den Jugendlichen wichtige Mentalitätsmuster und haben für sie eine Vorbildfunktion. Sie betonen, dass sich ihre eigene Lebenssituation in den Texten spiegele. Insbesondere die offensive Abgrenzung gegen eine als kommerziell, verlogen und blind skizzierte ‚Allgemeinheit' entspräche ihren Bedürfnissen und ihrem Blick auf ‚die Gesellschaft'.

> Wo wir jetzt gerade bei den Böhsen Onkelz sind, die sind dagegen, was die Allgemeinheit tut. Ich fand das schon geil, dass die ihre Meinung einfach so vertreten haben. Das find ich halt so geil an den Onkelz. Ich will jetzt nicht sagen, dass die Onkelz dafür verantwortlich sind, das wir so denken und so rum laufen, aber eigentlich war es die erste Gruppe, die du gehört hast. Was mich daran gereizt hat war, dass die wirklich unsere Meinung gesagt haben und zwar öffentlich auf dem Markt. Ich habe mich mit denen identifiziert, mit ihren Liedern habe ich mich identifiziert. Ich denk halt wirklich schon so wie die, was ich halt so mitkriege. Dadurch, dass ich auch andere Gruppen höre, habe ich schon einen Teil von der ihrer Meinung auf mich übertragen. Das passt halt gut.
> Frage: Was passt den da?

Die haben sich vom Kommerz abgegrenzt. Die haben Lieder gemacht, die halt wirklich Aufsehen erregt haben, die sind in die Presse gekommen und sind als die bösen Buben hingestellt worden.

Ich finde geil, dass die richtig geile Texte haben. Die singen nicht nur das, was angesagt und was in ist, wie ‚du bist ein Stern in meinem Herzen'. Die singen über das, was los ist, was sie mitkriegen von Außen. Die singe nicht so Schnulzen und so einen Kram, die singen was abgeht, was denen nicht passt.

Die Jugendlichen differenzieren aus einer Expertenperspektive zwischen Musikgruppen mit für sie ernst zunehmenden, ‚aufklärenden', ihre Situation widerspiegelnden Inhalten und Botschaften und solchen, deren Texte sich auf rechtsradikale Parolen und Ideologeme reduzieren.

Es gibt Musik, da hörst du hundertmal hintereinander ‚Türken raus' und es gibt auch Musik, die äußerst sinnvolle Texte hat und trotzdem verboten ist, weil sie eben Themen anspricht, die sich andere anzusprechen nicht getraut hätten. Kritik an der Demokratie selbst zum Beispiel wird hierzulande nicht gern gehört. Die Band ‚Landser' zum Beispiel, die spricht das offen an, die singen über Meinungsfreiheit, Verfassungsschutz usw., wenn ihnen was nicht passt. Die haben dann auch wirklich Texte, in denen sie dann auch ganz groß aufräumen, nicht nur hochgradig ausländerfeindlich, wie ‚10 kleine Negerlein'. Das kommt halt von Gruppe zu Gruppe an. Da kann man nicht sagen, Rechts-Rock ist absolut scheiße oder das ist nur Mist und die singen alle nur ‚Ausländer raus', weil es wirklich einfach nicht stimmt. Es gibt Bands, die sich wirklich Gedanken machen, die wirklich Nachdenken und es gibt Bands, die das nicht tun. Das ist, wie in jeder Musik-Sparte. Es gibt Leute, die was im Kopf haben und welche, die das nicht haben.

Das gemeinsame Hören rechter Musik ist fester Bestandteil der Treff- und Trinkkultur der Jugendlichen. Insbesondere im betrunkenen Zustand singen die Jugendlichen die Texte der Lieder, die sie häufig auswendig gelernt haben, im Chor mit und tanzen zur Musik; dabei schrecken sie auch vor Parolen wie „Heil Hitler" nicht zurück und verharmlosen diese als Witz.

Wenn eine Band ‚Sieg Heil!' ruft, dann lachen wir darüber.

Ideologiefragmente

‚Deutsche' und ‚Patrioten'

Patrioten und Idioten, das ist ein kleiner Unterschied.

Die Jugendlichen definieren sich als Patrioten und identifizieren sich mit ‚ihrem Deutschland'. Der Geburtsort und ‚ihr' Land werden zur Selbsterhöhung gegenüber anderen Nationalitäten instrumentalisiert und dienen ihnen zur Selbstvergewisserung. Sie bekennen sich, stolz auf ‚ihr Land' zu sein, sich für dieses einzusetzen und es gegen die als destruktiv empfundenen „Ausländer" zu verteidigen.

In der Selbstzuschreibung als Patriot wird der Normalisierungsdruck der Jugendlichen als Abgrenzung zur extremen Rechten deutlich. Die Kategorie des ‚Patrioten' erscheint ihnen als ein Kompromiss zwischen dem als öffentlich stigmatisiert wahrgenommenen Rechtsextremismus und der eigenen diffus-rechten Einstellung. Nach Ansicht der Jugendlichen ist die Selbstzuordnung als Patriot zunächst befreit von Ausländerfeindlichkeit und Rassismus. Patrioten würde es zudem auch in anderen Ländern geben, was implizit mit der Aufforderung an ‚die Deutschen' verbunden wird, ‚stolz auf ihr Vaterland' zu sein, wie es andere auf ihre Länder selbstverständlich auch seien.

> Ein Patriot ist nicht unbedingt ausländerfeindlich, der ist stolz darauf, dass er in dem Land geboren ist.
> Deutsch.
> Patrioten gibt es auch in Amiland und was weiß ich wo noch. Ein Patriot ist stolz auf sein Land, er setzt sich für sein Land ein und der toleriert keine Leute, die sich gegen sein Land auflehnen, von wegen mit Äußerungen sein Land schlecht macht, das akzeptiert der halt nicht. Das akzeptiere ich auch nicht, weil ich auch ein kleiner Patriot bin.

Eine Verantwortung, die aus der deutschen Geschichte erwächst, wird nicht in Betracht gezogen bzw. negiert. Die eigene Ausländerfeindlichkeit wird relativiert, sie spielt jedoch als Abgrenzung gegenüber anderen gesellschaftlichen Gruppen und fremden Kulturen, sowie zur Konstitution ihrer Gemeinschaft eine große Rolle. Der ‚Stolz' auf Deutschland geht einher mit einem starken Zugehörigkeitsgefühl zur dörflichen Gemeinschaft, ihrem ‚Waldtal', beides gilt es für sie zu schützen und zu bewahren.

Einzelne Erfahrungen und Beobachtungen aus dem eigenen begrenzten Umfeld - vor allem der Schule - dienen den Jugendlichen zur Veranschaulichung ihrer empfundenen „Überfremdung", die als „Zerstörung des Deutschen" erachtet wird. Dabei werden die Beobachtungen und negativen Einzelerfahrungen im Umgang mit der ausländischen Jugendclique aus der Kernstadt verallgemeinert.

> Die Art ‚Scheiß Deutsche und so', ‚Verpisst euch', das find ich hart, also, dass wir uns das sagen lassen müssen, das passt mir nicht ganz in den Kram, weil ich mein, das ist unser Land hier.
> Ja, ich mein, die sind hier zu Gast und wir sind Deutsche, also meine Generation ist, glaube ich, schon ein bisschen länger hier, die kann das dann auch von sich behaupten.

Die Angst vor „Überfremdung" mündet in einer ‚Gastideologie', die grundsätzlich zwischen den Rechten und Pflichten von Deutschen und Migranten unterscheidet. Wie ein ‚richtiges, deutsches' Benehmen aussieht und welche Verhaltensweisen es erfordert bleibt unbenannt. Die Gastideologie deutet auf eine starke Identifizierung mit dem Heimatland hin, die in der permanenten Selbstbeschreibung der Jugendlichen als Deutsche („also, ich bin schon Deutscher") und Ansprüchen an dem Besitz des Landes („Das ist unser Land hier...") ihren Ausdruck findet. Bestandteil dieser Identifikation ist die Familialisierung: Gäste haben sich in ‚ihrem' Land so zu benehmen, wie Gäste in den eigenen vier Wänden. Die Benennung der eigenen emotionalen Ablehnung von „den Ausländern" wird mit Hilfe der ‚Gastideologie' legitimiert und mit „deren Benehmen" begründet; sie sind aus der Sicht der Jugendlichen verantwortlich für ihre Haltung und Meinung.

Der größte Teil von denen, gegen die habe ich, wenn man das so sagen kann, einen Hass, weil die benehmen sich wie...und da sagt auch niemand was. Ich mein, wenn man es mal ehrlich sieht, dann sind sie Gäste und dann sollen sie sich auch benehmen wie Gäste und die benehmen sich wie das Allerletzte.

Auch die Dauer des Lebens in Deutschland wird für die Clique zur Grundlage der Differenzierung zwischen Deutschen und „Ausländern"; aus ihr erwächst der Anspruch auf den Besitz des Landes. Die Dauer einer legitimen Einbürgerung von Migranten benennen die Jugendlichen willkürlich; dies verdeutlicht die Widersprüchlichkeit der Gastideologie: Egal welches ‚Benehmen' gefordert wird, wirkliche Integration kann nie stattfinden, „die Ausländer" sollen ewig Fremde bleiben und sich unterordnen.

Die meisten werden ja eingebürgert, wenn sie so zwei, drei, vier Jahre oder was weiß ich, von mir aus auch acht Jahre hier sind, dann werden die eingebürgert und dann lästern sie halt über uns ab. Ich meine, die können froh sein, dass sie hier aufgenommen werden.

Ohne über eine ideologische Rhetorik zu verfügen, versuchen die Jugendlichen ihre Angst im Umgang mit dem Fremden zu rationalisieren und aus dieser Rationalisierung Ansprüche zu erheben. Aus der Position der ängstlichen Schwäche und der mangelnden Fähigkeit der Integration von Fremdem in die eigene Haltung wird versucht, die eigene Stärke und Legitimation zu begründen; das wird untermauert mit dem Bild „des Ausländers" als greifbare und sichtbare Manifestation der Bedrohung.

Migranten und Fremde
Kampf als Alltag
Der Alltag mit Ausländern wird von den Jugendlichen als per se „gefährlich" geschildert. Für sie existiert eine natürliche Verbindung zwischen „Ausländern" und Problemen. Aus ihrer Sicht gehen Provokationen, die zu Konflikten führen, immer wieder von „den Ausländern", d.h. den ausländischen Jugendlichen der Kernstadt aus und rauben der Clique somit ihre erhoffte „Ruhe".

Frage: Was machst du im Alltag?
Im Alltag? Ein Kumpel von mir ist von ein paar ausländischen Mitbürgern blöd angemacht worden, das war Alltag, das ist Alltag.
Also andere zu bedrohen oder andere irgendwie zu beleidigen.

Die Kernstadt erscheint den Jugendlichen ausschließlich als ein Ort „der Ausländer", d.h. als ein Ort der Gefahr, in dem man sich nie wohl fühlen könne und in dem man permanent kämpfen müsse.

Frage: Was ist denn an der Kernstadt so schlimm, weil ihr dauernd stöhnt?
Weil da die Kanaken wohnen.

Frage: Was gefällt dir nicht an der Kernstadt?
Da laufen halt so viel von den anderen rum.
Von den Ausländern.

In der Schilderung von alltäglichen Provokationsspiralen bleibt der Eigenanteil der Jugendlichen unreflektiert, bzw. er wird als reaktiv, legitim und selbstverständlich bezeichnet. Konflikte zwischen der Clique und ausländischen Jugendlichen gehen insbesondere von der Kleidung und dem Auftreten der Jugendlichen aus.

Ich hab mir auch schon des Öfteren blöde Sprüche anhören müssen, weil ich mich anders kleide wie die. Ich bin Deutscher, ich würde nicht sagen, dass ich rechts bin, aber ich bin halt Deutscher und wenn ich mir von irgend so einem Ausländer sagen lassen muss, dass ich nicht der heutigen Kleiderordnung entspreche, weil ich nicht in bin, das stört mich schon.

„Der Ausländer" steht stellvertretend für alle Gruppen, die sie hassen, ablehnen und als ‚modern', kritisieren. Auf sie wird die Wut gegen sämtliche ihnen fremde Gruppen und Jugendkulturen („Skater, Boarder" etc.) projiziert. Das Resultat der empfundenen „Überfremdung" und einer daraus resultierenden Gefahr ist für sie die Unmöglichkeit, sich als Deutscher frei bewegen zu können, weil man die Orte meiden müsse, an denen sich „die Ausländer" befinden.

Als Grundlage der Bestätigung einer natürlichen Verbindung zwischen „den Ausländern" und Gefahren dienen den Jugendlichen - und dies wird stereotyp, zum Teil in den immer gleichen Formulierungen beschrieben - Erfahrungen auf dem Schulhof in der Gesamtschule der Kernstadt. Dabei werden die Ereignisse aus dem Schulalltag verallgemeinert: „Das war schon immer so und wird auch immer so bleiben." Die Jugendlichen illustrieren persönliche Beispiele und Erfahrungen comichaft mit martialischen und brutalen Bildern, mit der die von Migranten ausgehenden Bedrohungen und Gefahren dramatisiert werden. Diese werden mit zugeschriebenen Merkmalen wie körperliche Größe und Macht verbunden. Neben der Eingrenzung der schulischen Freiheit wird „der Ausländer" beschuldigt, ihre

Meinungsfreiheit und den territorialen Handlungsspielraum einzuschränken.

> Das hat von klein auf angefangen. Ich bin früher auch noch stinknormal rum gelaufen, wie man so schön sagt. Ich lass mir halt nicht sagen, was ich zu tun oder zu lassen habe und da gibt es ein Beispiel: Wir haben immer in der Schule Fußball gespielt mit einem Tennisball und da waren etwas größere, die haben den Ball genommen, wollten den nicht mehr hergeben. Alle haben Schiss gehabt und ich Idiot bin dann hingegangen und hab gesagt: ‚Ey, gib mir meinen Ball her sonst!'. Dann hat das halt immer so angefangen. Ich meine, es gibt ein paar, die ich gut leiden kann, aber die meisten sind für mich halt so welche, die kommen halt an, das kriegen auch Raucher mit, ‚ja haste mal eine Kippe', wenn du sagst, ‚Nee, dir geb ich keine', dann kriegst du gerade gedroht. Ich meine, ich kenne da auch einen, dem haben sie das Messer an den Hals gehalten.
> Frage: Wegen einer Zigarette?
> Ja. Das ist halt so. Die sind halt so drauf. Ja und mich haben sie auch krankenhausreif geschlagen. Da hab ich dann 3 Tage im Krankenhaus gelegen.

Ein Beispiel für die Einschränkung ihres Handlungs- und Bewegungsspielraumes ist, dass es für sie wegen den ausländischen Jugendlichen unmöglich ist, am städtischen Vereinsleben teilzunehmen.

> Frage: Wenn ihr Probleme mit Ausländern habt, spielt ihr dann Fußball nur mit Deutschen?
> Ja, ich bin deshalb auch raus gegangen.

Andere Gründe für ihre fehlende Integration in das Vereinsleben, wie z.B. mangelnder Erfolg, mangelnde Akzeptanz oder Fähigkeiten werden nicht in den Blick genommen, sondern mit Hilfe des Mythos der allgegenwärtigen Gefahr durch Migranten überdeckt.

Neben den Sportvereinen nutzen die deutschen Jugendlichen die vermutete Mehrheit von ausländischen Jugendlichen im - in der Gründungsphase befindlichen - Kinder- und Jugendparlament der Gemeinde zur Begründung, sich hier nicht zu engagieren. Selbst bei einer „Allianz aller Deutschen", so die Phantasie der Jugendlichen, ist es unmöglich, der „Macht der Ausländer" etwas entgegenzusetzen. Diese Unterstellung dient der Manifestation und Legitimation ihrer grundsätzlich passiven Rolle und Apathie. Möglichkeiten einer strategischen Durchsetzung von politischen Interessen im Kinder- und Jugendparlament werden von ihnen vernachlässigt und nicht in Betracht gezogen.

> Da sind bestimmt die Hälfte Ausländer dabei und die haben halt ein bisschen eine andere Meinung als wir und das ist halt ein bisschen blöd. Wenn wir wenigstens mehr Stimmen zum Abstimmen hätten, alle Nebendörfer zusammen, sag ich mal, wenn wir wenigstens mal die Mehr-

heit hätten. In der Kernstadt und in Birkendorf, das sind die Ausländer, das sind die Städte und Dörfer, die alles zu bestimmen haben und wenn die sich einigen, dann können die machen, was sie wollen. Das find ich nicht okay. Das ist blöd.

Aufgrund der empfundenen quantitativen Übermacht von ausländischen Jugendlichen, bzw. „der Ausländer", ist für die Clique ein „fairer Kampf" nicht möglich.

In der folgenden Interviewpassage wird deutlich, wie sehr die empfundene Gefahr, die von ausländischen Gruppen ausgehe, eine fiktive Bedrohungsphantasie darstellt. Sie haben innerhalb dieser Phantasie die Rolle eines alltäglich Gewalttätigen inne und der Mythos der quantitativen Übermacht einer ‚Masse von Ausländern' schrumpft auf zwei namentlich genannte Personen zusammen.

> Wir sind auch die Minderheit den Ausländern an unserer Schule gegenüber und das find ich nicht okay, und das wir vor denen wegrennen müssen. Also was heißt wegrennen müssen, wir tun es.
> Wir haben halt keine Lust jeden Tag von denen auf das Maul zu kriegen, und wenn die wollten, dann könnten die uns auch jeden Tag auf das Maul hauen, wie die immer ihre großen Brüder dabei haben. Ich hatte jetzt neulich Stress mit einem und dem sein großer Bruder ist jetzt jeden Tag oben an der Schule und da muss ich dann immer unten raus gehen, weil...
> Serkan und Irfan und...
> ...ich will jetzt keine Namen nennen. Ich habe keine Lust eine auf das Maul zu kriegen von einem 20-Jährigen. Ich find, wenn man sich mit einem kloppt, okay, einer gegen einen ist okay, aber wenn dann ein Deutscher und 20 Ausländer...
> Das musst du jetzt auch ein bisschen anders sehen. Also, wenn du jetzt meinst eins gegen eins, dann müssen das schon gleiche Chancen sein. Ich mein, wenn du dich jetzt hinstellst, ich sag, zum Beispiel, wenn du jetzt zehn Jahre alt wärst, und stellst dich gegen einen 16-Jährigen, ich mein da kriegst du die Mütze voll, da hast du keine Chance.
> Ja.

Zum Beweis der Gewaltbereitschaft der ausländischen Gruppe wird auf „die Skater" verwiesen. Selbst diese von ihnen als feindlich angesehene jugendkulturelle Gruppierung müsse sich mit „den Ausländern" auseinandersetzen und zwinge sie zur Solidarisierung mit einem „Feind".

> Und das war dann auch so, dass die Skater sich auch mit den Ausländern auseinandergesetzt haben.
> Wenn der sich nicht mit einem von den Ausländern gekloppt hätte, wären wir nie mit dem zusammengekommen.

Die Jugendlichen begreifen sich so als Opfer im ‚Lebenskampf' gegen eine Übermacht von ausländischen Jugendlichen. Dem Opfermythos ist es inhärent, dass auf dubiose Strukturen von Ungerechtigkeit schuldzuweisend verwiesen wird. Die Schilderungen der Jugendlichen über die alltäglichen Kämpfe sind gleichzeitig ambivalent, bei ihnen fällt die Begeisterung für die Gefahr des Abenteuers auf. So gibt der ‚Lebenskampf' Sinn; weil er das Selbstwertgefühl mit dem Bild eines ‚Kämpfers' für den Erhalt dessen erhöht, was als bedroht und gefährdet phantasiert wird.

Migranten und Kriminalität
Die Jugendlichen unterscheiden in ihrer dramatisierten Darstellung von alltäglichen Kämpfen und der beständigen Bedrohung durch Migranten zwischen den von ihnen als gefahrvoll betrachteten jungen Migranten, d.h. der ausländischen Jugendclique in der Kernstadt und der Schule, und den „älteren" Migranten, die sich eher an das hielten, was aus Sicht der Jugendlichen eine diffuse, unbeschriebene aber reklamierte verbindliche Norm darstellt.

> Bei den Älteren ist das anders, die sind dann schon ein bisschen reifer, die verstehen das dann schon, aber die etwas jüngeren, das sind dann halt schon welche, die wollen halt ihren Spaß haben.

Diese Differenzierung stellen sie nicht an, wenn es um das „den Ausländern" unterstellte kriminelle Potential geht. Als Beweis einer zugeschriebenen kriminellen Natur dient das vermutete Strafregister der ausländischen Jugendclique aus der Kernstadt, das für die Jugendlichen stellvertretend für die Kriminalität aller in Deutschland lebender Migranten ist.

> Ich will ja nichts sagen, aber die Gruppe von der wir uns entfernen, gegen die wir schon richtig stehen, sind nun mal die ganzen Ausländer, die sich zu einer Gruppe zusammen getan haben. Ich finde das ein bisschen hart, die haben schon ein ganz schönes Register, bei denen könnte man schon Buch führen, was die schon für Straftaten begangen haben. Die haben ein ganz schönes Listchen auf sich hocken und denen passiert halt weiter nichts. Die werden immer angezeigt und dann haben sie eine Anzeige mehr. Wenn ich jetzt zum Beispiel angezeigt würde, dann könnte mein Vater seinen Job verlieren. Bei denen ist ehrlich gesagt nichts zu holen und wenn bei uns mal was anfällt, dann werden wir ganz schön zur Kasse gebeten, das finde ich schon ein bisschen heftig.

Aus Sicht der Jugendlichen wird die Bedrohung durch „die Ausländer" dadurch hervorgerufen, dass sie eine enge Gemeinschaft bildeten und als Masse auftreten würden. Dieser wird eine gewohnheitsmäßige Kriminalität unterstellt, die durch ungerechte Strukturen im Rechtssystem der Bundesrepublik gestützt werde. Während diese im Regelfall nicht zu bestrafen seien, drohten ihnen im Falle eines Vergehens harte Strafen - beschrieben anhand des Verlustes der Arbeitsstelle eines Vaters. Das Bild, das hier entworfen wird, ist das eines Rechtssystems, das der ausschweifenden Kriminalität

„der Ausländer" nicht Herr würde. Diese Einschätzung steht im Kontext einer empfundenen Bevorzugung von „den Ausländern".

> Ausländer werden sowieso immer bevorzugt.

Die Aussage, dass bei Migranten im Falle einer verhängten Strafe „nichts zu holen" sei, wird durch die Meinung ergänzt, dass diese ausschließlich von ‚kriminellem Geld' leben würden, d.h. durch Geld das sie auf dem ‚Schwarzmarkt' oder durch Drogenhandel erwirtschaftet hätten. Die Jugendlichen verstehen sich als Experten, die den „Sumpf der Kriminalität" durchschaut haben. Diese Einsicht hinter das Vordergründige beanspruchen sie auf ähnliche Weise für ihre Darstellung der angeblichen „Überfremdung" durch „Amerikanisierung".

> Frage: Wie ist die Allgemeinheit in euren Augen? Wie seht ihr die Gesellschaft?
> Ja, also mir stinkt es wirklich, dass sie alles von drüben (gemeint sind die Vereinigten Staaten, d.V.) rüber holen. Sogar die Klamotten holen sie ja auch schon von drüben. Die ganzen Jugendlichen, die laufen ja auch schon alle so herum. Die meinen, sie wären voll die kleinen Ghetto-Gangster. Das ist halt nichts für mich, ich bin da ziemlich dagegen.

Die Ablehnung der so beschriebenen „Amerikanisierung" steht für die Gruppe beispielhaft für die Ablehnung jeglicher Modernisierung sowie der Gruppen, die diese repräsentieren. Sie fürchten „das Verschwinden des Deutschen", ohne Inhalte und Merkmale benennen zu können.

Das unterstellte kriminelle Potential von Migranten wird mit Ereignissen aus dem Dorf ‚bewiesen', die als bekannt vorausgesetzt werden.

> Das hat man neulich auch gesehen in Birkendorf, Pizzeria Roma, hast du bestimmt schon mal gehört? Ja, da haben die auch mal kurze Zeit geschlossen, weil die haben nur Schwarzarbeiter beschäftigt. Die wurden dann halt alle verknackt, wie der Wolfgang so schön gesagt hat. Ja, aber die haben jetzt vor kurzem wieder aufgemacht, beschäftigen jetzt halt wieder ganz andere Leute.
> Aber beschäftigen immer noch die gleichen.
> Ich weiß auch nicht, wie der Besitzer das wieder hingekriegt hat, das der Laden wieder zum Laufen kommt, weil normalerweise hätten sie den ja länger im Knast sitzen lassen müssen als die ganzen anderen, die er beschäftigt hat.
> Frage: Wie erklärt ihr euch das?
> Also, wenn du mich ehrlich fragst, ich kann mir auch nicht erklären, weshalb das so ist, das ist halt so, ich weiß auch nicht.
> Aber wenn man da mal in den ganzen Kategorien zur Kriminalität nachguckt, ich mein, das ist halt schon ein ganz schön großer Teil der Ausländer, die dazu gehören.

Im Verlauf dieser Interviewpassage werden so genannte „Kategorien" angeführt, denen „ein ganz schön großer Teil der Ausländer" zugeordnet wird. Diese Wortwahl soll auf Kriminalitätsstatistiken hindeuten. Eine Erklärung für den Vorfall können sie nicht geben, mehr floskelhaft wird die angebliche Kriminalität naturalisiert; nur Wolfgang relativiert und gibt Widersprüche zu.

> Ich habe halt nicht die große Abneigung dagegen, aber ich sage es mal so, ich kenne nur einen kleinen Teil von Ausländern mit denen ich gut auskomme und von denen ich weiß, dass die keinen Dreck am Stecken haben. Ich meine, wir sind auch nicht so sauber, aber ich habe halt schon was gegen den größten Teil, das hat sich eingeprägt bei mir.

Wolfgang erkennt, dass seine ausländerfeindliche Einstellung, insbesondere die Anprangerung und Naturalisierung der Kriminalität von Migranten, im Spannungsverhältnis zu seinem eigenen realen Verhalten steht; die Widersprüchlichkeit wird jedoch mit dem Hinweis auf den „größten Teil der Ausländer" aufgelöst.

Normalisierung und Integration der Fremdenfeindlichkeit
Die Jugendlichen führen zur Relativierung ihrer fremdenfeindlichen Ressentiments und damit als Beleg eigener Differenziertheit zynisch und distanziert die ‚Ausnahme von der Regel' ein.

> Was ich dazu bei mir sagen muss, ich habe auch Freunde, die halt nicht von dem deutschen Blut, oder wie man das sagt, abstammen. Da habe ich auch ein paar Freunde. Zum Beispiel, wo kommt der andere her, der Kerim?
> Syrien!
> Aus Syrien ja.
> Syrien.
> Syrien stimmt.

Beschrieben wird keine engere Freundschaft bzw. Bindung zu dem genannten ausländischen „Freund", er ist lediglich eine abstrakte Ausnahme zur Legitimation der eigenen Fremdenfeindlichkeit.

> Frage: Ihr sagt, Ausländer sind krimineller. Ist das für euch rechts?
> Ja gut, das kann man so sagen.
> Das kann man so sagen, gut, aber ich meine, gut, wenn du rechts sagst, das kann man so sagen. Ich meine, es ist ja immer noch ein Unterschied zwischen rechts und dann richtig radikal, also, gegen alles, also wirklich gegen jeden, wenn er eine andere Hautfarbe und eine andere Abstammung hat. Und das ist bei mir halt nicht so der Fall. Bei mir geht es halt nur um den Großteil, und der Großteil ist für mich, weil ich bekomme das halt überall mit, dass der Großteil sich halt über uns Deutsche nicht

so nett äußert und sich hier breit macht und meint, er könnte hier den Chef spielen, und da habe ich halt Probleme mit.

Das genannte Beispiel des ‚Ausnahmeausländers' oder des ‚guten Ausländers' hat, wie die Formulierungen ‚der größte Teil' oder ‚der Großteil', die Funktion, sich von harten fremdenfeindlichen Ideologien und Gruppierungen abzugrenzen, die von der Clique als „Radikale" oder „Nazis" bezeichnet werden. Bei Kritik an ihrer Fremdenfeindlichkeit verweisen sie auf diese Relativierungen und Einschränkungen und müssen sich selbst nicht als menschenverachtend oder rassistisch sehen.

Mythen über ‚Gäste'
Die Jugendlichen entwickeln einen Mythos über die Herkunftsländer von Migranten, der ihre Forderungen an die „Gäste" unterstreichen soll und ihre Ängste vor dem Fremden zum Ausdruck bringt. Die Länder - und hier insbesondere die Türkei - werden als unkultivierte und gewalttätige, mit harten Gesetzen und drakonischen Strafen versehene Orte skizziert. Die Konsequenz aus dieser Vorstellung ist der Ruf nach härterer staatlicher Repression, vor allem gegenüber straffällig gewordenen Migranten. In diesem Sinne fordern die Jugendlichen die Angleichung der Justiz der Bundesrepublik an die des kritisierten Landes.

> Die können froh sein, dass sie hier aufgenommen werden und dann Schutz vor ihren eigenen Gesetzen kriegen, nur weil sie halt eine andere Religion haben.
> Wenn irgendjemand von uns in der Türkei wohnen und zu irgendeinem sagen ‚Scheiß Türke' oder so was sagen würde, dann hängt der doch am höchsten Ast. Also das finde ich dann schon ein bisschen zu lasch, was die hier dann so unternehmen.

Auf Grund dieser Konstruktion verlangen sie die Dankbarkeit der ausländischen „Gäste" und das eigene kriminelle und destruktive Potential bleibt ausgeblendet. Die Jugendlichen beschreiben einen eigenen verbindlichen Moral- und Verhaltenskodex, der im Widerspruch zu ihrer Darstellung und Prahlerei von ‚jugendlichen Ausschweifungen' steht (Verbrennen der Einrichtung des Jugendclubs, Schlägereien etc.).

Symbol und Versinnbildlichung der mystifizierten Barbarei bzw. des Einzugs der Brutalität fremder Kulturen in die Bundesrepublik ist für sie die Moschee. Sie wird für die Clique zum Treffpunkt aller „Ausländer" und somit aller gefürchteten Feinde stilisiert. In der Moschee mutmaßen sie einen Ort der „Zusammenrottung" all derer, von denen sie sich bedroht fühlen. Die Moschee wird somit zum Symbol einer Strategie, die sich gegen „das Deutsche" richte.

> Bauen hier Moscheen!

Das wäre ja nicht das große Problem, das große Problem ist eigentlich, das die gegen uns hetzen.
Das gehört dazu.

Die Phantasie von einer bösen Macht „der Ausländer" findet ihren Ausdruck in einem dramatisch geschildertes Beispiel, das im martialischen Bild endet, jetzt zögen „die Ausländer" ihr Messer. Der Ort der Auseinandersetzung ist die Videothek in der Kernstadt. Die von den Jugendlichen empfundene Erniedrigung, das Gefühl von Unterlegenheit und Minderwertigkeit, findet sich im Bild, angespuckt zu werden.

Also das geht so schnell bei denen; als wir da in der Videothek waren, da bin ich rein gekommen, da wollten wir zu dritt einen Video ausleihen, von denen waren es gleich fünf. Wir sind raus gekommen und einer hat uns irgendwie dumm angemacht, hat uns den Mittelfinger gezeigt und hat gesagt, das wir mal raus gucken sollen,...auf einmal standen da zwölf Leute.
15 bestimmt.
Wir sind dann die Treppe runtergegangen, die haben einen dumm angepöbelt.
Angespuckt, hin und her.
Angespuckt. Ja, das auch,...was sollen wir großartig machen? Da waren auch noch zwei kleine dabei, die sind halt..., manche von denen, die ziehen dann auch mal das Messer
Frage: Hast du das schon mal erlebt?
Ja, das steht hier irgendwo drin (in den transkribierten Interviews, d.V.), das habe ich gelesen.

Gewalt
In der Darstellung der Jugendlichen findet Gewalt auf verschiedenen Ebenen und mit jeweils unterschiedlichem Sinngehalt ihren Ausdruck. Unterschieden werden muss zwischen einer manifesten Gewaltausübung und den Phantasien um Gewalt, die von den Jugendlichen nicht ausgeübt wurde, jedoch deutlich ihre Faszination und ihr Potential deutlich macht. So schilderten sie ausführlich und begeistert eine Szene aus dem Film „American History X", in der ein Neonazi einen Schwarzen auf brutalste Weise ermordet. Auf die Nachfrage, ob sie dies fasziniere, antworteten die Jugendlichen mit einem schlichten „Ja".

Die Situationen, in denen sie sich gewalttätig verhalten, werden weniger mit rechtsextremen Ideologien, als territorial gerechtfertigt. Die Clique distanziert sich zwar ausdrücklich von Gruppierungen, die Gewalt als Mittel nutzen; die Tatsache jedoch, dass ihre „Gegner" jenen Gruppierungen angehören, die jugendkulturell typischerweise von Rechten abgelehnt werden (die „modernen" Jugendkulturen, „die Ausländer"), weist auf einen von Stereotypen und Vorurteilen untermauerten mentalen Hintergrund hin.

Opfer der Gewalt
Gegen die Provokationen einer ‚übermächtigen Anzahl' von ausländischen Jugendlichen wird Gewalt als einzig mögliche Form des Widerstandes der Clique geschildert. Sie ist für sie selbstverständliche und unumgängliche Abwehr im alltäglichen ‚Lebenskampf' und integraler Bestandteil eines ‚Opfermythos'; Gewalt wird als legitim und selbstverständlich betrachtet, Alternativen kommen ihnen nicht in den Sinn.

> Wir haben halt keine Lust jeden Tag von denen aufs Maul zu kriegen, und wenn die wollten, dann könnten die uns auch jeden Tag auf das Maul hauen.

Gewalt als Abenteuer
Der ‚Lebenskampf', der in den immer wieder geschilderten Episoden über Gewalt seinen Ausdruck findet, ist ein wichtiges Medium in der Produktion von Cliquenidentität. Diese dienen - romantisierend - der Stilisierung eines abenteuerlichen und männlichen Lebens in der Ereignis- und Trostlosigkeit des Dorfes. Auf Gewalterfahrungen wird im Verlauf der Interviews immer wieder zurückgegriffen, um abenteuerliche Erlebnisse im Cliquenzusammenhang zu verbildlichen. Sie dienen der phantasierten Vergegenwärtigung einer alltäglichen Gewalt, um das Leben spannender zu machen.

> Da stehen dann (zu verabredeten Schlägereien, d.V.) ruck-zuck so 30, 40 Leute, da kommen dann noch die Leute aus Birkendorf und so weiter, aus Steinbach, da haben die dann mit 30 Leuten gestanden, und wir dann mit zehn, fünfzehn, höchstens.

Im letzten Interview wurden diese abenteuerlichen Seiten der Gewalt noch einmal deutlich. Nachdem die Clique der ausländischen Jugendlichen, die im gesamten Erhebungszeitraum als gefährliche Bedrohung geschildert wurde, die Schule verlassen hat, bedauert die Waldtaler Clique einstimmig, wie langweilig es nun ohne Konflikte und ‚Lebenskampf' an der Schule sei; es mache „gar keinen Spaß" mehr, zur Schule zu fahren.

> Ich bin auch noch auf der Schule und da ist jetzt irgendwie nix mehr los. Das vermisse ich so.
> Frage: Die Auseinandersetzungen?
> Ja, es ist so ruhig!
> Frage: Ist euch langweilig?
> Ja!
> Und die Pausen sind echt furchtbar. Das Einzige, was noch abgeht ist, dass du dir eine Zigarette ansteckst und der Lehrer erwischt dich, das ist das Einzige an Gefahr, was es noch gibt, sonst passiert da gar nichts mehr.
> Wie wir damals abgehauen sind als die Ausländer noch da waren. Alle Mann sind hin gerannt und dann, scheiße das Ding ist zu! Dann sind wir

irgendwie nach oben voll durch gerannt und haben dabei noch voll die Putzfrau mitgenommen.
Ja, das war geil.

Es deutet sich an, dass die Jugendlichen nun einen neuen ‚Feind' suchen, um der empfundenen Langeweile ihres Lebens zu entfliehen. Sie kündigen an, dass sie die neue Austest- und Konfrontationsperson schon jetzt u.a. in dem neuen Jugendpfleger - der erst mehrere Monate nach dem Interview seine Tätigkeit beginnen wird - gefunden haben.

Und da hat die Stadt gesagt, da suchen wir halt einen Neuen. Und dann bekommen wir einen Neuen.
Was ist, wenn wir den neuen Stadtjugendpfleger zusammenschlagen würden?
Ja, was wäre denn dann?

Märtyrer
Im Zusammenhang mit ihrem provozierenden Auftreten stilisieren sich die Jugendlichen zu „Märtyrern aller Deutschen". Sie begreifen sich als ‚Kampfelite', die sich für die körperlich Schwachen einsetzt und diese vor der Gewalt „der Ausländer" schützt. Auf dieser Ebene wird die Bedeutung des Körpers bzw. der Wunsch nach männlicher, erwachsener Stärke deutlich.

Da wollte ich ein Zeichen setzen, ihr könnt jetzt drüber lachen, aber ich kann mich wehren. Ich will halt von denen ablenken, die sich nicht wehren können, die es halt nicht von der Körperkraft her gegeben bekommen haben, die halt immer etwas schwächer sind. Dadurch, dass wir so herum laufen ziehen wir den ganzen Ärger auf uns, bei uns auf der Schule ist das so, das habe ich schon zweimal gesagt, aber so ist es nun mal.

Ehre
Im ‚alltäglichen Lebenskampf' beschreiben die Jugendlichen einen Ehrenkodex, nach dem es zu handeln und zu kämpfen gelte. Dieser Ehrenkodex verhilft ihnen zum einen zur Selbsterhöhung in einen fiktiven Status des ‚Ehrenmannes'; er macht es ihnen zum anderen auch möglich, aus jeder risikoreichen, konflikthaften Situation ohne Verlust des Selbstwertgefühls zu flüchten.

Da kannst du noch so ehrenvoll sein. Ich weiß nicht, ich find das irgendwie lächerlich. Das wäre mir schon peinlich, mich mit einem Kerl zu kloppen oder auseinanderzusetzen, der sechs, sieben Jahre jünger ist als ich.

Soziale Frage
Die Grundlage ihrer Aussagen zu sozialen Fragen sind Beispiele und Bilder aus dem eigenen Umfeld und ihrem Freundeskreis. Diese sollen belegen,

dass Probleme wie Arbeits- und Obdachlosigkeit auf die Anwesenheit von Migranten in Deutschland zurückzuführen seien.

Ja sag doch mal, gerade das Beispiel, wo du abgelehnt wurdest. Da war es doch so, dass du in so einen Laden wolltest und die haben hauptsächlich nur Ausländer angenommen.

Ja, das stimmt, das war leider so.

„Der Ausländer" dient den Jugendlichen als Projektionsfläche gesellschaftlicher und sozialer Probleme. Sie äußern sich insgesamt nur selten zu gesamtgesellschaftlichen Themen, ihr bevorzugtes Muster ist der Bezug zum eigenen Dorf und ihrer eigenen Lebenswelt. Insgesamt zeichnen sich ihre Aussagen durch eine Widersprüchlichkeit und Irrationalität aus. Am Beispiel des Ausbildungs- und Arbeitsmarktes verdeutlichen die Jugendlichen ihre Opferrolle, für ihre potentielle Arbeitslosigkeit machen sie ausschließlich Migranten verantwortlich. Dieses Ethnisierungsschema behält auch vor dem Hintergrund der herangezogenen Kosten- und Wohlstandsargumente seine Gültigkeit. Im Gegensatz zu ihren Einschätzungen, nach denen sie sich als vernachlässigt und übergangen fühlen, schätzt die Jugendpflegerin ihre Arbeitsplatzsituation positiver ein: Einen Ausbildungs- bzw. Arbeitsplatz zu finden, stelle für die Jugendlichen kein größeres Problem dar, nicht zuletzt, weil die engen Verbindungen und Beziehungen innerhalb des Dorfes dafür sorgten, dass niemand längere Zeit ohne Arbeit bleibt. Gestützt wird diese Sicht durch den aktuell gesicherten materiellen Status. So können wohlstandschauvinistische Motive und diffuse Zukunftsängste vermutet werden.

Was die Arbeitslosigkeit und die Obdachlosigkeit angeht. Da sollte man mal ermitteln, wie viele Deutsche auf der Straße liegen und wie viele Ausländer auf der Straße sind.

Also ich mein, wenn man mal mitkriegt, was heute alles so läuft, so Aktion Sorgenkind und alles. Was die dann ans Ausland für Gelder geben, so Spenden und so was. Wir sind nicht das Sozialamt der Welt. Ich finde das schon ein bisschen heftig, was die da ausgeben. Ich meine, die sollen erst einmal die eigenen Leute von der Straße holen und Arbeitsplätze verschaffen, weil das ist ja ein ziemlich großes Problem. Ich mein, wer spenden will, der kann spenden, da habe ich nichts dagegen, da spricht ja auch nichts dagegen, aber der Staat sollte erst einmal gucken, dass er die eigene Probleme lösen kann.

Kritik an den Parteien und der Politik
Die Jugendlichen nehmen gegenüber den politischen Parteien, der Demokratie und dem Staat eine distanzierte und ablehnende Haltung ein. Sie distanzieren sich von ‚der Gesellschaft', die für sie eine Worthülse ohne greifbare Bedeutung darstellt und lediglich die Funktion eines Containers für

eigene Ängste und Vernachlässigungsgefühle hat. Die Clique bezeichnet sich selbst als ‚Randgruppe' der Gesellschaft, womit sie sich zugleich zu Opfern der Politik stilisiert.

Frage: Gegen was willst du dich abgrenzen?
Ja, gegen die Gesellschaft halt, das passt mir ehrlich gesagt alles nicht so in den Kram. Ich denke ein bisschen anders und das was so abläuft, das gefällt mir alles nicht. Das will ich halt damit zeigen, wie ich herum laufe. Ich will halt ein Zeichen setzen, wie man das so schön sagt.

Die bürgerlichen und demokratischen Parteien lehnen sie ab und fordern gleichzeitig eine stärkere Nähe zu ihren (d.h. den dörflichen) Themen und Problemen; ein Cliquenmitglied würde die CDU wählen.

Die CDU ist für mich die Partei, die noch am neutralsten ist von allen.

Die anderen Jugendlichen wollen nicht wählen gehen, distanzieren sich jedoch deutlich von rechtsextremen Parteien wie der NPD.

Also, mit den Parteien, die im Moment bestimmen, was momentan abläuft, da habe ich überhaupt nichts mit am Hut. Da gehöre ich schon lieber zu den Randgruppen.
Von den großen Parteien finde ich einfach alle scheiße.
Frage: Warum?
Ich denke halt, die haben alle keinen Blick dafür, was unten abläuft. Die haben es alle nur mit der gehobenen Klasse, mit den Großen. Was unten abläuft, davon haben die alle keine Ahnung.
Kennen die alles nicht.
Nein.
Und das ist eigentlich keine richtige Volkspartei.
Frage: Was sollen die Parteien denn machen?
Na mehr über das Volk nachdenken und mal mehr nachfragen, was so aktuell ist.
Zum Beispiel, so wie ihr uns jetzt fragt, fragen was bei der Jugend abgeht. Das wäre doch kein Problem, ich meine so Volksvertreter zu engagieren, die sich dann unter das Volk mischen und dann mal fragen, was für Probleme da sind. Das wäre doch ehrlich gesagt kein Ding. Ich mein, es gibt doch genug Geld.
Ja.

Mit der Selbststilisierung als sozial unten positionierte Randgruppe legitimieren sie ihre politische Apathie. Die Strukturen der etablierten und übermächtigen Politik der Mächtigen lässt eine verändernde politische Aktivität sinnlos erscheinen. Sie kritisieren die demokratischen Parteien, da diese sich nicht für ihre Interessen einsetzen, sondern als „Sozialamt der Welt" nur die Bedürfnisse anderer Länder und Kulturen im Auge hätten und dafür das Geld ausgeben würden. Dieses Argumentationsmuster findet sich auch in ihren Äußerungen über die ‚Green-Card' und sie inszenieren die Überlegenheit anderer Länder.

Frage: Was haltet ihr von der Green-Card?
Das find ich schon echt cool, die kriegen da im Kindergarten PCs hingestellt und unsere haben das ziemlich verschlafen. Das find ich dann schon ein bisschen scheiße, weil, das sieht man dann ja schon an dieser Tabelle, wo die Deutschen nachhängen. Also die sind ja schon ins Mittelfeld gerückt. Früher waren sie ja noch bei den Japanern, bei den Amis und vorne mit dabei an der Spitze und jetzt sind sie schon voll ins Mittelfeld zurück gerückt, weil die Politiker verschlafen das halt alles.

Sie fordern einen starken, auch gegen deutsche Kriminelle härter durchgreifenden Staat, der z.B. gegen „Kindesvergewaltiger" entschiedener vorgeht. Als Vorbild dient ihnen hier, entgegen ihrer sonstigen Ablehnung, die USA. Die Jugendlichen haben ein autoritäres und starres Menschenbild, das sich u.a. in der Forderung nach Einführung der Todesstrafe ausdrückt.

Ich finde bei uns ist die Justiz ein bisschen lasch geworden, so die letzte Zeit. Ich mein, so wie früher muss man halt nicht durchgreifen, das ist schon ein bisschen hart. Aber ich finde, wenn ein Mensch dem anderen Menschen das Recht zum Leben nimmt, dann hat er eigentlich ehrlich gesagt, auch kein Recht zum Leben, das find ich. Ich mein in Amiland, da machen sie es ja auch nicht anders.
Frage: Bist du dafür die Todesstrafe einzuführen?
Ja, wäre ich auch.

Zum Beispiel bei Kindesvergewaltigern, auf so Kerle habe ich einen Hass, also wie die raus kommen, das sieht man ja immer in der Bild-Zeitung. Kommen die in eine Anstalt und dann meinen die, dass der wieder zurechnungsfähig ist, den kann man wieder auf freien Fuß setzen und drei Wochen ist dann wieder ein Kind verschwunden. Wenn man den Leuten eine Spritze geben würde, da wäre Zappe gewesen, dann hätte er es nicht noch einmal gemacht. Einmal und dann nie wieder.
In Amerika gibt es so etwas auch nicht.
Das heißt ja, man soll jedem eine zweite Chance geben, aber bei so was, das ist einfach krank, da habe ich kein Verständnis für.
Die sind so.
Das finde ich einfach abartig, die müsste man...
Ich meine, so wie ich mir das vorstelle, so ein Mensch kann sich nicht mehr bessern, was einmal drin ist, das geht auch nicht mehr raus. Also bei mir stelle ich das so fest, was sich bei mir eingeprägt hat, das bleibt, das kriege ich nicht mehr weg, das ist eine Erinnerung, die festsitzt. Und bei denen, ich weiß ja nicht, wie sich so ein Kranker fühlt, aber ich kann mir nicht vorstellen, dass die das mit ein bisschen Therapie dann alles weg kriegen. Der Mensch ist halt in seinem Verhalten gestört. Der ist

nun mal so geworden und der wird dann auch immer so bleiben, so denke ich mir das.

Im staatlichen Umgang mit der rechtsextremen Szene fordern sie Meinungsfreiheit und kritisieren den Verfassungsschutz als „schlechten Journalismus" auf dem Niveau der Bild-Zeitung.

Ich wollte noch was zu den Böhsen Onkelz sagen, der Verfassungsschutz hat da echt schlecht recherchiert. Was ich da gelesen hab, wie die die Texte umgeschrieben haben, das ist einfach schlechter Journalismus, ist genauso wie die Bild-Zeitung, die schreiben auch gerade was sie wollen. Da haben die so schlecht recherchiert.

Verhältnis zur deutschen Vergangenheit
Die Jugendlichen relativieren die deutsche Vergangenheit indem sie diese mit anderen Ländern, vor allem den USA, vergleichen und sie verweisen auf die Sklaverei und den Umgang mit den Ureinwohnern. Sie lehnen eine Schuld und Verantwortung ab und fordern einen Schlussstrich unter die Geschichte zu ziehen, vor allem in Anbetracht des mittlerweile hohen Alters der damaligen, unmittelbar schuldigen Täter - die schon aus diesem Grund keine Gefahr mehr darstellen würden. Die Aussagen der Jugendlichen haben keinen unmittelbaren Bezug zu den Verbrechen der NS-Zeit und sind dominiert von relativierender Gleichgültigkeit. Fragen historischer Schuld oder Verantwortung sind für sie kein Thema, das geht sie nichts an und ist für sie ein abgeschlossenes Kapitel.

Weil die Generation, die damals wirklich richtig was verbrochen hat, die gibt es ja fast gar nicht mehr, also die gibt es kaum noch, die sind dann irgendwo in Altersheimen und die können eh nichts mehr machen. Aber das wir dann heute noch dafür bezahlen müssen, weil wir irgendwann einmal Scheiße gebaut haben, das find ich ein bisschen hart. Ich meine, wir sind ja nicht das einzige Volk das irgendwie Dreck am Stecken hat. Ich meine, die Amerikaner, die haben die ganzen Afrikaner rüber geschifft, das war auch schon richtig radikal, was die da gemacht haben, extra Busse nur für Weiße und dann Busse für Schwarze. Das finde ich dann schon ein bisschen hart, nur weil unseres halt noch nicht lange zurückliegt und dann so heftig aufgespielt wird. Das ist mir zu heftig.

Angesprochen auf die Diskussion um Entschädigungszahlungen an Zwangsarbeiter im Nationalsozialismus verweisen sie auf ihre mit ihrem jungen Alter zusammenhängende Unkenntnis. Ihre Kritik an diesen Zahlungen wird jedoch im Verweis auf die zurückliegende lange Zeit deutlich, weil die betroffene Generation der Menschen, die für die Nationalsozialisten arbeiten mussten, nicht mehr leben würde.

Frage: Es gibt ja gerade die Diskussion um die Zwangsarbeiter. Was denkt ihr dazu?
Ja, ich mein, da können wir nicht viel zu sagen, weil wir eben nicht in dieser Generation geboren sind.
Die haben vielleicht noch die selben Namen, aber das sind ja ganz andere Leute.

Ihre historische Unkenntnis über die Zeit des Nationalsozialismus wird während einer Diskussion über den Bandnamen ‚Oithanasie' deutlich, deren Herkunft sie sich gegenseitig erklären.

Oithanasie, das war früher irgendwas im Krieg.
Ja, ich weiß was das heißt, Euthanasie ist die Vernichtung von minderwertigen Menschen.
Ja, das wurde früher mit eu geschrieben oder so.

Das Verhältnis der Jugendlichen zur deutschen Vergangenheit kann insgesamt als unreflektiert bezeichnet werden. Mit Symbolen und Parolen, die einen Bezug zum Nationalsozialismus herstellen, gehen sie unvorsichtig und provozierend um, bei einigen ist eine deutliche Faszination zu spüren. Das Schmücken mit einer aggressiven Nazi-Ästhetik steht im Gegensatz zu ihrem Wunsch, nicht als ‚Nazis' abgestempelt zu werden.

Die dann wirklich sagen, ich wäre ein Rechter. Ich meine, dann laufe ich herum wie ein Rechter.

Einer der Jugendlichen, so die Jugendpflegerin, interessiere und informiere sich begeistert über die Waffen und das deutsche Militär im Zweiten Weltkrieg und einige der Jugendlichen machen Andeutungen über den Massenmord an der jüdischen Bevölkerung, was allgemeines Gelächter während des Interviews verursacht.

Nein, nein, das war so eine Firma, die gibt hauptsächlich so Sachen vom Bund raus, Klamotten bis zu Zelten, bis zu Hosen, Schuhe und anderen Schnick-Schnack, so Gasbrenner und so.
Gasbrenner und so! (Lachen)

Medien
Die Jugendlichen nennen als ihre Informationsquellen die lokale Tageszeitung, sowie die Bildzeitung, die sie auf der einen Seite distanzierend als „Schmodder" bezeichnen, auf der anderen Seite jedoch als für die „Allgemeinheit" verständlich und lesbar lobend kommentieren.

Frage: Wie informiert ihr euch denn über Themen, die euch interessieren?
Also, wenn ich ehrlich bin, ich lese nur die Bildzeitung, weil da lache ich mich öfter drüber kaputt, was die da so für einen Schmodder schreiben. Das andere ist mir alles zu seriös, ich meine die Bild-Zeitung, was ich

gut daran finde ist, dass die das halt so für den Allgemeinbürger schreiben und nicht so viel Fremdwörter benutzen, dass halt kurz und knapp gesagt wird, was Sache ist.
Ich lese auch Zeitung, die örtliche Zeitung und die Bildzeitung.

Sie kritisieren die öffentlichen Medien und bezeichnen sie als „Gleichmachungspresse", weil sie u.a. einen maßgeblichen Anteil an ihrer Stigmatisierung als ‚Nazis' hätten und dann von der ‚undifferenzierten Allgemeinheit' geglaubt würde.

Was mich stört ist, wenn die Presse schreibt, Neonazis, das sind Skinheads. Das kommt jeden Tag in der Zeitung. Wenn die sagen Neonazis, dann steht immer irgendwo Skinheads. Das ist das, was mich wirklich stört, weil Skinheads waren nie rechts. Und die richtigen Skinheads werden auch nie rechts sein. Nur, da die Neonazis sich das Outfit angeeignet haben, wird es auch immer so bleiben. Das ist das, was mich gerade stört, an der Allgemeinheit, das die Leute es auch wirklich glauben, was in der Presse steht.

Ein Jugendlicher distanziert sich von der rechtsextremen ‚Nationalzeitung', er genießt jedoch die Aufmerksamkeit und Anerkennung der Clique, weil er die Zeitung in der Schule vorgestellt hat.

In der Schule hatten wir mal das Thema Politik. Mein Kumpel, der war ziemlich rechts und hat gedacht ‚Ausländer raus' und hat mir den Tipp gegeben: ‚Hol du dir mal die Zeitung'. Und über die NPD als Partei habe ich dann in der Schule einen Bericht gehalten. Da habe ich dann die Zeitung bekommen, und wo ich die Zeitung gelesen habe, da war mir das schon zu viel, denn die haben nur gegen Ausländer geschrieben und da habe ich mir gedacht, das kann nicht sein.

Das Verhältnis der Jugendlichen zum Computer ist eher durch fehlende Kompetenz geprägt, vereinzelt nutzen sie das Internet als Informationsquelle; so hat uns Marcel einen Text aus dem Internet gegeben, um den Unterschied zwischen der Skinheadbewegung und der Naziszene zu erläutern.

Von Computern haben wir auch nicht so die große Ahnung.
Ja, da haben wir nicht die Ahnung von, das wir da mitreden können.

Insgesamt beschreiben die Jugendlichen ihr Verhältnis zu den Medien wie Zeitung und Fernsehen als desinteressiert.

Hauptsache, es steht irgendetwas drin.
Ich lese nur die Sportberichte, mehr muss ich nicht wissen.
Und ich guck mir die schönen Weiber an.
Frage: Und die Nationalzeitung?
Ach die von der NPD?
Was? Von dem Deutsche-Stimme-Verlag, oder wie der heißt? Die habe ich einmal gekriegt als Werbegeschenk.

Wichtiger ist bei ihnen der Einfluss aus dem dörflichen Milieu und was von den Erwachsenen „auf der Straße" gesprochen wird.

Nachrichten, Zeitung und auf der Straße.
Das kriegt man halt so mit.

Verhältnis zur erwachsenen Generation

Verhältnis zu den Eltern
Grundsätzlich weichen die Jugendlichen den Fragen aus, die das Verhältnis zu ihren Eltern thematisieren. Auseinandersetzungen mit den Eltern finden nach ihnen aktuell nicht statt, diese werden der Phase der Kindheit zugeordnet und aktuelle Konflikte gibt es nicht. In den Aussagen wird deren Unterstützung und die familiäre Harmonie betont, so beschreiben die Jugendlichen beispielsweise Situationen, in denen sie zu Veranstaltungen in der näheren Umgebung gebracht und auch wieder abgeholt werden.

Wenn sie mich abholen müssen, dann sagen die, ja, um zwei Uhr holen wir dich ab.

Die Jugendlichen erhalten darüber hinaus Unterstützung in ihren Freizeitaktivitäten durch die Bereitstellung der Wiese zum Zelten und ein Vater habe sich, so die Jugendpflegerin, für die Eröffnung des Jugendclubs stark gemacht und der Clique bei den notwendigen Renovierungsarbeiten geholfen.

Insgesamt scheint das Verhältnis zu den Eltern durch wenig Repression, Zwang oder Eingrenzung gekennzeichnet.

Ich kenne keine Eltern von uns, die noch nicht ein Auge zugedrückt hätten, wenn wir Scheiße gemacht haben.

Körperliche Strafen gehören nicht zum Erziehungsalltag.

Was weiß ich, mein Vater hat mir in meinem ganzen Leben zwei Backpfeifen gegeben, das war es.

Konflikte der Vergangenheit, die vor allem mit dem hohen Alkoholkonsum zusammenhängen, werden als bewältigt beschrieben, da man sich durchgesetzt habe.

Früher gab es halt immer so ein bisschen Ärger, aber wie vorhin schon gesagt, ich setze mich halt immer durch.

Ja, wie gesagt, meine Eltern haben sich da ehrlich gesagt schon dran gewöhnt, die finden das zwar nicht gut, aber ich mein, was sollen sie machen? Die können ja ehrlich gesagt nichts machen.

Ich habe sie mir zurechtgebogen.

Es gibt keinerlei Hinweise auf Gespräche, Widersprüche oder Kritik der Eltern bezüglich der politischen und ausländerfeindlichen Meinungen und Einstellungen der Jugendlichen.

> Meine Mutter und mein Vater sagen, ich muss damit leben, sonst eigentlich gar nichts.

Als Resultat der öffentlichen Diskussion über den Rechtsextremismus wurde lediglich einem Jugendlichen von seinem Vater der Kauf der Videokassette „American History X" verboten, der auf der Videohülle ein ‚Hakenkreuz' erkannt hat.

> Frage: Haben eure Eltern auf die öffentliche Auseinandersetzung über den Rechtsextremismus reagiert?
> Ich wollte mir eigentlich neulich diesen merkwürdigen ‚American History X' bestellen. Da hat mein Vater nur gesehen, den wollte ich mir bestellen und dann hat er gefragt, was das für ein Film ist und dann hat er das Bild von dem Typ mit dem Hakenkreuz gesehen.

Als Gruppe stellen die Jugendlichen den Zusammenschluss der lokalen männlichen Jugend dar. Sie beschreiben sich als in das lokale Milieu integriert, über Spannungen oder gar Konflikte zwischen ihnen und ihrer Umgebung finden sich lediglich vereinzelte Aussagen. Die Reaktionen aus dem Dorf auf ihr Verhalten sind unterschiedlich und reichen von Akzeptanz bis zur vereinzelten Kritik an ihrer öffentlichen Inszenierung als rechte Clique.

> Es gibt unterschiedliche Leute. Es gibt zum Beispiel die einen, die sagen, wenn die am Sportplatz Arbeitseinsatz machen, die helfen mit, die sind da und solange die nur saufen, wer weiß, wo die Hormone sitzen. Die anderen sagen, ja, solange sie die Leute in Ruhe lassen, die anderen sagen, nein, das gehört sich nicht, das gibt es nicht. Wenn wir zum Beispiel laute Musik hören, dann wird sich beschwert, sie drehen uns aber nicht die Musik ab. Es gibt aber auch Leute, die haben die Musik durch das Dorf gehört und gesagt, Nazipropaganda und was wir uns einbilden würden. Es gibt viele verschiedene Meinungen hier.

Die ablehnenden Meinungen haben jedoch keinen Einfluss auf das dörfliche Zusammenleben und die Teilnahme an den gemeinsamen Festen im Dorfgemeinschaftshaus, hier findet eine normalisierende Integration statt.

Schule
Die Schule ist ein Ort des Zusammenseins, des Kennenlernens und der Konflikte. Hier findet der ‚Lebenskampf' statt.

> Frage: Wie ist das in der Schule? Fallt ihr da auf, habt ihr da Probleme?
> Ja Probleme. Ja, könnte man schon sagen. Wenn wir mit weißen Schnürsenkeln herum laufen, gut das war dann auch ein bisschen blöd.

Ja, 2 Wochen ist es gut gegangen, und dann sind mir einen Tag später die ganzen Ausländer der Schule hinterhergelaufen bis zur Bushaltestelle, weil die laufen ja auch in die Bahnhofstrasse, die ist 200 Meter von der Schule entfernt. Da laufen wir halt immer hin, weil wir dann früher in den Bus rein kommen und Sitzplätze kriegen. Dann sind sie mir alle gefolgt und haben mich sozusagen nach meinem Problem gefragt, ja und da hatte ich halt Glück, dass der Bus schon da vorne stand und da bin ich schnell eingestiegen, dann war ich fort. Na ja, wir haben da schon so Probleme, also da ist schon öfters was passiert.

Die Jugendlichen mit schlechten schulischen Leistungen machen hierfür ihre ausländischen Mitschüler verantwortlich.

Also am Anfang war mir die Schule ganz wichtig. Also, mein bester Freund, der Wolfgang, der hatte dann so viel Stress mit Ausländern, dann ist auch irgendwie in der Schule die Leistung weggegangen und da hatte ich auch keinen Bock auf Schule.

Das Verhältnis zu den Lehrerinnen und Lehrern wird als entspannt und ohne Reibungen beschrieben.

Frage: Und die Lehrer?
Die Lehrer sind nicht schlimm, die sind okay. Mit denen versteht man sich, da gibt es keine Konflikte.

Es gibt keine Hinweise auf Widerspruch bzw. Auseinandersetzungen mit Lehrerinnen und Lehrern über ihre fremdenfeindlichen Einstellungen und ihr Outfit; diese scheinen der kritischen Auseinandersetzung auszuweichen. Den Schilderungen der Jugendlichen lässt sich entnehmen, dass Lehrerinnen und Lehrern ihnen auch die Möglichkeit geben, mit ihrem Wissen über die rechtsradikale Szene schulische Erfolge zu verbuchen.

Frage: Wurde das Thema Rechtsextremismus in der Schule angesprochen?
Ja, also wir haben es gerade in Religion.
Da bekommst du ja auch wieder eine gute Note.
Ja, ich kann auch viel dazu sagen.

Grundsätzlich sind die Jugendlichen der Meinung, dass die Inhalte des Unterrichts nicht ihren Interessen entsprechen. Eine Beschäftigung mit allgemeinen politischen und gesellschaftlichen Fragen im Unterricht lehnen sie ab und wünschen sich stattdessen die Berücksichtigung von lokalen und dörflichen Alltagsthemen.

Über so was wurde fast gar nie gesprochen. Es wurde immer so ein Thema genommen und darüber wurde dann die ganze Zeit geredet. Es wurde nicht so besprochen, was momentan in den Ortschaften oder in der Stadt abläuft.

Es gab keine aktuellen Themen, es gab immer nur Themen, die jedes Jahr runter gerattert wurden, jedes Jahr den gleichen Plan und das hat eigentlich keinen interessiert.
Und wenn mal was Aktuelles angesprochen wurde, dann wurde gesagt, dass das nichts mit dem Thema zu tun hat, und dann wurde halt mit dem Thema weiter gemacht.
Da wurde mehr besprochen, was in der Politik abläuft. So die ganz neuesten Informationen, die dann in der Bildzeitung standen, die wurden dann aufgenommen und nachgefragt, ja hat jemand die Tagesschau gesehen, Nachrichten, und dann wurde halt darüber erzählt.
Frage: Aber das ist doch aktuell?
Ja gut, aber was aktuell da Oben abläuft, aber nicht was mit uns abläuft.
Frage: Worüber würdet ihr denn gern mal reden, was die Lehrer aber nicht interessiert?
Also, jetzt zum Beispiel die Themen an der Schule, was jetzt an der Schule abläuft, das muss ja nicht an jeder Schule das Gleiche sein, was jetzt mal an der Schule abläuft und was mal richtig besprochen wird und nicht was keinen interessiert.

Die Jugendlichen beklagen, dass „ihre Themen" in der Schule von den Lehrerinnen und Lehrern tabuisiert würden, was dem Muster der kritisierten ‚Ignoranz des Staates' und ihrer Kritik an den Parteien entspricht. Diese Erfahrungen werden zu einer generell ungerechten Struktur ihres Lebens stilisiert, nämlich zu kurz zu kommen und nicht ernst genommen zu werden.

Jugendpflege

- Struktur der Betreuung

Die Betreuung der Clique ist einem kommunalen Mitarbeiter (Hans Kiefer) übertragen, der unter der Aufsicht der städtischen Jugendpflegerin (Jutta Weide) arbeitet. Deren Mitwirkung konzentriert sich auf kollegiale Beratung und die Weitergabe ihres Erfahrungsschatzes aus der kirchlichen Kinder- und Jugendarbeit an den Jugendpfleger. Jutta Weide ist Diplom-Pädagogin und arbeitet seit sechs Jahren in Holzheim, Hans Kiefer betreut die Clique seit drei Jahren. Die direkte Arbeit mit der Clique stellt lediglich einen Teilbereich der Aufgaben des Jugendpflegers dar. Er betreut auch die rivalisierende, von den Jugendlichen aus Waldtal als ‚feindlich' angesehene multikulturelle Clique in der Kernstadt und ist mit einer halben Stelle in der Altenpflege tätig. Seit mehreren Jahren ist der 27-Jährige in der lokalen Jugendarbeit eingebunden, ohne jedoch über einen qualifizierenden Berufsabschluss (Ausbildung, Studium) zu verfügen.

Der Verantwortungs- und Tätigkeitsbereich der Mitarbeiterin und des Mitarbeiters umfasst ein breites Spektrum an Aufgaben in unterschiedlichen

Feldern (Kinder- und Jugendbetreuung, Altenarbeit). Die Arbeit wird von ihnen als sehr belastend und zeitweise als nicht zu bewältigen beschrieben.

So kam es, dass wir mit 1 ½ Stellen plus einer Halbtagskraft für die Schreibarbeit, die Bereiche Jugendarbeit, Seniorenarbeit, Vereinsarbeit, Verwaltungsarbeit, Kinder- und Jugendparlament, Seniorentreff und Seniorenausflüge abdecken.

Aber an so Tagen wie heute, da hast du eine 13-Stunden-Öffnung, dass zehrt ganz stark an den Nerven, also wenn man das mitmacht, dann stellt sich die Frage, von wegen der Brennpunktarbeit, (gemeint sind auffällige Cliquen, d.V.) und wer das wirklich ernst und kontinuierlich machen kann.

Hans kostet die Stadt nicht so viel wie ein Diplom-Sozialarbeiter; das Konstrukt, dass wir hier haben, ist rein fachlich gesehen schlecht. Wir haben keinen ausgebildeten Sozialarbeiter im Brennpunkt sitzen, wir haben jemanden, der nur engagiert ist, wobei ich sage, der kann vielleicht besser sein als ein ausgebildeter Diplom-Sozialarbeiter.

Erfahrungen aus dem langjährigen Ehrenamt und der Zivildienstzeit sind die Hintergründe für die pädagogischen Aufgaben des Jugendpflegers. Seine beruflichen Perspektiven sind nach Ablauf der Arbeit in Holzheim offen, er hat im Sommer 2001 die Stelle aufgegeben.

1987 war es, da wurde die Jugendzentrums-Initiative, also der Verein des Jugendzentrums hier in Holzheim neu eröffnet, der '83 geschlossen wurde. Da bin ich gleich herein gerutscht, als einer der Jüngsten, als ganz kleiner Pimpf, so mit 14, 15 Jahren. Ja, da ist die Sache dann halt so angelaufen, ich war ständiger Teilnehmer an den Veranstaltungen, der Eröffnung und irgendwann hat mich auch der Hintergrund interessiert, von Jugendzentren allgemein. Über die Jahre hin, ich meine, das ist jetzt nun auch schon 13 Jahre her, kam es dann irgendwann zur Vorstandsarbeit und 1994 war ich dann im Vorsitz des Vereins, den wir allerdings 1996 zu Grabe getragen haben.

Ich habe im Januar 1994 meinen Zivildienst in Steinbach im Altenheim begonnen und so kam ich zum Altenpfleger, das hat mich total fasziniert und da bin ich auch gleich dabei geblieben. Jugendzentrum lief so nebenher, also während meiner Zivi-Zeit, das war wohl die absolut laue Zeit, da hatte ich halt morgens meinen Zivildienst und nachmittags war immer JUZ angesetzt. Das war dann so der normale Tagesablauf, erst die Alten, dann die Jungen. Hat sich wunderbar ergänzt und ich habe da schon gemerkt, dass sich das wunderbar vereinbaren lässt, darum mache ich das heute noch.

Ja gelernt habe ich im Prinzip nichts, zumindest nichts, was man irgendwie auf Papier vorweisen kann. Ich habe halt einfach immer das gemacht, was mir gerade so gefiel. Insofern wüsste ich auch bis zum heutigen Tag nicht, welche Ausbildung es wäre, die mir nun letzten Endes so liegen würde, dass ich jetzt sage, das mache ich jetzt mal 10 bis 15 Jahre auf jeden Fall. Ich bin da nach wie vor auf der Suche und ich bin da auch in mehrere Richtungen offen. Es muss nicht unbedingt was mit Jugend und Alter zu tun haben, aber ich denke auf jeden Fall mit Menschen wird es etwas sein.

- Konzepte und Aktivitäten

Als Konzeptidee für die Arbeit mit den beiden verfeindeten Cliquen wird „Beziehungsarbeit" genannt. Insbesondere die Anwesenheit von Herrn Kiefer und die Möglichkeit, mit der Clique Gespräche zu führen, schätzen die beiden Mitarbeiter positiv ein. Die Tätigkeit mit der Clique ist räumlich auf den Jugendclub begrenzt, gemeinsame Aktivitäten (Sport, Ausflüge, Kultur, Fremdheitserfahrungen jeder Art etc.) oder Bildungsveranstaltungen finden nicht statt, was mit der Apathie der Clique begründet wird. Als einzige gemeinsame Aktivität im Zusammensein nennt der Jugendpfleger das gemeinsame Würfel spielen. Seine Arbeit besteht im Dasein während der Öffnungszeiten des Clubs, in der Beaufsichtigung der Jugendlichen, die seit den Zerstörungen in der Vergangenheit als geboten gilt. Zentraler Bestandteil seiner Präsenz ist die Durchsetzung und Aufrechterhaltung von Verboten und Kontrollen, die häufig von den Jugendlichen konterkariert werden. So begegnet die Clique dem Verbot des Alkoholkonsums innerhalb des Jugendclubs beispielsweise mit dem regelkonformen Trinken unmittelbar vor dem Jugendclub; um eine Kommunikation zwischen den im Club sitzenden Jugendlichen und den Trinkenden zu gewährleisten, öffnen sie das Fenster. Die Legitimation der durchzusetzenden Verbote und Einschränkungen begründet Herr Kiefer mit übergeordneten Autoritäten, Vorgaben und Strukturen, die vom Arbeitgeber (der Stadt) kommen und mit denen er auf Verständnis bei den Jugendlichen stößt.

- Die Sicht der Jugendlichen auf ihren Betreuer

Die Jugendlichen schildern eine Nähe und kumpelhafte Vertrautheit mit Hans Kiefer. Im Vergleich zwischen ihnen und ihm heben sie Ähnlichkeiten hervor und betonen Gemeinsamkeiten, wie beispielsweise einen identischen Humor und gleiche Lebenseinstellungen.

> Und der Hans, der ist halt so, der spricht halt einfach unsere Sprache, mit dem kann man ganz normal reden.
> Er hat einen ziemlich schwarzen Humor, das kann man sagen.
> Und vor allem, der pisst sich nicht an, wenn ich den auseinander nehme, dass wäre dem auch egal, das heißt, wenn wir über die Stränge schlagen.

Als Zeichen ihrer Vertrautheit und Gleichheit deuten die Jugendlichen wiederholt und voller Stolz an, wie sie Hans Kiefer, als der sie beim alljährlichen Zelten besucht hat, betrunken gemacht haben. Auch könne man, so Wolfgang, mit Hans „außerberuflich" in einer Kneipe ein Bier trinken.

Wenn wir zelten, dann immer über eine Woche und dann bis zum Umfallen, gell Hans.
Ich hab mich vorhin schon geoutet.
Hans ist schon cool. Mit dem sind wir doch auch einmal in die Kneipe gegangen, mit dem kannst du auch außerberuflich was anfangen, sage ich mal.

Auseinandersetzungen mit dem exzessiven Alkoholkonsum der Jugendlichen gibt es nach den Aussagen der Jugendlichen nicht. Er wird als selbstverständlich, altersgemäß und mit dem dörflichen Milieu konform von ihm toleriert. Insgesamt werden von den Jugendlichen in ihrem Zusammensein mit dem Jugendpfleger keine Aushandlungsprozesse und argumentative Zugänge geschildert.

Der ist cool.
Ich weiß nicht, der sagt halt nichts. Wenn wir da gerade am Trinken sind, dann sagt der kein Wort. Wir merken halt die Konsequenzen, die er daraus zieht, dann sagt er halt, ab jetzt hat der Jugendraum nur noch Montags auf.

Der ist cool. Ich meine, der macht ja auch nur seine Arbeit. Der darf uns das ja auch nicht erlauben, weil der Jugendraum der Kirche gehört.

Auch bezüglich ihrer fremdenfeindlichen Einstellung erwähnen die Jugendlichen keinerlei Kritik oder Widerspruch von ihrem Betreuer. Hans Kiefer erscheint ihnen als ein von übergeordneten Strukturen bestimmter, passiver Beobachter und Bewacher ihres Verhaltens.

Der Hans der hockt sich hier rein, der sitzt seine Zeit ab, der Rest interessiert ihn gar nicht. Er ist ein ganz umgänglicher Mensch und er setzt sich halt ein bisschen für uns ein.

Eine Teilnahme am Kinder- und Jugendparlament versucht Hans Kiefer die Jugendlichen gar durch die strukturelle Bestätigung ihrer Fremdenfeindlichkeit schmackhaft zu machen. Hier, so Hans Kiefer, fände die Clique eine Plattform politischer Partizipation, um dem „Problem" entgegenzuwirken und stimmt den Jugendlichen in ihrer Wahrnehmung von Migranten als „Problem" zu.

Die Gruppe, die ihr als Täter betrachtet, die gehen einer ganzen Menge Leute auf den Sack. Wenn ihr für mehr Sicherheit plädiert, dann werdet ihr ganz viele Stimmen bekommen. Das wäre doch eine Möglichkeit, das Problem einzufangen.

- Die Sicht des Betreuers auf die Jugendlichen

Generell ist der Blick des Betreuers auf die Clique durch Widersprüchlichkeit geprägt. Während sie auf der einen Seite im Kontext seiner Arbeitsbelastung als „Brennpunkt" charakterisiert werden, gelten sie auf der anderen

Seite in der Diskussion um ihre rechten Einstellung als ‚ganz normale Jungs' im dörflichen Milieu.

> Trotz alledem halte ich die Gruppe, so wie sie sich darstellt, für ganz normale Dorfjugendliche, die gemeinsame Interessen haben. Die rechte Haltung allgemein ist in, man findet Beachtung ohne das man sich erklären muss, es ist eine unwahrscheinlich einfache Haltung. Es gibt immer ein Opfer, allerdings ist dieses Opfer rein verbal, so wie sie auch euch gegenüber zugegeben haben, haben sie bisher noch nie ausgeteilt, sondern immer nur abgekriegt. Die wollen ihr kleines, schmuckes Waldtal so wie es ist, denn im eigenen Ort wollen sie überhaupt keinen Tumult und überhaupt keinen Stress, eher mal alle zusammen irgendwo hinfahren und ein bisschen Auseinandersetzung schüren, wie sie die Veranstaltungen in Fichtenheim zum Beispiel genutzt haben. Hier sind sie ganz klar um Ärger zu machen. Ansonsten kreist das Ganze alles eher auf einer verbalen Ebene, es wird nichts richtig erklärt, sondern immer nur ‚wir sind gegen die Ausländer' einfach als Grundhaltung ausgegeben.

Die Fremdenfeindlichkeit der Jugendlichen betrachten Hans Kiefer und Jutta Weide im Kontext einer allgemein steigenden Intoleranz unter Jugendlichen, die aus Veränderungen der politischen Kultur in den vergangenen Jahren resultiere; Ausgrenzung und Vorurteile erlebten sie auch in anderen Jugendcliquen, dies sei ebenso erschreckend wie normal.

> Mit den Ausländern habe ich gleichzeitig die Diskussion, das man Homosexuelle abknallen sollte. Also, Toleranz allgemein, die ist vorbei.

> Wobei ich auch die Erfahrung gemacht habe, dass auch das eigentlich eine völlig normale Haltung bei Jugendlichen ist, auch bei deutschen Jugendlichen. Ich kenne kaum einen deutschen Jugendlichen, auch in Fichtenheim nicht, und das hat mich auch sehr schockiert, der im Alter von fünfzehn bis siebzehn Jahren nicht gegen Ausländer ist.

Die bislang geleistete Arbeit mit der Clique schätzen die beiden pädagogisch Verantwortlichen als Erfolg ein. Als Maßstab dieser Einschätzung gelten der Rückgang an gewalttätigen Auseinandersetzungen und an Beschwerden aus der Dorföffentlichkeit sowie eine wachsende Konformität mit der Erwachsenengeneration. Die pädagogischen Zielsetzungen gelten als erfüllt, da seit der Betreuung der Clique durch Hans Kiefer im Dorf wieder Ruhe und Ordnung hergestellt sei.

> Selbst diese Auswüchse hattest du schon vor zehn, fünfzehn Jahren und diese paar Prozent hast du in jeder Gesellschaft, die einfach raus fallen, da kannst du nicht viel machen. Da kannst du halt sagen, wir versuchen sie aufzufangen, so gut es geht. Und wo es wirklich gelungen ist, ist mit Sicherheit in Waldtal. Das sehe ich als sehr gelungen an, denn da haben wir die im Griff, was habe ich Telefonanrufe aus Waldtal gekriegt, was war das mit Ärger verbunden, als die das alleine gemacht haben. Und da

muss man ganz klar sagen, da ist sicher was passiert in den letzten Jahren seit Hans sie betreut. So wie ich sie vorher kennen gelernt habe und wie sie sich jetzt benehmen, da sehe ich schon eine Veränderung. Auch wenn die das nicht zugeben würden.

Die bleiben ihrer Grundhaltung dahingehend auch gar nicht treu, weil der Gedankengang war immer, wenn man uns den Jugendraum weg nimmt, dann sind wir wieder hier in Waldtal unterwegs und machen Terror, da sind die auf Grund ihrer Altersträgheit gar nicht mehr bereit zu. Das wäre denen viel zu anstrengend, in Waldtal Terror zu schlagen.

Die jetzt nachwachsen, das sind die Messdiener, die als nächste Altersgruppe in Frage käme, um den Jugendraum zu übernehmen und das ist eine Gruppe, von der ich sagen würde, da brauche ich keinen Hans mehr. Weil die erst mal eine ganz andere Grundhaltung haben.

5. Die Clique aus Wiesenburg

Wiesenburg - eine Kleinstadt in Mittelhessen

Die „mittlere" Clique lebt in einem Stadtteil der mittelhessischen Kleinstadt Rasengrund. Die aus 13 Ortsteilen bestehende Stadt hat insgesamt ca. 20.000 Einwohner, die bevölkerungsreichsten sind Blumenheim mit 8.000 und Wiesenburg mit 4.000 Einwohnern.

In Rasengrund ist die SPD mit fast 50% bei der Kommunalwahl im März 2001 stärkste Fraktion im Stadtparlament, sie stellt auch den Bürgermeister. Die REP kamen für die Kreistagswahl in der Stadt (in der sie nicht kandidierten) auf über 6% gegenüber knapp 9% der Stimmen bei der Kommunalwahl 1997.

Der Dienstleistungssektor und das produzierende Gewerbe sind mit je 2.800 Beschäftigten die größten Beschäftigungsbereiche, im Handel sind 800 und in der Land- und Forstwirtschaft weitere 50 Personen tätig. Der Hauptarbeitgeber ist eine zentrale Einrichtung der Diakonie in Blumenheim mit ca. 1.200 Arbeitnehmern. Ein Teil der Bevölkerung arbeitet bei einem Lebensmittelhersteller und einem Metall verarbeitenden Betrieb im benachbarten Rosenweide.

Der Handel konzentriert sich vor allem auf Blumenheim, das zudem Standort einer Kaserne ist; in Wiesenburg befindet sich eine Justizvollzugsanstalt und in Blumenheim gibt es ein Heim für Asylbewerber. Es gibt mit sieben Grundschulen, einer Hauptschule, drei Sonderschulen, einer Realschule, einer Gesamtschule, einem Gymnasium, einer Berufsschule, zwei Fachschulen und einer Fachoberschule und breites schulisches Angebot. Kulturelle Veranstaltungen bieten die jeweiligen Dorfgemeinschaftshäuser, mehrere Büchereien, ein Heimatmuseum, ein Kino und eine Freilichtbühne an. In einem Ortsteil befindet sich ein ehemaliges Kriegsgefangenenlager, das zu einer Gedenkstätte hergerichtet wurde. Der Tourismus hat in Rasengrund in den letzten Jahren an Bedeutung gewonnen und geworben wird vor allem mit den restaurierten Stadtkernen sowie zahlreichen Freizeitmöglichkeiten.

Angebote für die Jugendlichen werden - neben den Kirmessen und Schulfesten - von Burschenschaften, Schützenvereinen, Feuerwehren und Musikgruppen sowie zahlreichen Sportvereinen organisiert, diese werden ergänzt durch die kirchliche Jugendarbeit. Darüber hinaus gibt es zwei Diskotheken, die von Jugendlichen besucht werden. Seit den siebziger Jahren wurden acht überwiegend selbstverwaltete Jugendclubs in den Ortsteilen eingerichtet.

In der Bevölkerung gelten einzelne Wohnquartiere von Blumenheim als problematisch, in Beschreibungen werden ihnen als Merkmale ein vergleichsweise niedrigerer sozial-ökonomischer Status und auch ein relativ höherer Ausländeranteil zugeschrieben. Die Quote des nichtdeutschen Bevölkerungsanteils beträgt 4,8%, und er liegt damit deutlich unter dem Landesdurchschnitt von 12,1%.

Dokumentiert sind massive Auseinandersetzungen zwischen Jugendlichen mit unterschiedlichen Nationalitäten Ende der 90er Jahre, denen von der Stadt jugendpädagogisch entgegengewirkt wurde. Nach den Schilderungen der örtlichen Jugendpflegerin herrscht eine ausgeprägte Rivalität zwischen Blumenheim und Wiesenburg sowie den dörflichen Ortsteilen, die aus der verlorenen Eigenständigkeit der ehemaligen Kreisstadt Wiesenburg nach der hessischen Gebietsreform, der vergleichsweise stärkeren Bevölkerungszunahme und Ansiedlung von Wirtschaftsbetrieben in Blumenheim sowie Unterschieden in der kirchlichen Prägung (evangelisch vs. katholisch) resultieren.

Einige bekannte Funktionäre des rechtsextremen Lagers wohnen in umliegenden Ortschaften, ihnen wird eine Koordinationsrolle in der regionalen rechten Szene zugeschrieben; ein als ‚rechter Treff' bekanntes Lokal wurde nach Konflikten geschlossen.

Zur Interviewsituation

Die drei Cliqueninterviews und beide Einzelinterviews wurden in den Räumen des Wiesenburger Jugendclubs durchgeführt. Den Kontakt zur Clique stellte die Jugendpflegerin her, die auf Wunsch bzw. mit dem Einverständnis der Jugendlichen auch bei den Interviews anwesend war. Die zwischen April und September 2000 stattfindenden Gespräche mit der Clique waren abends und dauerten ca. zwei Stunden, die Einzelinterviews etwa eine Stunde. Im September führten wir ein Interview mit der Jugendpflegerin, die bei dieser Gelegenheit die Auflösung der Clique mitteilte.

Der zentral gelegene Jugendclub ist zugleich Sitz der städtischen Jugendpflege. Den Jugendlichen stehen zwei Räume unter Aufsicht der Jugendpflegerin zu festgelegten Öffnungszeiten zur Verfügung. Der ausschließlich von der befragten Clique genutzte Raum ist mit Sesseln, einem Sofa und einem Fernseher eingerichtet, an den Wänden hängen Poster (z.B. "Kuschelrock"). Im Jugendclub ist rechte Symbolik und Musik sowie der Konsum von hochprozentigem Alkohol verboten, die Musikanlage befindet sich im Büro der Jugendpflegerin. Der andere Raum mit einer Dartscheibe und einem Billardtisch wird ausschließlich von einer Gruppe jugendlicher Spätaussiedler besucht. Der Club macht insgesamt einen gepflegten Eindruck.

In der ersten Phase des Interviews waren einige Jugendliche vorsichtig und zurückhaltend, die gesamte Atmosphäre war sowohl von Misstrauen als auch Neugier geprägt. Der überwiegende Teil der Clique zeigte sich zunächst an den Interviews interessiert, aber ihre Erzählbereitschaft nahm von Treffen zu Treffen ab und war gleichzeitig mit Alkoholkonsum (Bier) verbunden; so wurden mehrere verabredete Termine nicht eingehalten, bzw. es erschienen nicht mehr alle. Auf die ihnen - wie verabredet - zugegangenen Transkriptionen reagierten die Jugendlichen gleichgültig, die meisten hatten sie nicht gelesen. Ein Jugendlicher kritisierte pauschal die ‚negative Selbstdarstellung' der Clique und die unzureichende Verdeutlichung seiner Position. Mit zwei Jugendlichen wurden Einzelinterviews geführt, die anderen hatten kein Interesse bzw. erschienen nicht zu den vereinbarten Terminen.

Soziale Struktur und Zusammensetzung der Clique

Den Kern der Clique bilden sechs männliche Jugendliche im Alter von 16 bis 19 Jahren. Nach ihren Aussagen gehören zu ihrem Umfeld weitere Jugendliche, zu dem auch zwei Mädchen als Freundinnen zählen. Sie kommen aus unterschiedlichen Ortsteilen von Rasengrund, das einen kleinstädtischen und dörflichen Charakter hat. Die Clique verbindet weniger eine gemeinsame Wohn- als eine gemeinsame Schulbiographie. Alle Jugendlichen der Kernclique haben die allgemein bildenden Schulen z.T. ohne Abschluss verlassen. Aktuell befindet sich einer auf einer Fachoberschule, ein anderer ist arbeitslos und übt wechselnde Hilfstätigkeiten aus. Die übrigen Jugendlichen haben eine Ausbildung begonnen. Ihre finanzielle Lage schätzen sie überwiegend als unzureichend ein; insbesondere die Nutzung von Mopeds und Autos, die auf Grund der ländlichen Umgebung als notwendig erachtet werden, verursacht erhebliche Kosten.

Die Herkunftslagen der Jugendlichen sind heterogen. Sie reichen von Jugendlichen aus sozial benachteiligten Familien (Arbeitslosigkeit der Eltern, Sozialhilfeempfänger, Alleinerziehende) über Familien mit relativer materieller und sozialer Sicherheit (Arbeiter und Angestellte) bis zu einem Jugendlichen, der aus einer wohlhabenden Akademikerfamilie kommt.

Cliquengeschichte

Die Clique entwickelt - bei individuell unterschiedlicher Deutung einzelner Situationen - eine gemeinsame Geschichte. Den Inhalt der Szenen bilden als spannend erinnerte Situationen, deren Erlebnisgehalt durch die Wortwahl zugespitzt wird. Die einzelnen Jugendlichen nutzen die Interviewsituation als Gelegenheit, sich durch die Darstellung ‚ihrer' Szene zu präsentieren und sich eine besondere Rolle in der Cliquengeschichte zuzuweisen sowie Mythen eigener Stärke und Überlegenheit zu schaffen.

Die wiederholt romantisierende Schilderung vergangener Ereignisse verweist auch auf gegenwärtige Probleme; die mit einem abnehmenden Maß an Spaß und Zusammenhalt verbunden sind.

> Früher haben wir viel mehr gemacht.
> Jetzt hat sich alles ein bisschen getrennt.
> Früher war es besser.
> Weil wir da mehr Zeit hatten.
> Frage: Was habt ihr am Anfang gemacht?
> Jeden Abend haben wir uns getroffen und haben einen auf lustig gemacht.

Die Clique hat in den letzten Jahren an Bindungskraft eingebüßt, etwa die Hälfte, darunter einzelne dominante Jugendliche, haben sie verlassen. Hier deutet sich die Erosion und auch Auflösung der Clique an, die von der Jugendpflegerin dann auch bestätigt wird.

> Hier war es früher auch mal schlimmer, jetzt wenn du auf die drei von damals und andere zurückkommst, da war ja dauernd etwas, das ist jetzt viel ruhiger.

In ihrer Schilderung der Cliquengeschichte finden sich zunächst keine ideologischen Bedeutungen oder Entwicklungen. Sie wird nicht dazu genutzt, die Vorstellung einer politischen Gruppierung als vermeintlich ‚natürlich und selbstverständlich' zu vermitteln.

Geschichte und Aktivitäten
Die Gruppe hat sich im Zusammenhang des gemeinsamen Besuches der örtlichen Schule 1994 gebildet und ihren quantitativen Höhepunkt mittlerweile hinter sich. Die Wechsel in der Zusammensetzung werden von der Jugendpflegerin mit cliqueninternen Auseinandersetzungen - zu Beginn ihrer Nutzung des Jugendclubs - begründet, die eine kleine Gruppe dazu bewegt haben, sich anderen, ihnen attraktiver erscheinenden Gruppen anzuschließen. Der größte Teil der verbliebenen Mitglieder gehört der Clique seit ihrer Gründung an.

> Der hat mich zu dir geschleift.
> Nein, ich war da.

Frage: Wann hat denn alles angefangen?
Schulhof.
Das fing erst mit Volker und mir an.
Das ist doch Wurst.
Frage: Wann war das?
Vor vier Jahren.
Vor sechs Jahren, vor sechs Jahren haben wir uns kennen gelernt, aber nur weil wir in eine Klasse kamen, dann kamen wir alle zusammen, sind zusammen gewesen und haben gefeiert.
Frage: Alle fünf?
Es fehlten noch ein paar.
So ziemlich alle.
Frage: Also, ihr wart noch mehr, aber der Kern der Gruppe kennt sich jetzt seit sechs Jahren durch die Schule?
Ja.
Auch Schule, Bekanntschaften.
Schule.
Frage: Wart ihr denn in einer Klasse?
Also, nur wir beide.
Frage: Aber alle von einer Schule?
Ja.
Frage: Gab es denn Wechsel in eurer Gruppe?
Ja, wir waren mal ein paar mehr.
Frage: Also, es sind ein paar weggegangen?
Ja, eine ganze Ecke.
So zu Anfangszeiten, wo wir uns beim Supermarkt oder auf dem Schulhof getroffen haben, da war der Höhepunkt so fünfzehn Mann.
Ja, so ungefähr.
Da sind wir ganz gut dabei gewesen.

Die Jugendlichen nehmen gegenüber den ehemaligen Mitgliedern eine ablehnende Haltung ein.

Dann waren aus Zaunbach noch welche, die sind dann auch von alleine gegangen, die hatten wahrscheinlich keinen Bock mehr hier herzukommen.
Der Frank.
Ja, ja.
Das ist auch gut so
Ja, und das war ein ziemlicher Großteil, der gegangen ist.

Die Gruppe hat in erster Linie die Funktion der gemeinsamen, alltäglichen Freizeitgestaltung. Dazu gehören gemeinsame Besuche einer Diskothek (Bierkeller) oder lokaler Feste sowie der Besuch ihrer Treffpunkte.

Frage: Was macht ihr zusammen?

> Wir gehen abends noch mal weg, Diskothek, Kirmes.

Diese Aktivitäten finden vor dem Hintergrund einer als dominant empfundenen Langeweile statt, die mit dem Fehlen eines ihren Interessen entsprechenden lokalen Angebotes an Freizeitmöglichkeiten erklärt wird.

> Frage: Was gibt es denn hier sonst noch, was ihr machen könntet?
> Was wir machen könnten?
> Gar nichts!
> Feiern.
> Ziemlich wenig.
> Feiern, ja, das andere interessiert mich sonst herzlich wenig, vielleicht sind wir mehr auf das Feiern aus.
> Saufen.
> Man geht dann irgendwann nach Hause, geht ins Bett und dann am nächsten Morgen wieder arbeiten.

> Der Schulhof war auch nur eine Beschäftigung gegen Langeweile.
> Da waren viele Sachen, die Uhr gab es.
> Die haben wir kaputt gemacht.
> Die Laube gab es, die haben wir kaputt gemacht.
> Mülleimer.
> Die Laterne gab es, die haben wir kaputt gemacht.
> Viele Kolben und Zylinder (ihrer Mopeds, d.V.) sind drauf gegangen.
> Frage: Langeweile war ein Thema bei euch?
> Langweilig war es eigentlich immer.

Abgesehen von einzelnen Jugendlichen, die in Sportvereinen aktiv waren und einer gemeinsamen Phase des Inlineskatens, spielen sportliche Aktivitäten im Cliquenalltag mittlerweile keine Rolle mehr.

> Dann war noch so ein Ding, irgendwann haben wir eine Halfpipe durchgesetzt, auch erst nach Jahren, denn früher sind wir immer Inliner gefahren und so ein Zeug.
> Da sind wir fast alle gefahren.

> Fußball, das ist ja anstrengend.
> Motorsport, ja das ist o.k., mit Mopeds.
> Frage: Wart ihr denn früher in anderen Vereinen?
> Ja, ich habe mal Fußball gespielt, auch mal Tennis gespielt.
> Da war ich auch mal drin.
> Ich habe mal Handball gespielt.
> Frage: Warum habt ihr damit aufgehört?
> Fußball, unsere Mannschaft ist aufgelöst worden.
> Tennis, das war mir dann doch zu anstrengend, nach zwei Jahren, da wurde ich dann so ein dünner Mensch.

Fußball habe ich mal gespielt. Jetzt habe ich mich mit meinem Körper zur Ruhe gesetzt. Sport das ist nicht mehr so mein Ding.

Eine besondere Rolle spielen gemeinsame Aktivitäten im Freien, die als abenteuerlich und gefährlich geschildert werden.

Am Besten sind immer noch Autos und Motorräder, das macht am meisten Spaß!
Ich weiß nicht, früher haben wir uns am Schulhof getroffen, früher haben wir Verstecken gespielt, aber das wurde alles langweilig mit der Zeit.
Das kannst du ja immer noch tun.
Ja, kann man, aber das ist langweilig.
Das war ganz am Anfang.
Dann war die Zeit, wo wir Fahrräder angesteckt haben.
Haben Höhlen gebaut, Bunker ausgegraben.
Da kann sich keiner mehr dran erinnern.
Früher war eine Station in Wiesenburg und da haben sie so einen alten Bunker wieder ausgegraben.
Unser Superbunker, mein Klappspaten liegt noch da drin.
Bist dir da sicher?
Wer hat ihn sonst?
Dein Bruder höchstens.
Das war nicht schlecht, da haben wir ganz schön gebuddelt.
Frage: Ihr habt den Bunker ausgegraben?
Ja.
Ja, mein Vater hat mir die Stelle gezeigt. Und dann sind wir da mit ein paar Jungs hin, haben den gesucht und dann haben wir da gebuddelt, wie die Wilden.
Frage: Und was habt ihr gefunden?
Ja, jede Menge Müll von damals.
Dreck, Dreck war da.
Jede Menge Erde. Als wir da raus gegangen sind, haben wir gedacht, wir müssen sterben.
Ich will nicht wissen, wie viel Erde wir da raus gehoben haben.
Wenn man sich überlegt, was wir da gemacht haben, das war eine ganz schön gefährliche Sache.
Ja gut, wäre das Ding da eingebrochen, dann wärt ihr weg gewesen.
Na, die meisten hatten ein Seil darum.
Das ist so egal, ob du da ein Seil darum hast.
Wenn da die Erde über dir bricht, dann hilft dir kein Seil, da hilft nur ein Bagger.
Irgendjemand hat erzählt, da wäre eine Tür, da haben wir danach gegraben.
Frage: Aber ihr habt keine gefunden?
Doch, wir haben gegraben, aber keiner wollte reinfassen, weil er Angst hatte, da kommt ein Tier raus.

Ach Quatsch!
Und nach einer Zeit haben wir da aufgehört.
Wurde langweilig.

Auch ihr gemeinsames Interesse am Paint-Ball im Alter von ca. fünfzehn Jahren zeigt die Attraktivität, die für sie in dieser Phase körperliche Bewegung und die Suche nach Abenteuern in der Natur hatten.

Frage: Was habt ihr da gemacht?
Gotcha.
Da sind wir den ganzen Tag mit Tarnzeug rumgelaufen.
Entweder mit Pistolen, mit Federdruck oder mit Gas, und dann Farbbeutel schießen.
Frage: Und dann gegenseitig abschießen?
Genau!
Da waren wir in Primelberg, da war ein hübsches Wäldchen, da hatten wir auch einen Bunker, da haben die Primelberger schon einen Bunker ausgehoben und das war wunderbar da eigentlich, da konnte man sich prima verstecken und da haben wir uns abgeknallt.

Im gemeinsamen Mofafahren verbindet sich der Wunsch nach Erlebnis von Spannung und Abwechslung mit dem Genuss von Geschwindigkeit wie auch der Möglichkeit zur öffentlichen Präsentation ihrer Zusammengehörigkeit; das entspricht ihrem handwerklichen und technischen Interesse.

Vollcrossfahren im Feld!
Frage: Zu der Zeit, als ihr alle ein Moped hattet?
Ja, genau.
Ich habe meines verkauft, wegen dem Unfall, aber eines habe ich noch, das ist ja auch das Wichtigste, ein Moped und dann kommt das Auto.

Das waren ja auch Aktionen, früher, als wir mit den Mofas rumgefahren sind, durch die Felder.
Manche sind darauf eingeschlafen.
Oder mit Handstand.
Ich bin da immer umgefallen.
Ja, du hast da hinten drauf gesessen und wir sind umgefallen.
Du musst halt das Gleichgewicht halten!
Mit dir als Kampfkoloss hinten drauf!

In dieser Zeit fanden auch gemeinsame Ausflüge in die Umgebung statt.

Jeden Abend haben wir uns getroffen und haben einen auf lustig gemacht!
Uns irgendwo hingesetzt oder am Wochenende weggefahren, gezeltet am See und all so ein Zeug, nach Nelkenteich gefahren.
Keiner wollte uns haben!
Verschiedene Seen, das Einzige für Jugendliche ist der Nelkenteich See.

Am Nelkenteich, da wollten sie uns auch nicht mehr haben, doch damals mit den Mopeds, da ging es noch, da haben sie uns genommen.
Nelkenteich, da kann man zelten.
Freizeit-, Campingplatz.
Bei Weidenstadt ist das, das ist ein schöner See, schönes klares Wasser, prima Umgebung, da sind wir damals mit drei Mann hingefahren, da wollten eigentlich mehr Leute hin.

Einen Einschnitt in die Cliquengeschichte stellt die Eröffnung des Jugendclubs dar und die Gruppe nutzt die sich ihnen bietende Gelegenheit, die Räume zeitweise nur für sich in Anspruch zu nehmen. Sie betonen ihr Engagement bei der Beantragung des Clubs sowie ihre Hilfe bei der Renovierung und leiten hieraus einen Besitzanspruch ab. Die Jugendpflegerin kommentiert das Verhalten der Jugendlichen zu diesem Zeitpunkt eher als ‚passiv'.

Ja, also einen Jugendclub haben wir auch öfters mal beantragt und nach Jahren ging das dann klar, dass wir den gekriegt haben hier.
Frage: Was habt ihr da gemacht?
Da sind wir öfters mal auf die Stadt gegangen, haben Briefchen geschrieben und Unterschriften gesammelt und all so ein Zeug.
Die aus den Häusern ringsherum haben alle unterschrieben, klar, die wollten uns ja loswerden, nur jetzt haben sie uns wieder hier.

Gestrichen haben wir erst mal, das Ding ein bisschen ausgebaut, Möbel geholt und all das Zeug, nur ist es halt blöd, dass das Ding hier öffentlich ist, dass da jeder rein kann.

Treffpunkte
Bis zur Einrichtung des Clubs hat sich die Clique überwiegend auf einem Schulhof und dem Parkplatz eines Supermarktes in Wiesenburg, seltener auch in der Gartenlaube eines Jugendlichen getroffen. Mit Beginn der Nutzung des Raumes verloren die öffentlichen und privaten Plätze zunächst an Bedeutung, aber nach einem halben Jahr, in dem sie sich den Club gewissermaßen ‚gesichert' hatten, wurden die öffentlichen Plätze wieder verstärkt aufgesucht, um ihren Revieranspruch zu unterstreichen und andere Gruppen zu verdrängen.

Die Wahl des Schulhofes erleichtert das Zusammensein der Gruppe, da der gemeinsame Schulbesuch die Jugendlichen dort regelmäßig zusammenführt und - wie der Parkplatz außerhalb der Öffnungszeiten - nach der Unterrichtszeit einen freien Raum und ein ihnen gemeinsam vertrautes Territorium darstellt, an dem sie sich öffentlich präsentieren können. Die Öffentlichkeit dieser Treffpunkte sowie ein fehlender Schutz gegen schlechtes Wetter werden von den Jugendlichen als Nachteil thematisiert, insbesondere weil ihre Anwesenheit zu Auseinandersetzungen mit Anwohnern führt. Der Jugendclub ist als ‚eigener Raum' attraktiv, er bietet der Clique Sicherheit und muss in ihren Augen vor dem Zugriff anderer Jugendlicher geschützt werden; sie konnten ihren Ausschließlichkeitsanspruch in den letzten Jahren aber immer weniger durchsetzen. In Besitz genommen wurde kurzzeitig auch eine neue Halfpipe, die aber mittlerweile von anderen Jugendlichen genutzt wird.

Dann kam die Zeit, wo alle anfingen zu arbeiten und dann sind die hier reingehuscht.

Da einigen aus der Clique Autos zur Verfügung stehen, werden auch entferntere Orte, wie z.B. eine Diskothek oder Dorf- und Schulfeste in der Umgebung aufgesucht.

Zentrale Elemente
Ein wiederkehrendes Thema der Cliquengeschichte sind Konflikte um Räume. Als Gegner und Konkurrenten werden hierbei andere Jugendliche, insbesondere eine ‚ausländische' Gruppe, wahrgenommen.

Gestrichen haben wir erst mal, das Ding ein bisschen ausgebaut, Möbel geholt und all das Zeug, nur ist es halt blöd, dass das Ding hier öffentlich ist, dass da jeder rein kann. Jetzt haben wir uns da drüben eine Last (eine Gruppe ausländischer Jugendlicher, d.V.) eingefahren. Die sind da; wenn es kalt ist, sind die auch da. Und dann sind wir auch da. Manche gehen ja. Aber manchmal kommen solche Deppen, das ist unmöglich.

Die Konflikte entstehen, weil eine gemeinsame Nutzung öffentlicher Räume, insbesondere des Jugendclubs, nicht in Erwägung gezogen wird. Grundlage der verbalen bis körperlichen Auseinandersetzungen ist eine Rivalitätssituation mit wechselseitigem Streben nach Dominanz bzw. alleiniger Nutzung der Räume. Die mit destruktivem Auftreten und aggressivem Verhalten verbundene Aneignung öffentlicher Räume führt zudem zu Konflikten mit Anwohnern. Die Jugendlichen erzählen beispielsweise, sie seien von einem Hausmeister fotografiert worden. Ausgehend von diesen wiederholt geschilderten Ausgrenzungserfahrungen wird eine allgemeine Ablehnung empfunden und, z.B. mit Sätzen wie „Keiner wollte uns haben", generalisiert.

Frage: Was habt ihr auf dem Schulhof gemacht?
Rumgesessen, unterhalten, Treffpunkt.
Da könnt ihr mal bei der Stadt nachfragen wegen der Fotos.
Frage: Welche Fotos?
Ach, der Hausmeister hat uns fotografiert, weil wir so aggressiv waren. Es waren von zehn Leuten immer sechs bis sieben Leute da, den ganzen Abend, die sind halt immer mit den Mopeds rumgefahren.
Frage: Hat sich da jemand beklagt?
Ja, eigentlich alle.

Die Nachbarn hier vorne, die waren es gewöhnt, ihr Sohn war ja selber dabei. Es ging halt ab und zu was kaputt. Fahrräder haben gebrannt, und das mit den Schuhen.

Ja, mein Schuh hing am Baum und mein Fahrradreifen hat gebrannt.

Und das ging dann so ein halbes Jahr.

Wir wollten uns eigentlich einen Bauwagen organisieren, aber den kann man hier nirgends hinstellen. Wenn wir ihn ins Feld stellen, kommt der Bauer und verscheucht uns, hier in der Stadt ist das unmöglich.

Als Erfolg werden z.B. Erfahrungen mit dem Jugendclub gewertet. Es hat für die Gruppe einen hohen Wert, an der Durchsetzung des Raumes und der Halfpipe beteiligt gewesen zu sein bzw. den Club mitgestaltet zu haben.

Bedeutung und Funktion von Alkohol in der Gruppe
Alkohol ist seit vielen Jahren ein Bestandteil ihres gemeinsamen Alltags. Der gemeinsame Konsum großer Mengen ist selbstverständlich und nicht an besondere Gelegenheiten oder Situationen gebunden.

Ja, da waren wir so fünfzehn, sechzehn, da ging es dann zu den Seen. Weil vorher mussten wir so gegen neun, halbzehn daheim sein, da ging das noch nicht. Dann so mit dreizehn, vierzehn kamen auch das Bier und die Zigaretten dazu.

Frage: Das hat sich bis heute gehalten?

Genau.

Der Alkoholkonsum wird mehrfach im Kontext von Alltagssituationen erwähnt, ohne dass ausführlich oder prahlerisch auf das Trinken eingegangen wird.

Zum Beispiel Angeln.

Frage: Was gefällt dir daran?

Mir macht es Spaß. Einen großen Fisch fangen und am Ende des Jahres Pokale kriegen. Da gibt es auch eine Jugendgruppe, so im Verein, da treffen wir uns auch mal, da wird auch mal ein Bier getrunken.

Also ich hatte da ein paar Aktionen, da waren sie nicht so glücklich, die Eltern, so mit dem Koma-Trinken.

Und wenn da (an seinem Auto, d.V.) mal eine Kleinigkeit ist, das machen die mir. Da gehen wir dann mal einen trinken. Das gleicht sich wieder aus. Wenn ich mal wieder was woanders machen kann. Ich kann mit Elektronik umgehen.

Wir wechseln uns ab mit dem Fahren. Wenn es ums Trinken geht - meistens fahre ich - weil ich meistens kein Geld habe. Feiern. Was anderes interessiert mich herzlich wenig, vielleicht sind wir mehr auf das Feiern aus als andere.

Man säuft.

Beim nächsten Treffen nehmen wir wieder eine halbe Kiste Bier mit.

Wiederholte Hinweise auf alkoholbedingte Rauschzustände (z.B.: „Ich war sturzbetrunken.") dienen nicht - wie in der jüngeren Clique aus Waldtal - der Selbststilisierung. Hier wird der habitualisierte Alkoholkonsum weniger zum Ausdruck eigener Stärke oder Männlichkeit genutzt und vereinzelte, aus persönlichen Krisen resultierende Exzesse, werden als Probleme der Vergangenheit benannt, die durch die Unterstützung der Clique überwunden wurden.

Vor zwei oder drei Jahren, da hatte ich absolut keinen Bock mehr auf Schule. Da hatte ich halt voll den Absturz. Da war ich auch bald jeden Tag auf Alkohol. Ja, heute auch noch. Aber das hat mich zu dem Zeitpunkt, das ganze Jahr, alles angekotzt. Alles. Ich habe auch zwischendurch Probleme gehabt mit einem Kumpel, weil ich viel getrunken habe. Scheiße, Scheiße! Der hat mir wieder raus geholfen.

Der Konsum anderer, illegaler Drogen wird von ihnen strikt abgelehnt und dient auch als Rechtfertigung für einen Ausschluss aus dem Cliquenzusammenhang.

Ja gut, da waren ein paar Mädels dabei, die gekifft haben, da haben wir die schon mal abgeschoben.

Selbstbild und Cliquenidentität

Die Jugendlichen versuchen, ein positives Bild einer starken, maskulinen, actionbetonten Gruppe zu vermitteln, die akzeptierter Bestandteil des normalen Gemeindelebens ist. Im Verlauf ihrer Schilderungen finden sich zugleich zahlreiche Hinweise, die dieser Selbstdarstellung widersprechen und damit das Gruppenideal relativieren; erneut wird die abnehmende Bindungskraft des Cliquenzusammenhangs sichtbar und deutet sich der spätere Zerfall der Gruppe an.

Die Jugendlichen betonen in ihren Berichten das ereignisreiche und spannende Leben der Gruppe, dessen Attraktivität als wesentliche Bedingung ihres Zusammenhaltes dargestellt wird. Der romantisierende Umgangs mit Ereignissen der Cliquengeschichte findet sich in Kommentierungen wie, „Ja, da war jeden Tag irgendwas. Da war jeden Tag was los.". Des Weiteren betonen sie ihre Dominanz in öffentlichen Räumen, mit der Eroberung und Verteidigung eines eigenen Reviers und Raums konnten sie ihre Stärke zeigen. Als ein Ausdruck ihrer Macht, ihrer Exklusivität und ihres Normalitätsbedarfes dienen die Erzählungen über den Ausschluss von Gruppenmitgliedern (z.B. die ‚abgeschobenen kiffenden Mädchen').

Durch die Schilderungen von zahlreichen Konflikten und vereinzelten Schlägereien vermittelt die Gruppe ihre Bereitschaft, Streitigkeiten mit anderen Jugendlichen, die zumeist in Rivalitäten um Räume eskalieren, im

Zweifelsfall auch mittels physischer Gewalt zu lösen. Als eine Quelle des positiven Bildes der Clique dienen Vorstellungen von eigener Stärke und Macht, die im Interesse der Clique rational und zweckmäßig eingesetzt werden.

> Entweder, wenn wir es schaffen können (den Gegner in einer Schlägerei besiegen, d.V.), dann gehen wir dazu, wenn nicht, dann lassen wir das.

Im Alltag der Clique ist dieses Bild der eigenen Stärke jedoch gebrochen durch die von Teilen der Clique gezeigte Angst vor Niederlagen.

> Frage: Welche Rolle spielt Gewalt in eurer Gruppe?
> Manchmal geht es schon ganz gut ab.
> Also, in der ganzen Gruppe hier nicht, bei einzelnen mehr.

> Als Gruppe machen wir auch nichts, sind wir eigentlich harmlos, außer ihm, der geht vielleicht mal ganz gut ab. Aber was machst du denn groß? Damals im Bierkeller (während einer Schlägerei, d.V.), da bist du weggegangen. In letzter Zeit läuft gar nichts mehr.

Im Verlaufe der weiteren Treffen zeigten die Jugendlichen ein betont raues Verhalten im Umgang miteinander, dazu gehörten auch abwertende Äußerungen gegenüber Mädchen und Frauen; dies wird von der Jugendpflegerin als Erklärung herangezogen, dass Mädchen die Gruppe meiden. Im Verhalten der Clique finden sich Elemente von starren Männlichkeitsentwürfen, die sich in ‚Härte' und ‚Kampf' als Durchsetzungsvorstellungen spiegeln.

Die Gruppe verbindet ein ausgeprägter Lokalpatriotismus, der sich im ‚Stolz' auf ‚ihren Ort' ausdrückt und in der alltäglichen Abwertung von Bewohnern anderer Ortsteile zeigt, obwohl die Clique aus Jugendlichen unterschiedlicher Ortsteile besteht. Dabei können sich die Jugendlichen auf Mentalitätsbestände ihrer Umgebung beziehen, die diese traditionellen Rivalitäten zwischen den Ortsteilen propagieren und praktizieren. Für die Aufnahme und Akzeptanz neuer Mitglieder ist das Kriterium der lokalen Herkunft aber von geringerer Bedeutung als die geteilten Einstellungen.

> So Leute, die in Ordnung sind (d.h. ihre Auffassungen teilen, d.V.) aus Blumenheim, die können zu uns kommen.

Trotz der Konflikte mit Anwohnern und Erfahrungen der Ablehnung, „Keiner wollte uns haben.", sehen sich die Jugendlichen als selbstverständlicher Bestandteil der ‚alt eingesessenen', lokalen Bevölkerung. Dieser Normalitätsentwurf wird in das Cliquenselbstbild übertragen.

> Ach, die meisten mögen uns, bis auf die Nachbarn.

Negative Rückmeldungen integrieren die Jugendlichen in ihren Normalitätsentwurf, indem sie sich als Opfer einer feindlichen Umgebung verstehen und auf Bedrohungen verweisen.

Mit fünf Mann haben sie auf den gewartet und ihm auf die Schnauze gehauen. Nur, weil sie uns kriegen wollten.
Ja, weil sie die haben wollten, die da in der Ecke saßen, und ihn haben sie dann gepackt.

Rechte Ideologeme, insbesondere eine massive Fremdenfeindlichkeit, sind im Selbstbild der Gruppe ein weiteres Merkmal, die sich selbst als eine ‚traditionell rechte' Clique verortet.

Frage: Dann ist die Meinung also schon zu Beginn da gewesen?
Ja, das war vorher schon.
Die Meinung war schon immer da.
Ich würde sagen, die Meinung war, das fing schon früh an.
Wenn man schon eine Meinung hat, sollte man auch irgendwie dazu stehen. Man kann da doch nicht immer was ändern, oder?

Über die politischen Orientierungen und Interessen an der Clique bestehen jedoch Diskrepanzen zwischen den Cliquenmitgliedern, ebenso hinsichtlich der gewünschten Radikalität und Gewaltbereitschaft. Ein Teil der Gruppe will einen stärkeren Zusammenhalt und ein einheitlicheres, offensiveres öffentliches Auftreten und möchte ihre rechte Einstellung als Ausdruck eines selbstbewussten Verhaltenstypus verstanden wissen. Ein anderer Teil spricht sich dagegen aus, für sie steht der Freizeitcharakter der Gruppe im Vordergrund. Als Grund der Abgrenzung vom ‚extremen Pol' wird die Ablehnung von Einbindungen in rechtsextreme Parteien und die Angst vor Kriminalisierung genannt.

Frage: Würdet ihr denn sagen, ja, wir sind eine rechte Clique? Wie würdet ihr euch denn selbst beschreiben?
Ich meine schon, ja, weil die meisten haben die Meinung doch.
Nicht so extreme.
Nein.
Die Meinung haben die meisten schon, aber mehr dann auch nicht.
Also, wenn jemand fragt, willst du was unternehmen, wie auf eine NPD-Sitzung gehen, dann ist das nichts für mich.
Nein, ich lasse mich nicht verhaften.
Ich will nicht, weil ich meine Meinung habe, was mit der Polizei zu tun haben.
Du musst sie durchsetzen!
Ja!
Setzt ihr mal durch, dann trifft es euch.
Als Gruppe machen wir auch nichts, sind wir eigentlich harmlos hier, außer dem da, der geht vielleicht mal ganz gut ab.

Identität durch Abgrenzung
Trotz der Differenzen um ihre politische Rolle gelingt ihnen ein gemeinsamer Entwurf, der weniger in der Selbstaufwertung als der Abgrenzung von

anderen wurzelt. Die Abgrenzung macht die eigene Gruppenidentität deutlich, dient als Rechtfertigung und ist als Ausdruck und Mittel der alltäglichen Deutung ihrer subjektiven Realität zu verstehen.

Eine Abgrenzung erfolgt zunächst, ihrem Lokalpatriotismus entsprechend, gegenüber den Bewohnerinnen und Bewohner anderer Ortsteile, z.B. anhand einer Gruppe von Jugendlichen, die einen Raum im städtischen Jugendclub nutzen.

> Jetzt haben wir uns da drüben (im Jugendclub, d.V.) eine Last eingefahren, deswegen sind die da, wenn es kalt ist sind die auch da.
> Und dann sind wir auch da.
> Manche gehen ja.
> Aber dann manchmal kommen solche Deppen da, das ist unmöglich.
> Frage: Hattet ihr den Club erst nur für euch?
> Am Anfang ja.
> Ja.
> Ein bis zwei Jahre.
> Zwei Jahre.
> Drei Jahre.
> Dann kam die Zeit, wo wir alle anfingen zu arbeiten.
> Dann sind die hier reingehuscht.
> Was sind das für Leute?
> Die sind alle jünger wie wir.
> Nicht alle, das kannst du vergessen.
> Die am Anfang hier waren, aber jetzt kommen die aus Blumenheim, vom Heim.
> Ja gut, das sind alles Drogendealer und sind sowieso auf Drogen, das kann ich bezeugen.
> So was müssen wir hier reinlassen.
> Ja, genau, ich meine so was gehört nicht hierher, das sind alles so komische, schwer Erziehbare sagt man glaube ich dazu.

Weiter grenzen sie sich von Anhängerinnen und Anhängern anderer Jugendkulturen (HipHop, Techno) ab, die von ihnen mit „Ausländern" in Verbindung gebracht werden. In ihren Äußerungen fallen rassistische Bezeichnungen auf, so berufen sie sich auf die ‚Rasse', wenn es um Unterschiede der Herkunft oder um unterschiedliche musikalische Vorlieben und Gewohnheiten (‚Sprechgesang') geht.

> Und mit dem Wu-Tang (eine HipHop-Band, d.V.), die haben was gegen die weiße Rasse, das sollte verboten werden.
> Frage: Das ist eine Pop-Gruppe?
> Ja, so Neger.
> Ja, da sind so Neger dabei. Aber auch Deutsche hören die Musik, wissen aber gar nicht, was die da singen.
> Dass die eigentlich was gegen sie haben.

Frage: Was für Musik hört ihr?
Außer HipHop und Rap und Blasmusik höre ich alles, Schlager höre ich auch.
Frage: Wieso keinen HipHop?
Weil das Sprechgesang ist, das ist keine Musik, das ist gar nichts.
Frage: Das gefällt dir nicht?
Nein, gefällt mir nicht. Gut, Techno ist ja auch nicht so mein Ding, aber da ist wenigstens Melodie dabei, aber der Sprechgesang der stört halt.

Die Abwertung von Mädchen und Frauen erfolgt durch Zuschreibungen wie fehlende Attraktivität und Normalität. Sie kritisieren deren ‚blinde' Orientierung an aktuellen Moden und deren große Distanz zu den Einstellungen und Werten ihrer Clique. In der Abgrenzung gegenüber Mädchen und Frauen spiegelt sich die grundsätzliche Ablehnung der Clique gegenüber jeder Form von Modernisierung, wie sie sie verstehen.

Frauen, so wie die heute herum laufen! Hier in der Gegend gibt es nicht viele, die normal sind.
Hier in Wiesenburg maximal zwei Stück.
Weniger!
Was ist schon normal?
Hier laufen viele herum, mit breiten Hosen, wo ich viermal reinpasse, so richtige Müllsäcke an Hosen.
Was ist schon normal?
Die meisten von hier, die haben gar keine Meinung, die sind neutral.

Kompromisslos entfalten die Jugendlichen ihr Selbstbild durch die Abgrenzung von „den Ausländern". Während sie z.B. Jugendliche aus anderen Ortsteilen in die Gruppe integrieren und Mädchen und junge Frauen dulden (würden), so lässt ihr Selbstbild hinsichtlich dieser Gruppe keine Ausnahmen zu; die Clique fühlt sich durch die Anwesenheit von ‚Türken' und insbesondere der ‚Russen' bedroht.

Bei der Abgrenzung rekurrieren die Jugendlichen vor allem auf Auseinandersetzungen in ihrem Alltag. Das Feindbild ist erfahrungsgeprägt und es besteht gleichzeitig hiervon unabhängig, es bleibt auch bei abnehmender unmittelbarer Konfrontation stabil; insgesamt vermeidet die Clique jegliche Kontakte zu Migranten.

Was heißt, früher waren es die Türken? Türken sind es immer noch, das sind aber nur die Jugendlichen. Die Älteren, gegen die Älteren sage ich ja nichts, die Älteren, die gehen arbeiten. Was machen die Jugendlichen? Die gehen einfach auf die Kirmes und suchen Stunk. Wenn die was getrunken haben, dann suchen die Stunk. Ich meine, letztes Jahr waren wir auf einer Kirmes, waren einfach nur am Trinken, da waren auch Türken dabei. Und da kamen die an, besoffen, 'Scheiß Glatze', und so weiter, so fing das gleich an.

Frage: Habt ihr hin und wieder Kontakte zu einzelnen türkischen Jugendlichen?
Ich nicht.
Ich schon.
Frage: Aber ihr kennt Leute aus der Schule?
Von der Schule her, ja. Aber Russen, also mit Russen komme ich nicht klar.

Eine weitere Abgrenzung betrifft Personen, die sich zwar der rechten Szene zuordnen, denen die Clique jedoch ein ‚ausreichendes' politisches Bewusstsein abspricht. Kriterien hierfür sind für sie mangelnde Kenntnisse, mangelndes Bekenntnis sowie zu moderates oder auch ‚zu extremes' Verhalten. In dieser Abgrenzung wird der Wunsch der Clique deutlich, als maßgebliche und richtige Repräsentanten der rechten Jugendkultur angesehen zu werden.

Also, ich selbst habe es lieber, wenn ich so was (ein Interview geben, d.V.) mache. Dann kriegen es andere Leute mit, dass nicht alle so denken. Meistens heißt es doch ‚Die können nur saufen und auf die Zähne draufschlagen, die sollen alle in den Knast!'
Ja, ganz genau.
Ich finde es auch ganz gut, dass sie uns in der Öffentlichkeit fragen, weil wenn irgendwelche Affenglatzen darangehen und die nur dumm labern, dann bringt das gar nichts.
Da gibt es nämlich schon viele, die einfach so rumlaufen.
Die meisten haben es im Kopf, aber...
Die machen nichts, die handeln nicht.

Um so älter die werden, da gibt es auch welche in Blumenheim, um so älter die werden und meinen, sie wären Rechte, tragen dann aber Fishbone (Kleidungsmarke, d.V.).
Das ist egal.
Es kommt ja auf die Meinung an.

Meiner Meinung nach ist rechts und Glatze ein Unterschied.
Willst du sagen, diese Bekloppten, die sind nur äußerlich so drauf?
Dadurch kommt das (gemeint ist das negative Bild in der Öffentlichkeit, d.V.) auch.
Frage: Was machen die denn?
Das sind nur so Memmen. Die laufen rum, schlagen sich und mehr machen die nicht.
Ich meine, der Tobias, der ist auch bekloppt, aber der hat mehr Ahnung als mancher hier im Raum.
Ich saß mit dem einen am Schulhof und habe ihn gefragt, wann der Zweite Weltkrieg anfing, zum Beispiel, das wusste der nicht. Der hat einen Aufnäher auf der Jacke und ich frage, was ist denn das für ein Kreuz,

der hat ja überhaupt keine Ahnung gehabt, der wusste gar nicht was das ist, das ist so ein Idiot, der ist dumm.
Frage: Kennt ihr euch da aus?
Ich kenne mich auch nicht besonders gut aus, aber wenn ich was auf der Jacke stehen habe, dann werde ich ja wohl wissen, was das bedeutet.
Das wäre schon ganz sinnvoll.

Strukturen in der Clique
Neben einem (brüchigen) ideologischen Grundkonsens und der gemeinsamen Freizeitgestaltung sowie dem geteilten Konsumverhalten, hat die Cliquengemeinschaft für die Mitglieder eine hohe affektive Bedeutung. Sie verbinden (bisher) mit ihr Halt und alltägliche Unterstützung, was die Clique auch anhand einer besonderen Situation - einem Krankenhausaufenthalt - verdeutlicht.

Du kannst froh sein, dass wir vorbeigekommen sind.
Sonst wärst du da verreckt, wenn wir nicht da wären.
Ja, das glaube ich auch.
Frage: Also, du warst zwischendurch länger weg?
Ja, im Krankenhaus.
Ich habe einen Mofa-Unfall gehabt und bin dann nach Wasserstadt in die Klinik kommen.

Die Bedeutung der Gruppe speist sich maßgeblich aus Sympathie und gelingenden Interaktionen; diese werden als gruppentypisch und selbstverständlich angesehen.

Wir sind es einfach. Wir haben uns getroffen und das hat alles geklappt.

Die Jugendlichen heben hervor, dass es keine ernsthaften Konflikte innerhalb der Clique geben würde und schildern ihr Zusammenleben als harmonisch und konfliktfrei.

Sonst ist eigentlich noch nie so was wie Streit unter uns vorgekommen.
Frage: Ihr hattet noch nie Streit?
Nein, vielleicht mal einen kleinen Streit, aber das hat sich dann alles wieder gleich erledigt.

Insbesondere in ihrer Ablehnung von Migranten werden wiederholte gegenseitige Bestätigungen deutlich, die ihre Gemeinschaftlichkeit und Opferrolle unterstreichen sollen.

So denken wir zum Beispiel nicht. Wir denken, wir sind hier geboren und können machen, was wir wollen. Da können nicht irgendwelche aus einem anderen Land kommen und uns anpissen.
Die kommen an und sagen, du hast mich angeguckt und so.
So kommen die meisten an.

Das war vorhin genauso. Ich gehe in den Billardraum rein, steht da ein Russe und sagt: 'Was hast du?' Sage ich: 'Hast du ein Problem?'
Ja, die denken, sie können hier tun und lassen, was sie wollen. Dabei sind die hier nur zu Gast.
Ja.
Ich provoziere nicht.
Ich auch nicht.
Siehst du, man wird provoziert, so lange, bis es nicht mehr geht.

Einwände gegenüber diesem Stereotyp werden so lange systematisch entwertet, bis die dominante Konvention durch relativierende Beispiele und wiederholten Bestätigungen erneut hergestellt ist. Die Beispiele aus ihrem Leben bzw. ihrem Umfeld dienen der Konstituierung von Ideologie und ihrer kollektiven Identität.

Zum Beispiel, wenn ich sehe, bei uns im ersten Lehrjahr, da fährt einer, ein Russe, einen Audi A 4, neu, wie macht der das? Das frage ich mich jetzt.
Im ersten Lehrjahr?
Im ersten Lehrjahr, ich habe den popeligen Golf da draußen, den ich mir noch nicht mal, noch nicht mal ganz leisten kann, wie machen die das?
Drogen!
Unter anderem mit Sicherheit!
Es gibt auch viele, manche Ausländer arbeiten auch härter als manche Deutsche.
Ja, das ist aber so!
Guck mich doch mal an!
Manche Ausländer.
Es ist wohl ziemlich selten, aber es gibt wirklich welche, die haben ihre BMWs auch nicht geschenkt gekriegt.
In Rosenweide fährt sowieso jeder einen BMW.
In Rosenweide.
Das kannst du nicht sagen.
Doch! Jeder Türke fährt einen BMW.
Also, wenn du bei uns auf der Schule auf den Parkplatz guckst, da könnte man meinen, das wäre eine Nobelschule, da stehen nur Calibras, Audis, BMWs.
Und du bist auch da, mit einem kleinen popeligen C 4.
Ja.
Du machst was falsch!

Innerhalb der Gruppe gibt es Substrukturen mit intensiveren Freundschaftsbeziehungen, zum einen zwischen Tobias, Boris und Frank (der während der Datenerhebung die Gruppe nur noch gelegentlich aufsuchte), dann auf der anderen Seite zwischen Volker, Sven und Rüdiger sowie dessen Freundin. Zwischen beiden Seiten ist Jan einzuordnen, der eine Integrationsrolle inne hat und sein generell gutes Verhältnis zu allen Jugendlichen in der Clique betont.

Diese beiden Freundeskreise spiegeln - innerhalb eines generellen ‚rechten Konsens' - die inhaltlich unterschiedlichen Meinungen wider, die im Gruppenzusammenhang offen thematisiert werden können.

Im Interviewverlauf unterbrechen sich die Gruppenmitglieder wiederholt bei affektiv aufgeladenen Themen, in einzelnen Fällen gab es Disziplinierungen von unaufmerksamen und störenden Gruppenmitgliedern.

Frage: Da gibt es gerade so eine Diskussion über die ‚Green-Card', was haltet ihr denn davon?
Die Geld haben, hoch qualifiziert sind und arbeiten, die können kommen.
Das sind die Amis, die das mit der Green-Card machen.
Hör doch mal zu!
Hat er doch gerade erzählt!
Ja, das wäre eine Maßnahme, dann wäre es auch nicht mehr so extrem hier.

Im gesamten Interviewverlauf kommentierten sich die Jugendlichen mit abwertenden Bemerkungen, sie nutzten die vertrauten Schwächen und Unzulänglichkeiten anderer Gruppenmitglieder, um diese - vor den Interviewerinnen und Interviewern - lächerlich zu machen. Die gegenseitige Veralberung, die Hervorhebung von Übergewicht sowie der Verweis auf Vorstrafen und generelle Misserfolge wird häufig humorvoll abgewehrt und dient auch der Unterhaltung der Clique.

Der war DJ, hat Musik gemacht, hat ne rechtsradikale Band gespielt, seinen angehenden Job konnte er dann natürlich vergessen.
Quatsch.
Natürlich.
Das war ein Ausrutscher.
Der labert mich vier Wochen voll, dass er, wenn er jeden Monat spielt, übernommen werden soll.
Nein, ich habe gesagt, dass ich eventuell...
Das habe ich doch gesagt.
Das habe ich von mir aus so gesagt.
Von dir aus, du phantasierst öfter.
Ja, ich habe das so geschätzt.

Das waren ja auch Aktionen, früher, als wir mit den Mofas da rumgefahren sind, durch die Felder.
Manche sind darauf eingeschlafen.
Oder mit Handstand.
Ich bin da immer umgefallen irgendwie.
Ja, du saßt da hinten drauf und wir sind umgefallen.
Musst halt das Gleichgewicht halten.

> Mit dir als Kampfkoloss hinten drauf.
> Nein, ich kann doch verlieren.
> Du kannst überhaupt nicht verlieren.
> Doch.
>
> Aber meistens haben wir gar nicht über den Film gelacht, sondern über ganz was anderes.
> Über seinen Bruder!
> Mein Bruder, habt ihr ein Problem mit meinem Bruder?
> Nein, nein!

Die kurzzeitige Abwesenheit von Volker nutzten die Jugendlichen für den folgenden, die Gruppe polarisierenden, Wortwechsel. Volker ist der Repräsentant des ‚extremen Pols' der Clique. Er wird den Interviewerinnen und Interviewern hier von dem ihm kritisch gegenüberstehenden Teil als 'Vorzeigeversager' präsentiert.

> Aber, wir haben hier ein paar Extreme, der ist Klasse hier!
> Der hat schon ein Baby!
> Der ist Klasse, der Volker!
> Der war im Knast!
> Wir kennen ihn, oder? Er ist in Ordnung.
> Der ist fertig!
> Was heißt fertig?
> Der ist doch gar nicht fertig, nur weil er ein bisschen abgedrehter ist.
> Sag ich doch, ich meine das ja auch nicht böse.
> (Laut rufend) Volker! Du bist fertig!

Die Clique kann als ein eher loser Zusammenhang ohne hierarchische Struktur charakterisiert werden, in die sich unterschiedliche Jugendliche abwechselnd - je nach Anwesenheit und situativen Kontext - in die Kommunikation und alltägliche Entscheidungsprozesse einbringen und dominieren können.

Das Verhältnis zu Mädchen und Frauen

In der männlich dominierten Clique sind Frauen ausschließlich als Freundinnen von Gruppenmitgliedern zugelassen Diese werden in ihrer Mitgliedschaft nicht als eigenständig bewertet, sondern - wie die Jugendpflegerin mitteilte - nur bei gleichzeitiger Anwesenheit des Partners geduldet. Es entspricht den Vorstellungen der Jugendlichen, dass der männliche Teil die Beziehung dominiert und bestimmt, was die Partnerin zu tun hat.

> Die haben wir am Hals wegen ihm, sonst würde sie nicht hier sein.
> Ich glaube nicht, dass sie jetzt mal freiwillig hierher kommen würde, wenn er nicht kommen würde.

In der Erhebungsphase hatten zwei der Jugendlichen eine Freundin, Volker und die Schwester von Kai haben ein gemeinsames Kind, was den Interviewerinnen und Interviewer als Sensation präsentiert wurde. In den meisten Fällen blieben die Bilder und Vorstellungen von Frauen bzw. Partnerschaften - alterstypisch - diffus. Ein Teil der Clique lehnt Kontakte zu Frauen pauschal ab.

>Frage: Hast du eine Freundin?
>Freundin? Ich, im Moment nicht, halt auch mal alle zwei Jahre, ein bisschen.
>Frage: Von der Schule?
>Nein. Eine kam aus dem Landkreis, das war halt auch ein Problem mit dem Fahren, und sonst hier mal, da mal. Auf der Kirmes mal, hat man mal eine, also es ist noch nichts extrem Festes hier jetzt.
>Frage: Wünschst du dir eine feste Beziehung?
>Nein.
>Frage: Möchtest du mal heiraten?
>Also, im Moment hoffe ich mal nicht, ich weiß nicht, vielleicht später mal, wenn ich groß bin.
>
>Frage: Wie sehen denn deine Pläne aus, was möchtest du mal machen, wo möchtest du mal leben?
>Also, im Moment möchte ich erst einmal hier bleiben. Arbeiten, weiß ich noch nicht. Am besten ist, ich gewinne im Lotto. Das habe ich mir vorgenommen, ich habe mir vorhin Rubbel-Lose gekauft. Und Frauen, kann man nie genug haben, am besten so drei, vier, aber heiraten nicht. Sonst weiß ich noch nichts.
>Frage: Möchtest du Kinder haben?
>Erst einmal nicht.

Insbesondere zu jenen Mädchen und Frauen, die sie als modern bezeichnen, stellen die Jugendlichen eine wechselseitige Ablehnung fest.

>Aber die meisten können uns nicht leiden, von den modernen Frauen.
>Moderne Leute, so etwas sind wir nicht.

Die Jugendlichen begründen ihre Distanz gegenüber diesen „modern Frauen" mit Differenzen hinsichtlich des Freizeitverhaltens, des Stils und mit einer Übereinstimmung in alltäglichen wie politischen Meinungen und Haltungen.

Wenn Mädchen und Frauen in der Clique thematisiert werden, dann findet dies in einem funktional-kühlen Jargon statt und ist an Vorstellungen von Frauen als einem verfügbaren Besitz orientiert.

>Ach, drei, vier Frauen könnte ich auch mal gebrauchen, die hier rumlaufen.
>Könntest du mal gebrauchen!
>Gebrauchen. Ja.

> Klar, das schaffst du gar nicht!
> Bist du denn empfangsbereit für das weibliche Geschlecht?
> Die wechseln wir mal ab und zu. Feste Frauen haben wir nicht.
> Der hatte immer Bräute.

Eine Auseinandersetzung mit Sexualität findet in der Interviewsituation nicht statt; in einzelnen Passagen finden sich ironische und abwertende Bemerkungen. Stellenweise versuchen sie unangenehmen Themen, wie z.B. Schwächen und Niederlagen der Clique bzw. von Einzelnen, durch homoerotische Anspielungen auszuweichen.

> Also ein wenig Abwechslung wäre nicht schlecht.
> Aber ich weiß nicht, die Frauen, die mögen uns nicht.
> Frage: War das früher anders?
> Das war früher mal anders, da waren mal mehr da.
> Früher waren es mal zwei, drei Stück, das war es dann.
> Frage: Waren das eure Freundinnen?
> Ja. Früher waren wir alle Freunde.
> Da waren wir schwul!
> Das könnten wir jetzt sein.
> Du schon.
> Ihr vielleicht, ihr seid ja auch dumm.

> Weil Schmerzen sind geil.
> Fußnägel lackieren auch.
> Stimmt, da stehe ich auch drauf!
> Pass auf, sonst kriegst du noch eine, Idiot! Ich war sturzbetrunken und habe geschlafen, da haben die mir die Fußnägel lackiert und die Beine rasiert.
> Die Beine rasiert!
> Zwei Klingen habe ich mir kaputt gemacht an seinen Beinen.

Aussagen, die ihre Zukunftsvorstellungen für Partnerschaft betreffen, bleiben entweder unkonkret oder orientieren sich an konventionellen Vorstellungen. So hebt Marco die Bedeutung von Treue hervor und Volker beabsichtigt, mit seiner Freundin und dem Kind eine gemeinsame Wohnung zu beziehen, obwohl er nicht über die notwendigen finanziellen Mittel verfügt und auf Widerstand durch das Jugendamt trifft.

> Und mal eine, wie soll ich sagen, eine Freundin bekommen, die mal ehrlich ist, um das mal so zu sagen.
> Frage: Hast du eine Freundin?
> Nein. Keine mehr. Fast, die meisten in meinem Alter, würde ich sagen, sind eher, wie soll ich sagen, die sind mehr für ein Wochenende, für die Mädels meine ich, und darauf stehe ich nicht.
> Frage: Willst du später einmal heiraten?
> Mal gucken, wie es kommt.

Vorstellungen von Partnerschaften bilden einen Teil der Zukunftswünsche der Jugendlichen. Ihre Pläne folgen zumeist konventionellen Verlaufsmustern und sind in erster Linie an Lohnarbeit ausgerichtet. Bei einem Teil der Gruppe bleiben die Zukunftsvorstellungen eher vage, sie schildern ihre Unsicherheit, sich eine Zukunft entwerfen zu können und deren Gestaltung als Überforderung erlebt wird. In diesem Kontext kann die Absicht, in dem Ort zu bleiben, als Versuch gelesen werden, weiteren Zumutungen und Verunsicherungen auszuweichen.

Ich weiß nicht genau, was ich machen will.
Frage: Was kannst du dir da so vorstellen?
Zahntechniker wäre eine Möglichkeit. Irgendwas, wo ich nicht viel machen muss. Wo ich nur mal gucken muss. ‚Hallo!' Ja, also Chef. Ich wäre der geborene Chef.

Frage: Also, mit möglichst wenig Aufwand möglichst viel Geld haben, das ist dein Plan?
So ist es. Aber ich weiß nicht, wie ich ihn umsetzen soll.
Frage: Was würdest du denn dafür tun?
Ich weiß nicht, illegale Sachen nicht. Zuhälter wäre auch eine Möglichkeit, aber das muss auch nicht sein.

Frage: Gibt es denn Sachen, die dich interessieren oder von denen du denkst, das mache ich jetzt, das ziehe ich jetzt durch?
Ja, den Führerschein, den muss ich jetzt noch machen, das klappt. Und sonst bin ich krampfhaft daran, einen großen Karpfen zu fangen, über zwanzig Pfund.
Frage: Ja, hier so in der Stadt, wie ist es denn in Wiesenburg?
Gefällt mir eigentlich recht gut. So Kassel oder Frankfurt, das bin ich nicht gewohnt, das wäre nicht so mein Fall, so viele Leute.
Frage: Zu groß?
Ja.
Frage: Wiesenburg ist übersichtlicher?

Ja, da weiß man wer Neues kommt, wer geht, da kennt man sich eher untereinander, da sind auch noch die Felder darum herum, wo man fahren kann, Feuer machen und Grillen.

Jugendkulturelle Kontur

Outfit
Den unterschiedlichen Auffassungen der beiden Freundeskreise entspricht das heterogene Outfit der Clique. Lediglich zwei Jugendliche, Volker und Sven, nutzen den Körper als szenetypische Inszenierungsfläche ihrer rechten Meinung, die übrigen Jugendlichen sind eher unauffällig und leger gekleidet. Gleichwohl beanspruchen sie einen generellen Expertenstatus in

Fragen szenekonformen Outfits, bzw. der Kenntnis einschlägiger Symbole, von szenetypischen Accessoires und deren Bedeutung.

Das Outfit dient der öffentlichen Provokation sowie der Abgrenzung von anderen modischen bzw. jugendkulturellen Stilen.

> Ja. Kleidung ist Provokation, aber du kannst rumlaufen wie du willst.
> Frage: Was verstehst du unter modern?
> So welche in breiten Hosen und mit Vogelnestfrisuren. Die haben jeden Tag eine andere Farbe. Die, die jeden Tag die Haarfarbe wechseln.

Konflikte wegen dem rechten Outfit, z.B. mit den Eltern, wollen einzelne Gruppenmitglieder vermeiden, andere nehmen sie in Kauf.

> Ich zieh mir ja auch nicht Kilometer erkennbar die Hose hoch oder laufe in T-Shirts rum, so, Großdeutsches Reich und so ein Zeug, das ist nicht so mein Fall. Man kann auch ganz normal rumlaufen, und kann das denken.

> Ich bin jetzt keiner, ich laufe jetzt nicht herum und will mich prügeln, oder ziehe mir Stiefel an und rolle mir die Hose hoch. Das brauche ich eigentlich nicht, das ist nur provozierend, da muss ich mich ja prügeln und das will ich eigentlich gar nicht, ich denke mir meinen Teil.

> Ich hatte auch einmal die Haare so kurz, aus Versehen, da wurden sie (die Eltern, d.V.) nicht böse, aber sie wollten es eigentlich nicht.

Boris berichtet, dass er - wegen einem Hakenkreuz auf seiner Weste - von der Polizei aufgegriffen und verwarnt wurde. Anhand dieses Beispieles verdeutlichen die Jugendlichen die aus ihrer Sicht ungerechte staatliche Bevorzugung der ‚Linken'.

> Und da hat jemand ein Hakenkreuz drauf gemalt, das war so groß. Und mit seinem Roller fährt er spazieren, steht an der Ampel, hinter ihm steht die Polizei, da kriegt der eine Anzeige, wegen dem Hakenkreuz.
> Aber rumlaufen mit ‚Anarchie' am T-Shirt ist kein Problem.

Musik
Auch in den musikalischen Vorlieben finden sich sowohl Gemeinsamkeiten als auch Unterschiede innerhalb der Clique, aber gemeinsam favorisieren und orientieren sie sich eindeutig an rechter Musik; sie besitzen eine Sammlung z.T. indizierter und illegaler CDs oder Kassetten. Eine Auswahl von ca. 20 wurde uns von den Jugendlichen wie Statussymbole präsentiert, sie hatten z.T. den Stellenwert von auf Konzerten erworbenen Trophäen.

Die musikalischen Favoriten sind die Gruppen „Landser", „Macht und Ehre", „Freikorps", „Gestapo", „Landsturm", „Arbeiterklasse" und „Skrewdriver". Einzelne Jugendliche verfügen über eine Auswahl unterschiedlicher Interpreten und Stilformen, die vom aggressiven Sound über Sauf- und Partymusik' hin zu Balladen reichen; die CDs werden - mit Preisen von "dreißig bis vierzig Mark" - z.T. über informelle (Versand-)Wege erworben haben.

Und bei den Gruppen, da gibt es auch große Unterschiede, manche, die haben Texte, wo wirklich ein bisschen Sinn drin ist und manche, die machen nur dummes Gegröle, sogar eine Band, die macht so mit Techno.
‚Standarte'.
Ja, stimmt.
Die machen halt so Techno-Power.
Die kennst du gar nicht?
Nein.
Ist was für Insider.

Vergleichbar mit dem Outfit dient auch die Musik den Jugendlichen der Präsentation und Provokation und wird zum Anlass von Konflikten. Sie beklagen sich über eine systematische Benachteiligung durch die Jugendpflegerin, weil es beispielsweise den ausländischen Jugendlichen im Jugendclub gestattet sei, ihre Musik zu hören. Musik gilt für sie als Ausweis von Gruppenzugehörigkeit mit der Dichotomie ‚unsere Musik vs. ihre Musik'.

Man darf hier nicht mal erlaubte Musik hören, die zwar von rechten Bands ist, aber erlaubt ist.
Das ist ja Wurst.
Frage: Diese Musik dürft ihr hier nicht hören?
Nein.
Frage: Was hört ihr?
Gar nichts.
Frage: Wenn ihr hier seid, dann hört ihr aber auch Musik, oder?
Ja, wenn Sabine (die Jugendpflegerin, d.V.) nicht da ist, die weiß ja gar nicht was abgeht.
Jedenfalls sitzen die mit ihren zehn, fünfzehn Mann da drüben und machen ihre Musik, und nehmen es sich dann raus, uns die Tür wieder aufzumachen. Da müsste mal einer reingehen, wir müssten alle mal da rüber und auf die Fresse...
Wir dürfen ja nichts machen.
Sie provozieren uns.

Nein, das war was anderes, ich hatte das Fenster aufgehabt und habe Musik gehört, und da habe ich am Fenster gestanden und der (ein Anwohner des Jugendclubs, d.V.) hat mich zugelabert und ich ihn ignoriert und das wurmte ihn. Und dann steht er da, packt sich so einen Knüppel und sagt 'Jetzt geht es los!' und dann kam er rein.

Die hohe Bedeutung der Musik zeigt sich in der Alltäglichkeit ihres Konsums. Von den Eltern wird dieser, sofern die Lautstärke nicht zu Problemen mit den Nachbarn oder der Polizei führt, weitgehend akzeptiert.

> Wenn ich zu Hause bin, dann höre ich die Musik ein bisschen leiser, da sagen die nichts.
> Zu mir, ich habe das Zimmer direkt neben dem Wohnzimmer, da höre ich die Musik auch laut, so dass man sie in der ganzen Wohnung hört.

Diese Selbstverständlichkeit wird nicht zuletzt dadurch unterstrichen, dass ein Junge als DJ in der von der Clique bevorzugten Diskothek ein ‚Rechtsrock-Lied' aufgelegt hat.

Unterschiede zeigen sich in den Hörgewohnheiten. Ein Teil der Clique konsumiert relativ wahllos unterschiedliche Stilrichtungen, Andere betonen, ausschließlich rechte Musik zu hören, weil für sie Musik ein Ausdruckmittel ihrer Orientierung ist.

> Frage: Und wenn ihr nicht hier seid, was hört ihr dann?
> Ich höre eigentlich alles, alles was kommt.
> Ich höre nur eine Richtung, nur das eine.
> Frage: Welche Bands hört ihr denn?
> Viele.
> Frage: Und was sind eure Top-Ten?
> Landser.
> Macht und Ehre, Landser.
> Freikorps.
> Gestapo.
> Landsturm, Arbeiterklasse, Skrewdriver.
> Das ist eine Uraltband.
> Aber fast die Beste.

Die Clique bewertet ‚ihre' Musik auch unter dem Aspekt der Kommerzialisierung und dieser Vorwurf richtet sich insbesondere an die Gruppe ‚Böhse Onkelz'. Sie geben im Gegensatz dazu an, Musik von Bands zu bevorzugen, die keine finanziellen Interessen verfolgen, sondern - wie sie sagen - „für ihre Meinung einstehen" und „sich nicht verkaufen". Ein Teil der Gruppe lehnt die Band ‚Landser'- stellvertretend für andere - ab, weil sie politische Inhalte nicht angemessen zum Ausdruck bringen würden; andere Jugendliche widersprechen dieser Kritik.

> Es gibt auch Bands, die produzieren innerhalb von drei Monaten drei CDs, die wollen nur Geld haben!
> Die haben irgendwann mal angefangen, eine richtige Band zu machen, und irgendwann haben die gemerkt, ein bisschen Geld kriegt man da schon.
> Wie bei den Onkelz!

> Da gibt es welche, Macht und Ehre, die bringen nur eine CD in einem Jahr raus.
> Andere bringen halt eine CD raus und gehen dann ein halbes Jahr in den Knast.

Das sind aber die allerbesten Gruppen, die nur eine CD haben.
Ja, aber wenn die nur 'vergast sie alle' singen, das ist ja klar!
Freikorps hat sinnlose Texte!
Na, sinnlose!?
Freikorps hat auch gute!
Was heißt, es geht nur um Spaß, nur um Party?
Ja, das kann man zwischendurch hören.

Die Qualität der Bands wird auch an ihrer Exklusivität gemessen, je eindeutiger, provozierender oder illegaler sie eingeschätzt werden, desto höher werden sie bewertet. Die Eindeutigkeit der Position wird an der verwendeten Symbolik oder an Schriftzügen gemessen, aber auch daran, ob in Titeln oder Texten Verweise auf die NS-Zeit oder griffige Parolen zu finden sind. In ihren Kommentaren drückt sich ihre Faszination von diesen jugendkulturellen Codes mit einer aggressiven Ästhetik aus.

Anlässlich exponierter Gelegenheiten, z.B. Konzerten, Feiern oder Partys, dient die Musik der Zusammenkunft mit anderen rechten Jugendlichen, „sie führe und halte die Szene zusammen". Größere Konzerte wurden im Wesentlichen in Thüringen besucht. In ihrer näheren Umgebung hingegen mangelt es ihren Aussagen zufolge an vergleichbaren Möglichkeiten und Gelegenheiten, die häufig durch eine strenge Kontrolle und Sanktionierung unterbunden würden; im Gegensatz dazu sei die Polizei in Thüringen „großzügiger".

Die zwei fahren auf Konzerte! Das ist ja natürlich, weil das kann man ja, auf Konzerte gehen.
Wir waren da, die Polizei hat nichts gemacht.
Ja, in Thüringen geht es ja, aber wenn hier mal ein Konzert ist, das kannst du vergessen, das geht überhaupt nicht!
Nein, hier nicht.
Du kannst!
Wie beim Gregor, da kamen sie auch mit dem Bundesgrenzschutz und haben alles durchwühlt.
Ja.

Weil die da (in Thüringen, d.V.) andere Gesetze haben, deshalb konnten die auch die Konzerte machen.

Die (gemeint ist die Polizei, d.V.) greifen hier in Hessen immer viel schneller durch. Die kommen auf unsere Partys oder auf Konzerte, das ist anders. Als wir drüben (in Thüringen, d.V.) auf einem Konzert waren, da hat die Polizei nicht eingegriffen.

Frage: Macht ihr denn dann was mit denen zusammen oder trefft ihr euch nur zufällig?
Meistens sehen wir uns auf Partys oder auf Konzerten.

Das ist ja auch die einzige Möglichkeit. Ich meine, da gibt es nur diese Möglichkeiten.

Als positive Überraschung und als Zeichen der Stärke des - hier intergenerativ gemeinten - Zusammenhalts der Szene werten sie es, auf einem Konzert auch ältere Personen angetroffen zu haben.

Nach dem Konzert, da sind Sechzigjährige herum gerannt, so etwas musst du auch mal bedenken! Ich meine, es gibt wirklich solche Leute! Sechzigjährige, die mit dem Krückstock herum pogen!

Die Clique berichtet von einer früheren Wiesenburger Band aus dem rechtsextremistischen Spektrum und „schmückt" sich mit der Möglichkeit, private Kontakte zu rechten Musikern herstellen zu können.

Hier in Wiesenburg, da war auch mal eine Band, die waren auch ganz gut, die haben auch CDs, Zeitschriften und so verkauft. Aber die haben sich auch aufgelöst.
‚Kriegszug' hießen die.
Die haben auch so ein, zwei CDs aufgenommen.
Frage: War das eine rechte Band?
Ja.
Das war jetzt nicht so wie bei den großen Musikgruppen, sondern die laufen ganz normal unter den Leuten herum, die kann man ansprechen, die kennt man privat.

Ideologiefragmente

In den Äußerungen der Jugendlichen ist die Dichotomie zwischen Gruppen der zentrale Modus der Wahrnehmung. Die wertende Differenzierung zwischen den von ihnen idealisierten ‚Deutschen' oder ‚Eingesessenen' und den dämonisierten ‚Anderen', den ‚Ausländern', den ‚Fremden' ist das Ergebnis eines Prozesses der Konstruktion von Gruppen - ohne Rücksicht auf empirische Realitäten. Die benutzten Bezeichnungen haben für sie einen Eigensinn, ihre Benutzung unterscheidet sich mitunter von gesellschaftlichen Konventionen bzw. entsprechen verbreiteten Stereotypen. ‚Ausländer', ‚Russe', ‚Türke' bedeutet in ihrem Wortgebrauch etwas anderes als eine staats- oder verwaltungstechnische Kategorie. In ihrer Verwendung sind die Begriffe aufgeladen mit abwertenden Inhalten, sie sprechen nicht von ‚Ausländern' als ‚Ausländern', sondern vermitteln ihre Vorstellungen und Vorurteile.

Der ‚Deutsche' als ‚Gastgeber'

Die Jugendlichen leiten aus ihrer Herkunft eine umfassende Freiheit und Macht ab. Sie verstehen sich als Teil einer ‚ursprünglichen' lokalen und nationalen Gesamtheit, die von ‚Anderen' nicht gefährdet werden darf.

Wir denken, wir sind hier geboren und können machen, was wir wollen.

Der Bindung von Rechten an die Herkunft entspricht es, dass sie für sich als Autochthone die Verfügungsgewalt eines Gastgebers beanspruchen, der den ‚Gästen' vorschreiben darf, wie diese sich für die begrenzte Dauer ihres Aufenthaltes zu verhalten haben. Allen Gästen wird grundsätzlich die Absicht unterstellt, ihr ‚Gastrecht' auszunutzen.

Da können nicht irgendwelche aus einem anderen Land kommen und uns anpissen. Die kommen an und sagen: ‚Du hast mich angeguckt!'
Ja, die denken, sie können hier tun und lassen, was sie wollen. Dabei sind die hier nur zu Gast.

In ihren Vorstellungen hat sich ein ‚Gast' zurückhaltend, unterwürfig und dankbar zu verhalten. Diesem Muster entsprechend betrachtet die Clique ihre lokale Umgebung als ihr Eigentum; der Ort wird gewissermaßen personifiziert und er dient in der Verschmelzung mit der autochthonen Bevölkerung der Konstitution von Gemeinschaft.

Die Jugendlichen sind nicht in der Lage - über Abgrenzungen hinaus -, die von ihnen postulierte ‚deutsche Identität' zu beschreiben oder das ‚Deutsch-Sein' zu definieren. Sie fühlen sich aber befugt und befähigt, über die Zugehörigkeit zu entscheiden. Dabei schließen sie - entgegen rechtlicher Regelungen - die Gruppe der Spätaussiedler aus, indem sie deren ‚deutsche Abstammung' unter Rückgriff auf ein entmenschlichendes Vokabular anzweifeln.

Die werden ja gleich als Russlanddeutsche anerkannt, nur weil da ein deutscher Hirsch dazwischen war in der Familie!
Hirsch?
Ja, oder ein Dackel oder sonst etwas.
Sex mit toten Tieren?

Konstruktion und Charakteristik des ‚Ausländers'
Die Clique zeigt in den Interviews in unterschiedlichen Kontexten eine massive Ausländer- bzw. Fremdenfeindlichkeit. Sie operiert mit der stereotypen Zuschreibung negativer Eigenschaften und Merkmalen. Ausgangspunkt ihres ausländerfeindlichen Weltbildes sind jeweils ihre eigenen Erfahrungen; der Mikrokosmos eigener Erfahrungen wird ihnen zur Grundlage des Makrokosmos und ihrer Deutung der Welt.

Innerhalb der fremdenfeindlichen Argumentation der Clique steht eine isolierte Teilgruppe stellvertretend für die Gesamtheit der abgelehnten Bevölkerungsgruppe im Kreuzfeuer ihrer Anschuldigungen. Ihre Bemerkungen und Aussagen bleiben oft diffus, dies macht sie tendenziell unangreifbar, weil die Jugendlichen durch relativierende Bemerkungen eine angebliche Differenziertheit vorschützen und ihre Belege oder ausweichenden Erläuterungen den wahrgenommenen Wünschen des Gesprächspartners anpassen.

Die negative Einstellung der Jugendlichen findet sich z.b. in den Schilderungen vom angeblichen Erscheinungsbild und Verhalten von Migranten. Ihre Begriffe spiegeln die Wahrnehmung des Fremden als „hässlich" und das negative Stereotyp wird durch die Zuschreibung von Eigenschaften wie Arroganz oder Fehlverhalten (z.b. Drogenkonsum) dramatisiert.

Wie die schon rumlaufen, sich hinsetzen!
Was heißt rumlaufen, so was, das stört mich zwar auch ab und zu, aber es stimmt schon, dass die eine komische Art an sich haben, die sind arrogant, nehmen Drogen, meinen, die können sich alles erlauben.
Das fängt ja schon bei den Kleinen an, die ankommen: 'Was willst du, willst du was auf die Fresse?'.
Dann haue ich ihm eine rein!
Das kommt nur von Russen!

Der ‚ausnutzende Ausländer'
Einen anderer Topos der Ablehnung liegt im Vorwurf einer fehlenden Bereitschaft zur Leistung, die ihre Vorstellungen einer ‚unrechtmäßigen Ausnutzung' untermauert. Dieses Bild wird wiederholt in den Interviews reproduziert, dabei werden je nach Situationen mit großer Beliebigkeit unterschiedlichen Gruppen diesem Vorwurf ausgesetzt oder auch davon ausgenommen. Diese stigmatisierende Taktik - durch wiederholte Diffamierung Ablehnung zu erzeugen - gehört zum traditionellen Repertoire der extremen Rechten und die Jugendlichen reproduzieren das Bild des ‚arbeitsunwilligen und faulen Ausländers'.

Die Jugendlichen heutzutage, das sind nur die Jugendlichen, die Älteren, gegen die Älteren sage ich ja nichts, die Älteren, die gehen arbeiten.
Es gibt jetzt Ausländer hier, die nicht arbeiten, die kriegen Sozialhilfe und sind kriminell.

Der ‚bleibende Ausländer'
In der Phantasie der Jugendlichen wollen sich Migranten grundsätzlich nicht anpassen - und selbst wenn sie es wollten, so gelänge es ihnen nicht. Hier dienen ihnen alltägliche Beobachtungen und Einschätzungen als Belege. ‚Anpassung' stellt in ihren Augen eine geradezu selbstverständliche, aber gleichzeitig unerfüllbare Forderung dar, weil sie erwarten, dass ‚Ausländer' sich nahtlos in allen Belangen in die gegebene Umgebung einfügen und alles Fremde ablegen.

Anhand ihrer Erfahrungen wird von der Clique wiederholt das Bild einer ‚Überfremdung' gezeichnet. Ein Jugendlicher sieht sich gegenüber ‚Ausländern' in der Minderheit und wirft ihnen vor, sich der Kommunikation mit ihm zu entziehen und ihn auszugrenzen; er sieht hier eine Weigerung zur Verständigung.

Frage: Und so in eurem Freundeskreis, habt ihr da Kontakte?
Also, ich kenne sie, Freunde sage ich jetzt mal nicht.
Also, man kennt sie.
Ich gehe jetzt mit denen nicht weg, aber wenn ich sie sehe, dann grüße ich sie. (Pause)
Ich sitze in der Firma in Rosenweide, da sitzt du am Tisch, rund herum, man versteht kein Wort, wirklich man versteht nichts. Also wirklich, wir sind in Deutschland, ich meine anpassen kann man sich doch, ich meine, wofür lernen sie Deutsch, die wollten doch mit uns gut auskommen, also müssen wir uns doch auch verstehen, oder?
Nein, das wollen die eben nicht, das ist es ja.

Volker hingegen nutzt schulische Erfahrungen als Beleg, nach dem die ‚Ausländer' verantwortlich für seinen Misserfolg und letztlich auch für seine verfahrene, perspektivlose Lebenssituation seien. Andere Einflussfaktoren oder eigene Anteile am Prozess des Scheiterns werden nicht in Betracht gezogen, er beharrt auf seiner passiven Opferrolle.

Das ist wie im Unterricht, wo ich war! Das war fast die letzte Chance, das Letzte, was ich noch machen konnte und da hast du nichts gelernt bei, die meisten Schüler, es waren sechsundzwanzig Russen.
Frage: Wo war das?
In der Schulhilfe. Was du nach der Schule machen kannst, wenn du wirklich nichts hast. Das habe ich auch gemacht, aber da bin ich nach zwei Mal rausgegangen, weil das Einzige was ich dazugelernt habe, war ein bisschen russisch. Da sitzt du den ganzen Tag da und verstehst gar nichts!

Sie beschreiben den Nachbarort Rosenweide, als wären dort „die Ausländer" sukzessive zur Majorität geworden und lediglich einzelne ‚Einheimische' dort verblieben. Was für die Clique ‚ihre Heimat' darstellt, ist zum ‚Ausland' geworden und der Ort wird als fremd und gefährlich geschildert. Ihre Angst vor der ‚Überfremdung' tritt - wie auch in der Gruppe aus Waldtal - im Sinnbild der Moschee zu Tage, die für sie eine dauerhafte Implantation des Fremden im Eigenen symbolisiert.

Und wenn die schon leben wollen wie ein Deutscher, dann sollen sie sich auch anpassen! Ich meine in Rosenweide kriegen die wieder eine neue Moschee hingebaut. Wo ist denn das noch Deutschland?
Rosenweide. In Rosenweide gehst du die Straßen hoch und kannst an einer Hand die Deutschen abzählen!
Ja.
Da kriegst du vielleicht zwei oder drei zusammen.
Und die kennst du dann auch noch!
Aber hundertprozentig. Im Gegensatz zu früher.

> Und da kriegen die jetzt eine neue Moschee hin gebaut. Das sollen sie machen wie sie wollen, aber ein bisschen anpassen müssen die sich ja schon, oder?

Die Angst vor „Überfremdung" des Eigenen und dem Verlust der lokalen Identität reproduzieren die Jugendlichen jedoch auch unabhängig von alltäglichen Erlebnissen. In ihrer Phantasie verfügen sie über vielfältige Bilder, die diese Gefahren beschwören. Ein Beispiel bietet ihr Plan, Volker in Rosenweide auszusetzen. Sie sind überzeugt, dass dieser von den dortigen „Ausländern" innerhalb kurzer Zeit angegriffen und dabei sicher verletzt würde.

> Das ist aber auch so! Wir können ja einen Test starten: Wir fahren jetzt mal nach Rosenweide, in so ein Viertel, fahren mit dem Auto hin.
> Und schmeißen Volker raus.
> Ihn lassen wir da durch laufen. Der wäre, innerhalb von einer halben Stunde könnte der nicht mehr laufen.
> Halbe Stunde!
> Halbe Stunde!
> Na, wenn er erst mal durch die Gebüsche hüpft, da müssen die ihn erst mal finden.

Auch die Jugendpflegerin berichtete, dass die Clique sich in ihren Ansichten dadurch bestätige, dass sie Szenarien entwerfen. Eine Situation ist ihr dabei besonders anschaulich in Erinnerung: Die Jugendlichen stellten ihre Fahrräder und Mofas unabgeschlossen und gut sichtbar vor den Jugendclub und hielten aus dem Inneren stundenlang Ausschau nach den - von ihnen selbstverständlich als Diebe erwarteten - ausländischen Jugendlichen.

Der ‚gefährliche Ausländer'
Die Jugendlichen erzeugen das Bild einer von „den Ausländern" ausgehenden Bedrohung, indem sie ihre Rede über sie thematisch mit Aspekten der Gewalt koppeln. Konflikte in einer Diskothek oder am Rande einer Geburtstagsfeier stehen stellvertretend für eine langfristige, situationsübergreifende ‚Feindschaft'. In der Version der Clique soll die Gewalttätigkeit und Heimtücke dadurch verdeutlicht werden, dass die feindliche Gruppe der ‚Russen' einem einzelnen Gruppenmitglied ‚auflauern' und es verprügeln.

> Ja, aber jetzt zum Beispiel der Karl, der ist abends nach Hause gegangen. Mit fünf Mann haben sie auf den gewartet und ihm auf die Schnauze gehauen.
> Nur, weil sie uns kriegen wollten!
> Ja, weil sie die haben wollten, die da in der Ecke saßen, und ihn haben sie dann gepackt.
> Frage: Da gibt's schon eine andere Gruppe, die ihr nicht so gut findet?
> Ja, ein, zwei. Mit den Türken, da hat sich jetzt alles gelegt, aber jetzt die Russen!

Russen, ist furchtbar.

Ja. Ich habe jetzt nicht so den Drang, dass ich mich mit denen prügeln muss, aber am Wochenende war zum Beispiel ein Geburtstag, von einem Bekannten von mir, und da standen die mit zehn Mann wieder vor der Haustür und haben doof gemacht, da haben die sich auch geprügelt, also, ich weiß nicht, die suchen das, die brauchen das, glaube ich.
Ja, ich meine, ich habe versucht, mit dem zu reden, der um die Ecke kam, ging gar nicht. Das Erste was sie wollten, war: 'Lass uns raus gehen!'. Und mehr hat der nicht gesagt.

Die Bosheit ‚der Anderen' wird durch den Verweis auf eigene Vermittlungsbemühungen unterstrichen und der eigene ‚gute Wille' hervorgehoben. Gewaltbereitschaft und Provokation sind feste Bestandteile des ausländerfeindlichen Stereotyps der Jugendlichen, aber der eigene Beitrag in Eskalationsprozessen wird nicht thematisiert.

Die gehen einfach auf die Kirmes und suchen Stunk! Wenn die was getrunken haben, dann suchen die Stunk. Ich meine, letztes Jahr waren wir auf einer Kirmes und waren einfach nur am Trinken. Da waren auch Türken dabei. Und da kamen die an, besoffen, ‚Scheiß Glatze', und so weiter, fing das gleich an.
Ja!
Das ist doch einfach so!
Die kommen an und sagen: ‚Du hast mich angeguckt!'
So kommen die Meisten an.
Das war vorhin genauso. Ich gehe in den Billardraum und dann steht da ein Russe und sagt: ‚Was hast du?' Sag ich: ‚Hast du ein Problem?'

Nach den Schilderungen der Gruppe resultiert die von „den Ausländern" ausgehende Gefahr auch aus deren ‚Übermacht'. Der implizite Vorwurf ist hier, dass der Gegner sich dem ‚ehrlichen Zweikampf' entzieht und die Clique in die Opferrolle drängt, die sich dann gleichsam märtyrerhaft dem Kampf stellen muss - wenn ihr nicht nur die Flucht bleibt. Die eigene Unschuld wird in einer Szene dadurch unterstrichen, dass ein ‚guter Ausländer' sich mit ihnen verbündet und sie so weit unterstützt, dass ihnen die Flucht möglich wird.

Genau, wir waren im Bierkeller, mit fünf, sechs Freunden insgesamt und noch ein Mädchen dabei. Und einer hat angefangen, sich zu schlagen, da kamen zwei dabei, drei, vier.
Und auf einmal waren es dreißig!
Und am Schluss sind wir bei fünfunddreißig, vierzig angelangt, also gegen uns fünf!
Frage: In der Kneipe?
Das war draußen davor.
Da war sogar noch ein Ausländer.

Ein Zigeuner hat noch versucht, uns zu helfen.

Eine weitere Facette dieses Bildes wird in ihrer - ohne Rücksicht auf eigene Ressentiments geführte - Kommentierung des ‚Rassismus' deutlich.

Und mit dem Wu-Tang (HipHop-Gruppe, d.V.), die haben was gegen die weiße Rasse, das sollte verboten werden.
Ja, so Neger.
Ja, da sind so. Da sind auch Deutsche dabei, die die Musik hören, aber gar nicht wissen, was die da singen.
Dass die eigentlich was gegen sie haben.

Auch wenn die Clique in den Interviews von Konfliktkonjunkturen berichtet, und sie zum Zeitpunkt des Interviews feststellt, dass Auseinandersetzungen mit „den Türken" abgenommen haben, so ändert dies nichts an dem Grundmuster des ‚gefährlichen Ausländers'; die nachlassenden Konflikte sind von der aktuellen Bedrohung durch „die Russen" abgelöst worden. Der Gegner ist letztlich austauschbar, solange er jung (d.h. ihnen vergleichbar), fremd und dadurch potentiell gefährlich ist.

Aber mit den Türken, das hat nachgelassen, im Moment sind es eigentlich nur die Russen.
Frage: Warum hat das nachgelassen?
Ich weiß nicht, die haben sich so langsam beruhigt, sind älter geworden, so viele jüngere gibt es nicht mehr.
Frage: Wo sind die so?
Ach, die gehen jetzt ihre eigenen Wege. Im Bierkeller sind die auch ab und zu, aber die verhalten sich echt ruhig.

Der ‚kriminelle Ausländer'
Der Vorwurf der Kriminalität stellt einen weiteren Mosaikstein in ihrer Konstruktion des ‚gefährlichen Ausländers' dar. Neben den geschilderten Vorwürfen von Drogenkonsum und -handel wird das Bild des ‚kriminellen Ausländers' durch die Häufung von negativen Zuschreibungen „belegt", danach respektieren ‚die Russen' nicht ‚Recht und Ordnung' und schrecken auch vor einem Mord nicht zurück.

Die Russen haben ihm die Mofa geklaut und er ist dann zur Polizei und hat gesagt, der und der hat die Mofa geklaut, dann hat er es wieder gekriegt, und dann hat er von dem Russen nachträglich noch eine Morddrohung gekriegt.

Das von „den Ausländern" ausgehende Bedrohungspotential erhöht sich - so die Clique - zudem dadurch, weil durch das kriminelle Verhalten enorme Kosten entstünden; Kriminalität wird hier mit Wohlstandsargumenten verknüpft. Die Jugendlichen folgern aus dieser Einschätzung, dass es nur eine Lösung geben könne: „Abschiebung, Ausweisung oder Einsperren".

Also, meine Meinung ist zum Beispiel: 'Kriminelle Ausländer gleich raus'! Weil das kostet zum Beispiel uns Geld, die sitzen im Knast, haben ein schönes Leben und uns kostet das Geld oder jetzt, Ausländer, die hier her kommen und nichts arbeiten, solche, da würde ich auch sagen: ‚Gleich raus!'.
Ich würde sagen, da kriegen die eine Frist. Die kriegen Sozialhilfe, und wenn die Frist rum ist, gibt es gar nichts mehr und dann geht es nach so und so langer Zeit wieder raus. Weil, wenn ich sehe, wie die hier rumlaufen, mein Fahrrad klauen und lauter Scheiß machen, also: ‚Gleich weg!'. Da wird viel zu viel Gezerr drum gemacht, mit sozialistisches Deutschland; da sollten die lieber die Tausend Mark nehmen, damit sie einen rauswerfen können. Das ist doch Wahnsinn, Headbanging ist das. So sehe ich das.

Der pauschale Vorwurf der Kriminalität spiegelt sich in den Vorstellungen und Mythen über „das Ausland". So wird beispielsweise die Türkei mit Bildern des Grauens skizziert.

Ja, wenn die Türken, was die sich hier erlauben, wenn das bei denen zu Hause laufen würde...
Da kriegen die den Schwanz abgeschnitten!
Da kriegen die sonst etwas. Hier haben die ihren Wohlstand gekriegt!
Nein, die meisten kommen ja hierher, weil sie es sich erlauben können, hier kriegen die ihr Geld.
Hier können die machen was sie wollen.

Die Zuschreibung von Kriminalität ist für die Gruppe die einzige Erklärung dafür, dass ‚Ausländer' solche Konsumgüter besitzen, die ihnen selbst nicht zugänglich sind.

Zum Beispiel, wenn ich sehe, bei uns im ersten Lehrjahr, da fährt einer, ein Russe, einen Audi A 4, neu, wie macht der das? Das frage ich mich jetzt.
Im ersten Lehrjahr, ich habe den popeligen Golf da draußen, den ich mir noch nicht mal, noch nicht mal ganz leisten kann, wie machen die das?
Drogen!
Unter anderem mit Sicherheit.

Einstellung zur Gewalt

- Gewalt als Alltag

Für die Jugendlichen ist Gewalt normal und alltäglich, es ist z.B. Teil der Cliquengeschichte, dass Schlägereien zur Auflösung ihrer Sportmannschaft führten.

Unsere Fußballmannschaft ist aufgelöst worden.
Das war auch ziemlich blöd, da haben wir uns immer geprügelt nach dem Fußballspiel.

Vereinzelt kokettieren die Jugendlichen mit ihrem drohendem Verhalten und versuchen (spielerisch) die Interviewerinnen und Interviewer durch Hinweise auf Gewalt zu beeindrucken; die Clique weiß, dass dies ein Mittel ist, Ängste hervorzurufen.

Frage: Welche Rolle spielt denn jetzt Gewalt bei euch?
In der Gruppe? In der Gruppe geht es ab und zu ganz gut ab. Das brauchen wir.

Gewalt als Notwehr
Gewalt ist für die Jugendlichen das Ergebnis von Eskalationsprozessen und sie stimmen darin überein, dass diese ihren Ausgang immer in Provokationen von anderen feindlichen Jugendlichen haben. Deren Provokation legitimiert für sie die (geradezu unausweichliche) eigene Notwehr - auch durch ihre angeblich defensive Gewalt.

Das fängt ja schon bei den Kleinen an, die ankommen: ‚Was willst du, willst du was auf die Fresse?'
Dann haue ich ihm eine rein.

Ja. Ich habe jetzt nicht so den Drang, dass ich mich mit denen prügeln muss, aber am Wochenende war zum Beispiel ein Geburtstag, von einem Bekannten von mir, und da standen die mit zehn Mann wieder vor der Haustür und haben doof gemacht, da haben die sich auch geprügelt, also, ich weiß nicht, die suchen das, die brauchen das, glaube ich.
Ja, ich meine, ich habe versucht, mit dem zu reden, der um die Ecke kam, ging gar nicht. Das Erste was sie wollten, war: ‚Lass uns raus gehen'. Und mehr hat der nicht gesagt.

Gewalt eskaliert insbesondere dann, wenn es in den Konflikten um die ‚Vorherrschaft' im öffentlichen Raum geht. Sie ist ein Mittel zur Aufrechterhaltung von Dominanz bzw. der Verteidigung von bedroht geglaubten und traditionell ‚eigenen' Räumen. Als Beispiele nennen sie Szenen aus ihrem' Jugendclub bzw. der lokalen Diskothek.

Jedenfalls sitzen die mit ihren zehn, fünfzehn Mann da drüben und machen ihre Musik, und nehmen es sich dann raus, uns die Tür wieder aufzumachen, da müsste mal einer reingehen, wir müssten alle mal da rüber und auf die Fresse!
Wir dürfen ja nichts machen!
Sie provozieren uns!
Das Problem ist, von meiner Seite, ich habe jetzt keine Lust mich da mit denen zu prügeln, und wenn ich dann alleine rumlaufe, dann habe ich die dann auch am Hacken.

> Aber heutzutage ist das alles viel zu extrem, wenn ich sehe, wie die sich da prügeln, was da im Bierkeller abgeht, das ist Wahnsinn!
> Früher gab es da wenigstens noch eine Grenze, wenn einer am Boden lag, heute geht es nur noch ums Ganze.
> Frage: Wo lag denn die Grenze?
> Wenn einer am Boden lag.
> Da im Bierkeller ziehen die eine Pistole, der eine kriegt durch die Hand geschossen, der andere kriegt ein Messer ins Bein, da muss ich nicht dabei sein.
> Das brauche ich nicht.
> Du vielleicht nicht, aber ich.
> Wenn du durch Blumenheim läufst, als Deutscher, da musst du Angst haben, dass du ein paar auf die Fresse kriegst!

Auch innerhalb der lokalen Szene sind Schlägereien üblich, Gewalt wird hier aber unterschiedlich - und deutlich abweichend von der Gewalt „der Ausländer" - bewertet. Entgegen einer ersten Lesart, nach der Auseinandersetzungen innerhalb der ‚Rechten' als ein zu kritisierendes Zeichen von Zerstrittenheit gesehen würde, entwickeln sie die gemeinsame Vorstellung von einer Gewalt als - keineswegs zu verurteilenden - szenetypischen Spaß, der anschließend in eine rituelle Versöhnung mündet.

> Frage: Gibt es denn hier Rivalitäten unter Rechten?
> Das gibt es nur hier in der Gegend, sonst nicht.
> Ja, die hauen sich ja untereinander, die sind ja alle so hohl.
> Du vor allem!
> Ja, aber nicht so doof wie die.
> Nein jetzt nicht so doof. Das ist, weil die keinen Zusammenhalt haben.
> Das gibt es überall, auf Konzerten gibt es das auch.
> Da wird aber danach ein Schoppen getrunken!
> Ja, aber das ist normal, das gibt es überall.
> Manchmal, da gibt es Gruppen, da treffen sich dann die Hammer-Skins und die Oi-Skins und dann gibt es halt eine Schlägerei.

- Grenzen der Gewalt

Die Bereitschaft zur Gewalt ist für die Clique auch abhängig von der Einschätzung ihrer eigenen Stärke und von ihrem kollektiven Selbstvertrauen; ob Gewaltsituationen zu meiden oder zu suchen sind, hängt auch von den Handlungsfolgen ab. So ist es für sie z.B. von Bedeutung, ob Waffen eingesetzt oder Grenzen eingehalten werden, also eine gewisse ‚Fairness' besteht. In der Einschätzung derartiger Situationen gibt es - wie bei anderen Themen auch - Unterschiede in der Gruppe, die zwischen ‚absoluter Hingabe' und ‚situativer Hemmung' schwanken.

> Das ist egal, das steckt man ein!
> Das kommt drauf an, wenn du weißt, das sind Leute, die machen nicht

viel mehr, als sich zusammenzuschlagen, dann geht man auch hin, wenn man weiß, dass man verliert, geht man trotzdem hin.
Wenn man weiß, da kommt mehr, dann bleibt man am besten weg.

Der eigene Einsatz von Waffen ist ebenfalls umstritten. Während die meisten Jugendlichen sich davon distanzieren, weisen sie darauf hin, dass Volker bewaffnet sei.

Messer oder Pistole brauche ich nicht.
Der Volker braucht das.

Frage: Wann war das? Ihr habt ja so ein paar Situationen erzählt, wo ihr Streit mit anderen Gruppen hattet, war das in der Gruppe oder einzeln?
In der Gruppe war das auch so drei, vier Mal. Da wollte ich dem kleinen Volker mal eine reinhauen, das ist aber auch schon zwei, drei Jahre her. Da hat er auf doof gemacht, da habe ich ihn gepackt, da wurde er giftig, der kann sich ja nicht wehren, der holt dann gleich immer Waffen oder irgendwas raus, der braucht das, der läuft rum mit Messer und Schlagstock. Der hat auch Waffen zu Hause, da hat er auch Pistolen, Schreckschusspistole und all so ein Zeug.
Frage: Du nicht?
Nein. Ein Messer habe ich auch, aber ich laufe halt nicht damit herum.

Als Tendenz nehmen die Jugendlichen eine Eskalation der Gewalt wahr. Diese Entwicklung - für die die ‚Anderen' verantwortlich gemacht werden - scheint einen Teil der Gruppe abzuschrecken und zur Vermeidung von Gewaltsituationen beizutragen.

Früher, da ging das ja noch, da hat man sich geprügelt und wenn er liegt, dann geht man weg, aber heute wird man so fertig gemacht, dass du in das Krankenhaus kommst. Und dann wirst du noch angezeigt oder sonst irgendetwas.

- Lust an der Gewalt

Den situativen Distanzierungen von gewalttätigen Handlungsstrategien durch Teile der Gruppe stehen vereinzelte Aussagen gegenüber, die eine gewisse Faszination und provozierende Lust an der Gewalt zeigen, z.B. in Gestalt von Verharmlosungen oder rauschhaft geschilderten Bildern des Kampfes.

Und irgendwann war es halt so, da kamen Schläge, links, rechts, und da wusstest du gar nichts mehr!

Sie distanzieren sich nicht von rechter Gewalt, äußern keine Empathie mit deren Opfern und erklären so ihr implizites Einverständnis; für die Täter hingegen finden sie bisweilen respektvolle, fast bewundernde Worte.

Die gehen dahin klatschen die Russen weg und dann fahren sie wieder nach Hause, die können sich das erlauben, denn hier sind viele, die sind sechzehn, siebzehn, achtzehn, das ist ja eigentlich nichts, aber da kommen die halt und sind paarundzwanzig, dreißig, da sind schon ein paar böse Jungs dabei. Die sind dann zwei Meter groß und tätowiert überall, das sind schon böse, manche. Ich meine, mit denen möchte ich mich nicht prügeln.

In einer Kommentierung verwandelt sich eine Hetzjagd in eine lächerliche Szene, in der das Opfer letztlich selbst die Verantwortung für seinen Tod trägt.

Frage: Wie steht ihr zu Gewalttaten, bei denen ein Einzelner von einer Gruppe durch die Straßen gejagt wird?
Hä?
War das der, der durch die Scheibe gehüpft ist?
Nein, das ist schon länger her.
Da gab es mal einen, der ist durch die Scheibe gehüpft.
War der doof, wäre der stehen geblieben, hätte der überlebt.
Was muss der durch die Scheibe hüpfen?

Die Angst vor strafrechtlichen Konsequenzen, der mögliche Verlust von Zukunftsperspektiven und Konflikte mit den Eltern sind für einen Teil der Gruppe gewalthemmende Faktoren; andere hingegen sehen Gewalt als notwendig und unvermeidlich an.

Wenn ich mich prügeln und in den Knast kommen würde, meine Eltern, die würden mich...
Frage: Mal abgesehen von den Eltern, wenn du volljährig bist?
Ich muss mich aber trotzdem entscheiden.
Ich habe keine Lust in den Knast zu kommen.
Das kämen die da drüben auch, wenn die was machen.
Ja, das ist egal, denen ist das vielleicht egal, mir nicht, ich will später mal arbeiten.

Ich brauche keine Probleme mit der Polizei, weil man wird da sofort angezeigt.

Einig ist sich die Gruppe in der Einschätzung, dass Gewalt infolge von Alkoholkonsum und Steuerungsverlusten mitunter unvermeidlich und entschuldbar ist.

Ja, Volker, das ist dir egal, aber ich will doch nicht in den Knast, hast du einen Hammer?
Was ist, wenn du ausrastest? Wenn du wirklich mal ausrastest?
Das kommt bei mir nicht vor.
Das gibt es aber.
Wenn, dann bin ich betrunken, dann kann ich nichts machen.
Siehst du, das ist auch ausrasten.

Die Einstellung zur Gewalt ist in der Gruppe heterogen, die Jugendlichen sind in einzelnen Aspekten zerstritten, gleichwohl gibt es ein geteiltes Selbstverständnis, in dem Gewalt legitimiert oder als faszinierend empfunden wird. Trotz der Distanzierungen und dem Verweis auf den Wunsch, nicht straffällig werden zu wollen, trägt die emotionale Aufladung von Gewaltphantasien dazu bei, die Jugendlichen aneinander zu binden.

Soziale Frage
Aspekte der Verteilung des gesellschaftlichen Wohlstands werden mehrfach aufgegriffen und dienen dem Vergleich zwischen der Eigengruppe und „den Ausländern", die durchgängig die einzige Vergleichsgruppe bilden. Grundlage der Aussagen sind Wahrnehmungen ihres unmittelbaren sozialen Umfelds, von dort erkannte Manifestationen ihrer Annahmen und Vermutungen. Das eingeführte Beispiel von den ‚Autos auf dem Schulhof' zeigt exemplarisch das Muster der Schuldzuweisungen an „die Ausländer".

> Zum Beispiel, wenn ich sehe, bei uns im ersten Lehrjahr, da fährt einer, ein Russe, einen Audi A 4, neu, wie macht der das? Das frage ich mich jetzt.
> Im ersten Lehrjahr?
> Im ersten Lehrjahr, ich habe den popeligen Golf da draußen, den ich mir noch nicht mal, noch nicht mal ganz leisten kann, wie machen die das?
> Drogen!
> Unter anderem mit Sicherheit.

> Es gibt jetzt Ausländer hier, die tun nichts arbeiten, die tun Sozialhilfe kriegen, das finde ich nicht gut, die sind kriminell, bauen Scheiß.

> Das ist schon o.k. so, außer mit der Sozialhilfe, da würde ich was ändern, wer sie bekommt und wer nicht.

Der Vergleich zwischen der Eigengruppe mit ‚den Anderen' hat im Kern die Rechtmäßigkeit von Besitz zum Thema. Hierbei wird Migranten das Recht am Besitz von teuren oder neuen Autos abgesprochen, weil diese in ihren Augen lediglich der Eigengruppe zu stehen. Ihre dichotome Wahrnehmung lässt keine Differenzierung innerhalb der zwei Gruppen zu, sie kennt lediglich extreme Gegensätze. Die Jugendlichen greifen auf Fragmente zurück, in denen sie sich gegenseitig bestätigen, oder sie nutzen unreflektiert Parolen und Wahlkampfslogans rechter Parteien als Lösungsangebote (vermeintlicher) sozialer Problemlagen. Das Ergebnis ihrer alltäglichen Deutung findet sich in ihren beschworenen Bildern und den stereotypen Facetten über „den Ausländer".

Parteien- und Staatskritik
Die Haltung der Jugendlichen gegenüber politischen Parteien ist grundsätzlich ablehnend, einer bekundet seine Sympathie für die CDU; die Grünen werden von der ganzen Gruppe abgelehnt und andere Parteien spielen in

ihren Aussagen keine Rolle. Im rechtsextremistischen Parteienspektrum erhalten die DVU und die NPD die Zustimmung des Teils der Gruppe, der Veranstaltungen der NPD besucht. Die REP hingegen (hier zeigt sich eine Parallele zum musikalischen Bereich) werden kritisiert, weil sie ihre rechten Positionen „verleugnen würden", um eine breitere Zustimmung in der Wahlbevölkerung zu erhalten - sie sind der Clique zu taktisch und angepasst.

Parteien nicht so, DVU, Republikaner, das ist nichts
Frage: Das wäre keine rechte Partei für euch?
DVU geht noch, aber die Republikaner, die gehen nur damit sie gewählt werden ins Fernsehen und sagen, wir sind keine rechte Partei; Hauptsache, sie werden gewählt

Klar ist das Scheiße, aber ich kann mir nicht vorstellen, dass jetzt die Republikaner oder NPD oder sonst einer die Regierung machen würde. Könnte ich mir nicht vorstellen.
Oder die Grünen.

Ja, weil ich nicht weiß, was los wäre, wenn die jetzt wirklich hier an die Spitze kämen. Krieg oder so, muss nicht sein. Also, die alle rausschmeißen, oder so was, da fühlen sich die Ausländer auch auf die Füße getreten, dann kriegen wir auf die Mütze.

Ich kann auch so auf die NPD-Sitzung gehen.
Frage: Machst du das?
Ab und zu.
Frage: Hier in Wiesenburg?
Ja, und weiter rüber.
Frage: Bist du da Mitglied?
Nein.
Frage: Wieso gehst du dann auf eine Parteisitzung?
Mich interessiert, was da so abläuft, was die so geplant haben. Vielleicht finde ich ja mal was gut dabei.
Frage: Und bisher?
Schwachsinn, würde ich sagen. Die versuchen das alles auf dem verkehrten Weg, würde ich sagen.

Die Jugendlichen greifen in ihrer pauschalen Kritik an ‚den Parteien' und ‚der Politik' auf das Bild eines Staates zurück, der sich in einer umfassenden Krise befindet und die sie in einer Zunahme ungerechter ökonomischer Strukturen und einem Fehlen von Ordnung und Eindeutigkeit erkannt haben wollen. Das von dieser wahrgenommenen Krise ausgehende Gefühl der Bedrohung und der Furcht wird zur dominierenden - ethnisierenden - Perspektive und die Möglichkeiten der parlamentarischen Demokratie und der Parteien erscheinen ihnen zur Lösung der Probleme ungeeignet.

Sie kritisieren die erwachsene Generation, bei der sie Mut zur Veränderung und zur Durchsetzung ihrer Interessen vermissen.

Aber wenn ich selber, ich kriege das selber so mit: 'Was hier in Deutschland abgeht, das ist nicht mehr normal'. Die regen sich selber auf.
Die wollen nicht, dass du so böse bist.
Wahrscheinlich.
Na, weil die auch wieder das Denken haben wie die meisten.
Es sind doch viele.
Die denken auch: 'Die Türken können machen was sie wollen, hier, die kriegen noch Kohle in den Arsch geschoben, wenn sie hierher kommen', , das denken die auch, aber was machen sie? Die wählen trotzdem wieder Leute, also Parteien, die nichts ausrichten können oder die die reinholen.

Mehrfach beklagen sich die Jugendlichen über eine Diskriminierung der rechten und eine Bevorzugung von linken Gruppen durch die Polizei und die Justiz.

Also, die zwei fahren auf Konzerte und all so was, das ist ja natürlich, weil das kann man ja.
Nein, wir waren da, die Polizei hat ...
Ja, in Thüringen geht's ja, aber wenn hier mal ein Konzert ist, das kannst du vergessen, das geht überhaupt nicht.
Nein, hier nicht.
Wie bei Tulpenstein, da kamen sie auch mit dem Bundesgrenzschutz und haben alles durchwühlt.
Ja.
Oder da hat irgendjemand ein Hakenkreuz drauf gemalt, das war so groß. Und mit seinem Roller fährt er spazieren, steht an der Ampel, hinter ihm steht die Polizei, da kriegt der eine Anzeige, wegen dem Hakenkreuz.
Aber rum laufen, mit ‚Anarchie' am T-Shirt ist kein Problem, gar nichts.

Die Kritik an den angeblich willkürlichen und ungerechten Entscheidungen und Maßnahmen ist verbunden mit dem Wunsch nach einem strengen Staat, auf dessen Ge- und Verbote sie sich verlassen können. Generell fordern sie ein entschiedenes und kompromissloses Vorgehen gegen all jene Bevölkerungsgruppen, die aus ihrer Sicht ‚das Böse' oder ‚das Kriminelle' verkörpern, d.h. ‚die kriminellen Ausländer' oder exemplarisch ‚die Kinderschänder'.

Uns stört fast alles, Politiker, die ganzen Gesetze hier!
Wie die Kinderschänder zum Beispiel, die kriegen kaum Strafen, das ist auch so!
Es geht nicht nur um Ausländer, es geht auch ziemlich nach innen rein.

Das Ideal der Jugendlichen ist ein Staat, der ihnen das Gefühl von Sicherheit vermittelt, ihnen Anerkennung zollt und zudem noch Orientierung gibt - ohne sie jedoch in ihrer kollektiven Entfaltung einzuschränken. Daneben messen sie die Qualität des Staates und der Politik daran, ob er einen Beitrag zu ihrem privaten und persönlichen Wohlergehen leistet sowie die Teilhabe am Wohlstand sicherstellt.

Ihr politisches Engagement erschöpft sich in einer pauschalen Kritik letztlich unbegriffener Verhältnisse oder Strukturen, auch eine aktive Mitarbeit in politischen (rechtsextremistischen) Parteien kommt nicht in Frage.

    Frage: Würdest du dich politisch engagieren?
    Ich wurde schon mal gefragt von der Jungen Union aus Blumenheim, jetzt von der CDU. Manche sind drin, die ich kenne, aber das ist auch nicht mein Fall.
    Frage: Ist das zu viel Arbeit?
    Das sind wieder Verpflichtungen.

Tiefgreifende wirtschaftliche Veränderungen erscheinen allen Jugendlichen - auch Volker, der regelmäßig NPD-Veranstaltungen besucht - abwegig.

    Die haben schon ein paar extreme, sind schon unter uns, die versuchen, das Bankwesen zu stürzen, da sind schon ein paar.
    So denkst du ja noch nicht mal.
    So etwas ist bescheuert.

Geschichte

Die Jugendlichen betonen wiederholt ihre Distanz zu neonazistischen Gruppen und deren Politik und eine Gleichsetzung mit den Nationalsozialisten lehnen sie ab, aber es finden sich Tendenzen der Personalisierung historischer Ereignisse.

    Nur bei manchen Leuten ist das, versteht ihr, die ziehen das alles auf den Zweiten Weltkrieg zurück. Dabei hat das gar nichts miteinander zu tun, Rechtsradikale oder sonst irgendwas. Nur das waren die Nazis. Das ist gar nicht so. Wir werden zwar als rechtsradikal bezeichnet, aber gut, ich mein, das ist anders. Wir wollen keine Juden vergasen, oder sonst irgendwas. Wir wollen nur unser Recht.
    Wie seht ihr den Zweiten Weltkrieg?
    Ja, der Hitler wollte alles haben, uns reicht es, wenn wir Deutschland wiederhaben.
    Ja.
    Der war ein bisschen größenwahnsinnig.

    Die Lehrer denken, wir würden es genauso machen. Die Jugendlichen, die rechts denken, die kriegen das von früher, vom zweiten Weltkrieg alles ab, die denken, wir wären genauso.
    Frage: Aber ihr denkt anders?
    Würde ich schon mal sagen.
    Ja, also nicht die Juden vergasen und so.
    Frage: Wie stehst du zu der Idee eines Großdeutschen Reiches?

Es ist eigentlich in Ordnung wie es jetzt ist. Also, wenn jetzt Frankreich oder Österreich auch noch angeschlossen wären, dann könnte ich mit dem Zug hinfahren.

Betont wird die Notwendigkeit einer zumindest rudimentären Beschäftigung mit den Ereignissen dieser für sie abgeschlossenen historischen Phase, wenn es um die Zugehörigkeit zur rechten Szene geht.

Ich saß mit dem einen am Schulhof und habe ihn gefragt, wann der Zweite Weltkrieg anfing, zum Beispiel, das wusste der nicht. Der hat einen Aufnäher auf der Jacke und ich frage, was ist denn das für ein Kreuz, der hat ja überhaupt keine Ahnung gehabt, der wusste gar nicht was das ist, das ist so was von ein Idiot, das ist dumm.
Frage: Kennt ihr euch da aus?
Ich kenne mich auch nicht besonders gut aus, aber wenn ich was auf der Jacke stehen habe, dann werde ich ja wohl wissen, was das bedeutet.
Das wäre schon ganz sinnvoll.

Frage: Also, ihr habt euch schon ein bisschen mit Geschichte beschäftigt?
Ich mein, ein bisschen was wissen tun, sollt man ja.
Man kann ja nicht einfach nur rumlaufen, irgendwas erzählen und dann keine Ahnung davon haben.

Die Clique verharmlost nationalsozialistische Verbrechen und macht sich über den Nationalsozialismus bzw. jene, die sich kritisch mit ihm auseinandersetzen, lustig. In der Schule protestierten sie gegen die Behandlung des Themas durch Störung des Unterrichts.

Also, wir haben da ein paar Filme geguckt, so über den Zweiten Weltkrieg und da haben wir gelacht.
Was für ein Film war denn das?
Schindlers Liste und so ein Zeug.
So Dokumentation und so.
Aber meistens haben wir gar nicht über den Film gelacht, sondern über ganz was anderes.

Trotz der Abgrenzung zum Nationalsozialismus neigen die Jugendlichen zur Rechtfertigung und Romantisierung des Militärischen, die insbesondere mit den Erfahrungen eines Großvaters belegt wird. Sie verteidigen vor allem das Prinzip von Befehl und Gehorsam, das soldatische Verbrechen im Zweiten Weltkrieg entschuldige. Bewunderung finden den Soldaten zugeschriebene Tugenden wie Tapferkeit, Ehre und Standhaftigkeit, die sich auch in der Präferenz von Liedtexten, die die SS verherrlichen, niederschlägt.

Da war viel Schlechtes dran, der Hitler, der hat eine kleine Klatsche gehabt, was der gemacht hat, aber das hat mit den Soldaten doch nichts zu tun!

Die haben gemacht, was gesagt wurde!
Ja und die meisten, die waren noch ganz jung.
Befehle ausführen!
Aber wenn er (der Großvater, d.v.) jetzt vom Zweiten Weltkrieg erzählt, wo er drin war, in Russland und so, der war bei der Wehrmacht und sagt, da war nie was, da waren so Mädchen und haben ihm Brot gegeben und all so ein Zeug.

Medien
Medien dienen der Gruppe ausschließlich zur abendlichen Unterhaltung (Fernsehen) oder der Information über technische Neuheiten (Motorradzeitschriften), Zeitungen werden nur sporadisch gelesen, hier bevorzugen sie die Bild-Zeitung. Die Jugendlichen lehnen die Vorabendserien wie „Verbotene Liebe" ab und bevorzugen spannende Spielfilme, Fernsehen soll Action zeigen und sie unterhalten.

Ich gucke ab und zu mal Zeichentrickserien.
Fernsehgucken tu ich eh kaum, wenn dann nur Video.
Frage: Liest du?
Ab und zu.
Frage: Was?
Ach, querbeet eigentlich. Stephen King und so was, ja, die Unendliche Geschichte habe ich auch noch, die habe ich auch schon zweimal gelesen.
Frage: Gibt es Serien, die du guckst, oder ist es dir egal, was läuft?
Nein, also Verbotene Liebe, das tu ich mit nicht an.
Frage: Würdest du da eher umschalten?
Na, wenn nichts besseres kommt, dann würde ich das auch gucken, besser als ein Buch lesen.
Frage: Zeitungen?
Ich kaufe mir Motorradzeitschriften.

Eine besondere Distanz zeigen die Jugendlichen gegenüber dem Lesen von Büchern; ein Jugendlicher ist stolz darauf, in seinem ganzen Leben nur ein Buch gelesen zu haben.

An einer Stelle wird die ‚ausländische Presse' pauschal einer angeblichen Verschwörung gegen ‚Deutschland' beschuldigt, sie treibe eine Hetze und beharre auf einer kollektiven Schuldzuweisung (im Kontext der Verhandlungen um Wiedergutmachungszahlungen der deutschen Wirtschaft).

Wenn man hier ausländische Presse liest, wenn hier jemand umgebracht wird, da kommt nichts, dann sind die gleich wieder dabei mit Zweiter Weltkrieg, Deutschland alles Radikale.

Verhältnis zur erwachsenen Generation

Eltern und Familie
Zum Zeitpunkt des Interviews wohnen alle Jugendlichen bei ihren Eltern. Das Verhältnis der Jugendlichen zu ihnen variiert zwischen ausdrücklicher oder partieller Unterstützung, Gleichgültigkeit und Distanz bzw. Missbilligung und Kritik. In den Einzelinterviews wird von massiven Konflikten berichtet, ohne dass hierbei die politische Einstellung im Vordergrund steht, sondern als Gründe werden eher Leistungsversagen, vermisstes Engagement, das Nichterfüllen elterlicher Ansprüche und Erwartungen angegeben.

Ausdrückliche oder partielle Unterstützung
Es gibt Arrangements, in denen die Eltern entweder explizit anschlussfähige Ideologiefragmente äußern oder den Jugendlichen durch fehlende Kritik oder Widerspruch ihre Unterstützung signalisieren oder diese zumindest vermuten lassen. So antwortet ein Jugendlicher auf die Frage, was seine Eltern zu seinem Tun sagen: „Bei mir gar nichts, die würden mich eher unterstützen". In eine ähnliche, bestätigende Richtung weist ein Mädchen hin, indem sie ihre Eltern mit der alltäglich vertrauten, wie sie sagt „normalen", Redewendung zitiert:

‚Schleppst du mir einen Russen nach Hause, dann kannst du gleich wieder gehen.'

Eine mentale Bestärkung seitens ihrer Eltern nehmen auch Jugendliche wahr, die in ihren identifizierbaren Ausdrucksformen und Aktivitäten kritisiert werden.

Die denken auch: 'Die Türken können machen was sie wollen, hier! Die kriegen noch Kohle in den Arsch geschoben, dass sie hierher kommen!' Das denken die auch, aber was machen sie? Die wählen trotzdem wieder die Parteien, die nichts ausrichten können oder die rein holen.

Die Clique nutzt die ältere Generation zur Unterstützung ihrer Thesen. Der Verweis auf einen Großvater zeigt hinsichtlich der Sprachwahl und den geforderten Konsequenzen deutliche Übereinstimmungen mit der Gruppe.

‚Das (gemeint sind Einbrecher, d.V.) waren halt so Ausländer, so ein Gesocks, die müsste man gleich wieder weg machen!' Darüber regt der (Großvater, d.V.) sich auch auf.

Gleichgültigkeit und Distanz
Im mittleren Bereich finden wir eine Haltung der Eltern, in der weder inhaltliche Kritik noch Bestätigung gezeigt wird. Auf die Duldung von Aktivitäten und die Vermeidung inhaltlicher Auseinandersetzungen verweisen Schilderungen wie:

> Wenn ich daheim bin, da höre ich die Musik ein bisschen leiser, da sagen die jetzt nichts.

> Meine Eltern sagen nur: ‚Mach die Musik nicht so laut, dass es draußen keiner hört'.

> Ich habe das Zimmer direkt neben dem Wohnzimmer, da höre ich die Musik auch laut.

Konfliktanlässe sind hier nur die Lautstärke der Musik, nicht aber deren Inhalte oder ihre Illegalität. Fehlende Kritik wird als Bestärkung wahrgenommen und das Hören-Dürfen von Musik (derentwegen sie im Jugendclub und in der Disco, allgemein in der Öffentlichkeit angefeindet und abgelehnt werden) wird im häuslichen Musikkonsum nicht beschränkt, einige müssen Kompromisse hinsichtlich der gewählten Lautstärke machen, aber kein Jugendlicher berichtet von einem elterlichen Verbot oder einer inhaltlichen Kritik seitens der Eltern.

Dies weist in die gleiche Richtung wie die fehlende Thematisierung von Politik in den Familien, hier sind die Eltern (im Gegensatz zu einzelnen Lehrerinnen und Lehrern) bis auf eine Ausnahme keine Dialog- und Konfliktpartner.

> Frage: Und wird über politische Einstellungen geredet?
> Nein.
> Frage: Ist kein Thema?
> Selten, aber ab und zu mal.

Das Fehlen von politischen Diskussionen in einem zentralen Sozialisationsort bedeutet, dass die Jugendlichen hier keine nachdenklichen oder alternativen Deutungsangebote und Diskurspraktiken erleben.

Missbilligung und Kritik
Die Umgangsformen, die mit Ablehnung oder Kritik der Eltern einhergehen, lassen sich an vier Beispielen darstellen.

> Also meine Eltern, die haben was gegen die Meinung.

Die Ablehnung der Eltern wird jedoch von dem Jugendlichen relativiert.

> Ich kriege das selber so mit: 'Was hier in Deutschland abgeht, das ist nicht mehr normal'. Die regen sich selber auf.

Die Quelle der Kritik ist bei einem Jugendlichen das Bemühen, den eigenen Ruf zu wahren. Er weist darauf hin, dass sich seine Eltern darüber beklagen, er „würde einen schlechten Ruf über die Familie bringen". Eine Form der Kritik findet sich zudem in der Warnung vor Konflikten mit der Justiz.

> Das Einzige, wo meine Mutter ein bisschen was sagt, ist, wenn mit der Polizei was ist.

Wenn ich mich prügeln und in den Knast kommen, meine Eltern, die würden mich...

Inhalt von Kritik ist zudem das Outfit der Jugendlichen, sie orientiert sich an Erscheinungsformen und Aktivitäten und zielt auf eine konforme Integration in die lokale Gemeinschaft.

Die hier bei einigen Eltern präsentierte Gemeinsamkeit oder Toleranz steht in einem Spannungsverhältnis zu den in den Einzelinterviews berichteten massiven Konflikten, hier werden keine Gemeinsamkeiten, sondern Härte und Konflikte, Lieblosigkeit und Gleichgültigkeit berichtet. Die Negation von Konflikten in den Gruppeninterviews kann als Bemühen der Jugendlichen verstanden werden, in den Aussagen der Eltern nach Unterstützung zu suchen. Im Cliquenkontext scheint ein Legitimationsbedarf zu bestehen, der die im Alltag auftretenden Konflikte mit ihnen nivelliert.

Verhältnis zum lokalen Milieu
Die Jugendlichen waren zeitweise in die verbandliche Jugendarbeit, z.B. die lokalen Sportvereine (Fußball, Tennis oder Handball) eingebunden, haben sich aber weitgehend von ihr getrennt oder sind - wie beim Fußball - ausgeschlossen worden. Lediglich zwei Gruppenmitglieder sind Mitglieder in einem Angel- bzw. Schützenverein. In den letzten Jahren beobachtet die Jugendpflegerin eine aktive Suche nach Einbindung. So hat ein Teil der Clique Kontakt zu den lokalen Burschenschaften gesucht, regelmäßig an deren Treffen teilgenommen und sich in der Organisation einer Kirmes engagiert.

Abgesehen von diesen Versuchen führt die Clique in der lokalen Gemeinschaft eine Randexistenz, sie besteht aus Außenseitern, die keine Bestätigung oder Aufnahme erfährt. Innerhalb eines wechselseitigen Prozesses zwischen Fremd- und Selbstausgrenzung fehlt der Gruppe ein kreatives Repertoire zur Auseinandersetzung mit der Erwachsenenwelt, so z.B. die Bereitschaft Kompromisse einzugehen und Interessen mit der sozialen Umwelt auszuhandeln.

Das lokale Milieu wird als ein Ort dichter sozialer Kontrolle geschildert, der einerseits durch seine Überschaubarkeit Sicherheit vermittelt, in dem andererseits jedoch auch ein Druck zur Anpassung ausgeübt wird. Eine explizite und öffentliche Bestätigung ihrer „rechten Aktivitäten" erfahren die Jugendlichen aus dem lokalen Milieu nicht.

Die Schule
Die Schule hat für die Gruppe eine zentrale Rolle als Entstehungsort gespielt. Sie war Treffpunkt und der Ort, in dem gemeinsame Misserfolgserfahrungen gemacht wurden.

In den Einzelinterviews erscheinen die Schulzeit und die Beziehungen der Jugendlichen zu ihren Lehrerinnen und Lehrern in erster Linie als konfliktreich. Die Auseinandersetzungen haben in einem Fall dazu geführt, dass eine psychiatrische Untersuchung veranlasst wurde.

> Jetzt in der Grundschule, die Klassenlehrerin, die hat mich auch schon mal zum Psychiater geschickt, aber der sagt eigentlich, ich sei normal. Die wurde immer handgreiflich, da hat sie mir eine gescheuert. Eine andere Lehrerin war auch nicht o.k., aber ich musste da (in den Auseinandersetzungen, d.V.) immer aufgeben, sonst kriegt man schlechte Noten.
> Frage: Was hast du da gemacht?
> Mit der Frau, mit der konnte ich nicht so. Wie beschreibe ich das? Ich gucke sie an, sie guckt mich an, und dann merkt man, wir mögen uns nicht, so ungefähr. Die will das und ich will was anderes, wie Hund und Herrchen, nur ich muss dann nachgeben.

Ein anderer Jugendlicher beschreibt sich - stellvertretend für die Jugendlichen seines Dorfes - als Opfer einer grundsätzlichen Diskriminierung. Er beschuldigt eine Lehrerin, ihm trotz guter Leistungen den Zugang zum Gymnasium verweigert und ihm damit langfristig geschadet zu haben.

> Ich bin früher gut gewesen in der Schule. Nur vom Verhalten her nicht. Ich meine, mein Zeugnis war mit 1,4 gut, das war zwar Hauptschule aber ... Ich hab nichts dafür gemacht, war schon mal ganz cool, würde ich sagen. Ich habe auch keine Spicker oder so gebraucht. Das muss ich dazu sagen. Brauch ich heute noch nicht. Ich habe keine Probleme damit. Wenn ich was lernen würde, hätte ich Gymnasium gemacht. Sollte ich eigentlich auch. Aber die Grundschullehrerin hat dagegen gesprochen. Mein Zeugnis war gut in der Grundschule, aber sie hat gemeint, das lassen wir lieber mal. Man kann aber auch gleich von der Grundschule ins Gymnasium kommen. Na ja, gut, und dann hatte ich natürlich diese Lehrerin. Und ich war Weidendorfer. Und die konnte Weidendorfer halt nicht leiden. Die kommt aus Wiesenburg und wohnt auch gleich hier vorne. Ich glaube, die ganzen Weidendorfer, bis auf zwei, sind auf die Hauptschule gekommen.
> Frage: Und deine Eltern?
> Wir haben alles probiert. In den 2 Jahren haben wir alles probiert. Meine Mutter hat Arbeiten für mich geschrieben, Hausaufgaben geschrieben, die mit 5 oder 6 benotet werden. Da sind wir zu einem anderen Lehrer, haben es von dem benoten lassen, mit 3, das ist in Ordnung. Also, wir haben wirklich alles versucht, wir konnten nichts machen.
> Frage: Warum hast du nach dem Hauptschulabschluss nicht noch ein Jahr Realschule angehängt?
> Ich würde sagen, das war mein wildes Jahr. Ich habe die Berufsfachschule gemacht, die musste ich machen, vor zwei oder drei Jahren. Und dabei hatte ich absolut keinen Bock mehr auf Schule. Nein. Und da hatte ich halt voll den Absturz. Da war ich auch bald jeden Tag auf Alkohol. Ja, heute auch noch.

Eigene schulische Misserfolge werden auch - vergleichbar mit der Clique in Waldtal - mit einer systematischen Bevorzugung „der Ausländer" begründet. Den Lehrerinnen und Lehrern wird eine persönliche Ablehnung unterstellt, die in einem Fall zum Verweis von der Schule geführt habe.

> Also ich bin rausgeflogen. Dann haben sie mich von der Schule geschmissen, ich weiß bis heute nicht warum.
> Weil der uns nicht leiden kann.

Bezüglich ihrer politischen Einstellung fühlen sich die Jugendlichen von den Lehrerinnen und Lehrern unverstanden und stigmatisiert.

> Frage: Bist du mit deiner politischen Einstellung in der Schule aufgefallen?
> Ja, weil die Lehrer auch meistens den Ausländern geholfen haben. Dann war es halt, das kann ich nicht ab, wenn keine Gleichberechtigung da ist. Das muss nicht sein. Nein.

> Die Lehrer denken, wir würden es genauso machen. Die Jugendlichen, die rechts denken, die kriegen das vom Zweiten Weltkrieg alles ab, die denken, wir wären genauso.

> Unser Lehrer, der wollte das (ihre Einstellung zum Nationalsozialismus, d.V.) nicht begreifen. So was finde ich doof, dass Leute so denken.

Verhältnis zur Jugendarbeit
Die Clique wird von der örtlichen Jugendpflegerin, Sabine Heide, einer ausgebildeten Erzieherin, seit 1997 mit der Einrichtung des Jugendclubs in Wiesenburg betreut. Daneben ist sie zuständig für den Jugendclub in Blumenheim und für andere kleinere Ortsteile. Entgegen den Absichten der Gruppe hat sie den Jugendclub für andere Jugendliche offen gehalten.

Ihr Vorgehen beschreibt sie als eine offene Jugendarbeit mit den Jugendlichen, „die vor Ort sind und kommen". Konzeptionell sieht sie ihren Schwerpunkt in einer alltäglichen Beziehungs-, Aushandlungs- und Kontrollarbeit. Um Kontakte zu der Clique herzustellen und die Selbstregulierungskompetenzen dieser, in ihren Augen unstrukturierten, Gruppe zu unterstützen, hat sie mit ihnen Ausflüge gemacht und Workshops angeboten. Nach massiven Schwierigkeiten habe sich ein Verhältnis entwickelt, das in begrenztem Maße von einem respektvollen Umgang und Vertrauen getragen ist.

Für die Clique hat die Jugendpflegerin unterschiedliche Funktionen. Sie schätzen ihre Kompetenz und - insbesondere auf Grund ihres negativen Selbstbildes - ihr Interesse an ihnen.

> Sabine, sag du doch mal was dazu, du hast es doch voll drauf, die ist Jugendpflegerin, die weiß alles!
> Und die hat den ganzen Tag mit Bekloppten wie uns zu tun!

Neben ihrer Rolle als Aufsichtsperson im Jugendclub ist Sabine Heide eine Gesprächspartnerin, deren Meinung geschätzt wird. Auch im Interview fordern die Jugendlichen sie wiederholt auf, ihnen Feedback zu geben. Auf diese Weise hat die Jugendpflegerin für die Gruppe eine orientierende Funktion, die durch Einhaltung der von ihr gesetzten Grenzen unterstrichen wird. Die Gruppe ist bemüht, die Jugendpflegerin nicht zu verärgern.

> Wenn wir hier mal richtig feiern, dann wird sie immer böse.

> Man darf hier nicht mal erlaubte Musik hören, die zwar von rechten Bands ist, aber erlaubt ist.
> Frage: Wenn ihr hier seid, dann legt ihr aber schon eine CD rein?
> Ja, wenn Sabine nicht da ist. Die weiß ja gar nicht was abgeht.

> Nein, die Freikorps könnten wir holen und noch diese eine Livekassette, da muss man auf die Texte achten, da hört man ganz große Unterschiede, was die da singen.
> Dann flippt Sabine aus.

Sabine Heide hat als Organisatorin eine wichtige Rolle und die mit ihrer offiziellen Funktion verbundenen Ressourcen (z.B. sich fahren lassen) würden die Jugendlichen gerne in größerem Umfang in Anspruch nehmen.

Zu Beginn ihrer Tätigkeit war Sabine Heide von der politischen Ausrichtung der Clique überrascht und hat zunächst überlegt deren Betreuung abzulehnen, sie entschloss sich jedoch dazu, sich - wie sie formuliert - auf „ein Experiment" einzulassen.

Insgesamt ordnet sie die Gruppe ideologisch nicht als rechtsextrem ein, sondern betrachtet sie vor allem als konservativ, massiv ausländerfeindlich und vorurteilsbeladen. Aktuell sieht sie zwei Tendenzen: ein Teil der Gruppe radikalisiere sich, der größere bemühe sich, in andere Gruppen und Szenen Anschluss zu finden.

> Also, ich weiß, dass es verschiedenen Cliquen gibt und dass ihr teilweise mit denen zusammen seid. Ihr seit aber nicht so, wie es beispielsweise in den neuen Bundesländern der Fall ist, wo die Vernetzung viel stärker ist. Ich nehme wahr, dass dies Sachen sind, die hier nicht gegeben sind, obwohl mir nicht klar ist, weshalb die hier nicht gegeben sind. Ich habe den Eindruck, dass ihr die einfach auch vermisst, die ihre Stellung, die sie früher hatten und ihre Gedanken, die sie vertreten haben, jetzt gar nicht mehr so vertreten. Ich kriege das ja durch andere Leute mit, die ich vor fünf Jahren kennen lernen durfte und da mitgemischt haben und sich heute um hundertachtzig Grad gewandelt haben, die nicht mehr mit dabei und teilweise auch in anderen Gruppen sind.

6. Die Clique aus Wolkenheim

Wolkenheim - eine Gemeinde in Nordhessen

Die Jugendlichen bzw. jungen Erwachsenen der Clique wohnen in einer ländlichen Großgemeinde mit 5.400 Einwohnern in Nordhessen, deren Kerngemeinde Wolkenheim ca. 2.500 Einwohner hat. Es besteht eine gute Verkehrsanbindung (Autobahn, Bahn, Bus) zur ca. 10 km entfernten Großstadt sowie einer benachbarten Kleinstadt, die das industrielle Zentrum der Region ist. Seit der deutschen Einigung ist die an mehreren Fernstraßen gelegene Gemeinde ein günstiger Standort für neue Gewerbeansiedlungen. Sie hat sich in den letzten Jahren zu einer relativ wohlhabenden Kommune entwickelt und verzeichnet durch die Errichtung neuer Wohnanlagen in den letzten fünf Jahren ein Bevölkerungswachstum von 700 Personen. Im Jahr 2000 lag die Arbeitslosigkeit im Landkreis durchschnittlich bei 10,2%. Im Gemeindeparlament von Wolkenheim hat die SPD die absolute Mehrheit, sie erzielte bei der Kommunalwahl im März 2001 fast 60% der Stimmen und stellt auch den Bürgermeister.

Die REP kamen bei der Kreistagswahl in der Gemeinde (in der sie nicht kandidierten) auf knapp über 1% der Stimmen, gegenüber fast 4% bei der Kommunalwahl 1997.

In der Gemeinde gibt es eine Grundschule und eine integrierte Gesamtschule mit ca. 600 Schülern, für Oberstufenschüler sowie Berufsschüler gibt es in Sonnenstadt bzw. im benachbarten Schneedorf entsprechende Schulen. Während die Vereinstätigkeiten als sehr rege bezeichnet werden können und es in allen Ortsteilen Sport-, Musik- und Heimatvereine sowie Feuerwehren gibt, sind andere Freizeitmöglichkeiten für Jugendliche kaum vorhanden. Es gibt keine Diskothek, kein Kino und die Gaststätten werden hauptsächlich von älteren Bürgern besucht. Beliebt sind bei den Jugendlichen die Kirmessen, die in vielen Orten der Region von den lokalen Vereinen an festgelegten Wochenenden veranstaltet werden; der örtliche Jugendclub ist der einzige Treffpunkt für die Jugendlichen. Eine Besonderheit der Gemeinde ist der relativ starke Einfluss der evangelischen Kirche, die in der Jugendarbeit mitwirkt und eine lokale Gedenkstätte verwaltet.

Zur Interviewsituation

Das erste Gruppeninterview fand im Mai 2000 in Wolkenheim statt. Der Kontakt wurde über den örtlichen Jugendpfleger hergestellt und ein erster Termin telefonisch mit einem Jugendlichen vereinbart. Zunächst fand ein einstündiges Interview mit dem Jugendpfleger und dem Streetworker im Jugendclub statt, bei dem sie über die Clique und über Wolkenheim berichteten. Nachmittags waren wir mit Thomas aus der Clique verabredet, mit ihm und zwei weiteren Jugendlichen führten wir ein erstes Interview durch.

Bei dem zweiten Treffen waren neben den drei genannten noch ein zweites Mädchen (Katja) und zwei weitere Freunde von Thomas, Alex und Sebastian anwesend. Später stieß noch ein weiterer Jugendlicher hinzu, der von den anderen „Pimmel" genannt wurde und nicht zum harten Kern der Clique gehört. Die Jugendlichen waren gesprächsbereit und offen, sie hatten sich Bier und Schnaps mitgebracht und die Interviews fanden unter zunehmenden Alkoholkonsum statt. Lediglich Jens hat keinen Alkohol getrunken und versuchte in allen Interviews, seine politische Meinung „ernsthaft" zu vertreten; am Ende der Interviews wurden uns CDs mit rechter Musik vorgespielt.

Während die ersten beiden Interviews im Jugendclub durchgeführt wurden, mussten die anderen - weil es Ärger im Jugendclub gegeben hat - bei Thomas zu Hause stattfinden.

Soziale Struktur und Zusammensetzung der Clique

Die ideologisch gefestigte Kerngruppe besteht aus sechs Personen, die Gruppe reklamiert aber ein weiteres Umfeld, das sie als „patriotisch" bzw. sympathisierend beschreiben.

> Extrem rechts denken wahrscheinlich vier, fünf Leute nur, aber es sind halt sehr viele die patriotisch denken und ein bisschen Sympathie für uns haben, auf jeden Fall. Das sind sehr viele.

Dieses weitere Umfeld der Kerngruppe - mit dem sie Kontakte haben - wird von ihnen mit 10 bis 35 Personen angegeben, es besteht angeblich aus allen „normalen Wolkenheimer" Jugendlichen.

> Frage: Und wie groß ist dann die Clique, also der Freundeskreis, der sich hier trifft?
> Das sind fast alle normalen Wolkenheimer.
> Das kannst du aber so nicht sagen, weil es kommen ja auch Auswärtige dazu. Du kannst nie sagen, es sind so und so viel Leute. Mal sind es 10 mal sind es 20. Es kommt auch vor, wenn irgendwelche Feste sind, dann sind 30 oder 35 Leute da.

Der Kern der „harten" Clique aus vier männlichen und zwei weiblichen Mitgliedern ist im Alter von 18 bis 23 Jahren, wobei die Cliquenzugehörigkeit der beiden jungen Frauen durch Beziehungen mit männlichen Gruppenmitgliedern gekennzeichnet ist. Hinweise, nach denen noch andere junge Frauen zur Clique gehören würden, bestätigen sich während des Interviewzeitraums nicht.

> Frage: Bist du die einzige Frau in der Clique?
> Nein, nein.
> Frage: Sind das dann Freundinnen von männlichen Mitgliedern oder sind die einfach so mit dabei?

Das sind auch andere Mädels. Das hält sich ziemlich die Waage, würde ich mal behaupten.
Frage: Und wie ist da das Verhältnis, Mädchen - Jungen?
Gut, oder?
Ganz normal halt.
Frage: Und von der Anzahl her?
Zwei Drittel Jungen und ein Drittel Mädchen, würde ich mal sagen.

Die männlichen Cliquenmitglieder sind im Zeitraum der Interviews arbeitslos oder befristet beschäftigt; sie haben keine abgeschlossene Berufsausbildung und einige sind ohne Hauptschulabschluss. Die beiden Frauen befinden sich in Ausbildungsverhältnissen zur Erzieherin und Anwaltsgehilfin.

Ja, ich bin der Thomas. Ich werde jetzt bald 23 und arbeite zurzeit unten im Schwimmbad. Hab vorher bei der Gemeinde in Wolkenheim gearbeitet, was soll ich noch dazu sagen, wohne allein, hab eine eigene Wohnung, keinen Führerschein.
Frage: Hast du eine Lehre gemacht?
Angefangen, ja, als Schlosser, aber auch nicht fertig gemacht.

Ja, ich bin 18 Jahre alt. Bin zurzeit arbeitslos, will aber, wenn alles klappt, wieder ab Sommer Schule machen. Werde jetzt auch ab nächsten Monat in eine eigene Wohnung ziehen. Man kann noch nicht viel sagen mit 18.

Ich bin jetzt 23, bin zurzeit arbeitslos.
Hast du eine Lehre abgeschlossen?
Ich habe keine abgeschlossene Lehre, ich bin dreimal durchgefallen in der Prüfung und versuche jetzt halt wieder Arbeit zu kriegen.

Mein Name ist Sebastian, fast 19, keine abgeschlossene Lehre, also ich habe noch gar nicht angefangen.

Die Gründe für dieses Scheitern suchen sie zum einen bei sich selbst, wobei die eigene Arbeitsmoral als ungenügend klassifiziert wird, zum anderen bei Vorgesetzten, denen vorgeworfen wird, einen erfolgreichen Ausbildungsprozess aufgrund persönlicher Differenzen und Antipathie verhindert zu haben.

Ich bin ganz frische 19 Jahre alt, bin gerade durch meine Abschlussprüfung als Rechtsanwaltsfachangestellte gerasselt, die ich in einem halben Jahr wiederhole.

Ich heiße Sandra, bin 19 Jahre und mache eine Ausbildung als Erzieherin.

Die Folgen der Arbeitslosigkeit sind für die Jugendlichen vielschichtig und ihre finanzielle Situation schätzen sie im Vergleich zu Gleichaltrigen als eher ungünstig ein. Ein Spannungsverhältnis entwickelt sich aufgrund ihrer hohen Bewertung von Arbeit als Teil ihrer Ideologie und der Tatsache, dass sie diesen Anforderungen nicht gerecht werden (können). Dieser Widerspruch zwischen Anspruch und Wirklichkeit, zwischen endloser Freizeit und fehlender Mobilität, zwischen Arbeitsethos und Faulheit, werden in einem übermäßigen Alkoholkonsum und sich stets wiederholenden Tätigkeiten (routinierter, gleichförmiger Tagesablauf) verarbeitet.

Hobbys: mit Freunden rumhängen, Alkohollust frönen, tja, was soll man da sonst noch sagen?

Bei den Mitgliedern der „harten" Clique handelt es sich um unterprivilegierte Jugendliche ohne Karrierechancen auf dem Arbeitsmarkt, die sich in einem Abnabelungsprozess vom Elternhaus befinden; zwei Jugendliche wollen zusammen wohnen, indem sie versuchen in einem Haus (nebeneinander) eine Wohnung mieten.

Während ihr aktuelles Leben von Langeweile, Alkohol und Politik geprägt ist, sehnen sie sich nach stabilen und klaren Strukturen und strengen Befehlen, nach Männerbünden sowie nach einem Leben als ‚Kämpfer für ihr Vaterland'. Ein Merkmal der Clique ist ihre Affinität zur Bundeswehr, zu autoritären, hierarchischen Strukturen und zum Kämpfer- bzw. Soldatenleben; hier handelt es sich um Wünsche, denen real eine Ausmusterung oder Ablehnung gegenübersteht. So berichtet Jens, dass er sich bei der Bundeswehr freiwillig gemeldet habe, aber aufgrund seiner Einordnung als Rechtsradikaler nicht angenommen worden ist.

Ich hatte meine Musterung ungefähr vor vier Jahren und seitdem nichts mehr davon gehört.
Ich hab mich mit 17 freiwillig gemeldet, und die haben dann klipp und klar gesagt, die rufen auch die Eltern an, wenn man noch minderjährig ist und dass sie mich wegen dem Rechtsradikalismus auf keinen Fall mehr nehmen. Also ich hab da null Chancen!
Scheiß militärischer Abschirmdienst!

Am Ende des Erhebungszeitraums gelang es allen männlichen Jugendlichen eine Arbeitsstelle im Rahmen von Anlerntätigkeiten zu bekommen. Sie zeigten sich erleichtert, da sie nun in stärkerem Maße ihren eigenen Ansprüchen genügten und finanziell unabhängiger waren, beklagten nun aber die geringere Freizeit und die räumliche Trennung durch Umzüge innerhalb der Gemeinde.

Cliquengeschichte

Der Altersunterschied bis zu sechs Jahren, der Zuzug eines Cliquenmitgliedes aus einem anderen Bundesland und der ‚Einstieg' der beiden jungen Frauen über Beziehungen zu männlichen Cliquenmitgliedern zeigt, dass es sich nicht um eine Clique bereits aus einer gemeinsamen Schulzeit handelt, sondern eher um eine ‚politische Gemeinschaft'. Alle männlichen Mitglieder betonen, schon vor dem Eintritt in diese Clique eine rechte Einstellung gehabt zu haben, und diese sei der ausschlaggebende Grund für ihre Mitgliedschaft.

> Das Extreme bei mir ging mit dreizehn los, da bin ich so mehr in die linke Szene rein gegangen, und einfach nur, was weiß ich, Protest gegen die Eltern, gegen die Lehrer und irgendwann, mit fünfzehn kam das, dass man mal nachgedacht hat und es ging dann in die andere Richtung. Ja, und seitdem bin ich rechts.

Die Clique versteht sich nicht als nach außen abgeschottet, sondern sieht sich als „lokale Durchlaufstation" für rechtsextrem eingestellte Jugendliche. Sie selbst beschreiben einen quasi-natürlichen Prozess („ist halt so ein Kreislauf, der Nachwuchs kommt halt"), der von passiver Affinität zu rechten Einstellungen („am Anfang sind das so Mitläufer") über eine Phase politischer Aktivität (begleitet von einem ideologischen und politischen Lernprozess) bis zum Austritt aus der Clique führt; Letzteres wird legitimiert durch die Gründung einer Familie.

> Irgendwann gehen die Älteren weg und Jüngere kommen nach und so ist es wahrscheinlich die letzten 20 Jahre schon gewesen. Man muss sich nicht finden, man sieht die ja dann und irgendwann läuft man auch so rum und dann kommt man automatisch ins Gespräch, vor allem in so einem kleinen Dorf wie hier.

Der politische Nachwuchs wird, wie sie sagen, aus der Reihe der sogenannten ‚normalen' Jugendlichen ‚rekrutiert' („Die sind ja schon da."). Die Hinwendung zur rechtsextremen Ideologie wird mehrfach als rationaler und reflektierter Prozess des Nachdenkens dargestellt, in dessen Verlauf sie zu ihrer Einstellung oder ‚Wahrheit' fänden. Dies kann als eine nachträgliche Rationalisierung der rechtsextremen Ideologie und ihrer Biographie (‚natürlich' so geworden zu sein) verstanden werden.

Ein wichtiger Treffpunkt für die Clique und auch ein zentraler Ort in der Entstehung und Verfestigung war der Jugendclub der Gemeinde. Dieser hat nach dem Jugendpfleger wie auch nach den Angaben der Jugendlichen schon immer ein „rechtes Image" und ein Zeitungsartikel aus dem Jahr 1991 „könne dies sogar belegen".

> Schon immer. Ich hab mir jetzt durch Zufall mal wieder so einen Zeitungsartikel bei einem Kumpel, der lag da rum, durchgelesen, der war von 1991 vom Wolkenheimer Jugendclub und da war schon das gleiche Problem, also das gibt's schon solange ich denken kann.

Einige Mitglieder der Clique waren aktiv an der Renovierung des Jugendraums beteiligt und teilweise auch im Jugendvorstand. Mit dem Hausverbot durch den Jugendpfleger aufgrund der Radikalisierung und damit zusammenhängenden Regelverstößen - Hören von indizierter Musik, Bedrohungen von anderen Jugendlichen, exzessivem Alkoholkonsum und Beschädigung bzw. Zerstörung der Einrichtung - kann der Raum seit einiger Zeit nicht mehr als Treffpunkt genutzt werden. Thomas erzählt, dass sich die Mitglieder der Clique früher ab und zu in einer Kneipe getroffen haben, die vorübergehend seiner Tante gehörte und in eine andere Kneipe darf er nach eigenen Worten „nicht mehr rein".

> Da (in diesen Gaststätten, d.v.) sind nur Fußball-Idioten drin, vom Verein hier, so eingebildete Neureiche. Ich brauche hier in keine Kneipen mehr zu gehen, da treffe ich mich lieber, hole mir eine Kiste Bier und setze mich bei mir in den Garten. Da habe ich mehr von.

Ein anderer zentraler Ort für die Clique und viele Jugendliche der Gemeinde ist der Parkplatz vor dem Jugendclub. Hier findet zwischen Sportanlagen, Schulen und Schwimmbad ein großer Teil der Kommunikation mit anderen Jugendlichen statt, zu denen vereinzelt Freundschaften bestehen. Mit ihnen werden auch Konflikte wegen Drogenkonsum oder über politische Ansichten ausgetragen, wobei es nach der Clique allgemein einen fremdenfeindlichen Konsens gibt, und sich die Meinungen nur durch den Grad der Radikalität unterscheiden. Die Clique sieht sich als Leitgruppe, die einen großen Teil der dort verhandelten Themen bestimmt und der Jugendpfleger bestätigt diese Selbsteinschätzung dahingehend, dass die Mitglieder der Clique durch ihr Auftreten ein relativ hohes Ansehen hätten.

> Frage: Also, ihr trefft euch mit der Clique privat oder halt hier? Wir haben gehört, hier vorne (der Parkplatz vor dem Jugendclub, d.V.) ist auch ein Treffpunkt?
> Hier sind ja alle, die ganz Normalen auch, hier treffen sich nicht nur Rechte.
> Und wir kommen eigentlich ja auch alle ganz gut aus.

Die Clique hat durch das Hausverbot den einzigen witterungsunabhängig nutzbaren öffentlichen Raum in Wolkenheim verloren. Die Treffen vor dem Jugendclub finden zunehmend sporadisch und mit abnehmender Beteiligung statt und die Jugendlichen ziehen sich in die verfügbaren eigenen Privatwohnungen zurück. Begründet wird diese Tendenz mit ihren gelegentlichen Arbeitsverhältnissen, der Attraktivität der eigenen Wohnungen und dem Eindruck, verdrängt und abgelehnt zu werden. Der Rückzug aus der Öffentlichkeit trägt - so auch die Befürchtung des Jugendpflegers - zu einer stärkeren Isolation der Gruppe und ihrer Radikalisierung bei.

Aktivitäten
Die Freizeitaktivitäten der Clique sind von wenig Abwechslung geprägt. Die Jugendlichen verbringen die Zeit nach der Arbeit oder am Wochenende häufig in der Wohnung von Thomas. Dort trinken und feiern sie gemeinsam, hören Musik, nutzen den Fernseher für Videos und Computerspiele

oder beschäftigen sich mit dem Hund des Wohnungsinhabers, einem Rottweiler namens Wotan; bei schönem Wetter halten sie sich auch im Garten auf und grillen.
Frage: Und was macht ihr, wenn ihr zusammen seid?
Mit dem Hund spielen.
Ja, auch mal ganz normale Sachen, was normale Leute auch machen, und wenn man sich Abends trifft und Playstation spielt. Es ist nicht so, dass überall Hakenkreuzfahnen wehen und wir mit Heil Hitler rumlaufen. Also ganz normal, ein ganz normales Leben.
Frage: Videos gucken und Musik hören?
Ja.
Wie andere auch.
Ansonsten verstehen wir uns, wenn wir uns treffen; wir trinken zusammen, wir feiern zusammen.

Wiederholt betonen die Jugendlichen, dass ihr Freizeitverhalten ganz „normal" und dem anderer Jugendlicher vergleichbar ist. Geschätzt werden Filme, in denen die extreme Rechte, die Skinheadszene oder Kriege heroisiert und positiv dargestellt werden oder die gewalttätige Szenen beinhalten. Filme, die ihre Bezugsszene nicht in ihrem Sinne darstellen oder sie kritisieren, werden ebenso abgelehnt wie die von - und darauf weisen sie ausdrücklich hin - Steven Spielberg (‚Schindlers Liste') oder Filme mit „farbigen Hauptdarstellern".

Frage: Und wenn ihr Videos guckt, was sind das für welche?
Alles.
Auch ganz normale aus der Videothek.
Gut, diese Ghettofilme sind es nicht unbedingt, wo die ganze Zeit der Neger durch den Busch springt, irgendwo in Amerika. So etwas gucken wir uns nicht an.
Ganz normal halt, wie die anderen auch.
Was halt so grad raus kommt, was interessant ist. Wir gucken uns auch mal irgendwas mit dem 2. Weltkrieg an, wenn es mal zufällig kommt im Fernsehen. Aber das ist eigentlich eher selten.
Romper Stomper, American History X und alte Kriegsfilme, wie Stalingrad oder so was.
Wenn sie einigermaßen neutral sind, ich guck bestimmt keinen Kriegsfilm von Steven Spielberg an; die müssen auch nicht direkt für uns jetzt sein, wie die berühmten Landser-Heftchen, die ja sehr für unsere Seite geschrieben worden sind, aber schon neutral sollten sie sein, dass man wirklich nicht gegen die Zeit hetzt, sondern auch ein schöner Film ist.
Frage: Aber z.B. in American History X wird ja auch eine Wende gezeigt...
Ja, gut das Ende muss man...

Aber dass ist das perfekte Ende für den zweiten Teil, wo der erschossen wird. Natürlich kann man auch darüber nachdenken, und dass macht man auch irgendwie, aber so ein Film muss ja eine Wende haben, sonst würde er gar nicht erlaubt werden. Aber dann schaltet man halt nach einer Stunde aus und guckt ihn sich von Anfang an wieder an und lässt das Ende weg.
Frage: Und Romper Stomper?
Da guck ich die ersten 70 Minuten und spule dann wieder zurück. Bis sie alle Sterben, aufgeschlitzt werden die Fidschis.
Auf jeden Fall ist Romper Stomper ja auch ein Kult, da gibt es ja auch CDs und Plakate. Ich glaub, jeder Skinhead muss den Film kennen, sonst hat er was verpasst. Oder auch andere Filme, wie Braveheart zum Beispiel ist auch absoluter Kult.

Die Möglichkeiten im Ort sind aufgrund des mangelnden Angebotes - es gibt keine Diskothek, kein Kino, nur wenig Kneipen, die aber von den Jugendlichen der rechten Clique gemieden werden - begrenzt; auch in Sonnenstadt werden solche Lokalitäten eher selten frequentiert.

Frage: Waren Discos oder Partys mal ein Thema?
Nein. Ich bin schon mal nach Sonnenstadt gefahren, aber nicht unbedingt um in eine Disco zu gehen, das nicht, wenn dann lieber in eine ruhige Kneipe, wo man seine Ruhe hat und nicht irgendwie dumm angemacht wird, und da die ganzen Discos sowieso zu 80% von Türken besetzt sind, da kann man nicht viel machen. Man kommt ja auch nicht in jede Disco rein.

Gelegentlich fahren sie zu Konzerten („seltener, aber wenn es mal passt."), einige sind Fußball- und Eishockeyfans und besuchen regelmäßig Spiele („ich verpasse kein Heimspiel von Eishockey."). Solche gemeinsamen Ausflüge sind aber eher die Ausnahme und das „Abhängen" in der Wohnung mit regelmäßigem und starkem Alkoholkonsum ist die Regel.
Hier zeigt sich die Ambivalenz der Kameraderie, auf der einen Seite die mit „Sinn" dargestellten Aktivitäten und der Zusammenhalt, dann aber die Langeweile, das Rumhängen, der exzessive Alkoholkonsum und die Perspektivlosigkeit.

Politische Aktivitäten
Die politischen Aktivitäten der „harten" Clique zeigen nahezu das gesamte Spektrum rechtsextremer Handlungsmuster und eine stark gefestigte und radikalisierte Gruppe. Illegale, gewaltförmige Aktionen - abgesehen von Schlägereien auf Festen - gibt es punktuell und werden mehr unspezifisch erwähnt. Es gibt regelmäßig Schlägereien vor allem mit Jugendlichen aus Migrantenfamilien; die Gruppe bekennt sich dazu, absichtlich zu bestimmten Festen zu fahren, um dort Konflikte - aktuell insbesondere mit jugendli-

chen Spätaussiedlern - zu suchen und gewaltförmig auszutragen. Dieser Sachverhalt ist öffentlich bekannt, so wurde ihnen beispielsweise von der Polizei mit Unterbindungsgewahrsam gedroht, sollten sie eine bestimmte Kirmes besuchen. Auch das „klare Verbot", dass „ihre Frauen" bei den Schlägereien nicht anwesend sein dürfen, zeigt ein gezieltes Suchen von Konfrontation mit dem „verhassten" politischen Gegner; hierbei spielt zur Stimulation und Enthemmung der massive Konsum von Alkohol eine wichtige Rolle.

Die ideologischen Positionen der Jugendlichen und das damit verbundene Auftreten haben zu Konflikten in der Schule, mit einzelnen Lehrern, den Eltern und der Jugendpflege geführt wie auch Ermittlungen der Polizei nach sich gezogen.

Frage: Hast du mal Ärger mit der Polizei oder mit dem Gericht gehabt?
Ja, ich glaube schon, dass ich bei der Polizei ziemlich bekannt bin.
Frage: Worum ging es dabei?
Meistens wegen Ruhestörung. Und dann halt auch wegen meiner Einstellung, weil ich halt öfters so mit sechzehn, siebzehn eine ziemlich große Klappe hatte und dann auch damit herum geprahlt habe, so zum Thema Auschwitz-Leugnung. Da wurde ich halt auch schon öfters mal verhört.
Frage: Hat dich jemand angezeigt?
Es hat mich auch jemand angezeigt wegen Volksverhetzung. Die haben mich dann erst mal mitgenommen und haben mich dazu befragt. Da hatten sie mir, wahrscheinlich weil ich erst sechzehn war, noch eine Chance gelassen, mich davon wegzubringen wenn sie mir drohen, aber es hat nicht geklappt.
Frage: Auch mal wegen Schlägereien?
Ganz selten eigentlich. Also, im Moment geht es wirklich ganz gut.

Die achte Klasse bei mir so ungefähr, da sind bei mir die ersten Probleme aufgetreten, mit Lehrern, Eltern und Polizei.

Ja, auch mal etwas heftiger, das muss ich zugestehen. Es ist auch mal etwas (im Jugendclub, d.V.) kaputt gegangen, das haben wir aber ersetzt. Also, wenn jetzt irgendwas kaputt ging waren es sowieso die Rechten, die da was kaputtgemacht haben. Es ist ja egal, wer hier drin etwas macht, es sind immer die Rechten.

Zu den Aktivitäten der Clique wird weiterhin berichtet:

- von einem organisierten Nazitreffen in einer Grillhütte, das als Geburtstagsfeier getarnt war,

- von Pöbeleien gegen Andersdenkende im Jugendclub, Zerstörungen im und Beschmieren des Jugendclubs mit nazistischen Symbolen und Parolen, Hören indizierter Musik im Jugendclub,

- von der Bereitschaft in den Ku-Klux-Klan einzutreten,

- vom *Rückgang* von Schmierereien und Sachbeschädigungen in der Öffentlichkeit.

Zwei Mitglieder der Clique berichten von ideologischen und parteipolitischen Schulungen und der Teilnahme an Demonstrationen sowie von Parteiarbeit. Jens berichtet von so genannten Liederabenden, bei denen die ideologische Schulung und bestimmte Themen im Mittelpunkt stehen; hier gäbe es Alkoholverbot, Frauen sei der Zugang untersagt und zum Abschluss würden Lieder zur Gitarre gesungen.

Schon, ja, Alkohol spielt schon eine Rolle. Wobei es auch Treffen gibt, wo man wirklich ein ernstes Thema diskutieren will, und dann heißt es Alkoholverbot. Man sollte da dann eigentlich nüchtern hingehen.
Bei den Liederabenden, wenn sich Leute treffen und dann wirklich über Sachen diskutiert wird, dann meinen die wahrscheinlich, es geht um ernste Sachen; das muss man sich vorstellen wie in der Schule, wie auf der Uni, so ein Vortrag. Einer redet, einer ist halt der große Kopf von der ganzen Sache, und er diskutiert dann mit uns. Da geht es dann schon ruhig und ernst von statten.
Frage: Das ist dann aber nicht die Clique aus ...?
Nein, da kommen sie von überall her, wenn so etwas ist. Meistens ist es in Schneebrücke und da fahren von uns ein paar hin, aus Sonnenstadt fahren welche hin, aus Schneebrücke sind es viele.
Halt wer davon was weiß, fährt hin.
Frage: Das ist politische Schulung?
Ja.
Frage: Wieso heißt es dann Liederabend?
Weil wir im Anschluss meistens halt noch mit Gitarre einen Liederabend machen. Lieder spielen. Dann darf auch Bier getrunken werden, wenn die Diskussionsrunde vorbei ist.

Die Treffen in Schneebrücke dienen der regionalen Koordinierung der Szene, an ihnen nehmen jugendliche und erwachsene Rechtsextremisten aus Nordhessen, Niedersachsen und Thüringen teil.

Jens ist aktives Mitglied bei den Jungen Nationaldemokraten (JN), der Jugendorganisation der NPD.

Da muss man als Beispiel nehmen, dass die NPD immer Demonstrationen macht und die DVU oder die Republikaner, da sehe ich kaum eine Demonstration. Für mich ist die NPD auch die bessere Partei für die Jugend, weil die für die Jugend einsteht, was die Jugend will. Also für unsere Jugend. Weil die Jugend hat andere Ansichten als die alten Leute, ganz bestimmt. Drum sind wir beide auch in der JN.

Er übernimmt in der JN politische Aufgaben wie Plakate kleben, Flugblätter verteilen und nimmt an Veranstaltungen und Demonstrationen teil.

> Das fängt schon klein an, Plakate aufhängen, Flyer verteilen, gehört alles dazu, oder eine Demo besuchen, was halt die rechte Szene macht. Den Leuten zeigen, dass wir immer noch da sind, und dass es halt auch Menschen gibt, die das, was sie denken, auch raus schreien, statt immer nur zu Hause zu schimpfen und nichts zu machen.
> Frage: Und was wird da gefordert?
> Je nachdem, alles von den Wahlprogrammen, oder was wir fordern, z.B. die Todesstrafe für Kinderschänder oder härtere Strafen für Drogendealer.

Jens berichtet von der Teilnahme an Demonstrationen und wie sie vorher genaue Instruktionen zu Verhaltensregelungen erhalten, die dazu dienen sollen, das Bild der Demonstranten und der rechten Szene in einem positiven („ordentlichen") Licht erscheinen zu lassen. So wird Zurückhaltung gefordert und Provokationen sollen billigend in Kauf genommen werden.

> Ja, man kriegt ja auch vorher gesagt, dass man sich wirklich diszipliniert verhalten sollte, und dass man ruhig bleibt, egal was ist. Allein schon, dass halt das Volk sieht, dass wir nicht die Schlimmen sind. Es heißt, lasst die anderen Pflastersteine schmeißen, es ist unser Ruf, der drauf geht, wenn ich zurück schmeiße.

Weiter erwähnt Jens, wie er sich regelmäßig politisch informiert:

> Ich lese viele Bücher über den II. Weltkrieg. Also, nicht nur unsere, sondern auch ganz neutral geschriebene Bücher. Informieren tue ich mich meistens übers Internet oder durch irgendwelche Zeitungen, die man hier auch kaufen kann, so Szene-Zeitungen.

Das Ansehen von historischen und politischen (Dokumentar-) Filmen und aktuellen Nachrichten gehört für ihn zur politischen Arbeit. Er ist der Einzige in der Gruppe, der die „intellektuellen Fähigkeiten" besitzt, kompliziertere Zusammenhänge zu verstehen und „Argumente" wiederzugeben, zum andern ist sein Aktivitätsdrang auch mit einem Versuch zu erklären, innere Leere und Sinnlosigkeit, und mögliche (Selbst-) Zweifel zu überspielen und zu verdrängen. Die ununterbrochene Auseinandersetzung mit rechter Ideologie und der übertriebene Aktivismus deutet auf eine ständige Vergewisserung der Selbstwirksamkeit und von Handlungsfähigkeit hin; auch die Illegalisierung der eigenen Gruppierung wird mit dem Hinweis in Kauf genommen, sich dann eben vermehrt illegal betätigen zu wollen.

Die Aktivitäten der anderen Jugendlichen in der Clique sind bestimmt von einer Affinität zu Gewalt und Schlägereien bzw. zu mit „Spaß" verbundenen Aktionen bei Feten und Festen. Parteiarbeit wird von ihnen abgelehnt und mit der Unfähigkeit der Parteien begründet, obwohl Jens immer wieder versucht, sie zu überzeugen.

Bei der NPD, muss ich jetzt sagen als Mitglied, ist es anders. Die setzt sich auch für die Jugend ein. Aber DVU und die Republikaner sind für mich Geldmacherei. Die Obersten verdienen ohne Ende dran.

Das Verbot von Alkohol, die monotone und die nicht sofort „Action" oder „Spaß" bringenden Arbeiten wie Sitzungen und Plakatieren, aber auch die lange Anreise zu Demonstrationen oder Liederabenden hindern die anderen Jugendlichen, sich politisch (organisiert) stärker zu engagieren und organisatorisch zu binden. Sie favorisieren eher aktionsorientierte Freizeitaktivitäten, um ihre Affekte direkt und körperlich ausagieren zu können.

Alkohol
Alkohol spielt im Alltag der Clique eine große Rolle und wird bei jeder Freizeitaktivität, ob bei Besuch von Fußball- oder Eishockeyspielen, bei Konzerten, auf der Kirmes oder beim „Abhängen" in der Wohnung, konsumiert. Jens, der als Einziger keinen Alkohol trinkt, versuchte bei den Interviews immer wieder Ordnung und Ruhe in die Gruppe zu bringen und ernsthaft die gestellten Fragen zu beantworten - was ihm aber nur teilweise gelingt. Bevorzugt wird Bier, aber es werden auch härtere Sachen wie Schnaps getrunken. Die Höhe des Konsums reicht nach ihren Aussagen von „ein Bierchen trinken" über „der Alkohollust frönen" bis „sturzbesoffen" und „kistenweise" Alkohol trinken. Sie sagen, dass früher vor allem um sich die Zeit zu vertreiben, aus Langeweile und aus Frust mehr getrunken wurde. Jetzt, da fast alle eine Arbeit hätten, würde sich der Alkoholkonsum auf den Feierabend und auf das Wochenende beschränken.

> Bis jetzt war es oft so, dass wir wirklich erst mittags aufgestanden sind, weil wir halt viel Arbeitslose bei uns in der Clique hatten. Wir haben wirklich sehr viel Alkohol getrunken und der Tagesablauf war eigentlich jeden Tag das Gleiche, also es war egal, ob das Sonntag oder ob es Dienstag war. Ja, und jetzt arbeite ich halt wieder bis abends.
> Ja, weil man auch nichts zu tun hatte, also war das Trinken sehr wichtig.

Der Alkoholkonsum der Clique ist ritualisiert und gemeinsames Trinken zeugt von Verbundenheit und bekundet die Freundschaft, kann für sie aber auch Feindschaft außer Kraft setzen.

> Wenn wir jetzt mit Linken auf einer Feier sind, da können wir uns genauso gut über unsere Meinung unterhalten und trinken dabei die Schoppen.
> Man kann sich natürlich auch treffen und sagt, heute Abend ist die Meinung zur Seite gelegt und dann trinken wir einfach einen zusammen.

Für die Jugendlichen wird der Alkoholkonsum in die Bekundung ihrer Beziehungsstruktur eingebunden.

> Wir verstehen uns privat tierisch gut, wir trinken zusammen, wir feiern zusammen.

Alkohol ist - als Sucht und Krankheit - kein Thema, der hohe Konsum wird eher verniedlicht („Alkohollust frönen") und getrunken wird meist bis zum Kontrollverlust, die enthemmende Wirkung wird in Kauf genommen und genutzt, sie führt zu gesteigerten Aggressionen und einer erhöhten Gewaltbereitschaft.

Aber es kommt ganz ehrlich gesagt auch auf den Alkoholspiegel an, bei beiden Gruppen, wenn beide total voll sind, dann passiert das natürlich eher, das ist ganz klar.
Die Hemmschwelle geht auf jeden Fall runter, klar.

Bei allen von uns würde ich sagen, bei Alkohol hört die Angst irgendwo auf, dann hat man keine Angst mehr.

Da brauch' ich keinen Alkohol für. Das sag' ich auch nüchtern. Das ist bei mir nicht das Problem. Ein Niggerbaby abschlachten, würde ich auch nüchtern tun. Dazu brauch' ich keinen Alkohol.

Illegale Drogen
Wie in der rechten Szene üblich, werden auch von der Clique illegale Drogen abgelehnt. Begründet wir das damit, dass illegale Drogen „undeutsch" sind und sie mit dieser Art von Drogen nichts anfangen können. Sie sind sich bewusst, dass Alkohol und Zigaretten auch Drogen sind, machen aber Unterschiede zwischen legal und illegal, chemisch und natürlich, konsumieren (weil süchtig) und genießen (weil es gut schmeckt).

Das ist immer ein Thema mit diesen dämlichen Drogen. Weil da gibt es sehr, sehr viele hier in..., die meinen, sie müssten das konsumieren. Und das ist halt immer so ein Punkt, wo man sich dann doch schon in die Haare kriegt. Wenn die vollgedröhnt sind, und dir passt das nicht, dann kriegt man sich schon mal in die Haare. Groß Schlägereien mit denen gibt es nicht, man kennt sie ja auch von der Schule früher, man ist mit denen groß geworden. Man schüttelt zwar den Kopf und sagt ihm, dass es scheiße ist, und dann will er dir was erklären, und dann geh ich lieber weg. Weil ich den schon seit Jahren kenne.
Frage: Das ist dann aber nicht Alkohol, sondern sind andere Sachen?
Ja, gut, Alkohol trinken wir ja auch, das ist auch eine Droge. Nikotin auch. Aber da geht es schon in die chemischen Drogen, und Kifferei und Pillen und Pappen. Das ist schon ziemlich krass, was hier abgeht.
Frage. Und davon haltet ihr nichts?
Ne.
Absolut nichts.

Selbstbild und Cliquenidentität

Als Selbstbild wird eine ideologische Ausrichtung und Selbstkategorisierung angeboten, das die Clique in erster Linie als politische Gruppierung ausweist, zu deren Kernen ‚Kameradschaft', Teil einer Bewegung zu sein sowie rechtsextremistische und rassistische Deutungen gehören.

Bewegung
Die lokale Clique beansprucht Teil eines größeren Zusammenhangs zu sein, sie wehren sich dagegen, als Clique ‚abgestempelt' zu werden; diese Bezeichnung ist ihnen zu negativ und unzureichend, um die Bedeutung ihrer Gemeinschaft zu beschreiben, die sie als „Bewegung" bezeichnen.

> Eine Szene, das ist schon eine richtige Bewegung. Das ist nicht unbedingt eine Cliquenangehörigkeit, unsere Clique ist viel größer, wir haben auch normale Menschen als Freunde, die nicht diese Meinung teilen. Das ist unsere Clique. Und wenn wir unter uns sind, das ist dann schon eine Bewegung. Das kann man nicht als Clique abstempeln!

Die Dimension ‚Bewegung' vermittelt den Eindruck von (kommender) Stärke und Macht, von (nationaler) Größe und Dynamik, der sie zugehören. Damit unterstreichen sie auch die politische - quasi religiöse - Bedeutung von ihrer Gemeinschaft, ihre Gemeinsamkeit wird aufgeladen und überhöht dargestellt in einem Bewegungs-Mythos. Der Begriff wird auch reklamiert, weil er eine interne Differenzierung zulässt; er kann unterschiedlich gefüllt werden, ohne die eigene Zugehörigkeit zu gefährden.

> Es gibt wahrscheinlich auch Leute, jetzt nicht unbedingt hier im Dorf, aber in der näheren Umgebung, die noch mehr machen, das ist schon irgendwie eine Clique. Aber jeder hat auch seine eigenen Sachen, der eine fühlt sich zu der Partei hingezogen, der andere zu der, also alles zwar rechts, aber halt unterschiedlich. Der andere geht in irgendwelche Organisationen rein. Es hält zwar zusammen, aber man hat halt auch bestimmte eigene Einstellungen.

Kameradschaft
Kameradschaft ist für die Jugendlichen der Kernbegriff, mit dem sie ihr Verhältnis zueinander beschreiben und als Inbegriff von Zugehörigkeit und Halt idealisieren. Dabei rangiert sie in ihrer subjektiven Bedeutung vor anderen identitätsstiftenden Gruppen oder Institutionen, wie der Familie, Arbeit und Schule.

> Auf jeden Fall, das Wichtigste glaube ich.
> Das ist absoluter Zusammenhalt auf jeden Fall, das ist mehr als eine Freundschaft, das ist bestimmt auch sehr wichtig, aber Kameradschaft das ist, ja ich würde für einen Kameraden mein Leben riskieren auf jeden Fall. Ich glaube auch, dass das Kameraden für mich tun würden. Das ist das wichtigste überhaupt, was die ganze Szene zusammenhält.

> Ja, als Erstes auf jeden Fall die Kameraden, danach halt Arbeit, Schule und so...

Frage: Kommt noch vor der Familie?
Ja, also bei mir jedenfalls schon. Hält sich irgendwie die Waage, aber eigentlich sind Kameraden wichtiger.

Die Gruppenidentität wird nicht als Gemeinschaft von Freunden bewertet, sondern als Kameradschaft mit einer Totalitätsperspektive und einer „Sache" beschworen, der man sich gänzlich hingibt.

Aber Kameradschaft ist was anderes, weil ich genau weiß, bei dem Anderen, für den ich mich einsetze kommt das zurück, wenn ich mal in der gleichen Situation bin.

Sie reklamieren einen Verlässlichkeits- und Totalanspruch als Lebenskonzept, dass von ihnen als „ein schönes Gefühl" wahrgenommen wird, nämlich „zu wissen, man hat solche Kameraden, die alles für einen tun". Sie erklären sich bereit Opfer für ihre Weltanschauung zu bringen und würden „für einen Kameraden ihr Leben riskieren".

Für jeden in Europa, glaube ich, der sagt ich bin ein Skinhead oder sonst was, für den würde ich mein Leben riskieren, egal ob ich den kenne oder nicht. Es ist für mich ein Kamerad in dem Moment.
Ich unterscheide auch zwischen guten Kameraden, die jetzt hier sitzen, die ich super kenne und Kameraden, wie jetzt aus Bayern oder sonst wo herkommen. Aber für mich ist es schon so, dass ich sage, ich würde für Jeden mein Leben riskieren.

Die zentralen Merkmale von Kameradschaft liegen für die Jugendlichen in einer absoluten Zuverlässigkeit, Treue und Loyalität. Dies geht in ihrer Phantasie so weit, dass die gegenseitige Hilfe und Unterstützung auch große Opfer einschließt, dazu gehört auch die Hingabe des eigenen Lebens. Das eigene Wohl und Interesse tritt hinter dem vermeintlichen Wohl des anderen bzw. der Szene und der Idee zurück. Ihre Vorstellung von Kameradschaft suggeriert, dass sie niemals allein sind und Gefahren, Schmerzen, Leiden teilen. Diese Grundhaltung erscheint ihnen nicht kündbar, sondern auf Dauer in dem Sinne angelegt: „einmal Kamerad, immer Kamerad".

In der Gruppe dient das Bild vom ‚Kameraden' auch dazu, den internen Druck aufrecht zu erhalten, dass niemand den gemeinsamen Weg verlässt, und potentielle Abweichler darauf aufmerksam gemacht und ggf. auf ‚den Pfad der Tugend' zurückgebracht werden. Solche Abweichler würden von ihnen (den „Freiheitskämpfern") als Verräter betrachtet und als Feinde bekämpft. Sie beschreiben ihre Kameradschaft vor allem aber als Ressource im (Über)Lebensalltag, in dem sich gegenseitig helfen und stützen und jederzeit füreinander da sind.

Wenn zum Beispiel meine Freundin jetzt ankommt und sagt, ich habe eine Sechs in der Arbeit geschrieben, ich muss nachschreiben, kannst du mit mir lernen und ein Kamerad hätte jetzt ein Problem, dann würde ich

ihn vorziehen; weil ich genau wüsste, er in meiner Situation würde es genauso machen, weil Kameradschaft, das geht über alles.
Ja.
Frage: Ist das nur unter Männern so?
Nein, das nicht, das war ein Beispiel. Wenn meine Freundin jetzt ein Problem hätte, dann wäre das bei einem Mädchen genauso.
Also ich bin der Meinung, Kameradschaft gibt es nicht nur alleine wegen Kloppe.
Kameradschaft ist für mich, dass ich, wenn ich ein Problem habe weiß, wo ich hingehen kann.
Ja, da kann man drüber reden.
Wenn ich Stress habe mit irgendjemanden, ich weiß, wen ich anrufen kann. Ich weiß, dass die Leute kommen und mir helfen. Auch in anderen Situationen, es gibt so viele Situationen, wo man Unterstützung braucht und da weiß ich halt, dass meine Kameraden, ich weiß die stehen zu mir, dass die für mich da sind. Das ist für mich Kameradschaft.
Das kann auch finanziell oder familiär sein. Alles.
Das ist genau das Beispiel, dass ein Kamerad versucht mir Arbeit zu verschaffen, weil er weiß, dass ich arbeitslos bin. Das ist nicht nur auf Schlägereien bezogen.
Ein anderer Kamerad hat einem eine Wohnung vermittelt.

Genauso finde ich das, wenn ich jetzt zuhause in meiner Wohnung sitze, mich ruft irgendein Freund an, was machst du heute Abend, ich will noch ein Bier trinken. Dann sage ich: Nein, das will ich nicht. Ruft jetzt ein Kamerad an und mir geht es noch so dreckig, oder ein Kamerad und seine Freundin und noch ein Kamerad: ‚Ja, wir wissen nicht was wir machen sollen, wir würden gern mal zu dir kommen und ein Bierchen trinken.' Wenn es mir noch so dreckig geht, bevor die Leute hier irgendwo herumhängen, sage ich: Kommt rüber zu mir, trinkt euer Bier, verhaltet euch in Ordnung, könnt bei mir ein Bierchen trinken, könnt ein bisschen feiern, Fernsehen gucken, Musik hören, alles. Obwohl es mir Scheiße geht, bei einem Kameraden ist mir das egal.

Kameraden können gerne kommen auf jeden Fall und wenn's mir noch so dreckig geht, das ist mir rotz-egal. Weil ich genauso wüsste, er hat eine Wohnung, mir geht es Scheiße, ich kann zu ihm fahren. Das ist halt Kameradschaft.

Diesen hohen selbst gesteckten Anforderungen werden die Jugendlichen aus der Perspektive des Jugendpflegers nicht gerecht. Er belegt das z.B. mit der Bereitschaft von einzelnen Gruppenmitgliedern, Auskunft über die Diebstähle eines anderen Gruppenmitglieds zu geben.

Die Erfahrungen, dass die Kameraden auch Verräter sein können, das hatten wir hier schon. Da habe ich ein bisschen Druck ausgeübt und dann haben sie gepetzt. Also ist die Kameradschaft wohl doch nicht so groß.

Fan
Aus der Sicht der Jugendlichen hat die beschworene Harmonie nur eine Grenze. Gewalt bzw. Feindschaft ist in der Begegnung von ‚Kameraden' als Fußball- oder Eishockey-Fans möglich, weil in dieser Situation andere Gruppenidentitäten für sie im Vordergrund stehen.

Nein, für den Verein stehe ich ja ein.

Gewalt wird von ihnen dabei als vorübergehend und als gegenseitiges Einvernehmen legitimiert; sie steht im Zusammenhang mit Freizeitspaß.

Ich glaube, so als Skinhead legt man es nicht drauf an. Außer wenn man sich auch als Hooligan bezeichnet, aber so bezeichne ich mich eigentlich nicht. Also ich sympathisiere mit denen auf jeden Fall, und ich find es auch ziemlich in Ordnung und hänge bei denen rum, aber so ganz krass drauf sein und sich nur zu schlagen, ist eigentlich nicht meine Sache. Also auch das Spiel angucken auf jeden Fall, das steht im Vordergrund.
Frage: Dann ist im Moment dieses Spiel wichtiger als die gemeinsame politische Einstellung?
Ja, auf jeden Fall.

Tradition
In den Aussagen der Clique fällt auf, dass sie sich als Teil einer ‚Bewegung' in eine Traditionslinie einbetten. Damit wird angedeutet, dass sie sich in einem großen und umfassenden Zusammenhang sehen und die Mitgliedschaft in der Gruppe stellt nur eine von verschiedenen Formen der Zugehörigkeit dar. Dazu gehören für sie jüngere Mitläufer und ideologisch noch nicht Gefestigte ebenso wie Ältere, die nach der Familiengründung noch als Erwachsene dabei bleiben.

Auf jeden Fall so weiterleben und irgendwann eine Familie gründen, dann auf jeden Fall ruhiger werden, vielleicht auch mal längere Haare oder so. Aber die Einstellung bleibt eigentlich das ganze Leben lang; wenn es sein muss, also ich würde auch sofort für die Bewegung sterben, für meine Einstellung. Also, ich hänge nicht so am Leben, dass ich total Angst hätte davor.

Die Gruppenmitgliedschaft ist für sie eine jugendkulturelle Phase innerhalb eines Gesamtkonzeptes, nach deren Abschluss eine gewisse Deradikalisierung möglich ist, aber ein Ausstieg scheint trotz der konventionellen Lebenspläne unvorstellbar.

Normalität
Eine weitere Facette ihrer Gruppenidentität liegt in der Betonung ihrer eigenen Normalität, dies betrifft u.a. ihre Hobbys und Bekanntschaften.

Ja, auch mal ganz normale Sachen, was normale Leute auch machen. Und wenn man sich abends trifft und Playstation spielt oder irgendwas anderes. Es ist nicht so, dass überall Hakenkreuzfahnen wehen und wir mit Heil Hitler reingehen. Also ganz normal, ein ganz normales Leben.

Die Jugendlichen unterscheiden prinzipiell zwischen den ‚Normalen' und den ‚Rechten'. Diese Trennung dient ihrer ideologischen Abgrenzung im Sinne einer Elite und die gleichzeitige Betonung der eigenen Normalität dient der Integration in die lokale Dorfgemeinschaft.

> Ich persönlich, ich verstehe die Frage nicht, ob ich mir vorstellen kann, wieder normal zu sein. Ich persönlich, ich bin normal.
> Ganz normal halt, wie die anderen auch.
> Hier sind ja alle, die ganz Normalen auch, hier treffen sich nicht nur Rechte.
> Und wir kommen eigentlich ja auch alle ganz gut aus.

Diese beiden Pole der Selbstzuordnung sind widersprüchlich und durch die unterschiedlichen Kontexte zu erklären. Sie unternehmen einerseits den Versuch, sich erkennbar von Anderen abzugrenzen, andererseits beharren sie wiederholt darauf, integraler Bestandteil der lokalen Gesellschaft zu sein; so reklamieren sie die Normalität für sich, betonen ihre Zugehörigkeit zur Mitte der Gesellschaft.

Als bevorzugte Gesprächsthemen nennen die Jugendlichen ‚Alltag, Politik, Hunde und Tätowierungen'.

> Es ist ja nicht so, dass wir jedes Mal, wenn wir irgendwo zusammen sitzen, über Politik diskutieren.
> Aktuelle Sachen, ja. Aber dass wir ständig über Politik quatschen weniger.
> Alles, über Gott und die Welt unterhält man sich. Über was unterhalten wir uns? Politik mit Sicherheit auch.
> Ich glaub, das ist das häufigste Thema.
> Und über Hunde.
> Großes Thema sind auch immer Tätowierungen, wenn wir zusammen sitzen. Über das Tätowieren unterhalten wir uns stundenlang. Weil er mal wieder da war, hat sich etwas Neues machen lassen und dann redet man halt darüber.

Die Hervorhebung von Politik als ‚dem häufigsten Thema' entspricht der Idee einer ‚politischen' Gruppe, wohingegen ein anderer Jugendlicher versucht ein Bild von ‚Normalität' der gemeinsamen Treffen zu vermitteln.

Religion
Ein weiterer Aspekt ihrer Gruppenidentität basiert auf ihrer - eher marginalen - Beschäftigung mit dem „Wikingerkult". Sie praktizieren keine Rituale und nehmen nicht an religiösen Veranstaltungen teil, verfügen aber über bruchstückhafte Kenntnisse durch einen gemeinsamen Aufenthalt in Nor-

wegen und vereinzelte Lektüre und einschlägige Musik. Bewundert werden vor allem die martialischen Helden der Wikinger und Elemente der ‚nordischen Ideologie' werden in die Gruppenidentität integriert.

> Ja, halt Odin und Thor, Asgard und so was.
> Walhalla.
> Also, das gehört dann irgendwie dazu, dieser ganze Wikingerkult, der gehört inzwischen dazu.
> Ja, ich war mal in Norwegen. Das ist auch das Land, in das ich auswandern würde.

Dieser Sympathie steht eine ablehnende Haltung des Christentum gegenüber, die nicht näher begründet werden kann.

> Und das, wo wir sowieso Feinde von der Kirche und überhaupt vom Christentum sind.
> Frage: Wie verhalten die kirchlichen Mitarbeiter sich euch gegenüber?
> Die wollen uns umerziehen mit ihrem religiösen Gequatsche. Das geht ja von der Kirche aus, die Gedenkstätte ist ja in dem alten Kloster drin. Das ist furchtbar. Kommt doch zu uns und fahrt mit uns nach München auf den Weltkirchentag und so was.

Benachteiligte
Zu dem Selbstbild der Gruppe gehört, dass sie sich wiederholt und in unterschiedlichen Zusammenhängen als Benachteiligte und Opfer erleben. Sie sehen sich im Alltag diskriminiert und Vorurteilen ausgesetzt, ihre Gefühle der Benachteiligung generalisieren und verbinden sie mit Schuldzuweisungen.

> Frage. Fühlt ihr euch benachteiligt in Deutschland?
> Manchmal.
> Auf jeden Fall.
> Frage: Ihr sagt ja selbst, ihr habt eine Außenseiterrolle in der Gesellschaft.
> Ja das auf jeden Fall.
> Nicht der Norm entsprechend in diesem Staat. Wir sehen uns schon als Außenseiter. In dem Moment sind wir auch nicht mehr so normal.

Die Jugendlichen schildern konkrete Beispiele aus ihrem Alltag, mit denen sie diese Erfahrungen verbinden; so wurden sie in Wolkenheim als ‚asozial' beschimpft. Um die Ungerechtigkeit dieser Stigmatisierung darzustellen, entwerfen sie ein Bild eigener Toleranz und Offenheit, das im Widerspruch zu ihren ideologischen Argumentationen und aggressiven Gefühlen und Strategien steht.

> Was heißt akzeptieren. Wir sind hier im Dorfe vier, fünf Leute und wenn hier eine Feier ist, vielleicht 1. Mai oder Weihnachtsmarkt, wir sind im-

mer die letzten Assis, immer. Es gibt zwar auch Leute, die sich mit uns unterhalten, aber die meisten, die da sind sagen, wir sind der letzte Rotz. Dabei sind wir eigentlich gegenüber allen offen. Wir würden uns mit jedem unterhalten. Wir diskutieren über unsere Meinung. Wir verstehen auch andere Meinungen, es ist nicht so, dass wir sagen, jeder der eine andere Meinung hat, dass wir den nicht akzeptieren. Und von daher, sage ich mal, wäre es schon schöner, wenn wir irgendwann mal akzeptiert wären. Auch wenn wir eine andere Meinung haben. Wäre schon schöner. Von vorne rein werden wir immer als asozial und sonst irgendwas abgestempelt.

Die Jugendlichen kritisieren die Gleichsetzung ihres ‚Rechts-Seins' mit ‚Gewalt'. Sie beklagen sich darüber, lediglich als gewalttätig und potentielle Straftäter wahrgenommen zu werden; dies bezeichnen sie als „Rassismus".

Wenn jetzt einer von uns irgendwo hinkommt und hat schon was getrunken...dann heißt es, oh, jetzt gibt es Kloppe. Immer dieses gleiche Vorurteil.
Wenn man denjenigen nicht reizt, dann schlägt er auch nicht. Das ist halt so, weil die Leute ihn nicht kennen, das ist halt das Vorurteil, das die haben.
Wie gesagt, dass ist für mich auch wieder ein Rassismus, wenn ich einen Rechten abstempele, mit dem will ich nichts zu wissen haben, der ist doof. Das ist für mich auch Rassismus.

In ihren Schilderungen finden sich Hinweise auf reale oder imaginierte Benachteiligungen durch die Justiz oder im Jugendclub.

So etwas kann ich nicht verstehen. Als Skinhead du hast vor Gericht keine Chance, wirst abgestempelt ohne Ende und dieses Pack kann sich aufführen wie es will.
Auf jeden Fall sind wir Außenseiter irgendwo, mag das hier in diesem Jugendclub sein, da sind wir ja auch ausgeschlossen worden.
Am Ende waren es sowieso die Rechten, die da was kaputtgemacht haben. Es ist ja egal, wer hier drin etwas macht, es sind immer die Rechten.

Die Schuld an diesem angeblich ungerechten Zustand suchen sie bei den Medien. Diese zeichneten ihrer Meinung nach bewusst ein falsches Bild der Rechten in der Öffentlichkeit, indem sie zur Darstellung szenetypischer Inhalte immer wieder Personen nutzen würden, die sich nicht angemessen artikulieren können.

Normalerweise sind das wirklich die Leute, die unseren Ruf, glaub ich, kaputtmachen, die keine Ahnung haben, und das sind auch immer die, die sie zu irgendwelchen Fernsehshows einladen, wirklich die bescheuertsten Leute, die wirklich von nichts eine Ahnung haben, eigentlich von null.

Und die man dann erzählen lässt.
Ja, die wirklich das Dümmste vom Dümmsten labern.
Um unserer Gesellschaft zu zeigen, die sind so blöd.
Frage: Ihr meint, da steckt eine Absicht dahinter?
Auf jeden Fall.

Ein weiteres Element ihres Selbstbildes konstruieren sie durch den Vergleich mit Kampfhunden; hier solidarisieren sie sich mit einem angeblich weiteren Opfern der medialen Berichterstattung. Ausgehend von einem gemeinsamen Schicksal finden sie hier eine Entsprechung ihres Selbstbildes in der Tierwelt, das sich durch Stärke, Treue und potentielle Aggressivität auszeichnet.

Irgendwie stehen die in der Öffentlichkeit genauso als schlecht da wie wir, das verbindet irgendwie. Und ein Kampfhund steht für mich irgendwie für Treue.
Kampfhund! Für Stärke und das ist, glaube ich, bei uns auch.
Ja, bei uns kommt das Thema Kampfhunde auf jeden Fall immer wieder auf, weil wir es halt nicht verstehen können, dass Kampfhunde abgestempelt werden in der Öffentlichkeit, genau wie wir abgestempelt werden.
Wie es jetzt wieder im Fernsehen war: Wir wollen die Hunde einem Test unterziehen und wer den Test nicht besteht, wird eingeschläfert. Ein fremdes Herrchen macht den Test mit dem an der Leine, dann rastet er aus! Fremdes Herrchen, ja toll! Er wird eingeschläfert. Das ist bei uns genau die gleiche Sache irgendwo. Wir gehen irgendwo lang. Am liebsten würden die Leute auch sagen, den schläfern wir jetzt ein, weil der ist ja blöd, der ist ja anders wie wir.
Die Vorurteile sind halt die gleichen, gegenüber Kampfhunden und uns.

Die Identifizierung und das Thema sind nicht zufällig, denn Thomas besitzt einen solchen Hund.

Aber wenn die Leute ihn halt sehen, als Glatze mit diesem Kampfhund.
Oh, ein schwarzer, großer Hund!
Schon wird er abgestempelt. Beide werden abgestempelt.
Ja, beide. Beide. Nicht nur der Hund, auch der Halter wird immer abgestempelt

Eine andere Variante ihres Opferdaseins sehen sie in der alltäglichen Provokation durch feindliche und übermächtige Gruppen, dabei bieten sie sich selbst als ‚anständige, normale, unterlegene Bürger' an.

Ich stand in Kassel auf dem Königsplatz und habe halt telefoniert mit dem Handy und ich habe wirklich nichts gemacht. Ich stand da einfach nur und habe telefoniert und da kamen 5 Türken auf mich zu. Und gut, die kamen auf mich zu, keine Frage, deswegen raste ich nicht sofort aus, weil in Kassel ist das halt normal. Und einer kam auf mich zu, hat gleich die Faust geballt, gehoben und so getan, als ob er mir eine reinhauen will. Ich habe einfach ganz normal weiter telefoniert. Das Einzige, was dann noch kam, die haben mir vor die Füße gespuckt und sind weiter gegangen. Was soll ich da sagen. Ich stehe da als normaler Bürger sozusagen, ich provoziere die Leute nicht, im Gegenteil, die Leute kommen auf mich zu und provozieren mich.

Ideologie
Ideologiefragmente sind konstitutiver Bestandteil des Selbstbildes der Clique, die sich offen als ‚rechtsextreme und ausländerfeindliche Gruppe' bekennt und aus dem ideologischen Repertoire der extremen Rechten speist.

Frage: Was bedeutet das für euch, rechts zu sein? Bezeichnet ihr euch selber als rechts, rechtsextrem oder als patriotisch?
Nationalistisch.

Also, als was bezeichne ich mich, was gibt mir das? Das ist für mich teilweise eine Aufgabe, was zu machen, dagegen was zu unternehmen, was hier alles so abgeht, einfach dagegen was zu unternehmen, nicht faul da rum sitzen. In meiner Wohnstube blöde schimpfen, aber nichts machen, das ist nicht mein Ding, wenn ich von was überzeugt bin, dann lebe ich das aus.

Die Clique lebt in einer geschlossenen Sinnwelt, die mit einem ausgeprägten Fremdenhass bzw. Rassismus und eindeutigen Freund-Feind-Dichotomien verbunden ist. Ihr Selbstbild ist unterlegt von einer ideologisch begründeten Überlegenheit der „arischen Rasse", ihre Kampfmetaphorik richtet sich gegen all das, was sie als fremd ablehnen; ein Teil stellt sich in die Tradition der SS und SA.

Frage: Und warum willst du in den Ku-Klux-Klan?

Tja, wegen der weißen Rasse und der schwarzen Rasse.

Den gibt es auch bei uns. Weil die halt die weiße Rasse verfechten, genau wie ich denke. Die denken genauso wie ich. Der Sinn des Lebens, das ist für mich, ein Kind zu zeugen, um meine arische Rasse aufrecht zu erhalten. Das ist mein Sinn des Lebens. Deswegen werde ich später ein Kind machen, dann habe ich meinen Sinn des Lebens erfüllt.
Das ist eine krasse Ansicht, das ist aber so.

Wenn ich jetzt in den Klan eintreten würde, und es gibt Sachen, dass Leute abgeholt wurden, die sollten einen Neger zusammen dreschen, um zu beweisen, dass sie auch für die Sache einstehen, da hätte ich kein Problem mit. Also ich würde es machen.

Zum Beispiel, wenn wirklich dieser Tag X kommt, wenn wirklich, wenn wir wieder an der Macht wären und die Revolution läuft und alles, dann würde halt in der SS, oder eine Organisation wie die SS bestehen, dann würde ich auch irgendwelche jüdischen Kinder erschießen oder ich würde auch Negerbabys erschießen.

Wir vergleichen uns zum Beispiel mit der SA von damals. Die hatten ein Auftreten, das waren Raufbolde, das war eine Truppe von Schlägern, die haben dazu gestanden. Aber es gab dann auf einmal in Deutschland Millionen von Nationalisten. Die sind ja auch nicht alle in Uniform rumgelaufen aber die haben so gedacht. Also wir sind halt wirklich was Extremes.

Identität durch Abgrenzung
Die Jugendlichen der Clique entwickeln ihr Selbstbild durch massive Ablehnungen und Hass-/Gewaltgefühle, die eine deutlich aggressive Dimension aufweisen. Zu ihren ideologischen Gegnern rechnen die Jugendlichen auch ‚linke' Jugendkulturen, die von ihnen mit zahlreichen Vorwürfen bedacht werden und deren Naivität bzw. Destruktivität unterstreichen sollen. Eine Abgrenzung erscheint insbesondere deshalb wichtig, weil sich ein Jugendlicher vormals selbst in dieser Szene bewegt hat.

Dann schaltest du irgendwann ab, dann bildest du dir deine eigene Meinung über dieses Volk.
Mit der linken Szene.
Ist halt Protest. Da hat man halt genau das mitgemacht, wo ich heute wirklich den Kopf drüber schüttele, wo ich sage, das ist total hirnlos so was.
Ja, am Anfang vielleicht schon, war was anderes, bunte Haare, oder einfach auffallen, aber irgendwann hat man dann gerafft, dass das totaler Schrott ist und so was muss echt, meiner Meinung nach, bekämpft werden, weil die ruinieren unseren Staat und machen ja alles nur kaputt. Und wenn ich mir heute Kreuzberg, die Demos angucke, dann glaube ich, rächt sich das auch.
Oder der 1. Mai. Was da immer abgeht.
Antifa! Ihr könnt mich mal!
Frage: Das ist genau das Gegenteil von dem, was ihr politisch denkt?
Ja genau.
Auf jeden Fall.

Sie lehnen in „ihrem Ort" - und reklamieren das stellvertretend für die etablierten Wolkenheimer - die Einwohner ab, die sich in den letzten Jahren aus den Städten neu angesiedelt haben.

Die Leute alle, wie er vorhin schon meinte, sind alles so Neureiche, die halt von Glatzen überhaupt nichts halten und alle eigentlich nur die große Klappe haben, und da wird man auch blöd angemacht.

Die Clique unterscheidet innerhalb der Szene unterschiedliche Typen von ‚Rechten' und lehnt diejenigen ab, die als Skinheads auftreten, ohne über ein ausreichendes ideologisches Fundament zu verfügen; eine Ausnahme sind für sie die Jüngeren, die „darüber noch nicht verfügen können", denen „noch die Schulung" fehle.

Da muss man unterscheiden, wenn einer sagt, er ist ein Patriot, er liebt sein Land, aber er will nicht so rumlaufen, dann ist das seine Einstellung, das kann man ihm nicht vorwerfen. Aber wenn einer sagt, ich bin Skinhead, und er läuft nicht dementsprechend rum, dann weiß ich, er ist ein Feigling. Das ist ganz klar. Wie soll man unterscheiden zwischen normalen Menschen, die so denken oder Skins oder Scheitelträgern?
Oi- Glatzen.
Wenn jetzt einer zwanzig ist und hat das Wissen nicht, dann sag ich schon, das ist eine Dumm-Glatze, auf jeden Fall. Aber wenn jetzt einer 15, 16 oder 17 ist, dem kann man das ja noch beibringen, dann sollte man sich wirklich mit dem hinsetzen, oder sollte dem mal Bücher ausleihen oder Adressen halt, wo man so etwas her bekommt.

Vorbilder
Von der Gruppe werden keine Personen aus dem sozialen Umfeld (Eltern, Verwandte, Freunde) bzw. aus Institutionen (Lehrer, Jugendpfleger etc.) als Vorbilder genannt („nein, so im Umfeld nicht"), sie verweisen auf einige ihnen wichtige Personen und die SA, die sie als Vorbilder bewundern und idealisieren.

Adolf Hitler, damals auf jeden Fall. Weil in meinen Augen war das ein starker Mann, er hat bestimmt ein bisschen Mist gebaut am Schluss, aber es war ein starker Mann. Er hat das Volk geführt, er hat für das Volk regiert und nicht gegeneinander wie heutzutage.

Der Strauß zum Beispiel. Das war zum Beispiel ein Mann in Bayern, der hat ein bisschen schon mal in die Richtung regiert. Es muss nicht unbedingt ein total Rechter sein, es sollte schon einer sein, der zuerst ans Deutsche Volk denkt.

Wir vergleichen uns zum Beispiel mit der SA von damals. Die hatten ein Auftreten, das waren Raufbolde, das war eine Truppe von Schlägern, die haben dazu gestanden. Aber es gab dann in Deutschland Millionen von Nationalisten. Die sind ja auch nicht alle in Uniform rumgelaufen, aber die haben so gedacht, also wir sind halt wirklich was Extremes.

Vorbilder, was weiß ich, Joe Rogan oder Ian Stewart oder sonst welche Größen, wo man schon irgendwie hochguckt und sagt, das waren Leute. Wenn man so mutig und so tapfer ist wie die, das wäre schon schön.
Also, Ian Stewart ist der Sänger von Skrewdriver gewesen und Joe Rogan war halt der Sänger von *Rolling Thunder*, und der hat sich zum Beispiel, der war erst 22 und der hat sich dann, als eine Schießerei war, vor seinen Kameraden geworfen, ist dann auch dran gestorben. Das ist für mich das totale Vorbild, weil er hat das wirklich gemacht, er hat nicht nur doof gelabert oder hat nicht nur Lieder geschrieben, sondern hat es auch gemacht. Er ist wirklich für seinen Kameraden dann gestorben.

Die beiden Musiker werden als mutig und tapfer beschrieben, diese Eigenschaften gelten als vorbildlich und erstrebenswert. Insbesondere imponiert der märtyrerhaft stilisierte Tod des Sängers Joe Rogan, der ihrem Streben nach Kameradschaft und „totalen Hingabe" Sinn verleiht.

Strukturen in der Gruppe
Die Jugendlichen idealisieren ihr Zusammenleben in der Clique, indem sie deren Homogenität hervorheben und das Vorhandensein von Hierarchien negieren. Die Rolle einer Führungsperson wird offiziell niemandem zugeschrieben, gleichwohl kokettieren die beiden in der JN organisierten Mitglieder mit dieser und nehmen sie durch ihre Dominanz und der Radikalität ihrer Sprache oder ihres Verhaltens real in Anspruch.

Frage: Habt ihr eine Meinungsführerschaft in der Clique?
Wenn man es so sieht.
Nein, das bildet man sich alles selber.
Wir sind keine Führungspersonen, das ganz bestimmt nicht.
Irgendwie so ein Anstoß. Wenn da jetzt Leute reinkommen: Ach, der hat diese Meinung! Dann lässt man sich die erklären oder sonst was, man kriegt sie mit der Zeit mit. Das ist so ein Denkanstoß, den die Leute einem da geben, diese Höheren, sage ich jetzt mal. Das ist so ein Denkanstoß.

In der Clique finden sich unterschiedliche Rollen und Funktionen, die mit Macht und Einfluss verbunden sind. Diesen Eindruck vermittelten die Jugendlichen bereits, als es um das Vereinbaren des Interviewtermins ging; hierbei wurde uns nur ein Ansprechpartner genannt und es schien von seiner Zusage abzuhängen, ob die Interviews stattfinden.

Frage: Wenn es Streit gibt, wie regelt ihr das?
Ich glaube, wir diskutieren das aus. Das gab's bestimmt schon mal, also wir haben sehr wenig Streit, also in der Clique. Und sonst, dann redet man einen Tag nicht miteinander und am anderen Tag ist es wieder gut.

Obwohl Jens bemüht war, einen positiven Eindruck von der Clique zu vermitteln, finden sich versteckte Drohungen und Zurechtweisungen von Mitgliedern, weil sie die gewünschte Gesprächsdisziplin und -ordnung vermissen lassen.

> So sind wir halt, wir sind halt freundlich, aber um auf die Frage zurückzukommen: Ich will dich wirklich nicht unterbrechen, aber lass ihn doch einfach mal reden!

Die Gruppe versucht den Eindruck zu vermitteln, dass es sich um einen Zusammenschluss von Gleichen handelt, in der keine gezielte Beeinflussung stattfindet.

> Nein. Also ich bin viel später dazugekommen, weil durch ihn bin ich auf den Trichter gekommen, so eigentlich mehr in diese Seite zu streben.
> Obwohl ich sie nicht überredet habe, zu nichts. Sie hat sich ihr eigenes Bild gebildet, gemacht.
> Nein, er hat mich nicht überredet. Ich habe bis jetzt noch nicht wählen dürfen, weil die Wahl war, wo ich noch nicht volljährig war.
> Frage: Und wie ist das bei euch Frauen?
> Die dürfen nichts anderes sagen.
> Das wird geschrieben!
> Ja gut. Mein Gott, was sollen sie sich denn denken. Die leben trotzdem nach uns.
> (Ein weibliches Gruppenmitglied:) Ja, stimmt. Das sind unsere Vorbilder irgendwo. Wir sind noch nicht allzu lang dabei und wir lernen noch ein bisschen dazu.
> Sie reden nach uns, nach den Freunden, ohne dass wir sie dazu zwingen. Um Gottes willen, das würde ich niemals tun, aber nach und nach kommen sie auch da drauf.
> (Ein weibliches Gruppenmitglied:) Wir lernen noch.
> Keiner zwingt sie dazu.

Unsicherheiten oder Ambivalenzen dürfen in der Gruppe nicht thematisiert werden und im Zweifel greift die soziale Kontrolle und der sozialisierende Einfluss innerhalb der Clique.

> Frage: Denkt nicht jeder mal, ob die Meinung wohl richtig ist und wird unsicher?
> Unsicherheiten gibt sowieso keiner zu.
> Nein das gibt keiner zu, aber ich glaube, jeder denkt mal daran, auf jeden Fall. Ich kann mir auch nicht mehr vorstellen, normal zu sein. Also ich bin Patriot und das werde ich immer bleiben, egal, was ich bin. Unsicherheiten gibt es bestimmt, aber da helfen einem auch Kameraden weiter, indem man wieder Kameraden trifft und sich sagt: Jawohl, ist der richtige Weg. Weil ich solche Kameraden habe.

In der folgenden Situation macht der angetrunkene Bernd eine Bemerkung über ein tabuisiertes Thema, woraufhin eine sofortige Intervention von Jens erfolgt.

> Die Sache mit den Brandanschlägen.
> Pssst!
> Hier gab es nie Brandanschläge!
> Die haben wir nur vereitelt.
> Die gab es nur am Jugendclub. Darüber können wir ja reden.

Der politische Kopf der Gruppe ist das JN-Mitglied Jens, er hat die Funktion, die Gruppe mit ideologischen Informationen zu versorgen und Gespräche darüber anzuregen.

> Es gibt ja auch von Parteien wie der NPD die Deutsche Stimme, solche Zeitungen lesen wir uns auch schon durch, oder einer kauft sich die mal und sagt es beim nächsten Treffen, da spricht man mal an, was da so drin stand.

Unter den beiden zentralen Figuren der Clique ist Thomas (gegenüber Jens dem „theoretischen Kopf") der körperlich Überlegene. Er ist der Älteste, zeigt die größte Gewaltbereitschaft und hat die ideologisch derbste Sprache in der Clique. Er hat eine eigene Wohnung, die als Treffpunkt dient; mit dieser Möglichkeit sichert er sich einen maßgeblichen Einfluss auf die Aktivitäten und das Verhalten der Gruppe.

> Ja. Ich sag nur, dann ist mir das egal, Kameraden können gerne kommen; auf jeden Fall und wenn's mir noch so dreckig geht, das ist mir rotz-egal. Weil ich genauso wüsste, er hat 'ne Wohnung, mir geht's Scheiße, ich kann zu ihm fahren. Das ist halt Kameradschaft.

In der Clique gibt es einen Jugendlichen, der als Außenseiter beschrieben wird:

> Er ist so der Psychopath zwischen uns.
> Psychopath ja klar, da ich ja offiziell als psychisch labil eingestuft wurde, bei der Bundeswehr, macht ja nix.
> Er fährt halt gerne aus der Haut.
> So sind sie halt, die Ossis.
> Ich bin ein echter Thüringer, kein komischer Nordhesse oder so.

Ein anderer Jugendlicher wird in einem Interview regelrecht vorgeführt, indem er zu einer Stellungnahme aufgefordert wird, der er - wie die Clique weiß - nicht nachkommen kann. Dies wird zu Beleidigungen genutzt, die er sich ohne Gegenwehr gefallen lässt.

> Jetzt aber noch mal zur ersten Frage. Die zweite Frage haben wir jetzt beantwortet.
> Die Erste von welcher Frage?
> Ja, erzähl doch mal, wie du das so siehst.
> Ja, erzähl doch mal.
> Feige, der trinkt aus einer Tasse.
> Jetzt aber los. Wir hören.

Ich bin mal hier, ich bin mal dort, ich bin anerkannt in jedem Ort.
Du brauchst einfach nur deine Meinung sagen.
Bist du rechts? Bist du nicht rechts? Oder bist du etwas rechts?

Zukunftsentwürfe
Die Berufswünsche eines Jugendlichen orientieren sich unmittelbar an seinem (auch szenetypischen) Interesse an Tätowierungen (Studio). Ein anderer entwickelt seine beruflichen Vorstellungen aus einer Aushilfstätigkeit heraus, die ihm durch einen „Kameraden" vermittelt wurde. Ziel ist in beiden Fällen eine Karriere, in der Bestätigung durch einen hohen Verdienst oder Anerkennung durch Arbeit erfahren wird.

>Frage: Welche Zukunftspläne gibt es?
>Wenn eine Ausbildung, dann wäre das zum Fotografen. Beim Fotografen ist es ganz gut, man arbeitet zwei, drei Jahre, und kann danach so als Quereinsteiger noch mal ein halbes Jahr zur Schule gehen und dann eine Prüfung abschließen.
>Frage: Und wieso Fotograf?
>Ja, weil ich halt da drangekommen bin. Also, ein anderer Kamerad, der nicht hier aus der Gegend kommt, der arbeitet da, der hat gesagt, ich soll mir das mal angucken. Und da hab ich dem Eigner geholfen, wo die Firma umgezogen ist. Der Chef meinte, dass ich gut arbeiten kann, und da habe ich angefangen. Und jetzt, man kommt halt so rein und es ist ganz interessant.

Ich male schon ab und zu, für meinen Tätowierer male ich Tattoos, aber ob das so toll ist, weiß ich auch nicht, er muss dann immer ziemlich viel verbessern.
Und da ich ja irgendwann sowieso plane mal Tätowierer nebenbei zu werden.
Frage: Ist das dein Berufswunsch und warum?
Also, ich will erst mal meine Arbeit weitermachen, weil sie mir auch sehr viel Spaß macht, und dass ich da auch irgendwann meine Ausbildung dann zu Ende bringe. Und danach wollte ich eigentlich schon ausprobieren, wie das so ist mit dem Tätowieren, und vielleicht irgendwann mal in sechs Jahren. Tätowierer wäre schon ein Traumberuf. Ja, das wäre schon ein Traum.
Ja, man hat keinen Druck, man kann sich wirklich aussuchen, wann man arbeitet oder wie lange. Ist ein ziemlich lockeres Ding, kriegt wirklich, wenn man es kann, sehr viel Geld für wenig Arbeit.
Bei einem Stundenlohn von 150 Mark kann man das schon erwarten.

Ein Jugendlicher plant eine mehrjährige Verpflichtung bei der Bundeswehr:

>Tja, ich muss dann halt noch hin, ich bin ja auch angenommen (bei der Bundeswehr, d.V.). Ich bin da angenommen für mindestens vier Jahre schon ab 1.10.2001.

Frage: Und das läuft auf jeden Fall?
Ja, wenn sie mich dann noch nehmen, auf jeden Fall.
Nach Korsika, Luftabwehrabteilung, stationiert in Fritzlar.

Weitere Lebensentwürfe und -wünsche werden in unmittelbarer Abhängigkeit zur rechtsextremen Ideologie entwickelt und münden in ‚Kameradschaft', einem Wunschbild eines ‚vierten Reiches' und privat in Familie.

Frage: Was wünscht du dir für die Zukunft?

Ein viertes Reich, eine tolle Familie, auf die ich mich immer verlassen kann, und dass die Freundschaften, die man so in den letzten Jahren geknüpft hat noch bestehen bleiben.

Auf jeden Fall so weiterleben und irgendwann eine Familie gründen, dann auf jeden Fall ruhiger werden, vielleicht auch mal längere Haare. Aber die Einstellung bleibt eigentlich das ganze Leben lang und wenn es sein muss würde ich auch sofort für die Bewegung sterben, für meine Einstellung. Also, ich hänge nicht so am Leben, dass ich total Angst hätte davor.

Die an anderer Stelle bedauerte Ausgrenzung aus dem Arbeitsleben wird durch Outfit und Auftreten selbst verschuldet und forciert, in den Lebensentwurf integriert und als Merkmal der eigenen Überzeugung verstanden.

Also, wo ich noch gearbeitet habe, da haben manche Leute gesagt, ich soll mir ein bisschen die Haare länger wachsen lassen, also jetzt nicht ganz kahl rasiert, sondern so ein bisschen höchstens. Ich weiß nicht wie es jetzt ist, mit den ganzen Tätowierungen ist es halt sehr schwer Arbeit zu finden auf jeden Fall, aber das habe ich mir ja so ausgesucht, da bin ich selbst dran schuld.

Auch der konventionelle Wunsch eine Familie zu gründen wird der Ideologie untergeordnet.

Das Einzige, was ich meinem Kind beibringe, wenn ich eins habe: Du bist weiß, bleibe weiß, habe weiße Freunde, lebe den weißen Gedanken. Ich sage meinem Kind: Denke weiß und nichts anderes.
Ja klar, ich würde meinem Kind nie gestatten irgendeinen Türken, Neger oder sonst irgendwas zu mir ins Haus zu bringen. Das würde ich nie gestatten. Aber ich sage mal, ich würde meinem Kind nie von vorne rein sagen, du darfst das nicht.
Das würde ich auch nicht machen. Das liegt ja an der Erziehung.

Und wenn ich jetzt meinem Kind verbiete mit einem Türken oder einem Neger nach Hause zu kommen, gerade das wird dann gemacht. Ich persönlich würde meinem Kind die freie Laufbahn lassen. Ich würde sagen, mach was du für richtig hältst, auch wenn ich es nicht immer für gut halten würde. Mein Kind kennt meine Einstellung. Mein Kind würde meine Einstellung von Anfang an irgendwo mitkriegen. Mit Sicherheit.

Einstellung von Anfang an irgendwo mitkriegen. Mit Sicherheit. Nur ich würde meinem Kind nie vorschreiben, was es zu machen hat und zu lassen darf.

Und wenn mein Kind irgendwann mal mit einem Neger nach Hause kommt oder mit einem Türken und mein Kind wohnt immer noch bei mir, würde ich auch sagen, diese Person möchte ich nicht im Haus haben.

Das Verhältnis zu Mädchen und Frauen

Die Jugendlichen der „harten" Clique haben ein traditionelles und ideologisch untermauertes Frauenbild, das von einer natürlichen Ungleichheit zwischen Männern und Frauen ausgeht.

Weil für mich ist das auch Teil vom Sinn des Lebens. Das gehört dazu. Familie gründen und Kinder haben.
Also, solange wir kein Kind hätten, würde ich sagen, wir würden uns das alles teilen, Hausarbeiten und so. Aber wenn ein Kind im Spiel ist, glaub ich schon, dass die Frau zu Hause sitzen muss.
Die Mutter ist eigentlich überall die erste Bezugsperson.

Hat der Mann etwa die gleichen Rechte wie die Frauen? Darf ich ein Kind kriegen? Muss die Frau zur Bundeswehr? Nein.
Das finde ich aber schon, dass sie zur Bundeswehr sollten. Warum sollten sie nicht?
Dürfen sie jetzt auch.
Ja warum nicht, warum nicht? Die können genauso kämpfen wie wir.
Ja, mit Sicherheit.
Das ist, würde ich mal sagen, Ansichtssache.

Die beiden jungen Frauen nehmen in der Clique eine passive Rolle ein und werden als Freundinnen geduldet. Dementsprechend beteiligten sie sich nur dann an dem Interviewgeschehen, wenn sie ausdrücklich angesprochen werden. Die männlichen Jugendlichen inszenieren sich als Beschützer ihre Freundinnen, die für sie in Gefahr sind.

Also wenn es richtig Stress gibt, dann sagen die auch meistens, die Mädchen sollen da bleiben, wo sie sind. Also, wenn dann angerufen wird, hier ist Stress, ihr müsst jetzt vorbeikommen, dann dürfen wir meistens nicht mitfahren, also dann wird schon gesagt, ihr bleibt hier. Und wenn wir mitfahren, sollen wir uns halt raushalten und abseits stehen, damit wir keinen Ärger bekommen. Erstens haben sie Angst um uns, dass uns was passiert, und zweitens wollen sie das halt nicht, dass wir mit reingezogen werden.

> Ich würde sagen, selbst wenn du als Mädchen durch die Stadt gehst und bist normal angezogen, die wissen, dass du mit einem Nationalisten zusammen bist.
> Dann wirst du gleich angemacht.
> Dann hat das Mädchen schon verloren. Die wird von den Kanaken, Entschuldigung Türken, ausländischen Mitbürgern, dermaßen zur Sau gemacht, sogar zusammen geschlagen.
> Das ist auch schon vorgekommen.

Die männlichen Jugendlichen wünschen sich eine Beziehung, in der gemeinsam politische Aktivitäten stattfinden, jedoch auf die als natürlich angesehenen weiblichen Aufgaben Rücksicht genommen wird; eine eigenständige politische Aktivität wird abgelehnt.

> Sie könnte sich schon ein bisschen mehr engagieren politisch. Ich hab das damals bei vielen gesehen, diese ganz überzeugten Skingirls, Renees. Ich weiß nicht, manchmal war es schon ein bisschen zu extrem, also wenn ein Mädchen fünfmal am Abend den Hitlergruß macht, ist mir das schon ein bisschen zu extrem. Da will ich lieber ein anderes Mädchen. Wenn man dann überlegt, dass diese Frau irgendwann mal Kinder erzieht. Ich weiß ja nicht. Zu extrem ist auch nichts für mich. So die goldene Mitte wäre nicht schlecht.

Die passive Rolle der Frauen wird auch darin deutlich, dass ihnen bei szenetypischen Veranstaltungen, wie z.B. den ‚Liederabenden', die Teilnahme untersagt ist.

> Aber was ich von Jens gehört habe, dass der schon öfters mal irgendwohin fährt, wo halt keine Frauen erlaubt sind, nicht erwünscht sind, sage ich mal.

Den beiden jungen Frauen wird die Rolle als unmündige Freundinnen zugeschrieben, dies wird von ihnen bereitwillig akzeptiert.

> Die (Frauen, d.V.) dürfen nichts anderes sagen.
> Thomas! Das wird geschrieben.
> Ja gut. Mein Gott, was sollen sie sich denn denken. Die leben trotzdem nach uns.
> Sandra: Ja, stimmt. Das sind unsere Vorbilder irgendwo. Wir sind noch nicht allzu lang dabei und wir lernen noch ein bisschen dazu.
> Sie reden nach uns, nach den Freunden, ohne dass wir sie dazu zwingen, um Gottes willen, das würde ich niemals tun. Aber nach und nach kommen sie auch da drauf.
> Sandra: Wir lernen noch.
> Keiner zwingt sie dazu.

Dem Idealbild der männlichen Jugendlichen als ‚Beschützer' stehen Hinweise des Jugendpflegers entgegen, der auf Gewalt innerhalb der Beziehungen hinweist.

Ganz interessant ist auch, dass eine Beziehung eigentlich nur auf Unterdrückung basiert. Also Sandra wird immer rund gemacht von ihm, dermaßen beschimpft auch teilweise vor allen möglichen Leuten.

Beide jungen Frauen in der Clique befinden sich in Ausbildungsverhältnissen zur Erzieherin und zur Rechtsanwaltsgehilfin. Die Akzeptanz der Berufe beruht auf deren Übereinstimmung mit ihrem Rollenverständnis bzw. dem erhofften praktischen Nutzen. Die Berufstätigkeit der Frauen wird nur geschätzt, solange die zukünftige reproduktive Rolle als Versorgerin und die Zuständigkeit für die Kindererziehung gewährleistet bleibt. Im Familienleben ist der Mann für die Überwachung der Erziehung zuständig und die Verantwortung für Einstellungen und Verhaltensweisen des Kindes, die nicht den Vorstellungen des Vaters entsprechen, wird der Mutter zugeschrieben.

Wenn ich jetzt ein Kind kriegen würde, würde ich versuchen, es nach den und den Richtlinien zu erziehen, wenn das in eine andere Richtung schlägt, dann ist es nicht mehr mein Kind. Wenn ich das so und so erziehen möchte, das und das beibringen möchte, und das Kind das rafft, dann ist es mein Kind, und wenn es quer schießt, dann muss meine Frau drüber nachdenken.

Jugendkulturelle Kontur

Musik
Die Rezeption von Musik besitzt bei den Jugendlichen der „harten" Clique einen sehr hohen, identitätsstiftenden Stellenwert. Sie ist ständig als Klangteppich präsent und immer wieder werden Zitate aus Liedern zur Argumentation ihres rechten Gedankengutes herangezogen.

Frage: Was für Musik hört ihr?
Ja, von Bands halt, von rechtsradikalen.
Frage: Nenn doch mal ein paar?
Landser, Oithanasie, Störkraft, da könnt ich jetzt hundert Gruppen aufzählen.
Die Namen sind egal, oder, es gibt sehr viele auf jeden Fall, in Deutschland mindestens 200 bis 300 Bands, und die geben halt auch regelmäßig Konzerte.
Frage: Was ist eure Lieblingsgruppe? Was hört ihr?
Schwer.
Ja, das ist echt schwer. Ich hör Nordwind, bei mir jedenfalls.

Alles eigentlich, also gemischt, irgendwelche Sampler, wo alle möglichen Bands zusammen spielen, es muss nicht eine Band sein.

Die Clique bevorzugt zum einen rassistische und gewaltverherrlichende Texte, zum anderen Musik, die die Mythologie der Wikinger thematisiert. Auch nationalsozialistische Ideologiefragmente wie Kameradschaft und die Glorifizierung des „Dritten Reiches" spielen als Inhalte eine herausragende Rolle. Neben den typisch rechtsextremen Themen werden auch Lieder gehört, bei denen es ausschließlich um Alkoholkonsum und Fußball geht. Sie sagen: „Die Musik spielt eine große Rolle. Auf jeden Fall", und sie wird bei den Treffen in der Privatwohnung eines Mitglieds ständig gehört; im Jugendclub war der Konflikt wegen der Musik ein zentraler Grund für das erlassene Hausverbot. Hier schließen die Jugendlichen auf eine persönliche und politische Antipathie des Jugendpflegers, der die Musik nur vorgeschoben hätte.

Wenn Musik gehört wird, und es wird viel Musik gehört, dann dürfen wir unsere CDs mitbringen oder die Musik halt auch hören, die wir hören wollen. Und wenn wir dann wirklich mal eine Kassette oder CD rein machen, gibt es gleich Stunk, wir sollten den Scheiß rausmachen und sollten gescheite Musik reintun.

Obwohl wir Unterstützung vom Bürgermeister gekriegt haben, er meinte auch, solange es nicht verboten ist, können wir ruhig unsere Skinheadgruppen hier ab und zu hören.

Wir bestehen ja nicht darauf, dass es dauernd läuft, wir meinen nur zwischen dem Techno und HipHop und all dem Scheiß könnte ruhig auch mal etwas anderes kommen. Aber es kommt halt nicht, weil es vom Jugendpfleger verboten worden ist.

Die Wirkung von Rhythmen und Texten reicht von einer enthemmenden, aggressivitätssteigernden Funktion über eine gruppendynamische Komponente (gemeinsames Mitsingen) bis hin zur notwendigen Selbstbestätigung der eigenen Meinung und zur Abgrenzung gegenüber anderen Jugendcliquen; Letzteres geht bei ihnen einher mit einer Abwertung anderer (ausländischer, fremder) Musikrichtungen. Neben dem Rechtsrock bekannterer Gruppen wie „Landser, Oithanasie, Störkraft" berichtet ein Jugendlicher von so genannten Liederabenden, die eine Kombination aus ideologischer Schulung und idealisierter (romantisierter) Männergemeinschaft darstellen. Diese Veranstaltungsform dient neben Nazikonzerten der überregionalen Vernetzung einiger Cliquenmitglieder, sie wird jedoch selten genutzt, weil rechte Konzerte von einigen als zu „chaotisch" empfunden werden.

Frage: Fahrt ihr auch ab und zu zu Konzerten?
Ich nicht.
Seltener, aber wenn es mal passt.

Frage: Finden die auch hier in der Umgebung statt oder sind die weit weg?
Überall.
Es kann passieren, das in Kassel was ist, es kann aber auch sein, dass die Leute bis nach Nürnberg fahren.
In Ungarn ist viel, in der Schweiz und Österreich, weil da halt auch die Gesetze anders sind, wie z.B. in Ungarn, da darf man auch offiziell rum laufen, nach dem Konzert, ohne dass man verhaftet wird.
Frage: Und du fährst da nicht hin?
Ne.
Frage: Warum nicht?
Ist nicht mein Ding.
Frage: Konzerte allgemein?
Ja, allgemein. Ist nicht meine Welt, weil ich weiß, dass es da auch teilweise chaotisch abgehen kann.

Outfit
Die Mitglieder der „harten Clique" zeigen durch ihr martialisches Outfit und aggressiv aussehenden Hunden („aber wenn die Leute halt ihn sehen als Glatze mit diesem Kampfhund...") eindeutig ihre Zugehörigkeit zur rechten Skinhead-Szene. Sie tragen die typischen grünen oder schwarzen Bomberjacken, die der Verbreiterung des Oberkörpers dienen, Springerstiefel mit weißen Schnürsenkeln, hochgekrempelte Hosen, Pullover und T-Shirts von rechten Bands (oder „rechten" Kleidungsmarken, wie z.B. ‚Pitbull') und einen kahlrasierten Kopf als Männlichkeitsymbol („wie Soldaten"). Ein Jugendlicher hat einen schwarz-weiß-rot-Aufnäher mit dem Hessen-Schriftzug auf einem Jackenärmel.

Frage: Auf deiner Jacke steht „Hessen". Was bedeutet das?
Das ist mein Bundesland. Ich mein, bin stolz darauf, Nordhesse zu sein.

Auffallend sind die zahlreichen Tätowierungen, einige sind politisch (das Wort Skinhead auf dem Hinterkopf von Jens, ein Hakenkreuz auf dem Unterarm oder ein Symbol des Ku-Klux-Klans), andere drücken den Wikingerkult mit religiösen Elementen wie Thor oder einem Thorhammer aus; andere sind unpolitisch wie z.B. eine Frau, ein Kampfhund oder eine HSV Raute (des „geliebten" Vereins).

Frage: Wie seid ihr tätowiert?
Ja. So ein Hobby halt, ich glaube, zu jedem, der da so ein bisschen auf dem Weg ist, da gehört das irgendwie dazu. Ich weiß auch nicht warum, aber es gehört halt dazu.
Ja, teilweise politisch, teilweise auch ganz normale.
Frage: Auf deinem Kopf, was ist das?
Skinhead Schriftzug und ein Tribal drum rum.
Frage: Und du?

> Ja, ich hab auch einige. Ein politisches ist dabei.
> Frage: Und was ist das?
> Das ist ein Clansman mit einem brennenden Kreuz. Sonst halt zwei Hunde habe ich tätowiert, und einen Wikinger und Thor und einen Drachen und eine Frau und einen Thorhammer und eine Kralle. Und eine HSV- Raute. Das waren sie wohl.

Durch die Kopplung von Ideologie mit Symbolen der Tätowierungen wird eine Selbstzuordnung auch körperlich inszeniert, dies wird zu einer „Verewigung" der politischen Meinung. Für die Jugendlichen ist ihr äußerliches (rebellisches) Auftreten ein politischer Akt der Meinungsäußerung, der öffentlich und für jeden erkennbar ist. Rechtes Outfit ist alltäglich und selbstverständlich („Man vertritt seine Meinung.", „Um Leuten zu zeigen, dass wir halt noch da sind."). Wer es als Skinhead nicht wagt, seiner politischen Meinung durch äußerliches Auftreten Ausdruck zu verleihen, gilt bei ihnen als Feigling oder gehört nicht zum engeren Kreis der Szene.

> Wenn einer sagt, ich bin Skinhead, und er läuft nicht dementsprechend rum, dann weiß ich, er ist ein Feigling. Das ist ganz klar. Wie soll man unterscheiden, zwischen normalen Menschen, die so denken oder Skins oder Scheitelträgern?

> Wie gesagt, bei Skinheads sage ich halt, dass die so rumlaufen müssen, wenn ich sage ich bin Patriot laufe ich halt nicht so rum, da muss das nicht sein. Man muss sich halt irgendwie unterscheiden.

Das rechte Outfit dient als Erkennungsmerkmal innerhalb der Szene und zeigt den Radikalisierungsgrad an. Die weiblichen Mitglieder verzichten weitgehend auf äußerliche Merkmale der rechten Szene und ein „normales" Outfit bei den männlichen Jugendlichen wird nur zum Schutz der Familie geduldet.

> In Kassel z.B. gibt es welche, die laufen normaler rum, haben aber genau die krasse Einstellung. Halt auch zum Schutz der Familie.

Diese erzwungene Anpassung findet bei einem der Jugendlichen aufgrund einer Zwangssituation - dem möglichen Verlust des Arbeitsplatzes - statt.

> Ja bei mir ist das wegen der Arbeit, weil der Chef das nicht mag.

Ansonsten werden vermeintliche Nachteile in sozialen Zusammenhängen (Schule, Vereine, Diskothek) oder staatliche Repression, die die Jugendlichen ihrem äußerlichen Auftreten zuschreiben, in Kauf genommen.

> Ja, das ist klar, das bleibt ja nicht aus, wenn man so rumläuft.

Sie fühlen sich diskriminiert und sehen sich in einer Rolle als Opfer und Märtyrer:

Dann kommt hinzu, dass man sich nach dem Sport nicht mehr duschen kann, wenn man irgendwelche politischen Tätowierungen hat, die man nicht zeigen darf, dann muss man halt da sitzen und muss warten bis alle weg sind, bis man duschen kann.

Ja. Wenn meine Freundin einen Pitbull-Pulli an hat und will in die Diskothek. Dann kommst du nicht rein, aber die Linken mit ihren Martens oder Rangers die kommen halt rein, die haben dann auch ihre bunten Haare und irgendwelche Sachen an, und das versteh ich nicht.

Sobald du dich als Deutscher zu erkennen gibst, so wie ich, ich hatte kurze Haare meinen Pitbull-Pulli und normale Turnschuhe an, so wie ich jetzt hier sitze. Du wirst so niedergemacht in der Schule.

Beziehungen
Die Clique hat Kontakte zu anderen rechten Gruppen in Nordhessen, in den umliegenden Bundesländern und der ganzen Bundesrepublik („Man sieht sich, kennt sich und da wir alle die gleiche Einstellung haben kommen wir immer irgendwie ins Gespräch"). Neben diesen „Allianzen" im rechten Lager sagen sie gleichzeitig: „Wir haben aber auch normale Freunde, die keine Rechtsradikalen sind oder Nazis". Besonderen Wert legen die Jugendlichen auf die Unterscheidung „Freund - Kamerad", hier versuchen sie ihr ideologisches Konstrukt in das „praktische" Leben hinein zu nehmen.

Freundschaft ist für mich was anderes. Freundschaft ist, mit dem kann ich mich mal treffen, kann ich mal ein Bier trinken aber mehr nicht. Wenn der jetzt irgendwas von mir will, dann block ich erst mal ab. Aber Kameradschaft ist was anderes, weil ich genau weiß, bei dem Anderen, für den ich mich einsetze kommt das zurück, wenn ich mal in der gleichen Situation bin.
Alles andere, was nicht unsere Gesinnung hat, ist auch nicht unser Kamerad, das wird's nie geben
Wenn ich jetzt sage, ich hab einen normalen Freund, sag ich auch Freund zu ihm, ich würde niemals Kamerad sagen.
Also, ich sehe das schon so. Meine Kameraden gehen mir über alles. Wenn ich mich jetzt mit anderen treffe alles schön und gut, die haben vielleicht andere Meinungen, Interessen, das sind für mich Freunde, aber die sind halt Kameraden für mich.
Freunde haben wir jede Menge. Nur wenn's Ärger gibt, die treten nicht gerade ein für unsere Meinung. Also wenn wir jetzt persönlich Probleme haben mit irgendwelchen Leuten aus irgendwelchen Gründen, was nicht gerade mit unserer Meinung zu tun hat, dann stehen die auch für uns ein. Nur weil wir eine rechtsradikale Einstellung haben, heißt das noch lange nicht, dass wir keine normalen Freunde haben. Also wir haben schon Freunde, die keine Rechtsradikalen sind, oder Nazis oder so was in der Richtung. Und mit denen kommen wir genauso gut klar.

Diese ‚Freunde' sind für sie:

Ganz Normale.
Normale.
Normale.
Ganz normale, die fahren in Techno-Discos. Auf jeden Fall wir verstehen uns mit denen genauso gut, als wenn da ein Kamerad daneben steht, nur für mich ist halt das Prinzip, ich stehe für einen Kameraden irgendwo ein bisschen mehr ein, weil bei dem weiß ich ganz genau, der hilft mir jedes mal aus der Scheiße, egal was es ist.
Und das macht halt ein bisschen mehr aus, wie ein Freund. Bei uns zumindest.
Also einem normalen Freund würde ich nicht gerade von meinen Problemen erzählen, da geh' ich lieber zu ihm oder zu ihm, da hab' ich mehr von.
Ja unter Freunden und Kameraden unterscheidet sich das immer. Immer.
Und die Leute, die sich mit uns treffen, die wissen das auch, dass wir mehr zu unseren Kameraden halten, wie zu unseren Freunden.

Ich sag mal, das geht so ab: Akzeptierst du mich, akzeptiere ich dich. Und dann ist gut so. Es wird ja schon manchmal diskutiert, aber das artet nie in irgendwelche Schlägereien oder so was aus. Und selbst wenn.

Vom Verlust von einem Freund bzw. einer Freundin aufgrund der politische Einstellung berichten zwei Jugendliche, diese Trennungen werden von beiden hingenommen und als „natürliche" Konsequenz ihres „Sinneswandels" betrachtet. Darüber wird kein Bedauern geäußert, sondern die ehemaligen Beziehungen werden als unbedeutend abgewertet.

Frage: Habt ihr euch schon mal von Freunden getrennt, weil das nicht mehr zusammen passte oder weil die Meinungsverschiedenheiten zu groß waren?
Ja, also ganz krass halt eben mit der linken Szene, weil ich da sofort abgeblockt habe, danach hab ich gesagt, ich will nie wieder was mit euch zu tun haben.
Ja, aber es war nie eine richtige Kameradschaft, so wie es jetzt hier ist und solange war es ja auch nicht, es war halt so eine Zeit mit vierzehn. Und als es dann wirklich so weit war, da habe ich gesagt, ich bin nicht mehr bei euch, und dann spricht sich das schnell rum, dass man in der anderen Szene ist, und da war das eigentlich schon gegessen. Da haben die schon gesagt, mit dem wollen wir nichts zu tun haben. Und so normale Freunde, da gab es bestimmt welche, wo ich gemerkt hab, das geht einfach nicht mehr, da waren wirklich die Meinungsverschiedenheiten so groß.

Ich habe zwei gute Freundinnen dadurch verloren, mit denen habe ich früher halt ziemlich oft rum gegangen. Aber wenn ich mir da drüber so Gedanken mache, dann find ich's auch eigentlich gar nicht schade, weil die halt auch irgendwelche anderen Sachen machen.

Ideologiefragmente

Deutsche

Das „Deutschsein" hat für die Jugendlichen einen hohen Stellenwert und ist ein zentraler Bestandteil ihrer Ideologie. Dabei können vier Aspekte unterschieden werden:

- Nationalstolz und Lokalpatriotismus

Sie betonen, dass Deutsche stolz auf ihre „Heimat", ihr Land und ihre Identität sein müssten, hier ist der Begriff des „Patrioten" für sie der Kern, der diejenigen bezeichnet, die dazugehören.

> Patriotisch ist für mich vaterländisch, der liebt sein Vaterland und das ist bei den Jugendlichen halt echt nicht so. Sie hassen zwar die Ausländer und sie mögen vielleicht auch keine Punks, aber sie haben nicht das Gefühl zu ihrem Land, wie wir's vielleicht haben. Sie lieben nicht ihr Deutschland.

„Echte Deutsche" haben für sie „ein Gefühl für ihr Land" und sie „lieben ihr Vaterland", dazu gehört ebenso ein regionaler und lokaler Patriotismus. Die Region stellt den vertrauten Lebensbereich dar, in dem sie sich „wohl fühlen" und „alles kennen".

> Frage: Auf der Jacke steht „Hessen". Was bedeutet das?
> Das ist mein Bundesland. Ich mein, bin stolz darauf Nordhesse zu sein.
> Da kann auch Deutschland drauf stehen, aber das ist halt unterteilt, und ich glaub jeder, der aus Thüringen kommt, ist auch irgendwie stolz, dass er aus Thüringen kommt. Egal, ob Skinhead oder Nazi. Man fühlt sich halt irgendwie wohl, es ist halt die Heimat; und wenn ich irgendwo im Osten bin und komme wieder und fahre durch Kassel, dann fühle ich mich schon irgendwie wohler, weil man halt alles kennt.

Der Nationalstolz hat die programmatische Dynamik einer Forderung, die an alle Deutschen gerichtet wird:

> Ich finde, jeder Deutsche sollte einen Nationalstolz haben.

- Merkmale und Tugenden

Den Jugendlichen fällt es schwer, positive deutsche Eigenschaften zu benennen, und sie heben deren Leistungsbereitschaft hervor. Dabei reagieren sie auf das Stereotyp, Deutsche würden nicht für einen Billiglohn arbeiten, bzw. die „knüppelharte" Arbeit auf dem Bau verrichten.

> Die Deutschen, die Deutschen, wenn ich das immer höre die Deutschen würden für einen Billiglohn nicht arbeiten gehen - also das ist totaler Schwachsinn für mich.

Sie beziehen das Deutsch-Sein auf sich, mit dem sie ihre eigene Leistungsbereitschaft („Ich würde für fast jeden Lohn arbeiten") betonen. Sie reklamieren eine Stigmatisierung und wollen als „echte Deutsche" angesehen werden. Dabei geht es ihnen nicht darum, dass alle

> „Heil Hitler brüllen, aber einen gewissen Nationalstolz, dass man wirklich stolz darauf ist, Deutscher zu sein",

sondern darum,

> „uns irgendwie anerkennen, akzeptieren, das wir da sind. Man muss uns jetzt nicht unbedingt als Helden ansehen aber uns akzeptieren halt".

Sie verweisen auf eigene Ausgrenzungserfahrungen und einer Konstruktion des Deutschen, der aus ihrer Sicht im Alltag diskriminiert wird.

> Sobald du dich als Deutscher zu erkennen gibst, so wie ich, ich hatte kurze Haare, nur meinen Pitbull-Pulli an und normale Turnschuhe, so wie ich jetzt hier sitze. Du wirst so niedergemacht in der Schule.

Im Einzelinterview ergänzt ein Jugendlicher diese Ausführungen um weitere „deutsche" Eigenschaften und Tugenden wie „stolz, stark", „Stärke zeigen", „Disziplin", „kämpferisch, ja und Tapferkeit."

> Ich glaube, dass die Deutschen immer sehr gute und auch tolle Soldaten waren. Egal, für was sie gekämpft haben, sie waren immer tapfer, hatten Treue und Mut.

- Geschichte und Rassen

Einen historischen Bezug formuliert die Clique mit dem Beharren auf geschichtlicher Kontinuität, der vor allem mit der Forderung nach Wiederherstellung des „Reiches" verbunden ist.

> Frage: Und was ist für euch Deutschland?
> So wie es früher war, das Reich.
> Frage: Also größer als jetzt?
> Danzig, Breslau und Stettin sind deutsche Städte wie Berlin. Das ist für mich alles deutsch. Wie das Reich war.
> Es muss jetzt nicht unbedingt die Hitlerzeit sein, es kann auch davor sein, wie das Kaiserreich, oder das Deutsche Reich.

Die Anknüpfung an die NS-Zeit findet sich auch in einer gewünschten politisch-gesellschaftlichen Veränderung (Restauration) wieder.

> Also für unseren Geschmack ist die bessere Richtung zum Beispiel jetzt Nationaldemokratie, Nationalismus oder Nationalsozialismus.

Die Jugendlichen fühlen sich als Teil der weißen, nordischen und arischen Rasse, die für sie die Herrenrasse ist. Die rassistische Begründung dient der Herstellung von Gemeinsamkeiten mit dem amerikanischen Ku-Klux-Klan (weiß) oder von Gemeinsamkeiten und Nähen zu Norwegen und Dänemark (nordisch, arisch). Diese Identifikation wirkt als Folie für den eigenen Lebensentwurf, ein Jugendlicher drückt dies folgendermaßen aus:

> Der Sinn des Lebens, das ist für mich, ein Kind zu zeugen, um meine arische Rasse aufrecht zu erhalten. Das ist mein Sinn des Lebens. Deswegen werde ich später ein Kind machen, dann habe ich meinen Sinn des Lebens erfüllt.

- Grenzen und Kampf

Die rassistische Sichtweise führt zu einem Abgrenzungsbedarf, hier grenzen sie sich vor allem von der „schwarzen Rasse" ab, die es nach ihren Vorstellungen zu bekämpfen gilt.

> ...wegen der weißen Rasse und der schwarzen Rasse.

Dies steht im Zusammenhang mit der Nähe eines Jugendlichen zum Ku-Klux-Klan:

> Weil die halt die weiße Rasse verfechten, genau wie ich denke.

Als nicht zugehörig gelten ihnen die „Deutsch-Russen" und „Deutsch-Polen".

> Das ist ja so. die Russen, diese Deutsch-Russen oder Deutsch-Polen, sagen selber, ich bin kein Deutscher, ich bin Russe. Also, für mich ist ein Pole auch kein Deutscher. Er sagt es doch auch selber, ich bin Pole, ich will mit den Deutschen nichts zu tun haben.
> Anders als Oberschlesier, die auch selber sagen, ich bin Deutscher.
> Da gibt es sogar auch Rechtsradikale. Wo die Eltern wirklich noch teilweise polnisch sprechen, weil sie es lernen mussten, aber wo sie ganz genau wissen, dass sie aus Deutschland gekommen sind.
> Die Deutsch-Russen, die hier sind, die wollen ja gar nicht deutsch sein.
> Die leben in ihrer eigenen Welt.
> Sie sagen ja auch hin und wieder, ich steh zu meinem Land. Aber wenn sie zu ihrem Land stehen, warum sind sie dann nicht in ihrem Land.
> Ja, weil es hier mehr Geld gibt.
> Für mich sind das keine Deutschen. Bei mir geht es auch nicht nur um das Vaterland, sondern bei mir geht es auch um Europa, jetzt nicht gerade EU, sondern einfach alles nordische. Ich hab jetzt wirklich nichts dagegen, wenn einer aus Norwegen oder aus Dänemark kommt und sagt, er will hier wohnen, soll er es machen, solange er weiß ist und auch zu unserer Rasse gehört. Aber ein Türke gehört nicht zu der nordischen Rasse. Wobei Polen ja eigentlich auch weiß sind, aber na ja, da muss man dann unterscheiden.

Mit der Kombination von Elementen wie Rasse, Kultur, Bindung und Gruppenzugehörigkeiten wird Inklusion oder Exklusion legitimiert. Ihre

Definition vom Deutschen erlaubt es ihnen, auch innerhalb der so konstruierten Gemeinschaft Ausgrenzungen vorzunehmen, dies betrifft z.B. „Punks" und „Linke", die aus ihrer Sicht keinen Anspruch auf Verbleib in „ihrem Land" haben.

> Ich glaube Linke und Punks haben das Recht Deutsche zu sein schon längst verspielt, also, für mich sind das keine Deutschen mehr.
> Frage: Und was sind das dann für euch?
> Idioten. Ich weiß nicht. Früher gab es die Ausbürgerungsgesetze, also könnte man das vielleicht wieder einführen.

Ausländer und Fremde
Aufgrund ihrer Rigidität lässt die Clique keine Distanz und Ambivalenzen zu, sondern kennt mit ihrem Homogenisierungsbedarf und ihrer Dichotomisierung nur entweder-oder; im Ort hat sie viele „Feinde", zu denen die „Russen, Polen und ein paar Linke" wie auch die „Antifa" gehören.

> Türken haben wir Gott sei dank hier kaum.

Die Clique operiert mit zugewiesenen negativen Eigenschaften und Merkmalen, danach sind Ausländer für sie „Dreck" und zu Angriffen auf Asylbewerberheime sagen sie „Respekt, wer sich das traut. Vielleicht haben wir das auch gemacht, weiß ja keiner". Sie bezeichnen sich als „gewaltbereit" und Gewalt wird naturalisiert; sie „ist halt da, das gibt's auch bei jedem Menschen". „Natürlich" und „auf jeden Fall" wenden sie Gewalt an, wenn sie sich von „Türken" oder „anderen Ausländern" bedroht fühlen; und bei Alkohol „geht die Hemmschwelle runter". Ihnen stehen scheinbar keine anderen (gelernten) Mittel der Abgrenzung und Selbstbehauptung zur Verfügung als Gewalt und Gewaltandrohung, sie wird von ihnen als Selbstbehauptung (weil man sich bzw. die Eigengruppe nur so behaupten kann) ideologisch legitimiert. Ihre rassistisch angebotene Weltdeutung lässt keinen anderen Weg für die Durchsetzung ihrer „Befreiungs- und Weltanschauungsziele" zu und ein Jugendlicher lässt seinen Vernichtungs- und Gewaltphantasien freien Lauf, wenn er sagt:

> Das sag ich auch nüchtern. Das ist bei mir nicht das Problem. Ein Niggerbaby abschlachten, würde ich auch nüchtern tun.

Sie unterscheiden „schwarz und weiß", danach „gehören die nicht hierher, ich mach mich doch auch nicht bei denen im Busch breit. Ich bleib doch auch in meinem Land". Gewalt wird gerechtfertigt, weil „die uns bedrohen; die Türken z.B. das ist hier in Deutschland das schlimmste Volk". Für einen anderen Jugendlichen ist „die weiße Rasse, die arische Rasse die Herrenrasse". Neben Rationalisierungen („nehmen uns die Arbeitsplätze und Frauen weg"), ideologischen Rechtfertigungen und „Neutralisationstechniken" in Bezug auf Gewalt (Notwehr, immer die Anderen, Diskriminierung etc.) können sie ihre Gefühle und Affekte - warum sie Ausländer „ekelhaft" finden - selbst nicht erklären. Dies verweist auf tiefen- und entwicklungspsychologische Prozesse, auf Kränkungserfahrungen und Entwicklungspfade, die als ursprüngliche Motive in den Interviews nicht rekonstruiert werden konnten.

Der „kriminelle" und „gefährliche Ausländer"

Das Konstrukt des „kriminellen" und „gefährlichen" Ausländers wird aus selbst erlebten Erfahrungen entwickelt, die von der Clique geschildert und die als Bedrohungen wahrgenommen werden.

Ob du nun in Kassel überfallen worden bist, ob sie dir das Portemonnaie geklaut haben oder deine Freundin anmachen.

Die Eigengruppe erscheint durchweg als Opfer einer Gefahr und sie betonen dabei, dass sie auch als „Normale" - also unabhängig von Outfit oder eigenen Provokationen - stets mit solchen Situationen konfrontiert sind; dies wird situationsübergreifend als schicksalhafter Alltag dargestellt.

Jeder Jugendliche hat schon Erfahrungen damit gemacht.

Und das kann jeden von uns treffen.

Was soll ich da sagen. Ich stehe da als normaler Bürger sozusagen, ich provoziere die Leute nicht, im Gegenteil, die Leute kommen auf mich zu und provozieren mich.

Regelmäßig, da kann man schon den Kalender nach stellen. Der Ärger, das weiß ich, das kann ich voraus sagen, am 14., 15. Juni gibt's Ärger. Das ist jedes Jahr das Gleiche.

Die „Gefährlichkeit der Ausländer" wird dadurch unterstrichen, dass diese Waffen wie „Knarre" und „Messer" benutzen und nur in Überzahlsituationen Konflikte suchen, was sie zugleich als feige und hinterhältig disqualifizieren soll.

Letztes Jahr zum Beispiel, da kommen sie mit sechs Autos vorgefahren, die Russen und Polen; da müssen sie warten, bis die Rechtsgruppierung nur noch zu viert da ist, und dann trauen sie sich halt ran, und dann gibt's halt Dresche.
Türken zum Beispiel, weil das ist hier in Deutschland das schlimmste Volk, was hier hausen tut und die nehmen wirklich keine Rücksicht auf Verluste, die ziehen ohne weiteres das Messer und alles. Und wenn man sich dagegen nicht wehren tut, ist man selber Schuld.

Diese unterstellte Alltäglichkeit und Unberechenbarkeit der Gewalt von „den Ausländern" soll zeigen, dass sie auch auf ihrem eigenen Territorium bedroht sind.

Passiert hier in diesem Jugendclub, dass die Russen hier aufkreuzen und einfach einem die Knarre an den Kopf halten und solche Sachen.

Alkohol spielt als eskalationsfördernder Faktor eine Rolle und die aus ihrer Sicht nachgiebige Justiz bestärkt ihre Gegner.

Dann geht das Ganze vor Gericht und die werden freigesprochen. So etwas kann ich nicht verstehen, du als Skinhead hast vor Gericht keine Chance, wirst abgestempelt ohne Ende und dieses Pack kann sich aufführen wie es will. Das ist ein Unding, so etwas versteh ich nicht.

Die beschworenen Gefahren durch „die Ausländer" sind in ihren Augen nicht situationsbedingt oder durch Provokationen und Lebensverhältnisse begründet („das glaube ich weniger."), sondern die Gefährlichkeit wird ihnen als ein natürliches Merkmal zugeschrieben und auf den türkischen Mann wird projiziert:

> Es ist ja das Problem bei den Türken zum Beispiel, die klauen irgendwo unsere deutschen Frauen.

Als Konsequenz auf diese wahrgenommene Bedrohung wird Gewalt legitimiert:

> In unseren Augen bedrohen die uns halt und da ist dann Gewalt gerechtfertigt.

Die Konstruktion des „kriminellen" und „gefährlichen Ausländers" dient dazu, eine Bedrohung zu präsentieren, die ein Feindbild konturiert und damit ihr rassistisches Weltbild sowie Gewalt und Ausgrenzungsforderungen rechtfertigt.

Der „eindringende" und „konkurrente Ausländer"

Ausländer werden als Konkurrenten auf dem Arbeitsmarkt, in den Regionen, im Bildungsbereich, bei Frauen und in öffentlichen Räumen und um Wohnräume gesehen.

> Guck mal, ich sehe es doch bei der Firma, wo ich anfangen wollte. Die haben einen Türken und einen Russen eingestellt. Da wo ich anfangen wollte, da ist gerade mal ein Deutscher und das ist ein Kamerad, der versucht mir halt noch 'ne Lehrstelle oder 'n Job zu besorgen. Nur irgendwie klappt das nicht. Nur weil sie lauter Türken und Russen da eingestellt haben.

Die eigenen negativen Erfahrungen auf dem Arbeitsmarkt und bei der Jobsuche werden mit willkürlichen Zahlenangaben zu „ausländischen Schwarzarbeitern" unterlegt.

> Wenn ich alleine diese Tatsache sehe, es gibt 650.000 ausländische Schwarzarbeiter auf dem Bau und auf dem Arbeitsamt sind 450.000 arbeitslose Bauarbeiter, Deutsche, gemeldet, die keinen Job haben.
> Da frag' ich mich doch echt, was das soll.

> Lass doch mal die Ausländer weg, diese Schwarzarbeiter und lass doch mal die Deutschen arbeiten, dann hast du eine halbe Million weniger Arbeitslose.
> Aber die Großbaustellen, z.B. in Berlin, da mussten die Baustellenleiter das ausschreiben in ganz Europa, wegen der EU, das wären so viele Arbeitsplätze, Tausende von Arbeitsplätzen gewesen, aber nein, sie müssen jetzt irgendwelche Afrikaner nehmen, weil das halt die EU so fordert, dass du Großbaustellen anmelden musst in ganz Europa. Das kann ich nicht verstehen.
> Und dann wundern sie sich, dass so viele Deutsche arbeitslos sind.

Mit solchen Argumentationsketten reproduzieren die Jugendlichen der „harten" Clique immer wieder rechtsextreme Stereotypen und Ideologiefragmente, nach denen ökonomische Probleme ethnisierend gedeutet und gelöst werden können. Die Jugendlichen belegen ihre Einschätzungen wiederholt mit gesetzten Daten, deren Stichhaltigkeit sie als harte Fakten sehen und nicht erschüttern lassen; sie versuchen sich wohl informiert zu geben. Ihre subjektiv empfundene Benachteiligung wollen sie aufheben, indem sie für sich in „ihrem Land" mehr Rechte einfordern.

> Was man nicht vergessen darf ist, dass die Ausländer hier unsere Gäste sind und dass wir mehr Rechte haben. Wir sollten mehr Rechte haben!
> Was aber nicht so ist.
> Leider, leider.

Sie sind der Ansicht, das Migranten ausschließlich ein „Gaststatus" zuerkannt werden sollte, der es ihnen lediglich ermöglicht, hier Urlaub zu machen; das begründen sie mit dem Argument, dass sie selbst auch nur zeitlich begrenzt ins Ausland wollten.

Die gehören nicht hier her, ich mach mich doch auch nicht bei denen unten im Busch breit.

> Das ist doch so. Ich bleibe doch auch in meinen Land. Das find ich auch immer so bescheuert, wenn die Leute vergleichen, ihr fahrt ja auch nach Afrika oder in die Türkei in den Urlaub. Es hat doch keiner etwas von uns dagegen, wenn die hier vier Wochen bei uns an die Ostsee fahren und dann wieder abhauen. Bei uns Urlaub machen, da hat doch keiner was dagegen. Das sind auch immer solche Vergleiche. Ich bleibe bei mir im Land, ich mach auch meinen Urlaub in Spanien, aber ich fahre dann wieder weg, ich fahr wieder in mein Land. Das ist mit den Schwarzen genauso, wenn ich die sehe, wie sie aus Timbuktu mit den Lkws rein geschleust werden, und sich dann hier die fette Kohle, dann hier ihr Geld beim Staat holen und einen Asylantrag stellen. Mach ich so was?

Am aktuellen Beispiel um die so genannte Green-Card versuchen sie aufzuzeigen, wie deutsche Jugendliche (in der Bildungspolitik) benachteiligt werden. Auch hier wird mit gesetzten Zahlen argumentiert, die Zahl der benötigten ausländischen Fachkräfte an ihr eigenes Weltbild angepasst und eine Instrumentalisierung der Fachkräfte vorgenommen.

Frage: Was sagt ihr zu der Green-Card?
Kinder statt Inder.
Das ist totaler Schrott.
Frage: Auch wenn es für die deutsche Wirtschaft besser ist?
Nein, wenn die es wirklich so drauf haben, kann man ja hundert hier herholen, die unseren Deutschen das beibringen, weil wir haben genug Jugendliche, die sich super mit dem Computer auskennen und auch gerne etwas machen würden; und jetzt wollen sie tausend Inder rein holen, ich mein, das ist nicht richtig.

Ihre Benachteiligung sehen die Jugendlichen nicht nur auf dem Arbeitsmarkt, auch die „Konkurrenz" der ausländischen Jugendlichen im Bereich von Partnersuche und -wahl wird als übermächtig konstruiert. Einerseits wird ausländischen Jugendlichen ein unfaires, hinterlistiges Verhalten im Umgang mit deutschen Frauen unterstellt,

Es ist ja das Problem bei den Türken zum Beispiel, die klauen irgendwo unsere deutschen Frauen, bestechen die mit ihrem angeblich vielen Geld. So ist es nun mal, wenn die daher kommen, fahren mit 18 Jahren ihren Mercedes, schleppen die deutschen Frauen ab.

andererseits stellen sie eine auf Ausländer projizierte, sexualisierte Omnipotenz in den Vordergrund

Mit ihrem Scheiß - Südmeerpimmel!

Nicht nur ihre Angst vor ihrer eigenen zu geringen Potenz kommt hier zum Ausdruck, sondern auch die Ethnisierung der Angst davor, dass die „Reinheit der arischen Rasse" durch Beziehungen von deutschen Frauen mit ausländischen Männern bedroht sei.

Die heiraten auch nur Deutsche.
In dem Moment bedrohen sie doch unsere Rasse.

Neben den Hinweisen zum Arbeitsmarkt und den Beziehungen tauchen immer wieder Ängste vor einer „überall" existierenden und zunehmenden „Überfremdung" im Wohn- und Freizeitbereich auf. Migranten besetzen für sie öffentliche Räume, wie Diskotheken oder Feste, und gründen ihre eigenen, für „die Deutschen" unzugängliche Reviere.

Klein-Istanbul ist das.
Die ist in Kassel. Eine Straße, wo halt nur Ausländer sind. Das ist eine Türkenstraße.

Da die ganzen Discos sowieso zu 80% von Türken besetzt sind, kann man nicht viel machen.

In ihrer Schlussfolgerung schreiben sie Migranten ihre eigenen, rassistischen Vorurteile zu, rechte Parolen und Sprühereien werden umgedeutet und deren Verbreitung auf ausländische Jugendliche übertragen.

> Es wird uns vorgeworfen, dass wir nicht alle Ausländer über einen Kamm scheren sollen.
> Aber die scheren alle Deutschen über einen Kamm.
> Genau, das wollt' ich gerade sagen. Die scheren jeden Deutschen über einen Kamm. Ja. Und denen ist egal, wen sie doof anmachen. Die schreiben auch an die Wände: ‚Deutschland den Türken' ‚Deutsche raus'. Und das ist wieder so eine Sache, die ich nicht verstehen kann. Absolut nicht. Sagen wir mal, wir Deutschen wir sind so gut, wir nehmen die Türken hier auf, wir nehmen die Neger, weiß der Geier wen. Wir nehmen alle auf. Und das Resultat davon ist dann, dass so eine Schmiererei an die Wand kommt, von wegen ‚Deutsche raus, Deutschland den Türken' zum Beispiel. Und das geht mir nicht in den Kopf. Absolut nicht.

Ihr rassistisches Verhalten legitimieren sie mit einem Abwehrkampf gegen die „eindringenden Ausländer", sie sind als Konkurrenten wahrzunehmen und zum Bestandteil ihrer alltäglichen Weltsicht geworden.

Die rassistische Konstruktion „des Ausländers"
Das Weltbild der Clique ist von einem Herrschaftsanspruch geprägt, den sie „natürlich" in der Überlegenheit der „arischen Rasse" begründet sehen.

> Den Anspruch (etwas Höheres zu sein, d.V.) habe ich auch, aber bei mir ist der ja auch berechtigt. Ich bin ja auch weiß.

Nationalistische Einstellungen und ihre geforderte Bevorzugung im eigenen Land („Europa soll weiß bleiben, also weiß sein. Es soll arisch sein.") werden mit dem universellen Recht auf einen Führungsanspruch der Weißen gekoppelt. Antisemitische Parolen, stereotype Zuschreibungen, die nationalsozialistische Vernichtungspolitik und der „Kampf der weißen Amerikaner" gegen „minderwertige Schwarze" werden zu einem ideologischen Konglomerat.

> Die Juden einfach, das ist ihre Art. Sie sind total frech, sie sind habgierig, sie wollen alles haben. Sie haben einen ganz komischen Glauben. Ich mein, wenn man sich schon mal vorstellt, dass in ihrer Bibel drin steht, dass sie nicht körperlich arbeiten dürfen, weil sie angeblich was Höheres sind, da kriege ich schon einmal den Hals. Und dadurch, dass sie alles aufkaufen, wollen sie deutsche Geschäfte ruinieren.

> Und was weiß ich, diese ganzen Neger oder was weiß ich was, die können ja gerne in Afrika leben.

Die Äußerungen gegenüber Fremden sind mit starken destruktiven Affekten verbunden und begleitet von massiven Gewalt- und Tötungsphantasien gegenüber Juden und Schwarzen.

> Juden, sag ich, müssen komplett ausgerottet werden, da darf keiner überleben. Weil wir haben es gesehen damals, wir haben es nicht ganz geschafft. Und jetzt sind sie schon wieder so viel und regieren die ganze Welt eigentlich. Dieses widerliche Volk, das müssten sie echt alles ausrotten.

> Die (Mitglieder des KKK, d.V.) sollten halt dann einen Neger zusammen dreschen, um zu beweisen, dass sie auch für die Sache einstehen, da hätte ich kein Problem mit. Also ich würde es machen.
> Er soll merken, dass er Dreck ist.
> Frage: Bis zur Tötung?
> Mit Sicherheit auch.

Die Clique nutzt eine extrem abwertende und verächtliche Wortwahl, mit der sie die Bösartigkeit und Minderwertigkeit der von ihnen rassistisch-konstruierten Gruppen bildlich verdeutlichen wollen.

> Niggerin, Kanak, Niggerbaby, Hakennase, widerliches Volk, billige Rasse und Dreck,...wo die ganze Zeit der Neger durch den Busch springt.
> Bis sie alle sterben, alle Fidschis werden aufgeschlitzt.

Ihre brutalen und menschenverachtenden Vernichtungsphantasien sehen sie als notwendige und natürliche Konsequenz des „Rassenkampfes".

> Ist für mich kein Kind. Ist für mich kein Mensch. Ist für mich echt eine billige Rasse. Ich weiß nicht, ist genauso, als wenn ich in jetzt der Schlachterei arbeite und würde ein Schwein köpfen, das wäre genau das Gleiche wahrscheinlich für mich. Das hört sich jetzt echt krass an, aber für mich ist es halt so, für mich ist das nicht lebenswert so was.

Die Idealisierung der skandinavischen Länder dient einerseits dazu, ihre Überlegenheit zu unterstreichen, andererseits gibt sie ihrem auswegslosen, von vielen Widerständen begleiteten „Kampf" einen phantasierten Ort, der durch seine konstruierte Vorbildfunktion als Schutz und Orientierung dient.

> Wenn ich die in Norwegen sehe, da ist es verboten, eine andere Fahne außer die norwegischen zu hissen. Die stehen zu ihrem Land und sind dir gegenüber offen, die akzeptieren, wenn ich da rüber komme, so wie ich bin, die akzeptieren mich, die haben damit keine Probleme. Die werden in der Jugend ganz anders erzogen, die werden patriotisch erzogen, schon von Grund auf, die sind stolz auf ihre Wikinger, was sie damals gemacht haben, das ist eine ganz andere Kultur, das ist eine richtige Kultur.

Soziale Frage
Für die Clique ist die Arbeit in Deutschland zugunsten der Migranten ungerecht verteilt, das begründen sie mit Argumenten wie, „deutsche Arbeitgeber bevorzugen Ausländer", dass diese „weniger Lohn verlangen/bekommen" würden, den „antinationalen Gesetzen der EU", zusätzlich „belegen" sie diese „Tatsachen" mit fiktiven Zahlen.

> Wenn ich alleine diese Tatsache sehe, es gibt 650.000 ausländische Schwarzarbeiter auf dem Bau, auf dem Arbeitsamt sind 450.000 arbeitslose Bauarbeiter, Deutsche, gemeldet, die keinen Job haben.
> Da frag' ich mich doch echt, was das soll.
> Lass doch mal die Ausländer weg, diese Schwarzarbeiter und lass doch mal die Deutschen arbeiten, dann hast du eine halbe Million weniger Arbeitslose.
> Frage: Und das Gegenargument, dass viele Deutsche für diesen Lohn nicht arbeiten würden?
> Nicht arbeiten wollen.
> Ich würde auch für 15 Mark arbeiten.
> Ich würde für fast jeden Lohn arbeiten, also ich würde für acht Mark aufwärts arbeiten.
> Ich kriege momentan 400 Mark Arbeitslosenhilfe im Monat. 400 Mark. Und bevor ich diese 400 Mark Arbeitslosenhilfe nehme, gehe ich sehr gerne arbeiten. Sehr gerne.

Tatsächlicher Wohlstand kann ihrer Meinung nach bei Migranten nur durch illegale Geschäfte erreicht werden (Drogendealermythos). Diese kommen nach der Clique nur nach Deutschland um „abzukassieren", wobei einer der Interviewten erwähnt, dass man als Asylbewerber nicht „die fette Kohle" bekäme, aber die Leistungen für Asylbewerberinnen und -bewerber sind ihnen zu viel und sie verlangen eine konsequente Abschiebung. In diesem Zusammenhang wird von der „Gier der Ausländer" gesprochen, die unersättlich sei; andere Gründe, wie politische Verfolgung oder wirtschaftliche Not existieren in ihren Augen nicht.

> Das ist mit den Schwarzen genauso, wenn ich die sehe, wie sie aus Timbuktu mit den Lkws rein geschleust werden, und sich dann hier die fette Kohle, dann hier ihr Geld beim Staat holen und einen Asylantrag stellen.
> Mach ich so was?
> Ja, weil es hier mehr Geld gibt.

Beim Thema soziale Frage geben sie einen Hinweis, dass der Staat zu wenig für deutsche Jugendliche (Jugendarbeitslosigkeit) tun würde, diese landeten auf der Straße und bekämen keine Arbeit; gleichzeitig begrüßen sie diese „Ungerechtigkeit" jedoch auch, weil das ihren „Nachwuchs" sichern würde. Die Jugendlichen verteidigen die existierenden Normen der Arbeitsgesellschaft und Arbeit besitzt eine quasi religiöse Bedeutung; sie deuten an, dass sie alles machen würden und das auch für einen unrealistisch niedrigen Stundenlohn.

Das würde ich auch für einen billigeren Lohn machen. Hauptsache Arbeit, oder. Hauptsache Arbeit. Arbeit ist Arbeit.

In ihren Augen ist die Verteilung der Arbeit zwischen Deutschen und Migranten die gravierendste Ungerechtigkeit, sie gehen von einer Art Naturgesetz aus, nach dem Deutsche hier mehr Rechte haben sollten und als Folge auch in der Verteilung von Arbeitsplätzen bevorzugt werden müssten.

Staatskritik
Die Clique kritisiert die Justiz, weil in Konflikten „die Russen freigesprochen werden und du als Skinhead hast vor Gericht keine Chance". Sie fordern „härtere Gesetze und kontrollierte Einwanderung, Todesstrafe für Kinderschänder".

Das System ist an einer Menge schuld hier bei uns, weil was sich hier Demokratie nennt, das ist in Wirklichkeit keine Demokratie.

Was ich nicht verstehen kann ist, dass sich die Politiker untereinander bekämpfen, in den Parteien, den Koalitionen und mit der Opposition. Eigentlich sollte eine Regierung da sein, um das deutsche Volk zusammenzuführen und zu regieren.

In der Einschätzung der Parteien wird eindeutig die NPD favorisiert.

Ich würde mal sagen, wenn man hier im Dorf einen NPD-Verein schafft, dann würden den auch an die 10% wählen. Viele Alte auf jeden Fall.

Die Republikaner sind für sie „nur alte Leute, die nicht für unsere Jugend einstehen". Die DVU „macht nur Geld", wohingegen sich die NPD ihrer Meinung nach um die Probleme der Menschen kümmert.

Bei der NPD muss ich jetzt als Mitglied sagen, ist das anders. Die setzt sich auch für die Jugend ein. Aber DVU und die Republikaner sind für mich auch Geldmacherei. Drum sind wir beide auch in der JN.

Die Clique lehnt die parlamentarische Demokratie ab und meint, „Wahlen an sich müsste man eigentlich nicht machen. Wenn man eine starke Führung hätte, bräuchte man nicht mehr wählen gehen". Sie nennen Begriffe wie „Nationaldemokratie, Nationalismus und Nationalsozialismus"; zunächst wäre eine „nationale Demokratie ihr Ziel" und das heißt für sie, „dass man zuerst ans deutsche Volk denkt"; und dafür steht einzig die NPD, für die sie sich entschieden haben.

Frage: Was wollt ihr verändern? Was wollt ihr anders haben?
Diesen Staat auf jeden Fall.

Härtere Gesetze, auf jeden Fall. Kontrollierte Einwanderung und härtere Strafen für Drogendealer. Ich bin nicht derjenige, der unbedingt einen Ausländerstopp sofort will, sondern ein kontrolliertes Einwandern. Todesstrafe für Kinderschänder und solche Sachen, ich versteh nicht, dass es so etwas nicht gibt.

Also, eine nationale Demokratie am Anfang erst mal, das man wirklich als Erstes an das deutsche Volk denkt und danach an irgendwelche Fremden. Das wäre schon ein Anfang.

Genau. Also ich würde schon zu einer Wahl gehen auf jeden Fall, ich würde auch meine Partei die NPD wählen.

Ich bin in der JN, also in der Jugendorganisation. Aber irgendwie, was weiß ich, Wahlen an sich, müsste man eigentlich nicht machen. Wenn man eine starke Führung hätte, bräuchte man nicht mehr wählen gehen.

Eben.

Wir versuchen irgendwelche Jugendliche aufzuklären, ja nicht gerade überreden, dass sie jetzt rechts werden, aber sie sollten sich schon mal eine eigene Meinung bilden und nicht auf das hören, was sie jahrelang in der Schule gelernt haben, weil in der Schule wird man ja schon sehr zum Antifaschisten erzogen, auf jeden Fall.

Ich kann auch verstehen, dass die Jugend von morgen immer mehr in die rechte Ecke tendiert, weil die sitzen ja nur auf der Straße, kriegen keine Lehrstellen, haben nur Ärger mit Ausländern, da kann ich das verstehen, dass die so werden.

Ich begrüße das auch. Weil sich heutzutage viel zu wenig um die Jugendlichen gekümmert wird.

Das System ist an einer Menge schuld hier bei uns, weil was sich hier Demokratie nennt, das ist in Wirklichkeit keine Demokratie.

Die Protestwähler, die wählen die DVU als Protest, weil die am meisten Geld hat und am meisten Werbung für sich macht und schon kreuzen sie halt DVU an. Das ist nicht Überzeugung, das ist wirklich nur Protest. Und bei der NPD, die die NPD wählen, das ist wirklich Überzeugung. Viele Skins machen es zum Beispiel so: Die streichen alles komplett durch und schreiben NSDAP hin und kreuzen das an. Nur aus Protest.

Wenn sie mich schon sehen, die alten Leute, ich sehe zwar jetzt nicht so aus, weil ich kurze Haare und mein Outfit habe, aber die Leute im Supermarkt fangen an von früher zu erzählen. Die stehen zu der Jugend. So wie wir sind, da stehen die zu.

Die meisten Leute hier in diesem Dorf, die sind einfach mit dieser Regierung nicht mehr zufrieden. Die CDU bringt auch nichts, die Grünen erst recht nichts. Die Grünen sind gegen alles, was du hier im Dorf bringst. Und das muss einfach klein anfangen. Hier im Dorf fängt es einfach an. Wenn man zum Beispiel hier eine Partei aufmachen würde, was wir ja schon mal vor hatten. Ich kenn' genug alte Leute, die alten Leute sind auf uns zugegangen - wir waren alle stockvoll und sind aus der Disco raus - die alten Leute kommen auf uns zu und sagen uns, unsere Meinung finden die o.k. und da muss man einfach drüber nachdenken. Die finden das einfach nicht mehr okay, was die großen Parteien machen, ob SPD, CDU, Grüne, FDP.

Was ich überhaupt nicht verstehen kann ist, dass sich die Politiker untereinander bekämpfen, in den Parteien und Koalitionen und die Opposition. Eigentlich sollte eine Regierung das sein, die komplett zusammen für das Deutsche Volk regiert und nicht gegeneinander.

Als Ideal sehen sie einen Führerstaat und als Übergangslösung eine „nationale Demokratie mit der NPD an der Spitze"; demokratische Strukturen braucht es infolgedessen nicht zu geben.

Geschichte
Geschichte ist für die Clique die „Erfolgsgeschichte des deutschen Reiches" in der ersten Hälfte des 20. Jahrhunderts. Sie begeistern sich für die ehemalige Macht und Größe „ihres Vaterlandes" und bedauern die Abwesenheit derartiger Zeiten, weil sie ihre imaginierten soldatischen Tugenden nicht zeigen können. Ihre Affinität zu Kriegsfilmen macht die Verherrlichung des „deutschen Soldatentums" deutlich. Sie schwärmen von Großdeutschland, denn „Deutschland ist für mich, wie es früher war, das Reich. Danzig, Breslau und Stettin sind deutsche Städte wie Berlin. Das ist für mich alles deutsch". Europa wird zum Europa der weißen Rasse.

So wie es früher war, das Reich.
‚Danzig, Breslau und Stettin sind deutsche Städte wie Berlin.' (Ein Zitat der rechtsradikalen Band ‚Landser', d.V.) Das ist für mich alles deutsch.
Wie das Reich war.
Es muss jetzt nicht unbedingt die Hitlerzeit sein, es kann auch davor sein, wie das Kaiserreich, oder das Deutsche Reich.

Vor allem im Thema Geschichte, wenn man in der neunten und zehnten Klasse das Thema II. Weltkrieg und so durchnimmt, wird man eigentlich total übergangen und eigentlich gar nicht mehr gefragt.

Der Wikingerkult und die nordische Religion sind für sie historische Tatsachen und die ‚starken, kämpferischen und immer siegreichen Blonden' der ‚arischen Mythologie' haben für die Clique einen starken Identifikationscharakter.

Frage: Interessiert ihr euch mehr für keltische oder germanische Religionen?
Ja, Odin und Thor und Asgard!
Walhalla!
Das gehört dazu. Der Wikingerkult, der gehört inzwischen dazu.

Sich selbst vergleichen sie mit der SA, die für ihre Meinung auf die Straße gegangen sei und sich geprügelt habe. Sie sehen sich als die lautstarke, nationalistische und gewaltbereite Avantgarde und als Sprachrohr der schweigenden Mehrheit.

Vernetzung
In der näheren Umgebung „kennt man sich", es gibt Kontakte über den Besuch rechtsextremer Konzerte; einer der Jugendlichen besucht „Liederabende" der rechten Szene in Nordheim.

> Frage: Trefft ihr euch mit anderen Gruppen? Habt ihr Kontakte zu anderen Gruppen?
> Natürlich. Man kennt sich bestimmt in ganz Nordhessen und in den umliegenden Bundesländern vom Sehen. Man sieht sich halt, trifft sich irgendwann wieder. Vom Sehen her kennt man sich auf jeden Fall. Und da wir alle die gleiche Einstellung haben, kommen wir immer irgendwie auf ein Gespräch, das ist automatisch.
>
> Die Leute treffen, wo dann wirklich über Sachen diskutiert wird. Da geht es dann schon ernster zur Sache, das muss man sich vorstellen wie in der Schule, wie auf der Uni, so ein Vortrag. Einer redet, einer ist halt der große Kopf von der ganzen Sache, und er diskutiert dann mit denen. Da geht es dann schon ruhig und ernst ab.
>
> Da kommen sie von überall her, wenn so etwas ist. Meistens ist es in Nordheim, und da fahren von uns ein paar hin, aus Kassel fahren welche hin, aus Nordheim viele.
> Halt wer davon was weiß, fährt hin.

Besuche von Kirmessen werden als Treffpunktmöglichkeiten und gleichzeitig als Orte der Gewalt genutzt. Mit den umliegenden Gemeinden gibt es nach der Clique eine Vernetzung, dazu gehöre auch die Organisation eines als Skinheadtreffen getarnten Festes und die Erwähnung einer geplanten Geburtstagsfeier, bei der nicht die örtlichen „Normalos", sondern „befreundete" Rechtsextreme gekommen sind.

Sie berichten von Kontakten zur Hooligan-Szene in Kassel und Hamburg und erwähnen Schlägereien.

> Frage: Prügelt ihr euch untereinander?
> Das ist was anderes, wenn ich zum Spiel gehe oder überhaupt, wenn man zum Spiel geht, dann ist es halt kein Kameradending, sondern ist eigentlich ein Gegner. Das ist halt vom anderen Verein. Danach, was weiß ich, wenn man sich zwei Tage später wieder trifft, auf irgendeinem Treffen, dann gibt man sich die Hand und trinkt ein Bier zusammen. Beim Fußball oder beim Eishockey ist das, glaub ich, ganz anders dann.

Rolle der Medien
Die Jugendlichen informieren sich über die lokale Zeitung und Fernseh-Nachrichten, aber auch über die rechtsextreme ‚Deutsche Stimme'. Sie betonen die Notwendigkeit interner politischer Kommunikation, hierfür nutzen sie, neben der „Mundpropaganda", Handys und das Internet.

Frage: Und wie informiert ihr euch?
Mundpropaganda. Das kriegt man schon mit.
Viel geht über Handys, da kriegt man dann halt irgendwelche Nachrichten, oder Internet ist ja im Moment total viel, auch bei uns. Ja, und da kann man sich halt informieren.
Frage: Und Zeitungen oder Zeitschriften?
Ja. Gibt es ja auch von diversen Parteien wie die ‚Deutsche Stimme' von der NPD, solche Zeitungen lesen wir uns auch schon durch, oder einer kauft sich die mal und sagt es beim nächsten Treffen, da spricht man es mal an, was das so drin stand.
Es ist nicht unbedingt die Bildzeitung. Der Quatsch der da immer drin steht.

Frage: Nachrichten?
Ganz wichtig, auf jeden Fall. Zwei-, dreimal am Tag. Auch Zeitung lesen, weil so was ist wichtig, weil man sollte schon wissen, das Gröbste, was so passiert ist auf der Welt.

Die Clique unterstreicht ihre Zugehörigkeit zur Szene mit dem Hinweis, neben „normalen" Filmen oder Büchern auch solche zu sehen oder zu lesen, die sich explizit an rechtsextreme Zielgruppen richten und z.B. germanische Mythologien zum Inhalt haben. Ihre Vorliebe gilt Filmen wie „Romper Stomper" oder „American History X", in denen die rechte Skinheadszene thematisiert wird. Ein wichtiges Thema ist das Militärische, sie lesen ‚Landser-Hefte' und bevorzugen Kriegsfilme.

Man liest bestimmt ziemlich viel, weil man sich auch irgendwie weiterbilden will. Es ist nicht nur dieses Image, ein Skinhead ist total stockblöd und läuft nur ‚Deutschland, Deutschland' grölend durch die Straßen.
Deutsch, dumm und wasserdicht!
Man muss wirklich viel lesen und das gehört dazu, auf jeden Fall, sich weiterbilden. Dann liest man sich auch Bücher über unsere Rasse durch oder wie das entstanden ist, der Glaube, das Germanische.
Wenn man darüber etwas lernen will, dass kriegt man überall her. Das Internet ist so vielfältig, da findet man alles. Von erlaubt bis verboten.

Zum Bestandteil ihres alltäglichen Fernsehkonsums gehören auch ‚Big-Brother' und diverse Talk-Shows.

Frage: Guckt ihr euch das ab und zu mal an?
Ich ja. Ich brauche das. Das ist so lustig. Also so was, dass muss man sich angucken.

Frage: Und andere Sachen?
‚Big Brother'. Täglich. Wenn ich es verpasse, dann muss ich es nachts aufnehmen.

Sie kritisieren die Darstellung ihrer Szene in den Medien, weil sie systematisch ein stereotypes und verfälschendes Bild von Rechtsextremen zeichnen würden, indem sie Repräsentanten auswählten, die sich nicht angemessen artikulieren und darstellen könnten.

Normalerweise sind das wirklich die Leute, die unseren Ruf kaputtmachen, die keine Ahnung haben, und dass sind auch immer die, die sie zu irgendwelchen Fernseh-Shows einladen, wirklich die bescheuersten Leute, die wirklich von nichts eine Ahnung haben.
Und die man dann erzählen lässt.
Ja, die wirklich das Dümmste vom Dümmsten labern.
Um unserer Gesellschaft zu zeigen, ‚Die sind so blöd'.
Frage: Ihr meint, da steckt eine Absicht dahinter?
Auf jeden Fall.

Einstellung zur Gewalt
Die eigene physische Gewaltbereitschaft wird von den Jugendlichen eingestanden, auf alle anderen Menschen übertragen und auf diese Weise schicksalhaft und naturalisiert.

Jeden Tag, wenn ich rausgehe, kann Gewalt ein Teil von mir selbst sein.

Gewalt ist nicht wichtig, aber jeden Tag, wenn ich raus gehe, kann Gewalt ein Teil von mir selbst sein. Es kann jeden Tag aufkreuzen. Es muss aber nicht, wenn ich raus gehe, boah Gewalt, voll auf Gewalt. Boah. Jetzt geh' ich aber los. Das ist Blödsinn. Gewalt ist halt da, das gibt's auch bei jedem Menschen.

Gewalt existiert für sie „einfach" und die aggressive oder defensive Definitionsmacht, wann und gegen wen Gewalt anzuwenden sei, schreiben sie sich selbst zu.

Alltägliche Gewalt
Für die Clique ist Gewalt ein Bestandteil des alltäglichen Lebens, sie gehört zum Erleben von Selbstwirksamkeit und ihrer Körpererfahrung. Ein Jugendlicher erwähnt explizit seine Affinität zur Hooliganszene rund um Fußball- und Eishockeybegegnungen. Er bezeichnet sich zwar nicht selbst als Hooligan, äußert jedoch Sympathie und eine gewisse Faszination für deren bedingungsloses, „ehrenhaftes" und „treues" Einstehen für den Verein. Hier ist auch das Prügeln innerhalb der rechten Szene kein Widerspruch, da die „Kameraden" nur situative Gegner darstellen und feste Verhaltenskodizes existieren.

Frage: Und du fährst auch mit?

Ja, ja. Also dann darf man sich schon nicht in den Block trauen bei den Berlinern.
Das habe ich auch gemacht, aber nicht mit Trikot. Das habe ich dann ausgezogen.
Weil man dann irgendwelche dummen Sprüche an den Kopf geknallt kriegt und da sind dann schon ziemlich extreme Leute dabei, die dann auch wirklich einfach mal nur so, weil du ein Trikot anhast, dir auf die Schnauze hauen.
Frage: Geht man dann so etwas aus dem Weg?
Nein, für den Verein steh ich ja ein.

Ich glaube, so als Skinhead legt man es auch nicht drauf an. Außer wenn man sich auch als Hooligan bezeichnet, aber so bezeichne ich mich eigentlich nicht. Also ich sympathisiere mit denen auf jeden Fall, und ich find es auch ziemlich in Ordnung und hänge bei denen rum, aber so ganz krass drauf sein und sich nur zu schlagen, ist eigentlich nicht mein Ding.

Frage: Und Schlägereien?
Ja., vor allem in Wolkenheim regelmäßig, da kann man schon den Kalender nach stellen. Der Ärger, das weiß ich, das kann ich voraus sagen, am 14.,15. Juni gibt's Ärger. Das ist jedes Jahr das Gleiche.
Frage: Und mit wem?
Russen. Schöne Freunde hier im Dorf.
Oder Polen.
Oder Polen. Das ist doch das Gleiche.
Türken haben wir in Wolkenheim ja kaum. Also, Gott sei Dank. Weil, das ist ja eher in Schneeheim oder in Hageldorf, überhaupt in Großstädten, dass es da die Türken mehr sind. Aber hier sind ja eigentlich nur Russen, Polen und ein paar Linke und das war es.

Gewaltbereitschaft gehört für die Clique zum selbstverständlichen Verhaltensmuster ihrer Zugehörigkeit zur Skinheadszene.

Gewalt. Ich kann nicht sagen, dass ich totaler Gegner davon bin, das wäre ja Quatsch. Also jeder Skinhead, der meint Gewalt ist Scheiße für mich, das kann niemand sagen, weil wir genug mit Gewalt zu tun haben. Beim Fußball oder Eishockey ist das halt anders. Erstens: Ich weiß, dass der andere auch die Gewalt will, ich geh' ja nicht an irgendwelche Unschuldigen dran, ich geh' nicht an irgendwelche Frauen, ich geh' auch nicht an irgendwelche normale Fans.
Frage: Würdet ihr euch als gewalttätig einschätzen?
Potentiell. Potentiell gewalttätig.
Gewaltbereit.
Ja, ich denke gewaltbereit auf jeden Fall.
Gewaltbereit ist eigentlich jeder, der sagt, er ist ein Skinhead oder rechtsradikal. Von daher würde ich schon davon ausgehen, dass jeder der Meinung ist, er ist gewaltbereit.

Sonst wäre er ja nicht radikal in dem Moment.
Mein Argument ist nur, Gewalt ist keine Lösung aber ein verdammt gutes Argument. Und es ist es auch wirklich.
Meine Meinung ist, wenn ich sage, ich bin gewaltbereit, ja, das heißt nicht, dass ich gleich auch auf jeden losgehen würde, der mir nicht passt.
Gewaltbereit heißt für mich eigentlich, jeder, der mir schräg kommt also im Grunde genommen mich doof anmacht oder mir Schläge androht, dass ich demgegenüber Gewalt zeige. Aber grundlos würde ich niemals jemand schlagen oder sonst irgendwas, also bei mir muss schon ein triftiger Grund sein bevor ich Gewalt zeige. Gewaltbereit ist also so gut wie jeder in diesem Raum hier, denk ich mal.

Eine Ablehnung von Gewalt zeigt sich lediglich in Aussagen über die Erziehung von Kindern und die Behandlung von Hunden. Hier behaupten sie sogar, dass Gewalt kontraproduktiv sei und letztendlich nur Gegengewalt erzeuge bzw. aggressives Verhalten hervorrufe.

Ob ich nun ein Kind von klein auf schlage, das Kind wird im Alter eventuell auch aggressiv gegenüber seinen Kindern, gegenüber seiner Frau eventuell und so ist das mit den Hunden eigentlich genauso.

Auch körperliche Gewalt gegen Frauen wird in diesem Zusammenhang abgelehnt.

Ich würde nie eine Frau schlagen.

Dies steht zunächst im Widerspruch zu Aussagen über andersfarbige Kinder und Frauen, indem sie diese mit rassistischen Figuren entmenschlichen, legitimieren sie ihre Gewaltgefühle und -phantasien.

Ideologische, rassistische und politische Gewalt
Mit Blick auf den politischen Gegner werden situationsbedingte und widersprüchliche Strategien beschrieben. Sie sagen, dass sie Gewalt gegen Linke ablehnen und stattdessen versuchen würden, diese durch Diskussionen zur Umkehr zu bewegen.

Ich denke einfach mal, jeden Linken, den ich treffe und mit dem ich mich ausführlich unterhalte, da helfen keine Schläge, da hilft einfach nur reden. Und wenn ich mit dem rede und dem meine Situation und meine Meinung erkläre, dass dieser Mensch, der vorher eine linke Einstellung hatte, eventuell meine Meinung versteht und auch selber zu dieser Meinung kommt. Es gibt manchmal Situationen, da redet man lieber, als Gewalt anzuwenden.
Bei Linken diskutieren wir lieber.
Ja, das ist klar.
Schon alleine, weil ich versuche linke Parteien auf meine Seite zu ziehen. Die linke Partei zu überzeugen, von meiner Meinung, das ist wichtig.

Die Glaubwürdigkeit der Gewaltlosigkeit gegenüber politischen Gegnern wird jedoch eingeschränkt durch die unklare Definition der „Linken" - mit der obigen Aussage scheinen eher persönlich bekannte Personen im Ort gemeint zu sein - und zum anderen deuten sie auf ein hohes Gewaltpotential und teilweise auch die Befürwortung gewalttätiger Auseinandersetzung mit politisch Andersdenkenden hin.

Für unsere politische Meinung ist es teils schon von Vorteil gewaltmäßig zu sein, also unsere politische Meinung durchzusetzen. Gewalt von Linken erzeugt Gegengewalt.

Es gibt immer die Situation, wo ich sage, wenn die Linken meinen, sie müssten uns das einhämmern – wie: Stalin war gut - wehrt man sich dagegen. Es wird immer das Gleiche sein. Es geht immer hart auf hart. Man kann nie sagen, Gewalt wollen wir jetzt runter spielen, Gewalt ist nur wörtlich, wörtlich, wörtlich. Das gibt es nicht. Wörtliche Gewalt ist für mich nichts. Das ist wörtliches Diskutieren aber keine wörtliche Gewalt. Wenn ich Gewalt aufbaue in irgendeiner Diskussion, dann muss irgendwo eine Gegenpartei sein, die mich auch mit Gewalt bombardiert.

So was (wie Punks, Linke, d.V.) muss echt, meiner Meinung nach, bekämpft werden, weil die ruinieren unseren Staat und machen ja alles nur kaputt.
Frage: Gibt es Linke hier im Ort?
Ja, ja.
Frage: Provoziert ihr die?
Irgendwelche Provokationen wird es immer geben, wenn sich Linke und Rechte treffen, aber es passiert halt weniger, weil die treffen sich wahrscheinlich auch wo anders, und wir treffen uns wo anders, also geht man sich irgendwie aus dem Weg.

Frage: Würdet ihr eine Schlägerei provozieren?
Provozieren bestimmt schon. Wahrscheinlich vorbeigehen und provozieren, dass werden die auch genauso machen, entweder passiert etwas oder nicht. Aber es kommt, glaub ich, ganz ehrlich gesagt auch auf den Alkoholspiegel an, bei beiden Gruppen, wenn beide total voll sind, dann passiert das natürlich eher, das ist ganz klar.

Eindeutiger werden die Jugendlichen bei der Rechtfertigung rassistischer Gewalt. Hier nehmen sie „kein Blatt mehr vor den Mund" und kurze Diskussionen in der Gruppe drehen sich höchstens um die Frage, ob man eine türkische Frau schlagen dürfe. Immer wieder werden äußerst brutale Gewalt- und Vernichtungsphantasien erwähnt, wobei sich die Interviewten selbst als aktiv-ausführende Täter beschreiben und ideologisch legitimieren.

Die sollten halt dann einen Neger zusammendreschen, um zu beweisen, dass sie auch für die Sache einstehen, da hätte ich kein Problem mit.

Frage: Wenn in der Zeitung steht, dass Steine auf Asylbewerberheime geworfen werden, sagt ihr dann nicht, das ist zu extrem?
Nein, Respekt. Respekt, wer sich das traut. Vielleicht haben wir das ja auch schon gemacht, weiß ja keiner.

Ich meine, gerechtfertigt ist es auf jeden Fall gerade gegenüber den Türken, weil das ist hier in Deutschland das schlimmste Volk, das hier hausen tut und die nehmen wirklich keine Rücksicht auf Verluste, die ziehen ohne weiteres das Messer und alles. Und wenn man sich dagegen nicht wehren tut, ist man selber schuld und verlassen.

Und das gegenüber Mädchen. Das finde ich so asozial. Ich persönlich, ich würde nie eine türkische Frau schlagen.
Auch wenn es eine Türkin wäre.
Nein, ich auch nicht. Solange sie noch eine relativ helle Haut hat.
Frage: Und eine schwarze Frau?
Nicht mal das. Nein, nein, eine Niggerin. Ja so ist es. Bei mir auf jeden Fall. Es sei denn, sie steht vor mir und tritt mir in die Klöten, dann würde ich vielleicht auch zuschlagen.

Da brauche ich keinen Alkohol für. Das sage ich auch nüchtern. Das ist bei mir nicht das Problem. Ein Niggerbaby abschlachten, würde ich auch nüchtern tun. Dazu brauche ich keinen Alkohol.

In unseren Augen bedrohen die uns halt und da ist dann Gewalt, ja, gerechtfertigt, irgendwie.

Verhältnis zur erwachsenen Generation

Familie

Zwei der interviewten Jugendlichen berichten über eine relativ frühe Radikalisierung im Alter von etwa 14 Jahren, wobei einer zunächst mit der linken Szene sympathisierte, mit 15 Jahren dann aber „die Fronten" wechselte. Es gab Konflikte mit den Eltern, weil diese ihrer Beschreibung nach eher autoritär-konservativ bzw. konventionell orientiert waren.

Ich habe mit vierzehn schon gemacht, was ich wollte. Und damals fing das ja an mit dieser linken Zeit. Einfach nur Protest, und da hat meine Mutter gesagt, mit Glatze gefällt es mir besser als mit irgendwelchen bunten Haaren. Ganz verstehen kann sie es nicht, aber nach langen Gesprächen, wo ich versucht habe, diese Einstellung zu erklären und irgendwo denkt sie ja vielleicht auch in diese Richtung und es geht eigentlich. Man hat schon mal Stress, vor allem wenn jetzt nachmittags, wenn die Eltern an der Arbeit sind, viele Glatzen ein und aus gehen, aber sonst geht es eigentlich..

Jens bezeichnet seine Radikalisierung als ein Protestverhalten, dass sich gegen seine Eltern und Lehrer gerichtet habe. Die Ursachen für die Auseinandersetzungen im Elternhaus resultieren aus deren Gewaltbereitschaft und Freizeitverhalten. Anlässe für Kritik der Eltern sind der exzessive Alkoholkonsum und die mit lärmender Musik verbundenen Treffen von Skinheads sowie Schlägereien, von geringerer Bedeutung sind die Einstellungen der Jugendlichen.

Meine Mutter weiß es. Sie wird auch viel angemacht in meinem ehemaligen Ort, in dem ich gewohnt habe, auch wegen mir. Aber sie weiß sich mit meinem Namen zu wehren und die Leute wissen dann, wenn sie sie nicht kennen, das ist meine Mutter und dann lassen sie auch die Finger davon. Sie akzeptiert es, sie findet es irgendwo auf eine Art und Weise auch gut, wenn sie sich damit wehren kann. Und so akzeptiert sie es. Mein Vater hat ein Problem damit, unausweichlich, aber ich sage mal auch viele Polizisten denken annähernd genauso wie ich. Das weiß ich. Und meine Schwester, der ist es egal. Und meine Großeltern, wie halt Großeltern so sind, die haben damals im Krieg oder nach dem Krieg vieles mitgekriegt und die denken auch so wie damals, größtenteils habe ich damit mit meiner Familie eigentlich keine Probleme.

Vor allem meine Mutter hat wahrscheinlich immer Angst gehabt, dass ich mich irgendwie in Prügeleien einmische. Ja gut, sie hatte halt alle Angst, wo ich gesagt hab, der und der ist jetzt öfter bei mir. Sie wussten halt, dass sie nicht gerade den besten Ruf haben im Dorf, also einen schlechten Ruf, aber ich glaube, meine Eltern haben nicht so viele Vorurteile, die gucken sich die Leute erst an und danach urteilen sie.

Frage: Wie ist das Verhältnis zur Familie?
Seitdem ich ausgezogen bin, ist es deutlich besser. Das war ja auch ein Grund, warum ich ausgezogen bin oder besser gesagt rausgeschmissen wurde. Seitdem ist es eigentlich relativ gut. Ich verstehe mich prima mit denen, ich kann über alles reden. Noch nie war es besser, sage ich mal. Mit meiner Schwester seit letztem Wochenende, das war bei ihr so ein ‚Klick' im Kopf. Also meine Schwester ist älter wie ich. Da war halt so eine Sache, auf die ich jetzt nicht unbedingt eingehen werde, aber die, sage ich mal, uns in Zukunft auch zusammen schweißen wird.

Frage: Zu Hause bei deinen Eltern, wie sieht da das Zusammenleben aus?
Also meine Eltern stresst das schon, dass ich halt jeden Abend weg bin. Dass ich nach Hause komme und esse und dann das Auto nehme und wegfahre. Weil mein Papa sagt immer, ‚Ich bin kein Hotel, wo du zum Essen kommst und zum Schlafen und dann wegfährst'. Aber sonst ist es halt ein super Verhältnis mit meinen Eltern. Bis auf ein paar Kleinigkeiten, aber ich denke mal, das ist bei jeder Familie so.

Die Jugendlichen fühlen sich von ihren Eltern weitgehend verstanden, sie bekunden auch Sympathie und vereinzelt gab es Konflikte; besorgt scheinen sie wegen dem Ruf und der Öffentlichkeit

> Sie haben es akzeptiert am Anfang, obwohl sie nicht gerade begeistert waren, von der politischen Einstellung her. Viele Sachen, sagen sie auch, wären nicht schlecht, der Grundgedanke ist vielleicht nicht schlecht, aber sie meinen halt, dass wir so gewalttätig sind, deshalb könnten sie es nicht ganz verstehen, aber ich glaube schon, dass meine Eltern ein bisschen patriotisch eingestellt sind.

> Ich sehe das ja bei meinem Vater (ein Polizist, d.V.). Der hat selber genug Probleme mit Osteuropäern, also dem geht das also ziemlich am Arsch vorbei, ob der da (bei Rechten, d.V) kontrollieren soll oder nicht.

Als Beispiele für Sympathie dienen den Jugendlichen Geschenke ihrer Väter. So erhielt einer zum 16. Geburtstag eine ‚Reichskriegsflagge', ein anderer anlässlich seines Auszuges ein Luftgewehr. Von einer Mutter wird berichtet, dass ihr die rechtsextreme Musik gefallen habe.

> Bei mir ist der Ärger vorprogrammiert. Ich habe einen Schutzmann als Vater. Das ist auch ein Grund, warum ich dann raus geflogen bin. Ich kann mit ihm reden, solange das Politische alles weg bleibt. Dann ist es ein ganz normales Vater-Sohn-Verhältnis, möchte ich mal sagen. Mit meiner Mutter habe ich auch nie Probleme gehabt. Ist halt nur, wenn es um Politik geht, oder wenn ich eine Schlägerei hatte und mein Vater kriegt das wieder raus, dann kann ich mir wieder etwas anhören.

> Ich habe eine Reichskriegsfahne von meinem Vater zum 16. Geburtstag gekriegt.
> Frage: Und warum bist du dann rausgeflogen?
> Weil er wahrscheinlich dachte, das wäre nur so ein Spiel, das geht vorbei nach der Pubertät. Aber da wurde es erst richtig schlimm. Das hat auch noch andere Gründe gehabt, das war nicht nur meine Einstellung, das waren auch andere Sachen.

> Ich habe einmal eine Kassette bei meiner Mutter im Auto vergessen, die hat sie morgens früh zur Arbeit gehört und abends hat sie mir gesagt, sie hat so ihr Horoskop vermisst im Radio, aber sonst war das gut, was die gesungen haben, das fand sie nicht schlecht.

Es scheint in keinem der Elternhäuser eine streitend-dialogische Gegenhaltung zu den rechtsextremen Einstellungen der Jugendlichen zu geben, vielmehr ist das Verhältnis weitgehend geprägt von der Ambivalenz zwischen der Ablehnung der Radikalität im (auffallenden) Verhalten und einer (gewissen) Akzeptanz der Einstellungen; einer der Jugendlichen ist aufgrund von Konflikten „rausgeworfen" worden bzw. hat selbst die Konsequenzen gezogen und ist ausgezogen. Von einem Jugendlichen wird die positive Beziehung zu den Großeltern geschildert, die er im Alltag unterstützt. An seinem Großvater schätzt er, dass dieser stolz auf seine Rolle als Soldat im Zweiten Weltkrieg ist.

> Mein Opa war bei der Wehrmacht und hat auch richtig gekämpft und da war er total stolz drauf. Und er ist ein ganz überzeugter Patriot. Für ihn gehört die Frau an den Herd und er hat wirklich das deutsche Bild. Ja, und mein anderer Opa war bei der SS und der war halt schon sehr überzeugt davon, aber davon habe ich damals nicht so viel mitgekriegt. Ich weiß halt noch von meiner Oma, dass er sehr überzeugt davon war.

Lokales Milieu
Keiner der Jugendlichen ist Mitglied in einem der örtlichen Vereine und der Aufenthalt im Jugendclub ist ihnen untersagt. Ein Teil der Clique wohnt mittlerweile außerhalb von Wolkenheim, aber sie halten sich in ihrer Freizeit nach wie vor in der Gemeinde auf und versuchen sich zu integrieren.

> Wir haben Unterstützung vom Bürgermeister gekriegt. Er meinte, solange es nicht verboten ist, können wir ruhig unsere Skinheadgruppen hier hören, ab und zu.

Konflikte mit der Bevölkerung, als Reaktion auf ihr Verhalten, Outfit und ihre Einstellungen werden als Einzelfälle und als Ergebnis eines wechselseitigen Ablehnungsprozesses zwischen ideologischen Gegnern beschrieben.

> Also, wo ich gearbeitet noch habe, da haben manche Leute gesagt, ich soll mir ein bisschen die Haare länger wachsen lassen, also jetzt nicht ganz kahl rasiert, sondern so ein bisschen höchstens. Ich weiß nicht, wie es jetzt ist, mit den ganzen Tätowierungen ist es halt sehr schwer Arbeit zu finden auf jeden Fall. Das habe ich mir ja so ausgesucht, da bin ich selber schuld.
> Ja bei mir ist das viel wegen der Arbeit, weil der Chef das nicht mag. Der beschäftigt nur Ausländer.

Besonders wichtig ist ihnen, auf die angebliche Einbindung in die übrige Dorfjugend hinzuweisen, der sie eine zumindest ansatzweise vergleichbare ideologische Einstellung unterstellen.

> Frage: Mit anderen Jugendlichen gibt es keinen Stress, wenn die euch mal auf eure Meinung ansprechen?
> Die wissen, wie wir drauf sind und irgendwo denken sie ja auch in die Richtung ein bisschen vielleicht, da lässt man das Thema halt. Aber so sind die meisten Jugendlichen hier in Wolkenheim und die haben größtenteils das Denken von uns.

Ich sag mal, das geht so ab: ‚Akzeptierst du mich, akzeptiere ich dich'. Und das ist gut so. Es wird ja schon manchmal diskutiert, aber das artet nie in irgendwelche Schlägereien oder so was. Und selbst wenn.

Das kann man auch so sehen, bei uns im Dorf sind die meisten Jugendlichen patriotisch also von den deutschen Jugendlichen, das kann man schon so sehen.
Nicht patriotisch unbedingt, aber eher ausländerfeindlich. Das glaube ich viel mehr.
Die sagen jetzt nicht ‚Deutschland - Vaterland' oder so was.

Trotz ihres Wegzuges fühlen sich die Jugendlichen nach wie vor mit ihrem Herkunftsort verbunden und schätzen insbesondere dessen Überschaubarkeit und Vertrautheit.

Man kennt hier halt jeden und weiß, mit wem man sich anlegen kann und mit wem nicht. In Kassel weiß man das nicht.

Schule
Alle Jugendlichen berichten von Schwierigkeiten, die sie in und mit der Schule hatten; sie waren überfordert und sind Leitungsversager. Insbesondere mit der Hinwendung zur Skinhead-Szene waren Auseinandersetzungen mit Lehrerinnen, Lehrern und Schülern verbunden, sie beklagen fortan eine diskriminierende Behandlung durch die Lehrkräfte und die Schulleitung sowie eine systematische Bevorzugung der ‚Linken'; Lehrerinnen und Lehrer erscheinen ihnen somit als ideologische Gegner.

Gut, ich war in der Schule kein Waisenknabe, da ging es schon hoch her. Ich war ziemlich aufsässig Lehrern gegenüber, weil mir das nicht gefallen hat, wie die manche Schüler behandeln haben oder wie sie einen versuchen zu erziehen, teilweise heutzutage auch noch mit Schlägen in der Schule. Da hatte ich ziemlich viel Ärger.
Das lief eigentlich bis zur achten Klasse so ganz gut. Und dann gab es die Probleme. Auch als jetzt Linker oder als Punk lief das eigentlich ganz gut. Nur dann wirklich, seitdem ich halt kurze Haare hatte, also die Lehrer haben einen sofort weggestoßen und haben gesagt, ‚nein, tut mir Leid' und danach war eigentlich nichts mehr, also es waren wirklich fast schon Feindbilder für mich.
Mit der Berufsschule war es halt die Sache, dass da halt wirklich der überwiegende Teil ausländisch ist, dass man da echt keine Chance hatte, wenn man mit kurzen Haaren aufgekreuzt ist. In Wolkenheim in der Gesamtschule gab es halt viele Probleme mit den Lehrern, da hat man als Trotzreaktion mal geschwänzt oder hat gesagt, mit dem rede ich nicht mehr. Ja, man kann nicht alles auf die Lehrer schieben. Ich habe, glaube ich, wo ich ziemlich faul war, eigentlich gar nicht mehr gelernt, und dann lief einiges schief.

Ha ha, Lehrer! Ich hatte hier hinten ein Keltenkreuz rein rasiert in der achten Klasse. Das musste ich mir komplett nass raus rasieren, sonst wäre ich nicht mehr unterrichtet worden. Ich musste ein halbes Jahr jede Pause zum Direktor, Klamottenkontrolle. Also, Turnschuhe waren erlaubt, Martens, Rangers durftest du nicht anziehen, keinen Böhse Onkelz-Pulli, nichts, sonst gleich nach Hause, umziehen, oder ein 3/4 Jahr vor dem Lehrerzimmer sitzen, jede Pause. Weil man halt total ausgegrenzt wird. Und das ist für mich auch Rassismus, wenn ich so ausgegrenzt werde.

Weil es immer heißt, dass nur die Rechtsradikalen irgendwelche Waffen oder Schlägereien anzetteln, was aber eigentlich nicht so ist, es können auch irgendwelche ganz normalen Leute irgendwelche Pistolen oder Messer oder so etwas mit sich rum schleppen, und können damit genauso jemanden auf dem Schulhof abstechen, und die werden nicht kontrolliert. Das finde ich ziemlich scheiße. Man sollte halt die Meinung von den anderen akzeptieren oder man sollte es halt lassen.

Bei mir war es nicht so. Aber ich war ja ein paar Jahre unter ihm. Wo ich so in der neunten, zehnten war, da durften wir eigentlich alles anziehen was wir wollten, weil die Linken, es waren halt viele Linke auf der Schule, und die haben halt auch ihre Springerstiefel angehabt, und sind halt so rumgelaufen, und da die Lehrer ja wirklich...die Linken, das sind ja ihre Lieblinge, und da dürften sie uns halt auch nicht das verbieten, sonst hätten sie denen ja auch was verbieten müssen. Ja, man wurde halt blöd angemacht, man wurde nicht dran genommen, man wurde halt benachteiligt auf jeden Fall im Unterricht. Vor allem im Thema Geschichte, wo man in der neunten und zehnten Klasse sowieso das Thema Zweiter Weltkrieg durch nimmt, da wird man eigentlich total übergangen und gar nicht mehr gefragt.

Während die männlichen Mitglieder von ständigen Konfrontationen durch ihr provokatives Auftreten und ihre Äußerungen im Unterricht erzählen, berichtet Steffi von Auseinandersetzungen, die aber durch ein klärendes Gespräch im Unterricht ‚bearbeitet' wurden.

Also, in der Berufsschule hatten wir in Politik schon dieses Thema. Wir durften uns die Themen aussuchen und da haben wir einmal Jugendkriminalität durchgenommen und sollten dann Referate halten und da hab' ich halt auch drüber geschrieben, über die Ausländerfeindlichkeit und warum dann halt diese linken Demos erlaubt werden, häufiger erlaubt werden als die rechten Demos. Und hab' dann halt auch Fragen in dem Referat gestellt an die Lehrer und an die Schüler und da gab es dann schon mal Konfrontationen, weil wir halt auch ziemlich viele Ausländer in der Klasse hatten. Die haben das halt nicht so ganz verstanden und dann haben wir uns schon mal in die Haare gekriegt, das lief schon ganz schön heftig ab, wo wir uns dann in der Pause nicht mehr unterhalten haben. Aber das haben wir dann in der nächsten Stunde wieder geregelt, also wir haben darüber noch mal geredet und gesagt, dass eine Diskussion nicht so ablaufen könnte, dass wir alle unsere Meinung von den anderen akzeptieren müssten und dann ging es dann.

Verhältnis zur Jugendpflege
Die Clique bewegt sich (am Ende der Interviewphase) außerhalb der pädagogisch organisierten Räume und Strukturen. Sie hat viele Jahre den lokalen Jugendclub besucht und die Stadt hat anlässlich massiver lokaler Auseinandersetzungen und mit dem Ziel einer Reduktion der Konfliktintensität im Frühjahr 2000 einen Streetworker eingestellt, der schwerpunktmäßig mit der Clique arbeiten sollte. Die Jugendlichen bewerten ihr Verhältnis zum Streetworker positiv, weil dieser (im Gegensatz zum Jugendpfleger) sich für ihre Interessen eingesetzt und z.B. einen Bus für einen Ausflug organisiert habe. Im Widerspruch hierzu steht die nach wenigen Monaten erfolgte Kündigung des Streetworkers, die nach Aussage des Jugendpflegers auf Schwierigkeiten zurückzuführen war, arbeits- und tragfähige Kontakte zu der Clique herzustellen und sich Respekt zu verschaffen. Die Jugendlichen machen den Jugendpfleger für die Kündigung verantwortlich, dieser habe dessen gutes Verhältnis zu ihnen zum Anlass für Auseinandersetzung genutzt. Nach ihnen ist der

> Jugendpfleger ein überzeugter Antifaschist, der auch alles hasst, was kurze Haare hat. Und das war ja vorprogrammiert, das es da einmal Stress gibt zwischen ihm und uns.
> Vieler Leute Ärger ist es, dass er vergisst, wer damals den Jugendclub aufgebaut hat. Und das waren auch viele Patrioten, die hier drin halt alles renoviert haben.
> Wir haben für 10.000 DM hier drinnen renoviert, uns die Hacken wund gelaufen, um Spenden zu kriegen bei Firmen und guck dir an wie es aussieht. Es ist toll geworden und wir dürfen nicht mehr rein.
> Frage: Er hat ihn zu gemacht, weil da z.B. irgendwelche Sachen kaputt gegangen sind?
> Es sind alles Ausreden. Es fing damals an, da waren halt mal viele Rechte hier drin und da haben wir auch hier gefeiert, da fing es schon an; es war total die Ausrede. Er meinte, die Jüngeren, die rein wollten, würden sich bedroht fühlen durch uns, deshalb sollten wir nicht mehr rein. Sieht man ja jetzt, wenn wir da drüben stehen, stehen die Jüngeren bei uns, also man sieht, das war nur wieder so eine Sache, um uns, um irgendwelche Rechtsradikalen, da raus zu kriegen.
> Er ist der Jugendpfleger, und er müsste doch die Probleme der Jugendlichen, was in seinen Augen die Probleme sind, mit denen diskutieren und mit denen daran arbeiten, aber er spart sich lieber die Arbeit und spricht Verbote aus, dann braucht er sich nicht damit auseinanderzusetzen. Das

ist seine Einstellung. Das Einzige, was er da drin haben will, das ist seine Jugendband, wo er sich arrangiert und das war es.

Infolge der wahrgenommenen Radikalisierung der Gruppe, der Nichteinhaltung von vereinbarten Verträgen und Regeln, der Beleidigung und Bedrohung von anderen Besuchern sowie der Zerstörung von Möbeln hat der Jugendpfleger der Clique den weiteren Besuch des Jugendclubs verboten.

III. Vergleichender Blick

Aufgrund der geschilderten unterschiedlichen Orientierungen und Praxen lassen sich die drei Cliquen in die Typen bzw. Härtegrade „weich, mittel und hart" einordnen. Diese Typisierung ist ihrer unterschiedlichen „Kombination" von Elementen des rechten kulturellen Arsenals (Musik, Outfit, Medien), ihres weltanschaulichen Ethnozentrismus und ihrer spezifischen ideologischen Radikalisierung(sstufe) und unterschiedlichen Gewaltaffinität bzw. -bereitschaft geschuldet. Die Jugendlichen haben z. Z. der Interviews eine längere gemeinsame Cliquenbiographie „hinter sich" und sind in die Clique und deren Lebensweise eingebunden. Sie erfahren hier im Weg durch ihre Jugendphase und in ihren Prozessen der Identitätsbildung mit den zugehörigen Verunsicherungen - vorübergehende oder langfristige - adoleszente Prägungen und einen Vergesellschaftungsmodus „nach rechts". Während die „weiche" Clique eher von einem „Ethnozentrismus der Gefühle" geprägt ist, die „mittlere" Clique ideologisch (fremdenfeindlich) argumentiert, sich bekennt und Vorurteile verfestigt sind, haben wir es bei der „harten" Clique mit einem Überzeugungsrassismus zu tun; sie ist auch organisatorisch in das „braune Netz" eingebunden. Die Jugendlichen äußern mehrheitlich keine Zweifel an ihren Einstellungen und es sind keine Distanzierungsbemühungen oder Ambivalenzen zu erkennen, diese können lediglich bei einzelnen Jugendlichen in der „weichen" und „mittleren" Clique identifiziert werden. Sie verstehen sich in ihrer generellen Selbstpositionierung als - wie sie sagen - „rechte" Cliquen mit folgenden Differenzierungen: Während die „weiche" Clique den Begriff „radikal" oder „extrem" von sich weißt, akzeptiert die „mittlere" Clique teilweise diese Zuordnung und die „harte" Clique bekennt sich explizit zu dieser Zuordnung und sieht sich darüber hinaus als Teil einer nationalen Bewegung. Wir haben es bei allen Cliquen mit Ergebnissen von langjährigen Erfahrungs- und Sozialisationsprozessen zu tun und bilanzieren hier den Entwicklungsstand am Ende des Jahres 2000. Ob und wie die Gesinnungen und Erfahrungen mit ihren jeweiligen Weiterentwicklungen in und aus den Cliquenbeziehungen und in den Prozess des erwachsenen Lebens aussehen (können), welche Wege für die einzelnen Jugendlichen plan- und realisierbar sind, bleibt ebenso abzuwarten, wie offen bleibt, ob und wie die (affektiv und mental) erlernte „rechte Sozialisation" in das erwachsene Leben (mit den ihr vielfach zugeschriebenen Persistenzen und cognitiv maps) hinein reichen. Im Folgenden sollen - aus einem hochkomplexen Geflecht von Faktoren, Einflüssen und Wirkungen - einige Aspekte in vergleichender Reflexion markiert werden, die sich als Modernisierungsfolgen und Realitätsverarbeitung in der Entwicklung und Stabilisierung rechtsextremer Orientierungen und Handlungsweisen bei Jugendlichen niederschlagen.

1. Für alle drei Cliquen gilt abgestuft, was Eckert u.a. (2000) in ihrer Jugendstudie so beschreiben: „Der Anschluss an spezialisierte Gruppen wird dann sinnvoll, wenn eine subjektiv als befriedigend erlebte soziale Identität auf „konventionellen" Wegen nicht erreichbar scheint" (S. 19). Während einzelne Jugendliche aus der „weichen" Clique noch in anderen Gruppen und Vereinen (Feuerwehr, Angelverein, Sportverein) sozial eingebunden sind und sie als konventionelle dörfliche Übergangsclique junger Männer bezeichnet werden kann, fehlt dies bei der lokal isolierten „mittleren" Clique weitgehend und bei der in der rechten Eigenwelt lebenden „harten" Clique gänzlich. Sie haben zwar weitere soziale Kontakte in der Schule und Freizeit, aber stabile und befriedigende Einbindungen in weitere jugendliche Gesellungsformen sowie ihre Vernetzungen zur Erwachsenenwelt gehen nicht über formalisierte Arbeitsbeziehungen und die Herkunftsfamilie hinaus. Unterschiedliche gemeinsame Interessen und Aktivitäten (Alkohol, Action, Musik, Orientierung, Politik, etc.) konturieren die drei Cliquen, sie kompensieren fehlende soziale und kommunikative Ressourcen und ihre Einbindung begründet sich vor dem Hintergrund ihrer konkreten biographischen sozialen (familiären, schulischen...) und sozial-räumlichen Bedingungen. Während bei der „weichen" Clique Politik und Weltanschauung kaum für die Cliquenidentität von Bedeutung, sondern eher die jugendkulturelle Dimension (Treffen, Musik, Outfit, Alkohol, Action), zählt für die „harte" Clique die politische Orientierung und das zugehörige Setting (Schulungen, Musik, Konzerte, Aktivitäten) zum Kern ihrer Identität; die „mittlere" Clique wird in ihrer Gespaltenheit durch eine Mischung von jugendkulturellen Aktivitäten (Treffen, Alkohol, Musik) und ideologischen Orientierungen zusammengehalten. Die Prozesse der Hinwendung zu den Cliquen und die Einbindung ist unterschiedlich verlaufen: Während die „weiche" Clique neben den wenigen dörflichen Vereinen die einzige selbstorganisierte Gesellungsform für die Kids und Jugendlichen im Dorf ist, durch die sozusagen alle (vorübergehend) hindurch müssen, wenn sie im Dorf ihre Freizeit elternunabhängig gestalten wollen, so haben die beiden anderen Cliquen eine längere jugendkulturelle und freundschaftsbezogene Tradition. Sie sind Ergebnis von mehrjährigen gemeinsamen, mit Konflikten verbundenen Prozessen in Schule und Freizeit; die Cliquen sind für die Jugendlichen zum orientierungsleitenden Umfeld geworden.

2. Die Jugendlichen kommen überwiegend aus „kleinen Verhältnissen" der unteren - und teilweise mittleren - sozialen Schichten bzw. „einfachen" Herkunftsmilieus. Jugendliche aus der „weichen" und vereinzelt aus der „mittleren" Clique sind in materiell relativ wohl behüteten Verhältnissen aufgewachsen, einige aus der „mittleren" und „harten" Clique leben in emotionaler und auch räumlicher Distanz zu ihren Eltern. Die Jugendlichen in allen drei Cliquen berichten - bis auf wenige Ausnahmen in der „wei-

chen" und „mittleren" Clique - nicht von familiären Konflikten oder elterlichen Kontrollen. Das Verhältnis zu ihren Eltern bezeichnen sie als „normal", dass sie diese - dann durchaus zu deren Unwillen - „schon erzogen" und die sich „daran gewöhnt hätten", dass sie sich „ihre Freiheiten nehmen" (so Jugendliche in der „weichen" Clique) oder sowieso machen „was sie wollen" (so Jugendliche aus der „mittleren" und „harten" Clique). Die Cliqueneinbindung unter Gleichaltrigen ist für die überwiegende Mehrheit ausschlaggebender als das Orientierungsmilieu der bzw. die Übereinstimmung mit den Eltern, deren Ansichten als unpolitisch, angepasst und eher konservativ beschrieben werden. Die Eltern reagieren auf die Mentalitäten ihrer Söhne (und Töchter) überwiegend mit den beiden Mustern „Desinteresse, Gleichgültigkeit" oder auch in einigen Fällen mit förderlicher „Zustimmung" und einer gewissen „Sympathie" - aber keiner direkten populistischen Lenkung für die Denkweise der Söhne (und Töchter). Deren Ansichten scheinen in der politischen Information und Ausbildung von Orientierungen eher eine untergeordnete bzw. kaum eine Rolle zu spielen. In der Jugendphase als Zeit von Moralbildungs- und Platzierungsprozessen scheinen Erwachsene insgesamt als Identifikations- und Auseinandersetzungsfiguren (und hier insbesondere die Eltern, aber auch Lehrerinnen, Lehrer und andere Erwachsene aus dem sozialen Nahraum) für die Jugendlichen kaum eine Rolle zu spielen; dies scheinen ausschließlich die selbstorganisierten Cliquenzusammenhänge mit ihren jeweiligen Inszenierungen und Orientierungen zu übernehmen.

Es ist bei den Jugendlichen kein konflikthaftes, rebellisches und protestgeleitetes Verhalten im Ablösungsprozess als Motiv ihrer Identitätsentwicklung „nach rechts" zu erkennen; die Äußerungen gegenüber den Eltern zeugen von einem Mangel an gegenteiligen Auffassungen und der Vermittlung demokratischer Überzeugungen. Äußerlich gibt es ein weitgehend intaktes Familienleben; aber es kann weitgehend von einem eher sinnentleerten (Konsummustern folgenden) Binnenleben gesprochen werden. Die Eltern (Väter und Mütter) bieten keine Orientierungsangebote und steuernde Ressourcen an und stehen den Entwicklungen ihrer Söhne (und Töchter) weitgehend distanziert und hilflos gegenüber. Vereinzelt gibt es Kontrollhinweise, wenn sie zuhause „ihre Musik" zu laut hören; hier wollen die Eltern „ihre Ruhe" und keine Öffentlichkeit - die Nachbarn sollen „das nicht hören". Die Schulerfahrungen der Jugendlichen sind weitgehend negativ, ihnen fehlen Anerkennung und (mit einer Ausnahme) ein schulisch stimuliertes Karrieremuster wie es ebenso - bis auf wenige Ausnahmen - keine kontinuierliche Einbindungen in das traditionelle Freizeitleben von Vereinen und Verbänden der Kommune oder auch in andere jugendkulturelle Gesellungsformen gibt. Hier kann durchaus ein Zusammenspiel konstatiert werden, das auf sozialisatorische Defizite (fehlende Dialogkultur, Anerkennung und soziale Einbindung, Erfolg durch Leistung, Konfrontation mit Grenzen) in der Begleitung durch die Jugendphase und Bewältigung von Adoleszenzproblemen hinweist.

3. Die Jugendlichen geben an, dass es in ihren Cliquen keine Hierarchien geben würde und alle sich mit ihren Wünschen und Vorschlägen einbringen könnten. Die Hinweise und Beobachtungen zeigen allerdings, dass die Cliquenstrukturen unterschiedlich sind; während die „weiche" Clique eine eher selbstorganisierte, offene Komm-und-Geh-Struktur ohne Hierarchien aber mit einigen informellen „Stichwortgebern" hat, dominieren bzw. setzen sich in der „harten" Clique die rechtsextrem organisierten Jugendlichen durch, sie bestimmen die Agenda und steuern die Dynamik, ohne dass es explizite gruppeninterne Hierarchiestufen gibt; die „mittlere" Clique ist gespalten und wenig hierarchisch strukturiert. Im Kern sind die drei Cliquen von alters- und geschlechtshierarchischen Merkmalen gekennzeichnet und unterscheiden sich damit nicht von anderen autoritären oder auch gewaltorientierten Gruppen. Die wenigen Mädchen orientieren sich - als Freundinnen, „Anhängsel" - eindeutig an den Vorgaben der Freunde und Wortführer.

4. Ein bedeutsames Merkmal von Jugendgruppen und Cliquen generell ist, dass Jugendliche mit ihnen Kompetenzerfahrungen machen und Realitätskontrolle herzustellen versuchen. So können im Freizeitbereich - vielfach ergänzend oder auch im Gegensatz zur Schule und Arbeitswelt - spezifische Leistungen, Erfolge und Kompetenzen (Sport, Kultur u.a.) zu Anerkennung, Rückmeldungen und Gratifikationen durch Gleichaltrige und/oder Erwachsene führen. Damit machen Jugendliche auf sich aufmerksam, erhöhen ihren Selbstwert und „Wert" sowie die Selbstakzeptanz (zu wissen was man kann). Diese Erfahrungen (von sich selbst bzw. mit anderen) sind im Kontext der klassischen Entwicklungsaufgaben im Jugendalter stark emotional gefärbt und haben eine außerordentliche Bedeutung für die Entwicklung des Selbstwertgefühls; sie werden zu Ressourcen, auf die in Krisenzeiten zurückgegriffen werden kann. Jugendliche ohne Halt und Hoffnung glauben mit ihrer Hinwendung zu rechten Gruppen und Cliquen die fatale Chance zu haben, „ihrer Wut und ihrem Hass Geltung zu verschaffen und sie mit den Geschicken einer großen Geschichte verknüpfen zu können. Da sie im alltäglichen Leben nichts haben, woran sie ihre Energie und Phantasie produktiv wenden können, sind sie von ihren destruktiven Begierden getrieben und leben auf der verblasenen Illusion von Macht" (Anselm 2001, S. 389). In den drei Cliquen werden jeweils spezifische Erfahrungen von Selbstwirksamkeit vor allem durch „ideologisch und körperlich riskante" Verhaltensweisen (selbst- und fremdschädigende Aggressivität, Gewalt, Alkoholkonsum) gewonnen und Folgen von gesellschaftlichen und biographischen Ohnmachtserfahrungen und Versagungen (in Schule und Arbeitswelt) „korrigiert". Zutrauen, Selbstwirksamkeit und Kontrollbedürfnisse werden über Aktivitäten realisiert, die ein Gefühl suggerieren, sich als aktiv und „zugehörig" zu erleben. Dabei wird in allen drei Cliquen ein Mehr an

inneren Identifikationsmöglichkeiten und soziokulturellen Erfahrungen mit Fremdem/Fremden, an Selbstreflexion mit dann „neuen, offeneren Selbstverhältnissen" (Honneth 2000, S. 1092) nicht zugelassen. Rollenzuschreibungen und soziale Erfahrungen bleiben konventionell und rigide, starre Identitätsschemata und die nationalistische Fixierung von sozialer Identität dienen der Aufrechterhaltung der einmal entwickelten und dann entwicklungsblockierenden Syntheseleistungen. Gleichzeitig gibt es keine Idealisierungen von historischen oder in der rechten Szene bekannten Führerfiguren, nationalistische Größenphantasien und Anleihen an den Nationalsozialismus gibt es in der „harten" Clique.

Die Cliquen bewegen sich in einem Spannungsverhältnis, das zwischen einem (wenn auch gebrochenen) lokalistischen positiven Selbstbild („weiche" Clique), der Suche nach Anerkennung und deutlicher Ablehnung („mittlere" und „harte" Clique) durch die Umwelt (Kommune) pendelt. Die drei Cliquen bieten jeweils auf ihre Art und Weise in Zeiten schnellen gesellschaftlichen Wandels und biographischen Verunsicherungen eine rückwärts gewandte identitätsstiftende Mentalität sowie Bühnen und Gelegenheiten, mit denen sie ihre eigene Sichtbarkeit, Handlungsfähigkeit und Wirksamkeitserfahrungen demonstrieren können, mit denen sie versuchen einzuschüchtern und „Respekt" zu erzwingen oder auch Angst zu erzeugen. Damit wird ein strukturell schwaches Selbstbewusstsein kompensiert und hegemoniale Männlichkeit wiederaufleben lassen (vgl. Findeisen/Kersten 1999). Solche Phänomene von männlichen Jugendlichen und jungen Männern sind als Reaktion auf Erfahrungen und/oder Befürchtungen des gesellschaftlichen Überflüssigseins (Nichtgebrauchtwerdens) und Ausschlusses sowie der Bewältigung ihrer adoleszenten Herausforderungen, Konflikte und Krisen zu verstehen. Mit ihren Erfahrungen von Misserfolgen und Niederlagen, ihren Ängsten, Unsicherheiten und Ungewissheiten, aber auch der Ereignisarmut und Langeweile in ihren Lebensbezügen wachsen Wut und Hass, die mit der bekennenden „Zurichtung" des eigenen Körpers verbunden werden.

5. Es handelt sich in den Cliquen überwiegend um junge Männer, die auf der Suche nach Geschlechtsidentität einem traditionellen maskulinen Männlichkeitsbild mit seinen Normalitätsvorstellungen verpflichtet, die aber gleichzeitig in der „weichen" und auch vereinzelt in der „mittleren" Clique hochgradig verunsichert sind. Während die Jugendlichen in der „harten" Clique ihre Vorstellungen von Männlichkeit („ein echter Mann ist ein rechter Mann"), von Geschlechterhierarchie, von Ehre und dem (biologistischen) Auftrag von „Mann und Frau" mit rassistischer Ideologie untermauern, sind sie in der „mittleren" und „weichen" Clique eher durch die Übernahme von kulturell tradierten (und über die Herkunftsfamilien bzw. - milieus vermittelten) Mentalitätsbeständen aus ihrem Alltag beeinflusst, die sich in maskulin getöntem Gehabe, in Vorurteilsmustern, Witzen und Sprüchen äußern. Vor allem die jüngeren Jugendlichen in der „weichen" Clique

sind noch - in der tiefverwurzelten und gleichzeitig erschütterten Tradition von hegemonialen Männlichkeitsvorstellungen - auf der Suche nach ihren ersten sexuellen und erotischen Erfahrungen. Bis auf eine Ausnahme (der Jugendliche hat dann die Clique verlassen) hat hier kein Jugendlicher im Interviewzeitraum eine (feste) Freundin im Sinne von „miteinander gehen"; die Clique hat zunächst Vorrang und dient somit auch als sozial-emotionale Ressource. Ein unverhohlener Sexismus und Rassismus, eine offene Abwertung oder Geringschätzungen zwischen den Geschlechtern ist hier kaum vertreten. Das cliquenbezogene Männlichkeitsleben und ihr demonstrativer Männlichkeitsgestus ist in allen drei Cliquen gebunden an mehrere Risikoverhaltensweisen und Inszenierungen, zu denen vor allem der exzessive Alkohol- und Tabakkonsum (Trinkrituale), ihre unterschiedlich ausgeprägte Bereitschaft zu Gewalt und Machtdemonstration (Schlägereien), das Outfit und die Tätowierungen, die (erwünschte) Motorisierung und eine ausgeprägte Sprüchekultur (Kraftmeierei, selbstinszeniertes Heldentum) gehören. Mädchen und junge Frauen spielen in diesem Agieren bei den untersuchten Cliquen keine bzw. eine sehr eingeschränkte Rolle. Die wenigen Äußerungen der Mädchen (die von den männlichen Jugendlichen zugelassen werden) zeigen deren traditionelle Geschlechterbilder („wer das sagen hat"), die an konventionelle Zuständigkeiten und Aufgabenteilung gebunden sind.

6. Die drei Cliquen grenzen sich negativ in unterschiedlich aggressiver und militanter Form von anderen Gruppen und Fremden - mit ethnischen Kategorisierungen, natürlichen oder kulturellen Begründungen - ab. Sie brauchen als „Wir-Gruppe" klare Strukturierungen und subjektive Gewissheiten, die als Zustimmung und als Abgrenzung (um als etwas Eigenes wahrnehmbar zu sein) zu deuten sind. Zu ihren ideologischen Hauptmerkmalen gehören dichotome Sichtweisen und der zentrale Mechanismus in der Herstellung von Cliquenidentität liegt im Bedarf nach Eindeutigkeit: Homogenisierung und Aufwertung der Eigengruppe und Homogenisierung und Abwertung von Fremdgruppen. Beide Gruppen bekommen einen imaginierten Charakter, in dem die Differenziertheiten unterschiedlicher Erfahrungen verschwinden und gewaltsam polarisiert werden. Sie haben keine (freundschaftlichen) Kontakte und Erfahrungen (als gemeinsames selbstverständliches Aufwachsen) mit Jugendlichen aus Migrantenfamilien oder anderen (modernen) jugendkulturellen Szenen. Sie stilisieren sich als „normal" und überlegen, setzen Andere herab und erniedrigen diese. Den Fremden wird kriminell und leistungserschleichend alles Böse unterstellt (Bereicherung, Missbrauch und Genuss von staatlichen Leistungen, Wohlstand ohne Arbeit und leben „wie Gott in Frankreich", fahren alle „dicke Autos"....), sie seien überheblich, aggressiv und unverschämt und wollten sich nicht anpassen. Migranten und Fremde können für die „weiche" und teilweise die „mittlere" Clique nur geduldet werden, wenn sie selbst in Ruhe gelassen werden, wenn sie Geld mitbringen, arbeiten (die „Drecksarbeit machen") und zum Wohlstand beitragen, wenn sie sich anpassen und sich wie „Gäste beneh-

men". Diese kalkulative und instrumentalistische Argumentationsfigur ist kein Angebot für ein Zusammenleben, sondern damit werden Machtdifferenzen und Hierarchien ethnisch begründet. Diese kalkulierende und instrumentelle Nutzenperspektive haben Held u.a. schon Anfang der 90er Jahre in die Diskussion eingebracht. „Die Effektivität kapitalistischer Marktwirtschaft ist auch von der Durchsetzung eines bestimmten Typus von Denken und Handeln abhängig. Die allgemeine Instrumentalisierung der Menschen unter Verwertungsgesichtspunkten ist eine Grundlage unseres ökonomischen Systems. Sie kann zu einer weiteren Basis rechter Orientierung werden, wenn sie sich auch im privaten und politischen Bereich immer vollständiger durchsetzt. Menschen werden dann nur noch daraufhin angesehen, inwiefern sie für einen selbst oder für andere nützlich sind. Soziale und emotionale Gesichtspunkte spielen eine untergeordnete Rolle. Für Einwanderer, Flüchtlinge und Aussiedler, die einem nichts nützen, ist dann kein Platz mehr" (1991, S. 491).

In den Cliquen werden Wirklichkeitsdefinitionen ausagiert, für die sie in unterschiedlich radikalisierter Dimension die Anderen, die Fremden nicht in dialogischer und wacher Bezogenheit, sondern in Gestalt ethnischer Gruppen und „feindlicher" Cliquen brauchen, um sich von ihrem aggressiven Gefühlshaushalt und ihren feindseligen Phantasien projektiv zu entlasten. Während in der „weichen" Clique die Aufwertung der Eigengruppe und Abwertung der Fremdgruppe(n) weniger rassistisch und ideologisch untermauert wird, gilt dies schon deutlicher für Teile der „mittleren" und ausdrücklich für die „harte" Clique. Die Gruppenidentität ist in einem „gestuften" Ausmaß mit einem rebellischen Gemeinschaftsgefühl verbunden, das sich öffentlich (auch medial) in Szene setzt. Das verweist auf eine depravierte seelische Verfassung und mangelnde intersubjektive Spiegelung sowie auf Lücken im Selbst, die durch spektakuläre Aktionen, radikales Denken und ein imaginiertes Größenselbst gefüllt werden sollen. Fremde wirken als Bedrohung für ihre Weltdeutung und die generalisierten „Feinde" werden vergrößert und fungieren als Ersatz für eine affektiv belastete Lebenssituation und das Ausagieren ihres adoleszenten Gefühlshaltes sowie eigener unbewusster Triebregungen. Gefühle der Bedrohung und der Unterlegenheit gehen einher mit Aggressionen und Wünschen nach einem repressiven Umgang gegen „die Anderen" durch einen starken Staat. Darüber hinaus legitimiert die „harte" Clique sowohl instrumentelle (zur Interessendurchsetzung) wie auch expressive (als Selbstzweck) physische Gewalt um Ziele zu erreichen. Mit einem solchen Bild des Fremden, das sich wesentlich vom Eigenen bestimmt und bedroht fühlt, geben die Cliquen den einzelnen Jugendlichen situationsübergreifenden Halt und Sicherheit für das eigene schwache Ich. Benachteiligungsgefühle werden mit Schuldzuweisungen an die Gegner (ausländische Jugendliche, „die" Ausländer und Fremden) verteilt, dies ist mit der Ausblendung und Abschottung jeglicher Selbstreflexivität und fehlendem Empathievermögen verbunden.

Im Prozess der Externalisierung von Affekten und Gewaltphantasien werden Andere und Fremde in Freund-Feind-Stereotypisierungen eingebunden, die Forderungen nach hartem staatlichen Vorgehen (Gewalt) oder die eigene Gewaltakzeptanz legitimieren; Fremde werden zu signifikanten „Bildcontainern" um sich vor unintegrierten Selbstanteilen (gut und böse) zu schützen. In Metaphern und ständigen Wiederholungen werden - kulturell überlieferte, aus der Erwachsenengeneration weitergegebene - Bilder verallgemeinert, immer wieder bestätigt, vergewissert und verfestigt. Die Welt wird dichotom eingeteilt in oben und unten, in eigen und fremd, wir und die anderen, zugehörig und nicht zugehörig. Gefährdungen und Beunruhigungen werden mit einer Mischung von „Aggression und paranoider Angst" (Hardtmann) im Spannungsfeld von Opferstatus und Ausbruch massiv abgewehrt. Die Jugendlichen der „weichen" Clique wollen - wie sie wiederholt betonen - „ihre Ruhe haben", sie stören sich an den ihnen fremden und für sie bedrohlichen Kulturen und sie fordern Anpassung (Assimilierung) der Fremden an kulturelle Gewohnheiten und Lebensformen im „Gastland" und von ihnen Dankbarkeit. Auch Jugendliche der „mittleren" Clique formulieren ein Bedürfnis nach Ruhe und wollen nicht gestört werden; sie fordern wie die „harte" Clique territoriale Distanz. Die Jugendlichen aus allen Cliquen reklamieren immer wieder ihre „schlechten Erfahrungen", sie können aber ihren Hass und ihre Abneigung gegen „alle Ausländer" - verbunden mit stigmatisierten Attributen und verdinglichter Semantik, mit dehumanisierenden Begriffen wie „Ekel" und „Dreck" - nicht selbst begründen. Die Modelle des Zusammenlebens sind für die Cliquen entweder Domestizierung, Überanpassung, Unterwerfung oder Ausgrenzung, Stigmatisierung und Abschiebung; beide zielen darauf, die Sichtbarkeit des Fremden zu beseitigen und Homogenität herzustellen. Ihre Hinweise zu sozialer Konkurrenz (Arbeitsmarkt, Geld, sozialstaatliche Leistungen) und sexueller Rivalität („nehmen uns die Frauen weg") haben mit ideologischen Überformungen (Rassismus) einen legitimatorischen Charakter (und auch eine subjektive Gewaltdoktrin). Dichotomisierung und Homogenisierung als Betrachtung und Bewertung sozialer Realität bedeutet, dass Differenzierungen nicht zugelassen und Ambivalenzen nicht ausgehalten werden können. Sie versuchen dem eigenen „Pariabewusstsein" (zu denen unten zu gehören) zu entkommen, indem sie ethnisierend „als Deutsche" Inklusion sichern und damit völkisch konnotiert beanspruchen, wieder dazu zu gehören. Dies erklärt die starken Affekte aber nicht hinreichend, dem Bedarf der Transformation von einzelnen Anderen in den Status des verallgemeinerten Fremden müssen bei Jugendlichen in der „mittleren" und „harten" Clique möglicherweise tiefsitzende traumatische Bindungs-, Abwertungs- und Kränkungserfahrungen zu Grunde liegen, die sich von ihren wirklichen Ursachen gelöst haben und auf der Cliquenbühne ausagiert werden. Hier wäre nach innerseelischen Abläufen und psychodynamischen Mechanismen, nach den narzisstischen Kränkungen, den Traumatisierungserfahrungen und Demütigungen in der Kindheit, dem Scheitern von Selbstbildern und nach der Selbstverachtung zu fragen, aus denen sich nun die Rachbedürfnisse und destruktiven Affekte speisen, die nun - von ihnen als Außenseitern - in einer Verkehrung wiederum gegen Fremde, Schwache und Außenseiter richten. Hass und Gewalt, die sich an „den Ausländern" entladen, ist für die Jugendlichen in der „harten" Clique und vereinzelt auch in der „mittleren" Clique zum identitäts- und gemeinschaftsstiftenden Element geworden.

7. Bei den Projektionen bzw. den projektiven Abwehrvorgängen von mächtigen Affekten bzw. Affektzuständen nach außen auf die soziale Umwelt und deren Ethnisierung und Ideologisierung geht es mit unterschiedlichen Intensitäten insbesondere um zentrale Gefühlsdispositionen wie Neid, Misstrauen, Angst, Aggressivität, Minderwertigkeitsgefühle und Hass; damit wird ein stark affektbestimmtes und stereotypes Denken verfestigt. Der Affekt bzw. die Gesinnung des Neides spielt mit seinen destruktiven Momenten in allen drei Cliquen eine zentrale Rolle; er hat in der „mittleren" und „harten" Clique geradezu ein Moment des Obsessiven, weil immer wieder auf demselben Argumentationsmuster bestanden wird. Nach Abraham (1924) fühlen sich neidische Individuen eines wertvollen Besitzes beraubt und richten ihre eigenen aggressiven Impulse auf Personen und Gruppen in ihrer sozialen Umwelt, die diesen Besitz innehaben und beraubt werden sollen. Meissner (1978) beschreibt Neid als einen schmerzlichen Zustand, der auf einen Verlust an bzw. Erschütterung von Selbstwert und Selbstachtung bezogen ist und der durch vielfache Quellen stimuliert werden kann. Neid offenbart einen Mangel an Souveränität und ist eine Unzufriedenheitssituation am eigenen Leben - an gescheiterten oder nicht realisierbaren Entwürfen. Nach Theweleit (1979) ist das Motiv vom ‚besseren Leben', ein zentrales Element des Antisemitismus. Angesichts des so wahrgenommenen Wohlstands von ihnen bekannten oder von Gewährspersonen berichteten ‚Fremden', werden Neidgefühle auf alle ‚Ausländer' übertragen. Fremde werden generalisierend (mit der unterstellten Raffinesse und Hinterlist im Umgang mit Behörden) zu Neidobjekten, ohne dass die Empfindung des Neides eingeräumt wird. Sie werden in völliger Unkenntnis von deren Lebensumständen und Schicksalen um etwas beneidet was sie haben und man selbst nicht hat, nämlich in der Wahrnehmung und in der spiegelnden, projektiven Zuschreibung von Bildern, von Eigenschaften und Merkmalen wie Zusammengehörigkeit, sexuelle Attraktivität, „Geld ohne Arbeit", „das Leben genießen" und „nur die dicksten Autos fahren". Die affektive Mischung, die hier ausagiert wird, pendelt zwischen Konkurrenzgefühlen, eigener Unsicherheit und offener bzw. prekärer beruflichen Zukunft - einen gewissen eigenen Wohlstand erwirtschaften zu können - und dem Wunsch, die unterstellten Vorzüge und Verhaltensweisen zu vernichten oder selbst zu besitzen bzw. über sie zu verfügen.

8. Das Misstrauen gegenüber anderen Menschen und Fremden, feindselige Impulse sind ethnisch zentriert und sie konstruieren - vor dem Hintergrund sozialer Demütigungen - den Fremden als Feind; mit dieser polarisierenden

Spaltung werden den Jugendlichen zugleich seelische „Überlebenschancen" und Kontrolle ihrer innerseelischen Abläufe angeboten, die bis zu wahnhaften Wahrnehmungen und Vorstellungen (in der „harten Clique") von Verschwörung und Bedrohung reichen können. Vor allem die „harte Clique" und einige aus der „mittleren Clique" gehen aggressiv-misstrauisch und rigid-arrogant wie mit einer stets wachsamen und lauernden Aufmerksamkeit (in einem andauernden Alarmzustand) mit ihrer sozialen Umwelt um. Sie sind - aufgrund ihres impliziten Realitätsverlustes - extrem angespannt und aufmerksam, auf Suche nach Hinweisen auf die (drohenden) Gefahren und Verfolgung durch Fremde und Feinde mit einer verzerrten, ethnisierenden Wahrnehmung und Interpretation. Diese subjektiv-innere und cliquen-egozentrisch gebundene Wahrnehmungs- und Interpretationsposition wird der Realität und den Erfahrungen übergestülpt, äußere Ereignisse werden so immer wieder transformiert; man kann auch sagen, innere Bedrohungen (labiles Selbstwertgefühl, bedrohte Autonomie, Angst vor Kontrollverlust) werden durch die schuldzuweisende Transformation nach außen „in Schach gehalten" und geben so entlastend vermeintliche Gefühle von Sicherheit und Kontrolle. Die (magische) Verbundenheit(sphantasie) und cliquenbezogene Verklammerung zeigt sich bei der „weichen" Clique, die im letzten Interview bedauert, dass ihnen „was" (nämlich die ausländische Clique) verlustig gegangen ist und fehlt; scheinbar können sie nicht auf ein verfolgendes, gehasstes Objekt verzichten und würden gerne an ihm festhalten (hier phantasieren sie den neuen Jugendpfleger als Ersatz).

9. Ein weiterer Affekt liegt in der unterstellten Ressourcenkonkurrenz, den eigenen Ausgrenzungs- und Desintegrationserfahrungen bzw. den -bedrohungen, in realen Erfahrungen relativer ökonomischer und vor allem sozial-emotionaler Deprivation. In unterschiedlichen Abstufungen und „Härtegraden" sichern bzw. geben Muster der Ethnisierung des Sozialen, nationalistische und rassistische Ideologie(fragmente), den Jugendlichen den Anschein von Schutz und von Kontrollgewinn über das eigene Leben und „das eigene Land" sowie von Konsistenz. Damit wird der Umgang mit den Herausforderungen und den Ambivalenzen der (reflexiven) Modernen, werden die eigenen unbegriffenen Lebenserfahrungen regressiv und z.T. rigide - bei gleichzeitig reduzierten Außenbeziehungen - aufgelöst und in simplifizierten Denkmodellen gedeutet, die wiederum erfahrungsunabhängig in medial und politisch vermittelte Diskurse und Deutungsmuster der Gesellschaft eingebunden sind. Die Jugendlichen meiden jeden Kontakt (es sei denn konfrontative und physisch-gewaltförmige Auseinandersetzung in territorialen Konflikten, die für ihr Selbstverständnis und ihren Zusammenhalt von großer Bedeutung sind) mit Fremdheit und sie verlernen bzw. haben es nie gelernt mit Fremdheit bzw. Fremden umzugehen. Die Beziehung zu den „Gegnern" oder „Feinden" wird ausschließlich über deren Abwertung und Abgrenzung vorgenommen; dies reicht von Vorwurfshaltungen in der „weichen" und „mittleren" Clique („rückständig", „nicht angepasst",

„Schmarotzer") bis hin zum offenen Rassismus in der „harten" Clique. Dies wiederum öffnet Konstruktionen, Phantasieproduktionen und Projektionen (die auf sie bedrohlich wirken) Tür und Tor, bis sie schließlich in einem projektiven Verhältnis zu Fremden gefangen sind. Die ethnisierenden Deutungen der „weichen" und auch der „mittleren" Clique liegen vor allem im Einklagen von Anciennitäts-Rechten, dem formulierten Ansprüchen bzw. einem Besitzdenken auf ihr Territorium und ihr Land; demgegenüber sind die Ausgrenzungsforderungen bei einzelnen aus der „mittleren" und in der „harten" Clique rassistisch, mit nationaler Überhöhung und Ungleichheitsvorstellungen verknüpft.

10. Das kommunikative Gedächtnis umfasst für alle drei Cliquen zunächst gemeinsame Erinnerungen und Erfahrungen mit „Ausländern" bzw. „ausländischen Jugendlichen", es bezieht sich dann auf das „Hörensagen" über „Ausländer" im Alltag und sozialen Nahraum und bindet sie schließlich mit öffentlich angebotenen (in Politik, Gesellschaft und Medien produzierten) Bildern und Metaphern „gegen Ausländer" in eine gruppenbezogene wie auch nationale Erinnerungs- und Schicksalsgemeinschaft ein. Die Cliquen beziehen sich immer wieder auf zweierlei: die wiederholten und gemeinsam geteilten Vorkommnisse, Episoden und Erfahrungen (z.B. Konflikte, Schlägereien, Waffen, ungleich große und starke Gruppen) mit ausländischen Jugendlichen bzw. Cliquen. Dies bestätigen sie sich ritualisiert immer wieder in einem Prozess gemeinsamer Erinnerungsproduktion und Identitätsstiftung. Dann beziehen sie sich auf die (von Gewährspersonen) weiter erzählten Geschichten der Erwachsenen und auf Alltagsdiskurse in der Erwachsenengesellschaft. Mit den Quellen „Medien- und Alltagsdiskurs" in Teilen der Erwachsenengesellschaft und der Öffentlichkeit reklamieren sie ein erfahrungsunabhängiges Wissen, vom „Hörensagen" und „Lesen" weiß „man", was viele wirklich sagen und was man jeden Tag „lesen und hören kann". Diese „Mischung" wird zu ethnisierenden allgemeinen Aussagen über Schuld und Ursachen „im Land" mit „den" negativen Merkmalen, Eigenschaften und Verhaltensweisen „der" Ausländer („in der Überzahl") und Fremden konstruiert. Der Konstruktionsprozess korrespondiert bei der „harten Clique" mit der Traditionslinie eines kollektiv-kulturellen Gedächtnisses an die NS-Zeit, das von Apologetik, Romantisierung und Zustimmung geprägt ist. Hier finden sich Elemente einer Geschichtskonstruktion und eines Geschichtsbewusstseins, mit dem sie sich (partiell) in die Tradition des NS-Staates stellen.

11. Während in der „weichen" Clique das Freizeitleben und ein Feind-Verhältnis zu anderen (multikulturellen) Cliquen dominiert und in Teilen der „mittleren" Clique die Feindschaft und rechte Orientierung deutlich ausgeprägt ist (aber auch hier der Cliquenalltag vor allem ein jugendkultureller Freizeitzusammenhang ist), zeigt die „harte" Clique mit ihrer politisch-ideologisch unterlegten Freund-Feind-Dynamik eine innere Verbundenheit und Nähe, eine Zugehörigkeit und teilweise phantasmagorische

Verbindung („mein, unser Land") sowie gegenseitige Hilfe und Unterstützung im gemeinsamen Alltag, der auf eine politische und lebensweltlich eingebundene „Totalität" hinweist. Im Milieuvergleich werden unterschiedliche Ausprägungen und Selbstdefinitionen - mit dem Grad der Radikalisierung und ideologischen Verfestigung, der Ausgestaltung ihrer sozialen, kulturellen und politischen Praxis - als „rechte Clique" und „rechte" jugendliche Identität deutlich. Die Orte und Räume ihrer Inszenierung sind bei der „weichen" Clique im Dorf und vereinzelt in benachbarten Ortsteilen, bei der „mittleren" Clique sind es neben ihren lokalen Treffen bei Einzelnen auch szenespezifische Konzerte und bei der „harten" Clique sind es neben ihrem Alltag (Freizeit und zusammen wohnen) auch Konzertbesuche, gruppenübergreifende politische Einbindungen in das „braune Netz" und deren Organisationen. Während die „weiche" in das dörfliche Leben (z.T. auch konflikthaft) integriert ist, sind die beiden anderen Cliquen in ihrem Verhalten und Outfit auf dem Weg zum Außenseiter oder auch bereits zu Außenseitern in den kleinstädtischen Lebenswelten geworden.

Während die „weiche" Clique ein niedriges Devianzniveau (Schlägereien) hat und Konflikte mit der Polizei und Justiz zu meiden versucht, haben Jugendliche in den beiden anderen Cliquen eine eher kontrollierte („mittlere" Clique) bzw. ausgeprägte und hohe („harte" Clique) Gewaltbereitschaft; einige Jugendliche aus diesen beiden Cliquen sind vorbestraft und durch ihr Auftreten und Verhalten polizeilich bekannt. Das gilt insbesondere für die Dimension fremdenfeindlich und rassistisch motivierter Gewalt, aber auch für andere Formen von gesetzwidrigem Verhalten und Kriminalität. Jugendliche der „mittleren" Clique haben „eingesehen", welchen Ärger sie sich mit „Gewalt und Kriminalität" einhandeln, dass Gewalt nutzlos ist und Folgen für sie hat; mit der (taktisch) reduzierten Gewaltbereitschaft haben sich aber nicht ihre Orientierungen gewandelt. In allen drei Cliquen spielen in „Abenteuer und Action" eingebundene Grenzerfahrungen und -überschreitungen (Mutproben, Alkohol-, Tabakkonsum, Nächte durchmachen und sich aus dem Elternhaus davon stehlen) und deren öffentliche Präsentation (im Dorf, beim Zelten, das Reden drüber) eine große Rolle.

12. Die unterschiedlich dimensionierte Inszenierung und Ästhetisierung ihrer expressiv eingesetzten Körperlichkeit und Männlichkeit (Frisur, Tätowierungen, Kleidung), die beschworene Kameradschaft in der „harten" Clique (mit ihren soldatischen Tugenden) und der damit hergestellte Sinn zeigt Wege von männlichen Jugendlichen, Anerkennung zu finden und Zugehörigkeit herzustellen. Körper werden historisch und kulturell geformt und in der Erziehung, beim Sport, beim Militär, in der Kultur (Bilder, Medien, Moden) wie auch in jugendkulturellen Gesellungsformen produziert. Er erhält in den Cliquen durch Outfit, Tätowierungen, Frisur, Kleidung, Zeichensystem, Alkohol („was er verträgt") und Schlägereien („was er kann und aushält") Bedeutungszuschreibungen und ein Erleben, das mit Stärke, Kampf und Macht konnotiert ist. Rechte Cliquen sind mit ihren nationalen

Ideologiefragmenten, ihren Aktivitäten und ihrem Gehabe, mit ihren Sozialisationsangeboten und ihrem Gefühlsmanagement (Hass, Wut, etc. zu binden und Ausdruck zu geben) vor allem „attraktiv" für junge Männer, die Eindeutigkeit und Klarheit suchen, die Komplexität und Widersprüchlichkeiten nicht aushalten bzw. nicht erlernt haben. Es ist die Verbindung von (bedrohter) Ausgrenzung, Sozialisationserfahrungen und gescheiterten Lebensläufen mit sozialen Pathologien und vormodernen Weltdeutungen, der Inszenierung von Gewalt, die sich letztlich als abweichende Formen von Identität niederschlagen und die sich in deren intersubjektiven Anerkennungsverhältnissen konstituieren. Die Cliquen brauchen bei unterschiedlichen Affektintensitäten die Abgrenzung, Selbstaufwertung und die Ohnmacht des Opfers.

Eine in Gesinnung und Sendungsmythos verdichtete Gefühlswelt neigt - das zeigt die „harte" Clique - zu einem Hass in extremer Form, der den Anderen zerstören und vernichten will. Spezifische Emotionen und Gefühlslagen (Abneigung, Verachtung, Hass, Ekel, Gewalt) und Abgrenzungs- bzw. Abwertungsbedürfnisse (auch mit Gewaltneigung als Form ihrer Durchsetzung) steuern - neben anderen Motiven wie Langeweile, Experimentierlust, Zufälligkeiten, ästhetische Vorlieben - als Kerne die Zuordnung zu Cliquen und Szenen. Nach Brake (1981) „spürt" man Subkulturen, man lässt sich nicht rational von ihnen überzeugen.

13. Die Äußerungen und der gemeinsame Alltag der drei Cliquen zeigen kaum einen ausgeprägten Optimismus und kaum Zuversicht in die eigene privat-biographische und beruflich-soziale Zukunft, sondern haben eher pessimistische und fatalistische Züge. Verschiedene Jugendstudien haben in den letzten Jahren aufgezeigt, dass Jugendliche ihre persönliche Zukunft eher optimistisch, die gesellschaftliche und politische Entwicklung eher pessimistisch beurteilen. (vgl. 12. Shell-Jugendstudie 1997). Diese Spaltung ist bei den Jugendlichen in den drei Cliquen weitgehend so nicht vorhanden, sie neigen insgesamt zu wenig Zutrauen in die Zukunft, wollen gleichzeitig ihre „Ruhe haben", „mit wenig Anstrengung gut leben", würden „jede Arbeit annehmen" und erwarten vom Staat, dass er sich um sie („die Deutschen") kümmert. Die Jugendlichen der „weichen" Clique sind als Schüler und Auszubildende weitgehend sozial integriert, in der „mittleren" und „harten" Clique sind sie - von einzelnen Jugendlichen in Ausbildung oder als Schüler abgesehen - vorübergehend arbeitslos oder als Beschäftigte teilweise in prekären Arbeitsverhältnissen mit Ausgrenzungserfahrungen konfrontiert. Sie sind bis auf wenige Ausnahmen nicht selbstverständlich und optionssichernd in die wichtigen sozialen Geflechte wie Bekanntenkreis/Nachbarschaft, Schule, Arbeit und Freizeit (und z.T. auch nicht in Elternbeziehungen mit Angeboten zur Identitätsstabilisierung und einer diskursiven Gesprächskultur) integriert und sie sehen sich als Opfer der Verhältnisse, an denen andere gesellschaftliche Gruppen (Ausländer) und die Politik verantwortlich sind. Es fehlt weitgehend ein zukunftsorientierter

Lebensentwurf, und es fehlt - infolge eines anknüpfbaren fehlenden Restes einer „gesunden" frühkindlichen Allmacht (Narzissmus) und ausgeprägtem Selbstbewusstsein bzw. Selbstvertrauen - an Vitalität und Entdeckerlust, an der Neugierde am Fremden bzw. an was Neuem; aber auch an Möglichkeiten und Ideen konkreter eigener Lebens- und Zukunftsplanung. Sie haben keine Erfahrungen mit gesellschaftlicher Teilhabe (Partizipation), keine positiven Schulerfahrungen (sie sind eher schulmüde), haben keinen „Stolz" auf Ausbildung und handwerkliche Fähigkeiten, haben keine ausgeprägten und sozial einbindenden Hobbys und somit keine Vorstellungen einer zufrieden stellenden Zukunft und tragenden beruflichen Ethik. Es gibt bei den meisten Jugendlichen erhebliche Ungewissheiten - und das zeigt ihre Realität - materiell und kulturell ein „normales" bürgerliches Leben erreichen zu können bzw. besteht die Gefahr aus ihm ausgeschlossen zu bleiben. Auch die Anregung des Jugendpflegers an die „weiche" Clique, doch für das neu zu wählende Kinder- und Jugendparlament der Kleinstadt zu kandidieren und hier ihre Interessen einzubringen, wird abgelehnt; sie werten das Angebot und „Instrument" mit Sprüchen wie „bringt doch nichts", „können wir uns sowieso nicht durchsetzen", „sind wir eh' in der Minderheit" ab.

Mit dieser weitgehend resignierten und perspektivlosen Sozialisationslage dominiert eine partikularistische Selbstbehauptung den Orientierungshaushalt der meisten Jugendlichen. Damit verbunden ist die Neigung zu fatalistischen Deutungen und einer instrumentellen Arbeitsorientierung („die Kohle muss stimmen", „ich würde jeden Job annehmen") sowie eine Nützlichkeitsperspektive bzw. ein Kosten-Nutzen-Kalkül („wenn Ausländer nützen", „wenn sie Geld mitbringen", „wenn sie die Drecksarbeit machen"). Die Bereitschaft sich auf Neues einzulassen und an eigene frühkindliche und kindliche Erfahrungen produktiv anschließen zu können ist sehr begrenzt und bleibt ritualisiert an die Clique gebunden. Dabei ist das Cliquenleben ambivalent: Einerseits ist die Rede von Spaß, Erlebnissen und Gemeinschaft (oder auch phantasierter Kameradschaft), dieser Idealisierung stehen andererseits ritualisierte und monotone Langeweile sowie phantasielose Aktivitäten gegenüber. Es gibt in den Cliquen Alltagshilfen, Unterstützung und Beratung, aber auch Konkurrenz, Abwertung und Hierarchien und vor allem einen Cliquenalltag, der mit Alkoholkonsum, Sprüche(un)kultur und Machogehabe verbunden sowie von Vorurteilen, Ressentiments und in der „harten" Clique von Rassismus durchdrungen ist. Aus dieser Gemengelage basteln sich die drei Cliquen ihren spezifischen Sinn.

14. Die drei Cliquen reklamieren unterschiedlich akzentuiert eine doppelte Normalität: Danach denken (wenn auch „nicht ganz so radikal") viele Jugendliche und Erwachsene ähnlich wie sie, die sich aus ihrer Sicht „aber nicht trauen", dies auch öffentlich zu sagen und sich bekennen; weiter reklamieren sie, dass sie nicht alleine sind, sondern sich aufgehoben fühlen in einer Vielzahl anderer gleich gesinnter Cliquen und Gruppen (zu denen es auch Kontakte gibt). Sie fühlen sich in ihrem Denken - wenn auch nicht

konfliktfrei aufgrund ihres teilweise auffälligen Verhaltens und ihres Outfits - von anderen Jugendlichen und Erwachsenen verstanden, sie erfahren wiederholt Zustimmung. Die Wahrnehmung zeigt eine doppelte Normalisierung, mit der sich die „rechte Jugendkultur" der neunziger Jahre von den achtziger Jahren, als rechtsextreme Gruppen in der alten Bundesrepublik auf sich aufmerksam machten, unterscheidet. Diese deuteten bereits Verjüngungs- und auch Radikalisierungsprozesse im „rechten Lager" an, die aber meist als kleine neonazistische Kleingruppen identifizierbar waren und die sich selbst als - elitäre und kämpferische - Outlaws am Rande der Gesellschaft verstanden bzw. gesehen haben. Mit den Cliquen, den Kameradschaften, den Skinheads und weiteren Gesellungs- und Organisationsformen sowie zugehörigen Vernetzungen gibt es in der Bundesrepublik unter Jugendlichen und jungen Erwachsenen seit Mitte der 90er Jahre eine neue und vielschichtige Entwicklung, die als „rechte Jugendkultur" nicht mehr (nur) am Rande der Gesellschaft isoliert ist, sondern in die junge Generation und Gesellschaft hinein „diffundiert" bzw. aus deren „Mitte" kommt. Dieser Prozess wird als doppelte Normalisierung von den Jugendlichen in den Cliquen wahrgenommen und reklamiert, sie fühlen sich in ihrem Denken nicht als Außenseiter sondern zugehörig.

15. In allen Cliquen besteht die Kritik an der politischen Klasse und der parlamentarischen Demokratie aus einer Vielzahl von Vorwürfen und Stereotypen. Mit den fremdenfeindlichen Deutungsmustern sind in den Cliquen auch antidemokratische Deutungsmuster, Parteien- und Systemkritik verbunden bzw. sie werden akzeptiert und tradiert. Die subjektive Ebene und der lebensweltliche Kontext (der Cliquendeutungen) von Unzufriedenheit und Kritik werden umgedeutet und transformiert in die Gesellschaft, gegen Politik und demokratischen Parteien gerichtet. Dabei bieten sie eine doppelte dichotome Deutung gesellschaftlicher Wirklichkeit: neben der Nationalisierung und Ethnisierung (als Konstruktion von ‚wir' und die ‚anderen') sozialer Realität (mit ihren Konflikten) gibt es ein Bild der Gesellschaft in ‚oben und unten'. Sie sehen sich ‚unten' und - verbunden mit „den Deutschen" als Kollektivschicksal - von der politischen Klasse („denen da oben") nicht vertreten bzw. verraten; hier ordnen sie sich ‚unten' zu und reklamieren gleichzeitig - selbstaufwertend - ihre Zugehörigkeit zum ‚ethnischen' Kern (den Deutschen) der Gesellschaft. Mit ‚wir' und ‚die da' als Deutungsmuster lösen sie ihr Dilemma (soziale Randständigkeit, Unsicherheit, Deprivationsängste) mit der vermeintlichen ethnischen Zugehörigkeit (und damit Machtposition) und mit der Zuweisung von Marginalität an die Fremden. Im Kern fühlen sie sich politisch nicht ernst genommen und sie reklamieren sozial eine Bevorzugung der Eigengruppe aufgrund der Zugehörigkeit und damit eine Verbesserung der eigenen Situation. Der Politik wird vorgeworfen, dass sie mit ihren Sorgen und Problemen kein Gehör finden und nichts „für die Deutschen" (die Opfer, Leistungserbringer) und alles „für die Ausländer" (die Aggressoren, Leistungserschleicher) getan

werde und dass diese übervorteilt würden; dieser Gefühls- und Forderungshaushalt ist dem Empfinden relativer Deprivation geschuldet und die Delegation an „den Staat" ist mit repressiven Obrigkeitsvorstellungen verbunden.

Die Jugendlichen in der „weichen" und „mittleren" Clique haben ein diffuses Unbehagen, fühlen sich vernachlässigt, ungleich behandelt und zu kurz gekommen, verlangt wird „hartes Durchgreifen" und eine strikte Orientierung am Eigenen; das gilt für Arbeitsplätze, Kriminalität und die staatlichen Leistungen sowie eine rigide Ausländerpolitik. Es geht dabei um ihre eigene beruflich-soziale Integration und damit das „Ausschalten" von Konkurrenten und die Reduktion von Konkurrenzsituationen, Misserfolgen und Fehlschlägen sowie von Kontrollverlust. Die eigene Adoleszenzbewältigung und jugendliche Gewaltkonflikte werden als Lern- und Gewöhnungsprozess - bei geteilter Akzeptanz in der Bevölkerung - interethnisch gedeutet und die eigene soziale Situation wird - bezogen auf Ursachenzusammenhänge - komplexitätsreduzierend strukturiert. Das ermöglicht eine politische Positionierung der eigenen Person und der Clique, die sich jugendkulturell rechts einbindet und als „Programmpunkt" eine Multikulturisierung der Republik strikt ablehnt. Nach ihrer subjektiven Wahrnehmung fühlen sie sich vernachlässigt und die Ausländer werden bevorteilt, Deutschland würde „immer nur geben" (EU, Holocaust) und von „den" anderen ausgebeutet. Die Interessen und Probleme fremder sozialer Gruppen und Gesellschaften kümmert sie wenig. Während bei der „weichen" Clique eher diffuse Politik- und Parteienkritik sowie Unzufriedenheit bzw. Enttäuschung mit den Regierenden geübt wird, formulieren Jugendliche in der „mittleren" und vor allem der „harten" Clique Fundamentalkritik, in Letzterer ist denn auch die Rede von einer „nationalen Demokratie" und von „nationalem Sozialismus". Da „die Ausländer" und Fremden sowie die Politik der demokratischen Parteien nach den Jugendlichen für die Misere („unerträgliche Situation in unserem Land") verantwortlich sind, distanzieren sie sich von den demokratischen Parteien und teilweise gilt ihre Sympathie den rechtsextremen Parteien; deren Wählerinnen und Wähler und sich selbst entlasten sie verständnisvoll, weil sie „ja nur reagieren".

16. Die Cliquen entstehen und bilden sich im lebensweltlichen, sozialen und politischen Kontext der Jugendlichen, hier bekommen sie - für eine gewisse Lebenszeit - eine sozio-emotionale Qualität sowie einen Zugehörigkeitsinn im Weg durch die Jugendphase und der Bewältigung von Krisen. In allen drei Cliquen (und nicht in Elternhaus, Schule und Ausbildung/Arbeit, Freizeit) haben die Jugendlichen ihre zentrale Selbstwert- und Anerkennungsquelle, für einige Jugendliche in der „mittleren" und für die „harte" Clique ist die Mitgliedschaft und damit verbundene Outsider-Position (Unangepasstheit) in der Kommune durchaus eine rechtsautoritäre und ideologisch untermauerte Protestform gegenüber der Erwachsenenwelt. Es sind mehr offene oder feste bzw. verfestigte und - als Gleichaltrige und dem gleichen Geschlecht zugehörige - sozialisierend bedeutsame Freizeit-

cliquen, die als Katalysator dienen. Die sozialen Kontakte und Interaktionsbeziehungen in der „weichen" und auch „mittleren" Clique sind durch ihre „Oberflächlichkeit" und „Offenheit" aber auch prekär und fragil; der Zusammenhang und -halt muss daher immer wieder neu gesichert werden.

Die Cliquen präsentieren sich öffentlich und fühlen sich in ihrem Denken nicht isoliert oder „allein" (das gilt nicht für das abgelehnte Auftreten und Outfit von Teilen der „mittleren" und die „harte" Clique); sie reklamieren, dass viele Jugendliche und Erwachsene so denken (nicht handeln und sich verhalten) wie sie und sie somit zur Dominanzkultur gehören. Die altershomogenen Cliquen sind eine bedeutsame, Halt und Anerkennung gebende, biographische und kulturelle, soziale und politische Milieuressource für die Jugendlichen und jungen Erwachsenen, über die sie neben dem inneren Cliquenleben auch am gesellschaftlichen und (politischen) Leben teilhaben. Das gilt für lokale Spannungen und in ihren alltäglichen Lebenswelten für die maskuline Konkurrenz mit ausländischen Jugendlichen/Cliquen um Territorien (wo man sich aufhalten kann, wem die Straße, der Ort, die Disco, die Kneipe gehört). Diese Konkurrenzerfahrung mit dem Bild der territorialen Verdrängung durch ausländische Jugendliche in ihrem Erfahrungsbereich wird in allen drei Cliquen - in unterschiedlichem Ausmaß - mit einem exzessiven und ritualisierten (und öffentlich zur Schau gestellten) Alkoholkonsum, mit sporadischen Schlägereien und identifizierbarem Outfit, mit einer Ästhetik rechter Gewalt in Teilen der „mittleren" und in der „harten" Clique und mit fremdenfeindlichen Orientierungen wiederum in allen drei Cliquen ausagiert. In der „harten" Clique werden diese territorialen Konkurrenzen durch einen bekennenden Rassismus als Überzeugungssystem und physische Gewaltbereitschaft bzw. -anwendung (nicht nur als gestische verbale Provokation) ausgetragen. Die Cliquen sind jeweils zu einer (relativ stabilen) sozialisierenden Lebensform für die beteiligten Jugendlichen geworden. Die Beziehungen und gruppeninterne Kommunikationskultur wie auch politischen Informationen (ideologischen Unterrichtungen) sind in einen gemeinsamen Alltag bzw. stete Alltagspräsenz (Geschichte, Schule, Freizeit, Freundschaften) und die räumliche Nähe (in einem Ort, in der Nachbarschaft leben, zusammen wohnen) eingebunden. Ihre ästhetische Präsentation, ihre Sprache und ihre Zeichenkultur können als Reflex einer medialen und erlebnisgesellschaftlichen Überformung des Politischen gesehen werden; hier geben die Skinhead-Szenen und die Inszenierungen von Politik (als Event) durchaus Hinweise für eine Ästhetisierung bzw. einen ästhetisierenden Expressionismus, eine symbolische Stilisierung des Selbst und auch von Politik. Die Farbe der Schnürsenkel, Kleidungsstücke, Frisur, Stikker, Tätowierungen u.a. geben Rückschlüsse auf die politische Haltung ihrer Träger. Für die Beziehungsstruktur der Cliquen gilt im Kern, was Möller (2000) in seiner Studie so beschreibt: „dass man sich cliquenförmig in (meist größeren) jungendominierten Gruppen zusammenschließt; sich an öffentlichen Orten aufhält, sich primär über die Gemeinsamkeit von Aktivitäten und jugendkulturellen Vorlieben definiert, einen traditionellen Männlichkeitsstil interpersonaler Dominanz begleitet von hohem Alkohol- und Zigarettenkonsum pflegt, Territorialkonflikte und ggf. interethnische Konkurrenzen mit männlichen, ausländischen, Jugendlichen violent austrägt" (S. 139f.).

17. In der konkreten Ausgestaltung des Cliquenlebens spielen - im Milieuvergleich unterschiedlich dimensioniert und mit Elementen eines spezifischen Symbolkosmos hergestellt - die Kategorien Alltag und Öffentlichkeit (man sieht sich, trifft sich, redet und unternimmt was), Alkoholkonsum, Partys und Action, Unterstützung im Alltag, Themen und mentale Orientierung, Habitus (Coolness) und Inszenierungsformen, Outfit, Ästhetik und Musik sowie politische Aktivitäten (Besuch von Konzerten, Aktivitäten) eine zentrale Rolle. Hier wird ein jeweiliger Milieuraum inszeniert, den eine Verwobenheit von jugendkulturellen rechtsautoritären (Protest-)Elementen und Ideologie(fragmenten) charakterisiert; während bei der „weichen" Clique eher jugendkulturelle Stilelemente dominieren, sind bei der „harten" Clique die politische Orientierung und Inhalte jugendkulturell umrahmt; bei der „mittleren" Clique liegt eine Mischsituation von jugendkulturellem Alltag und rechter politischer Orientierung vor. Es gilt was Möller (2000) als drei Folgen der Elemente eines recht(sextrem)en Symbolraumes (Aufnäher, Fahnen, CDs, Plakate etc.) beschreibt: „Zum einen verfestigt sich bei den in ihm Befindlichen die politische Selbstpositionierung. Zum Zweiten nehmen auch Außenstehende eine Verdichtung der Rechtsorientierung wahr, zumal sie ja gerade im Allgemeinen gewohnt sind, entsprechende Zuschreibungen über solche Signets vorzunehmen. Zum Dritten verringert sich durch das Zusammenspiel beider Prozesse die Wahrscheinlichkeit von gegenseitigem Kontakt, Kommunikation und damit Verstehen" (S. 147f.). Die zentrale Dimension der Beziehungen in den Cliquen und des Cliquenlebens (als intermediärer Erlebnis- und Vermittlungsraum) ist der Zusammenhang von Geschlechtsattribuierung, mentaler Ausrichtung und ritualisierten jugendkulturellen Praxen (u.a. als Organisation von Gruppengeschichten, der Herstellung von Gemeinsamkeit und Zugehörigkeit sowie von Abgrenzung). Die Cliquen sind intersubjektiv vermittelte Formen der Selbstbeziehung und „Bühnen" für Erinnerungen, des geteilten Lebens, der Lebensbewältigung, der sozialen Kontrolle und der Versicherung, auf dem richtigen Weg „zum Mann" zu sein. Mit den Dimensionen des gemeinsamen Alltags, der gemeinsamen Geschichte und der gemeinsamen Praxis mit ihren jugendkulturellen Symbolen (Musik, Sprache, Kleidung, Frisur) als Kohäsionsmedium wird versucht einen Rahmen (und Regeln) einzuhalten und Affekte zu binden, die das Zerbrechen bzw. der Verfall des Gruppenrahmens verhindern. Innerhalb der Cliquen gibt es diffuse Sozialbeziehungen zwischen vorübergehender Mitgliedschaft und einer gewissen Offenheit und Duldung (in der „weichen" Clique"), lebenslangen Bekanntschaften, Freundschaftsbeziehungen und auch Selbstkategorisierungen mit teil-

weise rigiden und hermetischen Strukturen (in der „harten" Clique), die sich als Teil einer „nationalen Bewegung" verstehen. Jugendkulturelle Praxis und politische Gesinnung bilden ein Konglomerat in „diffusen Sinnsuchprozessen" (Eckert u.a. 2000, S. 402). Mit ritualisierten Sprüchen, exzessivem Alkoholkonsum, in der Binnenkommunikation Einzelne dem Lachen bzw. der Lächerlichkeit preisgeben, mit dem wiederholten Erzählen von Ereignissen und Geschichten, mit denselben Trinkritualen und dem Musikkonsum rechter Bands, mit Gerüchten, gemeinsamen Phantasiegebilden und Ideologiefragmenten wie auch territorialen Konflikten wird immer wieder Zustimmung in der Gruppe organisiert und eine Gruppenmeinung hergestellt. Die Cliquen sind untereinander unterschiedlich dialogfähig. Sie haben Probleme aufeinander einzugehen, einander zuzuhören und es gelingt kaum, sich in den anderen hinein zu versetzen. Dies wird überlagert mit Sprüchen, Alkohol, Ideologie, Gewalt und der geteilten Erfahrung, dazu zu gehören und einen gemeinsamen Gegner zu haben. Feindschaft (Hass) muss markiert werden, um eine (imaginäre) Gemeinschaft und Kameradschaft zu konstruieren. Diese gruppendynamischen Effekte sind zu einem (oftmals aufschaukelnden) Selbstläufer geworden, mit ihnen werden Gruppenatmosphäre hergestellt und Einbindung(swünsche) eingelöst.

18. Für die Gefühlssozialisation und mentalen Prägungen spielen die Musik für alle drei Cliquen eine entscheidende Rolle. Die Cliquen sind mit ihrer Musik ein „Sozialisationsraum der Gefühle", sie konsumieren und nutzen durchaus unterschiedliche Musikformen, aber die Musikpräferenz und Vorlieben liegen bei allen drei Cliquen im Rechtsrock („Böhse Onkelz", „Störkraft", „Landser", „Oithanasie" u.a.). Sie haben eine staatliche Anzahl von CD's von rechtsextremen Bands, die über den Kölner Musikverlag „Rock-o-Rama" bestellt bzw. privat weitergereicht werden und zirkulieren; das gilt für zugelassene und indizierte Musik. Die Inhalte der szene-üblichen Lieder - d.h. rassistische, volksverhetzende, gewaltverherrlichende und antisemitische Texte - und die Gruppen sind bekannt, sie werden in allen drei Cliquen bei ihren Treffen (und privat) gehört; Jugendliche aus der „mittleren" und „harten" Clique fahren auch zu Konzerten vor allem in die neuen Bundesländer und nach NRW (vgl. Schröder 2000, Farin 1997). Alle drei Cliquen haben ausdrücklich gebeten, „mit uns" einen Musikabend zu machen, bei dem sie uns dann eine Auswahl ihrer Lieder präsentiert haben; selbstbewusst haben sie ihre Musik, die Gruppen und Texte vorgestellt, mitgesungen und gegrölt.

Über die Wirkungen der Musik - ihrer Textpassagen und Rhythmen - kann hier keine auditive Stimulationsthese belegt werden und jede monokausale Überlegung von aggressionsfördernden oder gewaltgenerierenden Wirkungen verbietet sich. Der Musikkonsum und seine Rezeption ist Teil einer alltäglichen Lebensweise, der Erfahrungsverarbeitung und der gesamten Kultur der Jugendlichen; nur in diesem Kontext ist Musik als ein - gleichwohl bedeutsames - Element einzuordnen und zu verstehen. In den unterschiedlichen Musikstilen - den aggressiv-harten Rhythmen, den melancholischen Texten und auch der Gitarrenmusik (der so genannten Barden) - die als Dauerkonsum auf sie einwirken, finden die Jugendlichen ein emotionales, kognitiv-assoziatives wie auch somatisches Erlebnisangebot sowie einen vermeintlich angemessenen Ausdruck ihrer Stimmungen, Weltsicht und Befindlichkeit. Musik dient der Emotionsbewältigung, dabei können - je nach Situation und subjektiver Grundstimmung - Gefühle verstärkt und stimuliert oder - im Gegenteil - abgeschwächt oder auch in positive Stimmungen verwandelt werden. Die funktionalisierende Musik und die Texte bringen mit assoziativen Hörgewohnheiten scheinbar ihre Gefühle zum Ausdruck; sie bietet ein aggressives und dehumanisierendes Metaphernangebot, das zur „Kältesozialisation" mit eigenen Nützlichkeitskriterien - gegen unnütze Konkurrenz im Wettbewerb - beiträgt und an Sozialisationserfahrungen anknüpft. Vor allem die „harte" Clique mit ausgeprägten gewaltakzeptierenden Neigungen konsumiert härtere, aggressivere Musik sowohl in kompensatorischer („Dampf ablassen") wie auch in stimulativer, emotionaler und handlungsbezogener („Aufstachelung und Anheizung") Weise. Jugendliche in allen drei Cliquen äußern, dass die Musik ihre Gefühle zur Sprache bringe, dass sie in Bands teilweise Vorbilder sehen und in den Texten zum Ausdruck kommt, was sich sonst niemand getraut zu sagen. So war denn auch die Musik andauernd präsent, sie lief bei jedem Interviewtermin „im Hintergrund" und diente als „Klangteppich", auf den man sich mitgröhlend, -singend, -summend beziehen konnte.

Mit der Musik werden die Versuche der Jugendlichen symbolisch, kognitiv und emotional unterstützt, sich psychisch zu stabilisieren und sozial zu platzieren. Die Musiksozialisation ist als Teil des Gefühlssozialisation ein Stimulanz und geht - gesellschaftlich eingebunden und vermittelt - im weiteren Sinne einher mit Sozialisationserfahrungen von Härte, Kälte und Konkurrenz, die wiederum mit enttäuschten Hoffnungen auf Teilhabe und Wohlstand verbunden sind und in Fremdenfeindlichkeit und Wohlstandschauvinismus einmünden. Diese Erfahrungen als Lebenslage des Zukurzgekommenen verbunden mit der (bereitgestellten) Eigensozialisation durch musik- und medienvermittelte Erlebnis- und Gefühlswelten bzw. Botschaften verweist auf bisher kaum erforschte Wirkungszusammenhänge eines rechten Jugendalltags bzw. einer rechten Jugendkultur.

Weitere Medien werden von einzelnen Jugendlichen in allen drei Cliquen genutzt. Jugendliche aus der „weichen" und „harten" Clique nutzen das Internet und haben Zugriff auf Homepages; hin und wieder sehen sie sich Kriegsfilme an und vereinzelt lesen sie Printmedien oder Pamphlete aus der Szene. Ihre allgemeinen politischen Informationsinteressen sind gering, sie sehen hin und wieder Nachrichten, einige lesen unregelmäßig - mit abschätzigen Kommentierungen verbunden - die BILD-Zeitung oder auch die Lokalzeitung.

19. Neben dem Bedarf nach Eindeutigkeit und doppelter Dichotomie (als Reduzierung von Komplexität) gibt es einen Bedarf nach lokaler und regionaler Identität (Lokalismus) sowie nach einer ethnischen und nationalen Großgruppenidentität („Wir-Gruppe"), die als Deutschsein und ihm zugewiesener Merkmale begründet wird. Ortswechsel und Umzüge sind für die meisten Jugendlichen in allen drei Cliquen nicht vorstellbar und machen Angst. Sie fühlen sich ihrem Wohnort und der Region bzw. regionalem Nahraum stark verbunden und formulieren keine Veränderungswünsche bezüglich ihres nahen Wohnumfeldes; hier haben sie die Kontrolle und fühlen sich gleichzeitig „als Deutsche" in ihrer Bewegungsfreiheit „im eigenen Land" eingeschränkt. Sie sind ebenso von einem ‚familiären Konservativismus', traditionellen Bildern der Geschlechterrollen und einem jugendkulturellen Konservatismus (ihre „Feinde" sind ausländische Jugendcliquen und auch moderne Jugendkulturen wie „boarder und skater", „HipHop") geprägt. Als Bindeglieder dieser Vorstellungen dienen Bedürfnisse nach Sicherung von Distinktion und gemeinsam geteilte „Gefühle der Zugehörigkeit", „Gefühle der Bedrohung" und von Vernachlässigung. Mit dem emotional hoch aufgeladenen Begriff der „Amerikanisierung" werden negative Affekte (Ängste, Verlustgefühle, Verunsicherung) transportiert. Sie unterscheiden das „Deutsche" und das „Amerikanische" und sehen sich im „Kampf der Kulturen" als „Kämpfer" für das national Eigene. Die Wahrnehmung und ihr Bild von „Amerika" - und der westlichen Welt - mit ihren geistigen und kulturellen Einflüssen, mit ihrer Verfassung und ihren Lebensweisen ist bei einigen Jugendlichen von einer kulturelitären, rassistischen und antidemokratischen Haltung getragen.

Das Bedürfnis nach lokaler und überschaubarer Kontinuität und nach Lebenskontrolle sehen sie von Fremden gefährdet, die als Eindringlinge in ihrer Lebenswelt empfunden werden und gegen die man sich wehren muss. Als Identifikations- und Deutungsangebot erweckt dieser Mechanismus den Anschein von Stabilität und Selbstvorstellung, von Klarheit, Widerspruchslosigkeit und Unverwechselbarkeit, wie man - als quasi-natürliche Weltanschauung - zu sein hat und wo man hin- und zugehört. Hierzu werden kulturell tradierte Merkmale wie lokale Zugehörigkeit, Ethnizität, Nationalität und postulierte Abstammungs- und Anciennitätsrechte sowie „typische" deutsche Traditionen und Tugenden reklamiert und als Fakten gesetzt. Mit dieser Orientierungssicherheit und diesen innergesellschaftlichen Grenzziehungen von Dazugehörigkeit und Nichtdazugehörigkeit schützen sich die Cliquen - quasi als Erwachsene in der Bewältigung einer Entwicklungsaufgabe - vor Verunsicherungen. Bezüge sind lokale und regionale Identitäten sowie Großgruppenidentitäten, die (und damit sie selbst) vergrößert und andere (alles Fremde) damit entwertet werden; die über Ethnisierung vorgenommenen Generalisierungen lassen differenzierte Deutungen und Nachdenklichkeiten nicht zu. Bedrohungsphantasien gehen in der „harten" Clique einher mit Gewaltphantasien und Gewaltbereitschaft, die Probleme -

so wie sie aus ihrer dichotomen Perspektive des ‚ethnischen Blicks, und der Vernachlässigung durch „die da oben" gesehen werden - selbst zu lösen.

20. Der jugendpädagogische Umgang der beiden Jugendpflegerinnen und des Jugendpflegers zeigt drei Verhaltensweisen, die für das Feld strukturell wiederholt wahrgenommene „Typen" und Probleme reflektieren. Die Haltung des Jugendpflegers gegenüber der „weichen" Clique kann als passives Beziehungsangebot charakterisiert werden. Seine Anwesenheit sichert den Rahmen (der Jugendraum wird aufgeschlossen, einige Regeln wie Alkoholverbot und keine Randale sowie auch kein Hören indizierter Musik) und überlässt ansonsten die Jugendlichen ihren Themen und Interaktionen. Er redet, agiert mit und grenzt nicht aus, steht als Ansprechpartner zur Verfügung und wird von der Clique als Kumpel an- und wahrgenommen. Er ist für sie kein streitbarer und informierter Dialogpartner, macht keine pädagogischen Angebote und lädt die Jugendlichen nicht mit eigenen Ideen ein, neue (irritierende, fremde) Erfahrungen zu machen. Das Verhalten der Jugendpflegerin gegenüber der „mittleren" Clique kann als grenzziehende Beziehungsarbeit charakterisiert werden. Sie setzt bzw. vereinbart mit den Jugendlichen im Jugendclub Grenzen und Verbote, die sie durchsetzt und die von den Jugendlichen eingehalten werden. Sie ist informiert, argumentiert und streitet mit ihnen, ohne sie auszugrenzen und zu stigmatisieren; die Jugendlichen achten und respektieren diesen Umgang und nehmen die Jugendpflegerin auch als helfende Gesprächspartnerin ernst. Das Verhalten des Jugendpflegers gegenüber der „harten" Clique ist von beiderseitiger Distanz bestimmt, weil sie nach einem längeren Erfahrungsprozess politisch und pädagogisch „auf der anderen Seite stehen", nichts miteinander anfangen können und wollen. Der eigens eingestellte Streetworker - der nach kurzer Zeit gekündigt hat - zeigt die Überforderungen, Schwierigkeiten und Grenzen, die auftreten können, wenn mit einer harten und verfestigten Clique pädagogisch zu arbeiten ist, wenn diese ideologisch und gewalttätig agiert, in die rechte Szene eingebunden ist und ein lediglich instrumentelles Interesse an dem „für sie eingestellten Pädagogen" hat. Ihm hat sich mit seinen Kontaktversuchen kein Zugang zu der Clique angeboten, mit dem eine „sinnvolle" Arbeit hätte möglich sein können.

IV. Jugendpolitische und -pädagogische Folgerungen

Nach einer langen Phase des Bagatellisierens, Wegsehens und der Verharmlosung ist in den Jahren 2000 und 2001 in der politischen und öffentlichen Diskussion weitgehend Konsens, dass der jugendliche und der gesellschaftliche (erwachsene) Rechtsextremismus sowie die fremdenfeindlich, antisemitisch und rechtsextrem motivierte Gewalt vor allem von männlichen Jugendlichen und jungen Männern keine marginalen und vorübergehenden Probleme, sondern eine Herausforderung sind, die vielfältiger und kontinuierlicher Anstrengungen bedarf, wenn sie wirksam bekämpft werden sollen. Konsens ist auch in der ernst zu nehmenden politischen und wissenschaftlichen Debatte weitgehend, dass es hier keinen Königsweg und keine kurzfristigen „billigen" Lösungen gibt bzw. geben kann. Die staatlichen und gesellschaftlichen Herausforderungen sind langfristig angesiedelt im Feld der diskursiven Anstrengungen in der politischen Kultur, der Ächtung der Xenophobie, im Spannungsfeld von Verbotspolitik und aufgeklärter bzw. aufklärender Zivilgesellschaft in einem demokratischen Verfassungsstaat, der Akzeptanz und Anerkennung des gesellschaftlichen und kulturellen Pluralismus sowie einer geregelten Einwanderungspolitik. Die komplexen sozialstrukturellen und soziokulturellen Tiefenschichten der Problemdiagnose verlangen nach einem „langen Atem" und einer kommunikativen Strategie, bei der sich die moderne Gesellschaft als republikanischer Verfassungsstaat über sich selbst und die Folgen der Wandlungsdynamiken verständigt, über seinen mentalen Zustand und seine kulturellen Grundlagen (z.B. die Realität einer Einwanderungsgesellschaft) sowie seine sozialen Werte und Zukunftsentwürfe („wohin die Reise gehen soll") nachdenkt. Positive Perspektiven wären u.a., Fremde und Fremdes nicht nur unter ökonomischen Kosten-Nutzenkalkülen sondern als Bereicherung und Vitalisierung der politischen Gemeinschaft einer multikulturellen Einwanderungsgesellschaft wahrzunehmen. Das ist verbunden mit einem weltbürgerlichen normativen Fundament einer Staatsbürgernation und eines offenen Europa sowie der damit verbundenen Akzeptanz eines von ihm geschützten kulturellen Pluralismus und kultureller Toleranz. Auf diesen politischen, gesellschaftlichen und kulturellen Horizont der Auseinandersetzung soll hier nicht weiter eingegangen werden, sondern der Blick lediglich auf den bescheidenen (aber dennoch bedeutsamen) Bereich der Jugendpolitik und -pädagogik gerichtet und gefragt werden, was ihr Beitrag in der politischen Sozialisation und Integration der jungen Generation in die demokratische Gesellschaft sein kann. Die skizzierten Hinweise ergeben sich z.T. aus den Erkenntnisse der

Cliquenstudien und greifen gleichzeitig Hinweise aus den aktuellen Debatten auf.

Bilanz

Es gibt seit Anfang der 90er Jahre eine umfängliche und kaum mehr überschaubare Fülle von Publikationen, Materialien und Stellungnahmen, die sich auf die Schule, Jugendarbeit und politische Bildung beziehen, ebenso liegen eine umfängliche Anzahl von Erfahrungsberichten, Modellen und Konzepten aus den pädagogischen Arbeitsfeldern vor. In der Tat ist die schulische und außerschulische Jugendpolitik und -pädagogik seit Anfang der 90er Jahre gefordert und herausgefordert, sich mit den - in diesem Ausmaß - in der Geschichte der Bundesrepublik neuen Entwicklungen unter Jugendlichen auseinander zu setzen. Dabei bleibt sie einerseits in das Dilemma der „Delegation" der Problembearbeitung an die Schule, Jugendarbeit und politische Bildung eingebunden, das sie seit Anbeginn ihrer Geschichte prägt: Gesellschaftlich verursachte und vermittelte Probleme und deren strukturelle Hintergründe mit pädagogischen Mitteln (Erziehung, Bildung und sozialer Arbeit) zu bearbeiten. Dies markieren Begriffe wie „Ausfallbürge", „Feuerwehr" und „Inpflichtnahme" oder auch „Alibi", mit denen sie als zuständig erklärt wird und sie sich selbst - in einem verwobenen Prozess - für zuständig erklärt. Andererseits geben die Offenheit, der Pluralismus und die Aushandlungsprozesse der jugendpolitischen Zielsetzungen und der pädagogischen Praxis auch Chancen, ein kreatives Feld zu entwickeln und mit ihren Erfahrungen und Erkenntnissen in die Gesellschaft hinein zu wirken. So können vielfältige Anstrengungen und Erfahrungen bilanziert werden, die vom „Aktionsprogramm gegen Gewalt und Aggression" (AgAG) des Bundes in den neuen Bundesländern (im Zeitraum 1992 bis 1996), über mehrere Landesprogramme gegen „Fremdenfeindlichkeit, Gewalt und Rechtsextremismus" bis hin zu lokalen Initiativen und Aktivitäten reichen (vgl. Schacht/Leif/Janssen 1995, Schubarth/Melzer 1995, zusammenfassend Schubarth 2000 und die Literaturhinweise in Butterwegge/Lohmann 2000). Im Rahmen der Auswertung der AgAG-Projekte in den neuen Bundesländern wird auf die milieubildende Wirkung der Angebote in der Balance zwischen dem Milieu der Herkunftsfamilie, dem lokalen Sozialraum und der Gleichaltrigengruppe hingewiesen. Die pädagogischen Projekte waren nach Einschätzung der Autoren auch aktivierend und öffnend und haben einer regressiven Gruppenbildung entgegen gewirkt. „Dass die Projekte nicht nur milieustärkende, sondern auch milieubildende Effekte haben, kann aus den Antworten geschlossen werden" (Bohn/Münchmeier 1997, S. 184). Dabei werden die Projektangebote als Orte interpretiert, „über die der Herkunftsort attraktiv wird, in denen Cliquen gebildet und belebt werden und über die sich ein eigenes Verhältnis zur Familie entwickeln kann" (ebda. S. 185).

Schubarth (2000) weist darauf hin, dass wir es mit der gegenwärtigen Debatte bereits mit der dritten dieser Art in den vergangenen 10 Jahren zu tun haben: Die erste Debatte gab es Anfang der neunziger Jahre (1991 - 1993) infolge der Welle fremdenfeindlicher Gewalt; ihr folgten Sonderprogramme der Länder und das Bundesprogramm AgAG. Die zweite Debatte gab es mit dem Erfolg der Landtagswahl der DVU in Sachsen-Anhalt im Jahr 1998 und im Kontext der Diskussion um den Zulauf zur rechten Jugendkultur (Kameradschaften, Musik, Cliquen) und um „national befreite Zonen" bzw. deren alltagskulturelle Dominanz. Die dritte Debatte im Jahr 2000 und dann auch 2001 steht im Zeichen steigender fremdenfeindlich, antisemitisch und rechtsextrem motivierter Gewalttaten, der Verfestigung und Normalisierung einer rechtsextremen Alltagskultur in vielen Orten der neuen (und auch alten) Bundesländer sowie einer öffentlichen Diskussion in Politik, Gesellschaft und Medien. Mit den drei Phasen ist auch angedeutet, dass nicht von einem „automatischen" jugendkulturellen „Auslaufen" rechter Ideologie und von Gewaltorientierung mit dem Erwachsenwerden (mit der Perspektive eines klein-bürgerlichen Erwachsenenlebens) ausgegangen werden kann; im Gegenteil, es scheint, dass immer wieder Jugendliche (und auch Kinder schon ab 10, 11 Jahren) „nachwachsen" und dass die Rekrutierung in Cliquen, Kameradschaften und der Skinhead-Szene gelingt.

In der ersten Phase wurden durchaus unterschiedliche pädagogische Ansätze und Praxisformen entwickelt, aber sie waren eng mit dem Konzept der „akzeptierenden Jugendarbeit" verbunden (Krafeld u.a. 1993, Krafeld 1996). Angesiedelt zwischen einer schwarzen Pädagogik in Form unnachsichtiger Repression und Härte einerseits und einem pädagogisch hilflosen Desinteresse und Nichtzuständigkeit bot das Konzept eine „milde", akzeptierende und cliquenorientierte (Sozial)Pädagogik in Form nachsichtiger und verständnisvoller Betreuung an. Einer ihrer (von zehn) zentralen Grundsätze war: „Nur, wenn die Jugendlichen erleben, dass sich andere Menschen auch mal interessieren für diejenigen Probleme, die sie haben, dann gibt es überhaupt eine Chance, dass die Jugendlichen sich mit der Zeit umgekehrt auch dafür interessieren, welche Probleme andere mit ihnen haben" (Krafeld 1996, S. 14). Zu den pädagogischen Prinzipien der cliquenorientierten Pädagogik gehören die Anerkennung der Bedeutung von Cliquen als Sozialisationsinstanz und Selbstorganisationsprozess, und zu den Angeboten der Jugendarbeit gehört die Überlassung von Räumen zur eigenen Gestaltung mit der Aushandlung von Regeln und der Setzung von Grenzen. So differenziert und reflektiert das pädagogische Konzept auch war, so hat es in der zweiten Hälfte der 90er Jahre zu vielen Missverständnissen und zu Kontroversen geführt. Dazu gehörten u.a. die Verweise auf die Grenzen pädagogischer Arbeit mit rechtsextrem orientierten Jugendlichen, die notwendige Differenzierung der Jugendlichen in der rechten Kultur und Szene, die Ausblendung der präventiven Breitenarbeit, die (Sozial)Pädagogisierung von Problemen, das „Verstehen darf nicht zum Verständnis führen" (Kuhlmann 2000, S. 219) und vor allem Hinweise zur - zumindest teilweisen - fragwürdigen Umsetzung und fehlenden - schwer zu messenden - empirischen Wirksamkeit und zu Erfolgen des Ansatzes. Mit der öffentlichen Debatte und der Kritik an der akzeptierenden Jugendarbeit wurde - vor dem Hintergrund eines anhaltenden und zunehmenden jugendlichen Rechtsextremismus bzw. der Ausbreitung einer rechten Jugendkultur - der Blick geschärft für die notwendigen politischen und gesellschaftlichen Bemühungen, in denen (akzeptierende) Jugendarbeit nur ein Baustein (von vielen) sein kann. Die im Jahr 2000 ansetzende Reflexion der komplexen Ursachen, über die (lange Zeit nicht wahrgenommene und verdrängte) Kontinuität des „Phänomens" können - so sie denn glaubwürdig und ernsthaft sind - auch dazu beitragen, den Stellenwert und die Aufgaben von schulischer und außerschulischer Pädagogik (die lange einen geringen Stellenwert hatte und gleichzeitig überschätzt wurde) neu auszuloten, sowie über Differenzierungen, Schwerpunkte und Förderungspolitik nach zu denken.

Diskurse und Herausforderungen

Die Perspektive der pädagogischen Aufgabenfelder, von Bildung und Erziehung, liegt darin, für die demokratische „Ausrichtung" der jungen Generation einen Beitrag zu leisten, die Stabilität und partizipative Entwicklung von Demokratie zu garantieren sowie ein friedliches Zusammenleben der Kulturen zu realisieren. Dazu bedarf es einiger Voraussetzungen und neuer Profilierungen.

1. Wenn für die Jugendphase (wie die Gesellschaft insgesamt) die Diagnose zutrifft, dass in den gesellschaftlichen Wandlungsprozessen der entwickelten Moderne mit ihren vielschichtigen Folgen und Risiken immer auch Ligaturen, die Bindungskräfte der menschlichen Beziehungen und sozialmoralische Milieus erodieren und zerbrechen und neue (erst) hergestellt werden müssen, dann gilt es - themen- und konjunkturunabhängig - langfristig und kontinuierlich für „alle Jugendlichen" (neue) Orte, Zeiten und Netze zu schaffen, die ihnen Anschluss, partizipative Primärerfahrungen und einbindende Kommunikation ermöglichen. Die nachwachsende Generation braucht partizipative und anerkennende Orte des sozialen Lebens und der Moralbildung, die als demokratische und soziale Lernkulturen in der Schule, in Vereinen und Verbänden, in der offenen Jugendarbeit und Jugendsozialarbeit, in der Jungen- und Mädchenarbeit und in vielfältigen Projekten, Initiativen und jugendkulturellen Lernformen dazu beitragen, humane und demokratische Orientierungen auszuprägen und zu erfahren. Gelingt es nicht, sozial und kommunikativ befriedigende Erfahrungen zu machen und Strategien des kooperativen Umgangs zu erlernen, können Kinder und Jugendliche aus Mangel an Selbstwirksamkeitserleben auf Gewalt (und Ideologie) als letztem Mittel vorübergehender totaler Kontrolle über ihre soziale Umwelt zurückgreifen. Hier wäre die leitende Idee für die erwachsene

Generation, deren (pädagogischen und sozialen) Institutionen und Akteure, die nachwachsende Generation in wohlbegründeter „Fürsorge" auf ihre Zukunft (ökonomisch-sozial wie auch mental) über positive Wirksamkeitserfahrungen vorbereiten zu helfen. Für die Schulpolitik und die Förderungspolitik in der Jugendarbeit und politischen Bildung heißt das in demokratiepolitischer Absicht, vor allem gewaltfreie Jugendkulturen, demokratische Strukturen und Initiativen sowie deren Vernetzung zu unterstützen und fördern.

2. Sollen in dem skizzierten Kontext Pädagogik und Jugendarbeit in die Lage versetzt werden ihren Beitrag - in einer arbeitsteiligen und vernetzten Zuständigkeit - zu leisten, dann bedarf es einiger Rahmenbedingungen und Ressourcen, um praktikable und wirksame Angebote bereitstellen zu können. Sie sind einzubinden in eine Gesamtstrategie und in einen organisatorischen und kommunikativen Kontext, in dem sie ihre Möglichkeiten jenseits von Überforderung und Alarmismus einbringen können. Begriffe wie Langfristigkeit und Kontinuität, Infrastrukturentwicklung und kommunale Netzwerkarbeit deuten an, was mit Rahmenbedingungen und Ressourcen gemeint ist. Für eine differenzierte und konkrete Arbeit bedarf es der Stärkung demokratischer Milieus und einer Vielzahl antirassistischer und interkultureller Projekte, wie sie z.B. vom ZDK in Berlin, von IDA (2000) in Düsseldorf, von „Miteinander" in Magdeburg für die Schule und Jugendarbeit zusammengestellt und immer wieder neu dokumentiert werden. Organisationen und Projekte wie die Regionalen Arbeitsstellen für Ausländerfragen, Jugendarbeit und Schule (RAA), die Mobilen Beratungsteams in Brandenburg (MBT), die Aktivitäten des Zentrums Demokratische Kultur-Rechtsextremismus-Jugendgewalt-Neue Medien (ZDK), von der Amadeu Antonio-Stiftung - Initiative für Zivilgesellschaft und demokratische Kultur zeigen mit ihren Bildungs-, Beratungs- und Hilfeangeboten, ihrer Fortbildung für Lehrerinnen und Lehrer, ihrer Dokumentations- und Netzwerkarbeit, wie eine qualifizierende und einmischende Jugendpolitik und -pädagogik aussehen kann (vgl. zusammenfassend Wagner 2000, Kabi 2000). Sie zeigen, wie man den angemessenen Umgang mit rechten Jugendlichen und Gewalt, mit Provokationen und Parolen, mit deren Handlungen gegenüber anderen Jugendlichen (die sie entwerten und einschüchtern, denen sie drohen und die sie verletzen) einüben kann; dies reicht situationsbezogen vom Strafantrag (bei strafrechtlich relevanten Symbolen und Handlungen), über eindeutige politische Positionierung gegenüber einzelnen Jugendlichen und Partei ergreifen für die Opfer bis hin zum „cool bleiben" und sich nicht auf jede Provokationen einlassen.

3. Mitarbeiterinnen und Mitarbeiter in der Jugendarbeit und Lehrerinnen und Lehrer in der Schule brauchen - sollen sie wirksamer Bestandteil in einer gemeinsamen Strategie des Gemeinwesens und der Schule sein - politischen und materiellen „Rückenwind". Staat und Gesellschaft, Kommunen und Schulen müssen über das politisch-kulturelle Klima reden, sie müssen sich verständigen, wie sie zusammen leben und zusammen lernen wollen.

„Rechtsextremismus und Gewalt" darf nicht „unter den Teppich gekehrt werden", sondern ist als kommunales und/oder schulisches Thema „anzunehmen", öffentlich zu machen und in einen kontinuierlichen wie auch selbstkritischen (bezogen auf den eigenen Beitrag an der Fremdenfeindlichkeit in der Gesellschaft) Aushandlungsprozess in die Bevölkerung hineinzugehen. Foren, runde Tische, öffentliche Veranstaltungen als Teil von Selbstthematisierung und Umgang hätten vor allem die kommunalen Eliten und Meinungsbildner (aus Parteien, Wirtschaft, Gesellschaft und Kultur) einzubeziehen; von hier könnte dann Mut machende und stärkende Rückendeckung für Jugendarbeit und Schule ausgehen. Für die Entwicklung von Profil in der Schule und Jugendarbeit als wirksame Strategie gegen Rechtsextremismus in deren Alltag wäre Ziel, „menschenrechtlich-demokratische Standards zu vermitteln und eine Kultur der Anerkennung und des Respekts zu etablieren" (Kirschnick 2000, S. 146). Pädagogik und Jugendarbeit im Interesse einer demokratisch-menschenrechtlich orientierten Kultur kann aber nur „gelingen", wenn sie Teil einer Kommunalpolitik und eines schulischen Klimas ist, in dem sie sich öffentlich mit der jungen Generation und ihren Fragen und Sorgen sowie vor allem ihren Zukunftsperspektiven auseinandersetzen.

4. Der notwendige jugendzentrierte Blick (weil von männlichen Jugendlichen und jungen Erwachsenen über 90% der Straftaten ausgehen) darf die Erwachsenengesellschaft - und die Eltern der Jugendlichen - nicht außen vor lassen. Das gilt generell für die Reflexion der Generationenverhältnisse und -beziehungen, weil so wie Jugendliche denken und fühlen, welche Bedeutung rechte Cliquen und Kultur (mit ihren Szenen, Organisationen und Ideologien) für sie bekommen, das wird in einem komplexen Lernverhältnis immer auch gelernt und vermittelt. Die Eltern der Jugendlichen in den untersuchten Cliquen zeigen weitgehend ein Verhältnis zur jungen Generation (ihren Kindern), das von Desinteresse und Gleichgültigkeit gekennzeichnet ist, das teilweise selbst rechts und autoritär ist und damit bestätigend wirkt, oder es zeigt einen grenzenlosen Liberalismus, der keine Grenzen zieht (alles erlaubt, duldet und zulässt) anstatt Position zu beziehen und streitbare Dialoge anzubieten. Hier wäre neu und kreativ über Elternarbeit und Beratung, Erwachsenen- und Familienbildung außerschulisch in Kommunen/Stadtteilen, wie auch in der Schule nachzudenken, die zu einer Beschäftigung mit dem Leben der (ihrer) Kinder und Jugendlichen einlädt. Die Interviews und weitere vorliegende biographische Studien zeigen, dass - auch wenn ein positives Bild der Eltern gezeichnet wurde - mit Blick in ihre Vorgeschichte die emotionale Sozialisation der Jugendlichen in den Elternhäusern nicht mit Gesprächen über Gefühle (sondern eher von Gefühlskälte, Desinteresse und instrumentellen Verhalten) verbunden war. Hier kommt den Cliquen - die insgesamt eine wichtige Sozialisationsinstanz sind - eine noch nachhaltigere Bedeutung als Ort von Spiel und Spaß, Alkohol und Action, aber vor allem als - ideologisch gerahmte und Gewalt fördernde - so-

ziale Heimat und Halt zu. Als Reaktion auf biographische Erfahrungen wie Ausschluss und Überflüssigsein werden am Ende eines mentalen Prozesses - mit verfestigter Einbindung in rechte Milieus und in (männliche) Cliquen - dann Affekte wie Aggressivität, Wut und Hass bei Zurichtung des eigenen Körpers und mit physischer Gewalt gegen Fremde/Andere ausagiert. Unter einer präventiven „wirklichen" Perspektive (und vor dem möglichen Anschluss an solche Cliquen und Szenen) kommen dem Elternhaus, dem Kindergarten, den Freundschafts- und Peer-group-beziehungen sowie der Schule für die Richtung der emotionalen Entwicklung und dem Lernen von Gefühlsmanagement eine enorme Bedeutung zu, die Eltern- und Familienbildung schon frühzeitig begründet.

5. Differenzierte pädagogische Strategien, die sich im Kontakt mit rechten Jugendlichen auf deren kollektive Einstellungen und auf Gewaltbereitschaft oder manifeste Gewalt beziehen und gleichzeitig verhindern will, dass sich eine rechte Dominanzkultur (in der Schule, im Jugendtreff, im Wohnquartier, im Stadtteil, in der Kommune) verfestigt, kommt um das Spannungsverhältnis von „Verbieten und Verstehen" nicht herum. Wie es auf der einen Seite zur Profession bzw. zur Rolle der „bescheidenen" Professionalität gehört, ihren Kern im Fallverstehen, der stellvertretenden Deutung, im ethnographischen und kasuistischen Vorgehen, der reflexiven Selbstkontrolle, wie auch als Prozess von Fort- und Weiterbildung (verstanden als „Stricken" der eigenen Lebensgeschichte) mit allen zugehörigen Paradoxien zu verorten, so ist die andere Seite in der Arbeit mit rechten und aggressiven „Klientel" die Grenzziehung, die es abzustecken und zu schützen gilt. Fremdenfeindliche Einstellungen und rechtsextreme Ideologiefragmente nicht zu akzeptieren, heißt in der pädagogischen Praxis vor allem auch Konfrontation und Auseinandersetzung (Gegenpositionen formulieren, Position beziehen) als Herausforderung an die Professionalität in den Einrichtungen zu markieren und durchzuhalten. Hier kommt neben einer tragfähigen Schulkultur und einem fördernden kommunalen Umfeld (als Klima von Verlässlichkeit, Gemeinsamkeit und Sicherheit) der tragfähigen Teamsituation und der qualifizierten Fortbildung/Supervision, als Lernen mit Bedrohungen und (überrumpelnden) Provokationen, offenen oder verdeckten Auftreten, eigenen Ängsten und Unsicherheit umzugehen und Zivilcourage einzuüben, eine zentrale Funktion zu. Dieser Kontext ist wichtig, weil Lehrerinnen und Lehrer und Mitarbeiterinnen und Mitarbeiter, von denen ein couragierter - und kein wegsehender und ignorierender - Umgang erwartet wird und die Schüler motivieren sollen sich couragiert zu verhalten und trauen gegen rechte Parolen anzugehen, nicht das Gefühl haben dürfen, überfordert zu sein und allein gelassen zu werden. Hier kommt vor allem der Jugendarbeit aufgrund ihrer weitgehend offenen und unstrukturierten Verhältnisse ein eigentümlicher, kreativ-innovatorischer Experimentiercharakter zu, der Versuch und Irrtum in den Praxisversuchen zulässt.

6. Die Cliqueninterviews haben die problematische Seite eines starken lokalen und rigiden Milieubezuges deutlich gemacht, der mit autoritären und fremdenfeindlichen Orientierungen verknüpft ist. Daher ist eine wichtige Aufgabe der schulischen und außerschulischen Bildung, mit neuen Lernerfahrungen und dosierten Fremdheitserfahrungen auch Milieuentwicklungen zu beeinflussen und zu stimulieren. Hier stoßen die pädagogischen Angebote von Erwachsenen in Institutionen schnell an ihre Grenzen, wenn sie nicht verwoben sind mit Cliquen und Gruppen von Jugendlichen, mit Vereinen, Verbänden und Initiativen, die in der Lage sind neue Gleichaltrigenbeziehungen anzubieten. Lehrerinnen und Lehrer und Mitarbeiterinnen und Mitarbeiter in der Jugendarbeit können Jugendliche nicht aus solchen Cliquen (die ihnen Rückhalt und Anerkennung bieten) „hinaus sozialisieren". Sie können aber helfen eine entspannte Atmosphäre herzustellen und kooperative und soziale Lernerfahrungen mit anderen Jugendlichen (die sie ablehnen, demütigen) in „verschränkten Gruppen" zu machen und damit „Brücken bauen" für neue Orientierungen.

7. Nachdem politische Bildung eine Phase der Abwertung und des Abbaus in den 90er Jahren erfahren hat, bekommt sie verbal (und materiell bescheiden über Sonderprogramme der Bundesregierung) im Jahr 2001 wieder Zuspruch und Zustimmung. In der Auseinandersetzung mit „Rechtsextremismus" hat die schulische und außerschulische politische Bildung - allem politischen Gegenwind zum Trotz - in der Tradition der Aufklärung, kritischen Informiertheit, von Toleranz und Zivilcourage als demokratisch-kulturelles Lernfeld in Zeiten des beschleunigten Wandels ihre Experimentierfreudigkeit behalten (vgl. Ahlheim/Heger 1999, Hufer 2000, Hafeneger 2000).

In der politischen Bildung als Lernangebot in demokratischer und demokratisierender Absicht, in und außerhalb der Schule, geht es um die Vermittlung und das Lernen von Kompetenzen, die auf kritische Urteilsfähigkeit und politische Mündigkeit zielen. Sie soll die junge Generation befähigen zum „Träger" von Demokratie zu werden.

Auch demokratische Gesellschaften sind immer wieder gefährdet und die Geschichte der Bundesrepublik und die aktuellen Entwicklungen in Deutschland zeigen Konfliktpotenziale „aus der Mitte" (u.a. Gewalt, Rechtsextremismus, Orientierungen und Mentalitäten) und belegen, dass Demokratie immer wieder neu erschaffen, neu gelernt und erfahren werden muss. Tugenden und Kompetenzen, auf die wir zurückgreifen können, sind nicht angeboren oder transzendental gegeben, nicht von den Göttern oder Genen garantiert, sondern werden gelernt, vermittelt und gelebt - auch als „Vorratslager" für Krisenzeiten. Je aufgeklärter eine Gesellschaft und je mehr demokratische Partizipation in Alltag und Politik möglich ist, desto stabiler ist die demokratische Verfasstheit, die Bereitschaft für Demokratie einzustehen und zum Engagement.

Der Beitrag der politischen Bildung ist Stand und Niveau der demokratischen Zivilisation in öffentlicher Reflexion zu halten und Teil der Anstrengungen zu sein, die Gefährdungen und Regressionen - z.B. in den alltäglichen egoistischen, kalten, aggressiven, vorurteilsbehafteten Mentalitäten oder von nationalistischen und fremdenfeindlichen Affekten, Ressentiments und Verhaltensweisen, die zu problematischen Wahlergebnissen führen - verhindern zu helfen. Hier Partner in der politischen Aushandlung bzw. öffentlichen Verständigung zu sein, Schneisen der Orientierung zu schlagen, Reflexion anzubieten und mit nach Lösungswegen zu suchen, gehört zu der exklusiven Aufgabe von politischer Bildung.

Politische Bildung hat als Lernfeld einen spezifischen disziplinären Kern und ein originell-abgrenzbares Lernangebot im Spektrum der vielfältigen institutionell angebotenen und selbstgesteuerten Lern- und Wissensangebote. Sie dechiffriert und klärt auf über das Politische in den Prozessen, Krisen und Entwicklungen von Ökonomie, Politik, Gesellschaft und Kultur; sie nimmt vor-denkend und nach-denklich zukunftsorientierte Folgeabschätzungen vor. Ihr Bemühen ist dem Argument und Wissen, rationaler und kritischer Aufklärung, der Herstellung von Handlungsfähigkeit in humaner und demokratischer Perspektive verpflichtet. Für solche Verständigungsprozesse der Gesellschaft über sich selbst bedarf es eigener Orte und Zeiten, in denen ihre Mitglieder mit Kompetenzen ausgestattet und befähigt werden, Träger von Demokratie, Teilhabe und Gestaltung zu werden. Die Themen ergeben sich aus dem jeweiligen Problemhaushalt der Gesellschaft, der anstehenden und zu lösenden Probleme. Seriöse Zeitdiagnosen verweisen mit Blick auf die Weiterentwicklung einer demokratischen und humanen Gesellschaft und die „Sorge" um die nachwachsende Generation insbesondere auch auf den Problemkontext der demokratiegefährdenden Entwicklungen von rechts mit all ihren Phänomenen der Fremdenfeindlichkeit, des Rechtsextremismus und der Gewalt, mit ihren Ressentiments, Mentalitäten und Orientierungen, die aus der Mitte der Gesellschaft kommen und damit auf die politische Kultur, den mentalen Zustand der Republik verweisen. Aber auch das Lernfeld ist mit seinen Arrangements und Lernformen herausgefordert. Einmal bedarf Politische Bildung eigener Orte und Zeiten des Nach- und Vordenkens in Form des klassischen Seminars, der Tagung und des Vortrages, zu denen man hingehen und in denen man lernend - d.h. fragend, nachdenklich und deutend - verweilen kann. Aber sie muss das Prinzip der Vielfalt deutlicher annehmen, sie muss die alten Orte ändern und neue Orte erschließen, sie muss zu den Leuten hinausgehen, vor Ort auch kurzfristig Gespräche, Foren und Diskussionen organisieren; eine stärkere Kombination zwischen Online-Debatten und Präsenz-Seminaren wird sich vermutlich herausbilden und mit dieser Veranstaltungsform auch neue Zielgruppen erreichen. Aber die Lernorte politischer Bildung sind noch weiter zu denken: überall dort, wo eigentlich andere Lern- und Bildungsprojekte im Vordergrund stehen; weil immer wieder jeder politische

Bildung als Basis- oder Zuwachslernen, als Erstteilnehmer oder in einer Multiplikatorfunktion nötig hat.

8. Mitarbeiterinnen und Mitarbeiter in der Jugendarbeit und Lehrerinnen und Lehrer brauchen Wissen und Informationen über die „rechte Jugend", um angemessen reagieren zu können. Mit einer starken soziokulturellen Dimension hat sich der jugendliche Rechtsextremismus über Ideologie, Mythen, Outfit, Symbole, Musik, Moden, Sprache und körperliches Erscheinungsbild als rechtsautoritäre Protestkultur mit „Lifestyle-Zusammenhang" (Kirschnick 2000) bei Teilen der jungen Generation durchgesetzt. Um die Vielgestaltigkeit der rechten Jugendszenelandschaft mit dem entsprechenden Habitus erkennen und deuten und ggf. auch durchgreifen (z.B. im Einzelfall durch Verbote; Hausverbot und Schulverweis für einen aktiven Kameradschaftsführer) zu können, müssen Fort- und Weiterbildungsangebote, wie sie sich vor allem in den östlichen Bundesländern entwickelt haben, qualifiziert und ausgebaut werden. Solche Qualifizierungsprozesse gehören dann auch in die Schulkollegien und die Teams in der Jugendarbeit, die sich gegenseitig bestärkend mit der Ideologie und den Texturen befassen müssen und neben der Auseinandersetzung mit der Zeit des Nationalsozialismus gehört der aktuelle Rechtsextremismus gesondert in den schulischen Unterricht.

Lehrerinnen und Lehrer und Mitarbeiterinnen und Mitarbeiter sind einerseits in den pädagogischen Institutionen die erwachsenen Akteure mit ihren aufklärenden und anregenden (mit Fremdheitserfahrungen verbundenen) Lernangeboten und Kompetenzen (im Unterricht, bei Projekttagen); sie sind aber auch Beziehungspersonen, die mit ihrer Dynamik die Kinder und Jugendlichen einladen, über sich und ihre Probleme zu reden, über die sie Konflikte austragen und lernen mit sich und den anderen umzugehen. In den Suchprozessen zum Erwachsen werden sind die Pädagogen für die nachwachsende Generation immer auch wichtige Objekte, von denen man lernen, an denen man sich reiben kann, die einem neue Erfahrungen und Einsichten ermöglichen und auch hilfreich bei Seite stehen. Es gibt bei Kindern und Jugendlichen immer auch eine Sehnsucht nach Geborgenheit, einen „Hunger" nach Bezugspersonen, und diese Suche nach Nähe (und Distanz) muss von den Erwachsenen in den pädagogischen Einrichtungen angenommen und gespiegelt werden; hier muss die Schule (über den 45-Minuten-Takt des Unterrichts) wie auch die Jugendarbeit Räume und Zeit für Gespräche und Gefühle zu lassen und zur Verfügung stellen. Pädagogische Orte, die der emotionalen Entwicklung der Kinder und Jugendlichen und dem Umgang mit Gefühlen - z.B. mit Angst, die von den Rechten genutzt wird - mehr Aufmerksamkeit widmen und helfen, den Gefühlen und Motiven (mit Theater, Rollenspielen, Medien etc.) Ausdruck und Sprache zu geben, die Ängste und Ängstlichkeit aufnehmen und neugierige Offenheit (Begegnung mit Fremdheit und Fremden) stimulieren, können emotionale Grunddispositionen beeinflussen. Aber eine solche einladende Pädagogik ist immer auch eine konfrontative und Zivilcourage einübende Pädagogik, die Konflikten nicht aus dem Weg geht, die eingreift und die Auseinandersetzung sucht. Gezielte Aktivitäten wie Veranstaltungen, Projekttage, Begegnungen, die sich mit dem Thema „Rechtsextremismus und Gewalt" auseinandersetzen, sollten dies in enger Kooperation mit Trägern und Fachleuten (wie dem ZDK, den RAA, der Amadeu Antonio Stiftung) tun und deren Erfahrungen und Kompetenzen nutzen.

9. Von großer Bedeutung ist bei den rechten Jugendlichen, wie die Cliquenportraits deutlich machen, ihre fehlende Erfahrung von Anerkennung und Selbstwert. Ihr Gefühlshaushalt ist geprägt von Leistungsversagen und Überforderung, „zu kurz zu kommen", „nicht dazuzugehören", von „den Verhältnissen überwältigt zu werden", und dass der Staat sich „zu viel um die anderen kümmern würde". Ihr Bedürfnis nach Eindeutigkeit, dazuzugehören und ihre ablehnenden Affekte „gegen die Anderen" unterliegt dem Mechanismus der Ausbeutung von Angst (die ethnisiert wird) und macht sich mit ihrer Ablehnung, ihrer Wut und ihrem Hass (Gewaltphantasien) gegenüber „Ausländern" und „Russland-Deutschen" sichtbar. In den Cliquen finden die Jugendlichen ihre tragenden Milieubezüge, Rückhalt und Sicherheit. Die pädagogische Herausforderung ist, mit den identitätsstiftenden jeweiligen rechten Jugendkulturen, mit der sozialen Lage und den Zukunftsaussichten der Jugendlichen umzugehen, ihnen ein Gefühl zu geben „etwas zu verlieren zu haben" und wert zu sein, ohne Sicherheit geben und beruflich-soziale Perspektiven wirklich anbieten zu können. Hier ist mit Blick in die (organisatorischen) Einbindungs- und Verfestigungsprozesse zu differenzieren, ob Jugendliche im „sympathisierenden Umfeld" und als „Träger" von Lifestyle argumentativ erreichbar sind oder ob sie bekennende Träger von Ideologie sind; Letztere sind kaum kognitiv zu erreichen. Hier geht es um Strategien für Distanzierungs- und Ausstiegsprozesse - wie sie von EXIT und den Ausstiegsprogrammen angeboten werden, die auf Veränderungen im Erfahrungsraum und der Lebenssituation zielen, die neue positive Kontakte und Erfahrungen, tragfähige andere Beziehungen, andere Freizeitgewohnheiten beinhalten und schließlich mit veränderter Gefühlssozialisation und einem neuen Arrangieren von Beziehungsdynamik zusammenhängen. Dazu müssen bei den Jugendlichen Anstrengungsbereitschaft und das Aufbrechen von autoritär-rechten Wegen der Erfahrungsstrukturierung/-verarbeitung sowie mit neuen Optionen bzw. Veränderungen in Beruf und Arbeit möglich sein. In der pädagogischen Arbeit wäre bei diesen tiefgreifenden Veränderungen vor allem darauf zu achten, wie Jugendliche biographisch mit neuen Lebensthemen und Entwicklungsaufgaben (Ausbildung, Arbeit, Schulwechsel, Ortswechsel, Beziehungen) und dem damit zusammenhängenden Normalisierungsdruck oder auch Desillusionierung in der Szene, dem Leiden am Konformitätsdruck, umgehen, und wie sie hier orientierend unterstützt und begleitet werden können. Ziel wäre tendenziell neue Formen der Alltagsintegration und eines positiven und selbstverständlichen In-

tegriertsein in Schule, Ausbildung/Arbeit, Familie und Freizeit zu ermöglichen.

10. Es mangelt an wissenschaftlichen, öffentlichen und auch pädagogischen Kompetenzen über rechte Biographien und Milieus, rechte Lebens- und Erlebniswelten und ihre Semiotik, über ihre Markpräsenz und gesellschaftliche Akzeptanz, über ihre Wirkungen und öffentlichen Inszenierungen bzw. die Ökonomie der Aufmerksamkeit wie auch zu Motiven und Wegen des Ausstiegs. Jugendpolitisch und pädagogisch angemessene und differenzierte Auseinandersetzungen müssen auf wissenschaftlichen und erfahrungsgeleiteten Erkenntnissen basieren. Bei aller Erkenntnis- und Wissensproduktion, guten Berichten aus dem Alltag und sensiblen journalistischen Recherchen sind die Lücken enorm; es fehlt auch - trotz vieler Einzelstudien - eine gehaltvolle Jugendforschung, die komplexitätsangemessen Erkenntnisse und Orientierungen für die pädagogische Praxis und Jugendpolitik anbieten kann.

V. Zum Schluss ein Blick in den Spiegel

Anmerkungen zum pädagogischen und politischen Umgang mit rechtsextremen Jugendlichen

I.

Zum politischen Umgang mit rechtsextremen Jugendlichen gehört immer wieder der Ruf nach Pädagogen. Diesem Ruf soll entsprochen werden, aber in kritischer Distanz. Allzu leicht wird nämlich den Pädagogen die alleinige Verantwortung für das politische Problem „Rechtsextremismus" übertragen.

Rechtsextremismus entsteht in einem gesellschaftlichen Kontext, in dem demokratische Werte und Normen nicht mehr klar definiert sind, und darum nicht mehr deutlich wird, wo die Entwicklung der Gesellschaft hingeht. In dem Maße aber wie am Grundgesetz und an den Menschenrechten orientierte Werte durch eine doppelte Moral nach dem Motto „Steuerbetrug Nein - Schwarzgeld Ja" außer Kraft gesetzt werden, werden die Bürger verunsichert und darunter die jungen Leute in besonderem Maße.

Eine demokratische Gesellschaft ist gekennzeichnet durch die Pluralität von Normen und Wertesystemen. Wenn aber fremde Kulturen und Minderheiten und damit die gesellschaftliche Pluralität öffentlich angegriffen werden, ist es nicht verwunderlich, wenn Teile der Jugend sich hiervon leiten lassen und Fremde und die, die ihnen so erscheinen, angreifen.

Der Anteil der Erwachsenen am Rechtsextremismus der Jugendlichen wird oft genug verleugnet und ausgeblendet. Jugendliche sind in vielem Symptomträger der Erwachsenenwelt. Sie drücken in Lebensstil und propagierten Werten aus, was die Erwachsenen sich - so - nicht zugestehen und verdrängen.

Bei jugendlichen Rechtsradikalen wird die Ohnmacht der Erwachsenen besonders deutlich: Unfähig, die differenzierten und verflochtenen Zusammenhänge zu erkennen, rufen sie nach härteren Strafen. Die Welt verantworten aber sie und nicht die Jugendlichen.

Politik muss den Rahmen für Normen und Werte schaffen. Polizei muss bei Normverstößen eingreifen. Justiz muss angemessene Urteile sprechen. Gerade die Rahmenbedingungen für Schule, Ausbildung und Jugendarbeit müssen von der Politik gestaltet werden und zwar nicht erst dann, wenn das „Kind in den Brunnen" gefallen ist.

Das Lebensgefühl der Jugendlichen heute wird bestimmt von Verunsicherung, wie sie ihr Leben gestalten sollen - dazu gehören die Beziehung zum andern Geschlecht, Angst keine Lehrstelle bzw. keinen Arbeitsplatz zu erhalten, Angst vor neuen Techniken und der Umgestaltung der Arbeitswelt, falschen Vorstellungen vom leicht verdienten Geld.

Die Verunsicherten suchen nach klaren, einfachen Schwarz-Weiß-Lösungen. Rechte Ideologien bieten sich hier geradezu an.

Der öffentliche Diskurs gegenüber Fremden, Gastarbeitern, Asylanten, Arbeitslosen und Sozialhilfeempfängern, der uns in unterschiedlicher Schärfe seit vielen Jahren begleitet, lässt hier oft keine klare Grenzziehung mehr erkennen. Die Angst vor Überfremdung wird öffentlich geschürt. Formulierungen wie „Kinder statt Inder" - „Das Boot ist voll" - „Durchrasste Gesellschaft" gehören zum alltäglichen Sprachgebrauch.

II.

Die Jugendphase ist eine Umbruchs- und Orientierungsphase, in der die Jugendlichen ihren Weg oft mit vielen Irrungen und Wirrungen suchen. Sie müssen sich in die Erwachsenenwelt integrieren, sich aber gleichzeitig zuerst davon absetzen, die Dinge anders angehen als die Eltern und Neues ausprobieren. Allzu oft mangelt es hierfür an sozialen Möglichkeiten und Räumen. Und vor allem fehlen Partner, die sich mit ihnen auseinandersetzen und in der Lebensunsicherheit Standpunkte anbieten. In dieser Hinsicht besteht der Ruf nach Pädagogen zurecht.

Er hört sich allerdings sehr widersprüchlich an. Sozialarbeiter und Pädagogen werden als „Weicheier", „Sozialtanten" und auch „Faulenzer" abgewertet, wert geschätzt werden die, die im Business-, Banken- und IT-Bereich „hart" arbeiten. Der Gegensatz Management kontra Erziehungs- und Beziehungsarbeit zeigt sich hier deutlich als soziale Falle. Pädagogen gelten einerseits als „Schmuddelkinder" der Gesellschaft, sollen aber andererseits wie Notarzt und Feuerwehr bei all den Problemen und Krisen intervenieren, die entstehen, wenn Erwachsene ihrer fundamentalen Aufgabe nicht nachkommen, nämlich Jugendlichen verständnisvoll, aber klar Grenzen aufzuzeigen.

Es scheint uns banal aber doch nötig, immer wieder schlicht und einfach festzustellen, dass diese fundamentale pädagogische Basisaufgabe großenteils nur sehr unbefriedigend gelöst wird.

Viele Erwachsene erweisen sich auch zu Beginn des 3. Jahrtausends pädagogisch hilflos, weil autoritätsunfähig. Sie flüchten sich in die kurzfristig, aber kurzsichtig einfachere Lösung, ständig den Wünschen von Jugendlichen nachzugeben, alles zu erlauben oder durch autoritäres Auftreten sie zu verunsichern, anstatt sich in die Auseinandersetzung mit ihnen zu begeben und so wirkliche Beziehung aufzunehmen und zu gestalten. Diese Art von Präsenz und Interesse der Erwachsenen ist aber unaufgebbar notwendig, damit Jugendlichen ihre Identitätsbildung in der Phase der Adoleszens gelingt. Wer sie ihnen versagt, kann die Folgen ehrlicherweise nicht beklagen.

III.

Den Pädagogen kommt subsidiär die zentrale Aufgabe zu, den Jugendlichen die Möglichkeiten zu bieten, neue andere Erfahrungen zu machen. Sie müssen den Heranwachsenden neue Beziehungen anbieten, in denen Regeln ausgehandelt und dann akzeptiert, wo Fremdheitserfahrungen und Austausch über andere Lebensentwürfe ermöglicht und Bindungserfahrungen nachgeholt werden können.

Die Jugendlichen müssen aber auch die Gelegenheit haben, einfach nichts zu tun, „herum zu hängen", sich so den Leistungsanforderungen entziehen zu können. Nur so können sie die wichtige Erfahrung machen, dass sie als Person - ohne wenn und aber - akzeptiert sind.

IV.

Rechtsextremem Gedankengut liegen immer autoritäre Einstellungen zugrunde. Diese werden schon früh vermittelt z.B. wenn Kinder nicht in ihren Wünschen ernst genommen, sondern nur im Erwachseneninteresse manipuliert werden und ihnen nur befohlen wird. Wenn sie nicht lernen Ambivalenzen auszuhalten und zu verarbeiten, wenn Rollen nicht klar sind. Wo Kinder und Jugendliche nicht im Rahmen ihrer Möglichkeiten mitbestimmen können, kann kein demokratisches und soziales Verhalten erlernt werden. Kinder erleben häufig schon in der Familie Gewalt und Erniedrigung. Dies befähigt sie nicht nur nicht, mit komplizierten Situationen umzugehen, sondern bestärkt sie darüber hinaus noch, diese Verhaltensweisen zu übernehmen.

Es gibt eine doppelbödige Bewertung von Gewalt in unserer Gesellschaft, die Jugendliche deutlich erfahren. Gewalt und Missbrauch in der Familie werden trotz aller endlich vollzogenen Gesetzesänderungen, dass Erziehung gewaltfrei erfolgen soll, in der Öffentlichkeit toleriert. Sobald sich aber Gewalt im öffentlichen Raum abspielt, gelten andere Maßstäbe und Empörung ist an der Tagesordnung. Damit aber verliert die Empörung für Jugendliche (und nicht allein für sie) ihre moralische Autorität und verunsichert sie sozial.

Pädagogik muss hier intervenieren, ihnen Möglichkeiten zeigen aus ihren festgefahrenen Mustern heraus zu kommen. Von den vielfältigen Methoden der Pädagogik und Sozialarbeit seien beispielhaft genannt: Rollenspiel,

Mediation, Konflikttraining, Diskussionsforen, Theater, Musik, Kreativitätsworkshop und Sport. Jugendarbeiter müssen verstehen, warum Jugendliche rechtsradikale Verhaltensweisen praktizieren, aber sie dürfen dies keinesfalls akzeptieren. Die Wertschätzung gehört der Person, nicht der Ideologie, die sie äußert. Diese Unterscheidung muss deutlich vermittelt werden.

V.

Ein Problem in der Jugendarbeit ist das Gewaltpotenzial von vorwiegend männlichen Jugendlichen. Kräfte ausprobieren und Grenzerfahrungen suchen, Rivalität zwischen Jugendgangs sind keine neue Erscheinung, sondern gehören schon immer für viele Jugendliche zu den Initiationsritualen. Solche Aggressivität muss aber selbstverständlich in sozialverträglichen Bahnen gehalten werden und darf sich keinesfalls in Gewalttätigkeit gegen sozialschwächere Minderheiten austoben.

Seit langem ist bekannt, dass zu einer vernünftigen Jugendpädagogik auch ein besseres Angebot in den Schulen gewährleistet sein muss, zu nennen ist: Schulsozialarbeit, Ganztagsschulen, offene Schulen. Außerdem brauchen sie auch außerhalb der Schule Jugendtreffs und dort Erwachsene, die sie begleiten und mit denen sie sich auseinandersetzen können. Diese erwachsenen Begleiter sollen möglichst in einem Team arbeiten, das sich aus Berufsanfängern und Beruferfahrenen, Männern und Frauen zusammensetzt.

VI.

Die öffentlich geäußerte Empörung über den jugendlichen Rechtsradikalismus erweckt oft den Eindruck, es handele sich um ein ganz neues, noch nicht da gewesenes Problem. Tatsächlich begleitet uns das Phänomen geradezu wellenartig schon seit Mitte der 80er Jahre und tritt verschärft seit Anfang der 90er Jahre auf. Nach einer Phase des Lamentierens wurde kurzfristig Geld für politische Aufklärung und Jugendarbeit zur Verfügung gestellt. Wenn dies auch ohne gründliche Konzeption geschah, bot es doch die Möglichkeit, neue Angebote in den vorhandenen Einrichtungen auszuprobieren und darüber hinaus auch neue pädagogische Initiativen ins Leben zu rufen.

Immer wieder muss darauf hingewiesen werden, dass eine verbesserte Jugendarbeit und eine veränderte Schule langfristige Projekte sind und darum auch fachlich und finanziell mit langem Atem begleitet werden müssen; dann aber sind sie die beste Prävention gegen Rechtsradikalismus. Wenn stattdessen kurzatmig immer wieder neue Projekte aufgelegt werden, hat das u.a. auch zur Folge, dass die Jugendlichen selbst sich nicht nur nicht ernst genommen, sondern viel eher politisch ausgenutzt fühlen.

VII.

Den Pädagogen, die im rechtsradikalen Bereich arbeiten, gebührt besondere Unterstützung und Förderung. Hier reicht die erforderliche öffentliche Anerkennung allein nicht aus, sondern besonders nötig sind:

- qualifizierte Supervision, die Mitarbeiter in ihrer Abgrenzungsfähigkeit stärkt,
- Workshops, in denen Pädagogen ihr Methodenrepertoire erweitern können und
- nicht zuletzt didaktische Hilfen der politischen Bildung zur Aufklärung gegen „Rechts".

Methodik und Didaktik müssen an existentiellen Erfahrungen anknüpfen und dürfen nicht nur an die Moral der jungen Leute appellieren. Die Jugendlichen reagieren auf Moral angesprochen sehr sensibel, was die Widersprüche der Politik und vor allem auch ihres eigenen Umfelds betrifft. Wenn sie in Elternhaus und Nachbarschaft rechtsradikal ermutigt werden, erscheinen ihnen Sozialarbeiter oft als langweilige, staatlich bezahlte Prediger.

Der pädagogische Erfolg von Schule und Jugendarbeit hängt darum nicht zuletzt davon ab, wie weit es gelingt gleichzeitig auf den gesamten Lebensraum entsprechend Einfluss zu nehmen. Genannt seien hier:

- Bürger- und Elternversammlungen,
- runde Tische oder Arbeitskreise zur Vernetzung von Institutionen und Initiativen,
- Bildungs- und Öffentlichkeitsarbeit / Medienkompetenz stärken,
- Zukunftswerkstätten,
- Beratungsangebote für Eltern, Kommunalpolitiker u.a., die über den Rechtsextremismus informieren und Hilfestellungen anbieten.
- Initiierung von vorsichtigem Täter-Opfer-Ausgleich,
- Internet-Überwachung.

Nur wenn es gelingt, die rechtsextreme Propaganda mit der Wahrheit / Wirklichkeit zu konfrontieren und das Schweigen der Mehrheit zu brechen, können auch die Pädagogen ihren wirksamen Beitrag leisten.

Literatur

Abraham, K. (1924): Versuch einer Entwicklungsgeschichte der Libido aufgrund der Psychoanalyse seelischer Störungen. Ges. Schriften, Bd. 2, Frankfurt/M. 1982

Ahlheim, K./Heger, B., Vorurteile und Fremdenfeindlichkeit. Handreichungen für die politische Bildung, Schwalbach/Ts. 1999

Allerbeck K./Hoag, W.: Jugend ohne Zukunft?, München/Zürich 1985

Altvater. P. u.a.: Alltägliche Fremdenfeindlichkeit. Interpretationen sozialer Deutungsmuster, Münster 2000

Anselm, S.: Primäre und sekundäre Motive für jugendliche Gewalttaten, in: Bergmann, W./Erb, R. (Hg.), Neonazismus und rechte Subkultur, Berlin 1994, S. 143 - 154

Anselm, S.: Soziale Traumen, Aggression und Gewalt, in: Psyche, Heft 4/2001, S. 379 - 389

Baacke, D.: Jugend und Jugendkulturen, Weinheim und München 1992

Becker, H. u.a.: Pfadfinderheim, Teestube, Straßenleben. Jugendliche Cliquen und ihre Sozialräume, Frankfurt 1984

Bergmann, W./Erb, R. (Hg.): Neonazismus und rechte Subkultur, Berlin 1994

Bohleber, W.(Hg.) : Adoleszenz und Identität, Stuttgart 1996

Bohn, I./Münchmeier, R.: Das Aktionsprogramm gegen Aggression und Gewalt AgAG. Dokumentation des Modellprojektes, Band 1, Münster 1997

Bohn. I./Kreft, D./ Segel, G. (Hg.): Das Aktionsprogramm gegen Aggression und Gewalt AgAG. Kommunale Gewaltprävention. Eine Handreichung für die Praxis, Band 5, Münster 1997

Böhnisch, L./Fritz, K./Seifert, T. (Hg.): Das Aktionsprogramm gegen Aggression und Gewalt AgAG. Die wissenschaftliche Begleitung. Ergebnisse und Perspektiven, Band 2, Münster 1997

Böhnisch, L./Münchmeier, R.:, Wozu Jugendarbeit?, Weinheim und München 1987

Dies., Pädagogik des Jugendraumes, Weinheim und München 1990

Böhnisch, L.: Die Jugendgruppe, in: Böhnisch u.a. (Hg.), Handbuch Jugendverbände, Weinheim und München 1991, S. 478 - 490

Bohnsack, R. u.a.: Die Suche nach Gemeinsamkeit und die Gewalt der Gruppe. Hooligans, Musikgruppen und andere Jugendcliquen, Opladen 1995

Bohnsack, R.: Rekonstruktive Sozialforschung, Opladen1991

Bondy, C. u.a.: Jugendliche stören die Ordnung, München 1957

Brake, M. : Soziologie der jugendlichen Subkulturen, Frankfurt 1981

Brumlik, M.: Differenz und Integration, in: Schirp, J. (Hg.), Abenteuer - ein Weg zur Jugend, Potsdam 2000, S. 19 - 31

von Bühler, J. C.: Die gesellschaftliche Konstruktion des Jugendalters. Zur Entstehung der Jugendforschung am Beginn des 20. Jahrhunderts, Weinheim 1990

Bundesministerium für Familie, Senioren, Frauen und Jugend (Hg.): KABI (Themenheft: Gemeinsam gegen Rechtsextremismus), Nr. 52, Bonn 2000

Butterwegge, Chr./Lohmann, G. (Hg.): Jugend, Rechtsextremismus und Gewalt, Opladen 2000

Classen, W.: Großstadtheimat. Beobachtungen zur Naturgeschichte des Großstadtvolks, Hamburg 1906

Clemenz, M.: Aspekte einer Theorie des aktuellen Rechtsradikalismus in Deutschland. Eine sozialpsychologische Kritik, in: König, H.-D. (Hg.), a.a.O., S. 126 - 176

Deutscher Werkbund (Hg.): Schock und Schöpfung. Jugendästhetik im 20. Jahrhundert, Darmstadt/Neuwied 1986

Deutsches Jugendinstitut (Hg.): Gewalt gegen Fremde, Weinheim und München 1993

Eckert, R./Reis, Chr./Wetzstein, T: „Ich will halt anders sein wie die anderen". Abgrenzung, Gewalt und Kreativität bei Gruppen Jugendlicher, Opladen 2000

Erdheim, M.: Die gesellschaftliche Produktion von Unbewusstheit, Frankfurt 1982

Farin, K. (Hg.): Die Skins. Mythos und Realität, Berlin 1997

Farin, K./Seidel-Pielen, E. : Krieg in den Städten, Jugendgangs in Deutschland, Berlin 1991

Farin, K./Seidel-Pielen,E.: Skinheads, München 1993

Farin, K.: generation kick.de, München 2001

Farin, K.: Jugendkulturen zwischen Kommerz & Politik, Bad Tölz 1998

Fechler, B. u.a. (Hg.): „Erziehung nach Auschwitz" in der multikulturellen Gesellschaft, Weinheim und München 2000

Fend, H.: Sozialgeschichte des Aufwachsens, Frankfurt/M 1988

Ferchhoff, W. u.a. (Hg.), Jugendkulturen - Faszination und Ambivalenz, Weinheim und München 1995

Ferchhoff, W.: Jugend an der Wende vom 20. zum 21. Jahrhundert. Lebensformen und Lebensstile, Opladen 1993

Ferchhoff, W.: Jugendkulturen im 20. Jahrhundert. Von den sozialmilieuspezifischen Jugendsubkulturen zu den individualitätsbezogenen Jugendkulturen, Frankfurt 1990

Findeisen, H./ Kersten, J.: Der Kick und die Ehre. Vom Sinn jugendlicher Gewalt, München 1999

Hafeneger, B./Niebling, T.: „Rechter Jugendalltag" in Hessen, in: Mecklenburg, J. /Hg.), Was tun gegen rechts, Berlin 1999, S.72 - 104

Hafeneger, B.: Politische Bildung als Beitrag zur Auseinandersetzung mit gesellschaftlichen Problemen und Gefahren für die Demokratie, in: Butterwegge, Chr./Lohmann, G., Jugend, Rechtsextremismus und Gewalt, Opladen 2000, S. 269 - 277

Hafeneger, B.: Rechte Jugendliche, Bielefeld 1993

Hardtmann, G.: Die Gewalt der Lüge, die Lüge der Gewalt - Gespräche mit rechtsradikalen Jugendlichen, in: Modena, Emilio (Hg.), Das Faschismus-Syndrom. Zur Psychoanalyse der neuen Rechten in Europa, Psychosozial-Verlag, Gießen 1998, S. 390-411

Dies.: „Und du bist raus...". Rechtsradikale Jugendliche - im „Aus" der Gesellschaft?, in: Faber, R. (Hg.), Rechtsextremismus. Ideologie und Gewalt, Berlin 1995, S. 96 - 113

Havighurst, R. J.: Development Tasks and Education, New York 1948

Heitmeyer, W.: Gespräch mit der Süddeutschen Zeitung, 30. August 2000
Heitmeyer, W.: Rechtsextremistische Orientierungen bei Jugendlichen, Weinheim und München 1987
Ders. u.a.: Die Bielefelder Rechtsextremismus-Studie, Weinheim und München 1992
Held, J. u.a.: Gespaltene Jugend. Politische Orientierungen jugendlicher ArbeitnehmerInnen, Opladen 1996
Held, J. u.a.: Jugend '90, Tübingen 1991
Held, J.: „Du musst so handeln, dass du Gewinn machst...", in: deutsche jugend, Heft 11/1991, S. 482 - 494
Hitzler, R./Honer, A. (Hg.): Sozialwissenschaftliche Hermeneutik, Opladen 1997
Honneth, A.: Objektbeziehungstheorie und postmoderne Identität. Über das vermeintliche Veralten der Psychoanalyse, in: Psyche, Heft 11/2000, S. 1087 - 1109
Hopf, Chr. u.a.: Familie und Rechtsextremismus, Weinheim und München 1995
Hufer, K-P.: Argumentationstraining gegen Stammtischparolen, Schwalbach/Ts. 2000
Hurrelmann, K.: Das Modell des produktiv realitätsverarbeitenden Subjekts in der Sozialisationsforschung, in: Zeitschrift für Sozialisationsforschung und Erziehungssoziologie, Heft 3/1983, S. 91 - 104
Hurrelmann, K.: Einführung in die Sozialisationstheorie, Weinheim/Basel 1986
Informations- und Dokumentationsstelle gegen Gewalt, Rechtsextremismus und Ausländerfeindlichkeit (IDA): Vielfalt statt Einfalt. Antirassistische und interkulturelle Projekte in Schule und Jugendarbeit in Nordrhein-Westfalen, Düsseldorf 2000
Jaschke, H.-G.: Rechtsextremismus und Fremdenfeindlichkeit, Opladen 2001
Jugendwerk der Deutschen Shell (Hg.): Jugend '97 (12. Shell-Jugendstudie), Opladen 1997
Kaiser, G.: Randalierende Jugend, Heidelberg1959
Kenkmann, A.: Wilde Jugend, Essen 1996
Kirschnick, S.: Rechtsextremismus an Schulen: Was tun?, in: Butterwegge, Chr./Lohmann, G. (Hg.), Jugend, Rechtsextremismus und Gewalt, Opladen 2000, S.131 - 148
Klose, Chr./Rademacher, H./Hafeneger, B./Jansen, M: Gewalt und Fremdenfeindlichkeit - jugendpädagogische Auswege, Opladen 2000
König, H.-D. (Hg.), Sozialpsychologie des Rechtsextremismus, Frankfurt/M 1998
Krafeld, F.-J./Möller, K./Müller, A.: Jugendarbeit in rechten Szenen, Bremen 1993
Krafeld, F.-J.: Akzeptierende Jugendarbeit mit rechten Cliquen, Bremen 1992a
Krafeld, F.J.: Cliquenorientierte Jugendarbeit, Weinheim und München 1992
Krafeld, F.-J.: Akzeptierende Jugendarbeit, Opladen 1996
Kuckartz, U.: Computergestützte Analyse qualitativer Daten, Opladen 1999
Kuhlmann, A.: Verstehen darf nicht zu Einverständnis werden!, in: Butterwegge, Chr./Lohmann, G. (Hg.), Jugend, Rechtsextremismus und Gewalt, Opladen 200, S. 217 - 224
Lessing, H./Liebel, M: Wilde Cliquen, Bensheim 1981

Liebel, M.: Cliquen und informelle Gruppen, in: Böhnisch, L. u.a. (Hg.), Handbuch Jugendverbände, Weinheim und München 1991, S. 304 - 312
Lindner, W.: Jugendprotest seit den fünfziger Jahren, Opladen 1996
Meissner, W.W.: The Paranoid Process, Northvale, NJ 1978
Minkenberg, M.: Die neue radikale Rechte im Vergleich, Opladen 1998
Mitterauer, M.: Sozialgeschichte der Jugend, Frankfurt/M 1986
Möller, K.: Rechte Kids, Weinheim und München 2001
Neubauer, G./Olk, T. (Hg.): Clique - Mädchen - Arbeit, Weinheim und München 1987
Oevermann, U.: Zur soziologischen Erklärung und öffentlichen Interpretation von Phänomenen der Gewalt und des Rechtsextremismus bei Jugendlichen, in: König, H.-D. (Hg.) a.a.O., S. 83 - 125
Ohder, C.: Gewalt durch Gruppen, Berlin 1992
Peukert, D.: Grenzen des Sozialdisziplinierung, Köln 1986
Pfahl-Traughber, A.: Ursachen des gegenwärtigen Rechtsextremismus, in: Bundesminister des Innern (Hg.), Extremismus und Gewalt (Band III), Bonn 1994
Pfahl-Traughber, A.: Warum kommt es zum Rechtsextremismus? - Versuch einer Forschungsbilanz zu den Ursachen des Rechtsextremismus, in: Bundesminister des Innern (Hg.), Verfassungsschutz: Bestandsaufnahme und Perspektiven, Halle 1998, S. 56 - 100
Ders.: Die Entwicklung des Rechtsextremismus in Ost- und Westdeutschland. in: Aus Politik und Zeitgeschichte (Beilage zur Wochenzeitung Das Parlament), B 39/2000, S. 3 - 14
Rieker, P.: Ethnozentrismus bei jungen Männern. Fremdenfeindlichkeit und Nationalismus und die Bedingungen ihrer Sozialisation, Weinheim und München 1977
Schacht, K,/Leif, T./Janssen, H. (Hrsg,): Hilflos gegen Rechtsextremismus?, Köln 1995
Schröder, A./Leonhardt, U.: Jugendkulturen und Adoleszenz, Neuwied 1998
Schröder, B.: Nazis sind Pop, Berlin 2000
Schubarth, W./Melzer, W. (Hg.): Schule, Gewalt und Rechtsextremismus, Opladen 1995
Schubarth, W./Stöss, R. (Hg.): Rechtsextremismus in Deutschland (Schriftenreihe der Bundeszentrale für politische Bildung), Bonn 2000
Schubarth, W.: Pädagogische Konzepte als Teil der Strategien gegen Rechtsextremismus, in: Aus Politik und Zeitgeschichte (Beilage zur Wochenzeitung Das Parlament), B39, Bonn 2000, S. 40 - 48
Schultz, C.: Die Halbstarken, Berlin 1912
Siller, G.: Rechtsextremismus bei Frauen. Zusammenhänge zwischen geschlechtsspezifischen Erfahrungen und politischen Orientierungen, Opladen 1997
Simon, T.: Raufhändel und Randale. Sozialgeschichte aggressiver Jugendkulturen und pädagogischer Bemühungen vom 19. Jahrhundert bis zur Gegenwart, Weinheim und München 1996
Stauber, B.: Junge Frauen und Männer in Jugendkulturen, in: deutsche jugend, Heft 2/2001, S. 62 - 70

Stöss, R.: Forschungs- und Erklärungansätze - ein Überblick, in: Kowalsky, W./Schroeder, W. (Hg.), Rechtsextremismus. Einführung und Forschungsbilanz, Opladen 1994, S. 23 - 66

Streeck-Fischer, A.: „Geil auf Gewalt". Psychoanalytische Bemerkungen zu Adoleszenz und Rechtsextremismus, in: Bohleber, W. (Hg.), Adoleszenz und Identität, Stuttgart 1996, S. 182 - 207

Theweleit, K: Männerphantasien. 2 Bde, Frankfurt/M 1977 u. 1979

Thole, W.: Familie - Szene - Jugendhaus. Alltag und Subjektivität einer Jugendclique, Opladen 1991

Wagner , B.: Rechtsextreme Milieus im Osten, in: Mecklenburg, J. (Hg.), Braune Gefahr. DVU, NPD, REP Geschichte und Zukunft, Berlin1999, S. 238 - 267

Wagner, B.: Zur Auseinandersetzung mit Rechtsextremismus und Rassismus in den neuen Bundesländern, in: Aus Politik und Zeitgeschichte (Beilage zur Wochenzeitung Das Parlament), B 39/2000, S. 30 - 39

Willems, H.; Fremdenfeindliche Gewalt, Opladen 1993

Zinnecker, J.. Jugendkultur 1940-1985, Opladen 1987